Vazny/Wolf/Richter
Tafelkultur für alle Anlässe im Haushalt und im Restaurant

Peter Vazny
Siegfried Wolf
Fotos:
Ernest Richter
Rudolf Trauner Verlag

Tafel Kultur
für alle Anlässe
im Haushalt und im Restaurant

3. Auflage 1998

Umschlagbild hinten: Degustationsessen mit eingestelltem Amuse gueule

Gestaltung: Wolfgang Kraml
Grafiken: Heidi Hinterkörner, Ingeburg Hausmann
Herstellung: Trauner-Druck, Linz

ISBN 3 85320 320 5

Inhalt

Vorwort

Es ist ein weiter Weg menschlicher Entwicklung, die vom Herdfeuer der Vergangenheit bis zum Eßplatz der Gegenwart führte. Die Tischkultur ist eines der wichtigsten und bedeutendsten Beispiele menschlicher Entwicklungsfähigkeit. Seit Beginn der Menschheitsgeschichte kommt der Nahrungsaufnahme nicht nur praktische, sondern auch symbolische, ja mystische Bedeutung zu. Das gemeinsam eingenommene Mahl als Zeichen der Freundschaft hat in vielen Kulturkreisen einen besonderen, oft sogar religiösen Charakter.

Die Eßgewohnheiten und Tischsitten haben sich natürlich mit der Entwicklung über Jahrtausende grundsätzlich verändert und werden dies auch in Zukunft tun – handelt es sich bei der Tafelkultur doch um das klare, unverzerrte Abbild einer sich ständig wandelnden Gesellschaft.

Der Eßplatz bildet immer einen Ruhepol im menschlichen Leben. Dadurch gewinnt die Tafelkultur in einer Zeit, die von Streß und Hektik gekennzeichnet ist, so wie der unseren, zunehmend an Bedeutung. Das Zusammentreffen mit der Familie, mit Freunden und Bekannten, das unser Leben so reich macht, findet immer wieder – und heute mehr denn je – bei Tisch statt. Nirgendwo lernen sich Menschen besser kennen als an einer gemütlichen Tafel in entspannter Atmosphäre bei liebenswürdigen Gastgebern – und es ist gar nicht so schwierig, ein guter Gastgeber zu sein.

Was mache ich nun, wenn Gäste kommen? – Diese umfassende Frage will das vorliegende Buch beantworten. Und damit jeder Gastgeberin und natürlich auch jedem Gastgeber die Scheu vor Einladungen zu Hause nehmen. Dabei geht es um das richtige Benehmen genauso wie um die Vorbereitungen, die einer Einladung vorausgehen, um das nötige Tischinventar, um effektvolles Serviettenfalten, kunstvolles Blumenstecken, perfektes Servieren bis zu den Spezialgedecken für besondere Delikatessen und eine Anleitung, wie man diese richtig ißt.
Besonders interessant für die Hausfrau sind sicherlich die Einkaufspläne, die für alle Mahlzeiten erstellt wurden. Damit ist es leicht, die richtige Menge an Speisen und Getränken für die zu erwartenden Gäste einzukaufen.

Aber auch das Essen im Restaurant ist Thema dieses Buches. Wie bestellt man ein Hochzeitsessen? Was muß man dabei berücksichtigen? Wie reserviert man einen Tisch? Alle diese Fragen werden erörtert.
Ein Kapitel beschäftigt sich mit den besonderen Anlässen und Festen, von der Taufe bis zur Hochzeit, vom Kindergeburtstag bis zur Gartenparty. Aber nicht nur dem privaten, sondern auch dem professionellen Gastgeber – dem Gastronomen, Hotelier, Restaurateur, Gastwirt, Koch oder Kellner – wird dieses Buch wertvolle Tips und viele Anregungen für seinen Beruf vermitteln.

Speziell das Kapitel über die „Veranstaltungen in der Gastronomie", in der Bankette, Buffets, Partys, Seminare usw. nicht nur detailliert in ihrem Ablauf gezeigt werden, sondern auch auf die dafür notwendigen Voraussetzungen, die innerbetriebliche Organisation, die Werbung und das Offerieren von Veranstaltungen eingegangen wurde, wird für den Profi von besonderem Interesse sein.

Um das Zustandekommen dieses Werkes haben sich viele Personen und Firmen sehr bemüht, denen wir an dieser Stelle unseren besonderen Dank aussprechen möchten: allen voran Frau Fachlehrer Anita Reischl von der Höheren Lehranstalt für wirtschaftliche Frauenberufe Linz-Süd, die maßgeblich an der Erstellung des Konzeptes für dieses Buch beteiligt war, ferner Frau Eva Rath für die prompte Erledigung der Schreibarbeiten und den Firmen „Zur Schwäbischen Jungfrau" und „Rasper & Söhne" (beide Wien I) für die fachliche Beratung.

Bei der Erstellung der Fotos haben uns unterstützt:
Präsidium des Bundeskanzleramtes, Wien I
Hotel Bristol, Wien I
Hotel Palais Schwarzenberg, Wien III
Grandhotel Sauerhof, Baden
Restaurant Johanniszeche, Illmitz
Hotel Schloß Pichlarn, Stainach-Irdning
Herr Univ.-Prof. Dr. Alfred Hackl, Wien
Firma Rasper & Söhne, Vösendorf
Firma Ernst Wahliss GesmbH, Wien I
Firma Berndorfer Metallwaren GesmbH, Berndorf
Firma „Zur Schwäbischen Jungfrau", Wien I
Firma Gebrüder Thonet Vienna, Wien I
Firma IKEA EinrichtungsGesmbH, Vösendorf

Die Autoren

Geschichtliche Entwicklung der Ess- und Tafelkultur

Das Mahl war zu allen Zeiten neben der reinen Nahrungsaufnahme ein Ausdruck der Gemeinsamkeit, der Geselligkeit, aber auch ein Statussymbol, mit dem besonders die herrschende Klasse zum Ausdruck brachte, in welchem Überfluß sie lebte.

Die prähistorische Zeit

Die Entdeckung des Feuers, etwa 500.000 v. Chr., war höchstwahrscheinlich ein entscheidender Schritt in der Entwicklung von der animalischen zu einer menschlichen Existenz.
Außerdem war dieser Zeitpunkt die Geburtsstunde der Tafelkultur im weitesten Sinn des Wortes, weil sich nun zum ersten Mal Menschen – die Familie oder Sippe – um eine Feuerstelle zur gemeinsamen Mahlzeit versammelten. Dies war der Beginn der menschlichen Geselligkeit.

Interessanterweise haben bestimmte Traditionen, die bis in unsere Tage reichen, ihren Anfang in jener prähistorischen Zeit. Wenn nämlich heute an einem festlich gedeckten Tisch der Gastgeber die knusprige Gans, den Truthahn oder die Ente tranchiert und die Stücke verteilt, so geht diese Sitte auf die Jäger zurück, die bei der Fleischnahrung, also beim erlegten Wild, die Rolle des Teilers übernahmen.
Die Frau hingegen verteilte alle anderen Eßwaren, die sie vor- oder zubereitet hatte. Auch diese Tradition ist bei uns durchaus noch üblich, z. B. wenn die Hausfrau die Suppe aus der Suppenschüssel austeilt oder – im bäuerlichen Raum – das Brot schneidet.

Ägypten und Mesopotamien

Um 2800 v. Chr. waren in Ägypten Festmahle schon üblich. Man servierte bis zu zehn verschiedene Fleischsorten, Gänse, Enten, Wachteln und Tauben. Außerdem gab es schon sechzehn verschiedene Arten von Backwaren, sechs verschiedene Weine, z. B. Palmen-, Dattel- und Honigwein, vier Biersorten und elf Sorten Obst. Auf eine Harmonie von Speisen und Getränken wurde bereits damals geachtet.
Bei einem Festmahl saß man auf bunten Kissen rings um das Wasserbecken im Innenhof des Hauses. Auch die Frauen, mit schwerem Goldschmuck behängt, geschminkt und parfümiert, durften, zum Unterschied von vielen anderen Völkern, gleichberechtigt daran teilnehmen. Die Speisen wurden von blumenbekränzten Dienerinnen gereicht, während zur Unterhaltung Musikanten, Akrobatinnen, Tänzerinnen und Flötenspielerinnen in durchsichtigen Gewändern ihre Darbietungen zum besten gaben.
Solche Festmahle waren natürlich nur den Reichen vorbehalten.
In Mesopotamien nahmen Könige und Prinzen mit ihren Ratgebern und Freunden täglich zwei Mahlzeiten ein. Den Frauen war der Zutritt im allgemeinen verwehrt. Man lagerte auf dem Boden, der mit Matten und Kissen bedeckt war. In der Mitte stand auf einem Ständer eine Kupferplatte, auf der die Speisen angerichtet wurden.
Im siebenten Jahrhundert v. Chr. kamen sogenannte Tischliegen in Gebrauch, die später auch in Griechenland sehr beliebt waren.
Über die Speisenfolge bei den alten Babyloniern ist fast nichts bekannt, wohl aber, daß die Gäste ebenfalls mit Liedern und Tänzen unterhalten wurden. Außerdem pflegte der Hausherr vor dem Gastmahl Geschenke an seine Gäste zu verteilen, meist parfümiertes Öl oder schön gewirkte Kleider.

Das klassische Griechenland

Im frühen Griechenland waren die Sitten sehr einfach. Man aß zum Frühstück ein paar Bissen Brot, die man in Wein tauchte. Das Mittagsmahl war die Hauptmahlzeit, wobei man auf Sesseln saß und an Tischen aß. Das Mahl bestand hauptsächlich aus Breigerichten (hergestellt aus geschältem Weizen oder aus Gerste), Kräutergerichten, Oliven und äußerst wenig Fleisch.
Es gab in der Antike noch kein Besteck bei Tisch, sondern man langte mit den Fingern in die aufgetragenen Schüsseln. Nach der Mahlzeit gossen Diener den Gästen Wasser über die Hände, das man dann in einem kleinen Becken auffing.

Erst im fünften Jahrhundert v. Chr. wurde die griechische Küche durch Einflüsse der sizilianischen und kleinasiatischen Kochkunst kultiviert. Auch die Tafelsitten der persischen und lydischen Höfe wurden teilweise übernommen. Die Hauptmahlzeit zum Beispiel nahm man nun am späten Nachmittag oder Abend zu sich.
Zu dieser Zeit kamen in Griechenland auch die sogenannten Tischbetten in Mode, die mit Pelzen und Decken ausgelegt und etwa so hoch waren wie die Tische, an denen sie standen. Jeweils zwei Männer streckten sich auf einer dieser Liegen aus, die Frauen und Kinder blieben aber wie bisher an den Tischen sitzen. Eine Tischordnung kannte man nicht.
Es galt als besonders fein, Suppen oder Saucen mit einem ausgehöhlten Stück Brot oder gar einem Löffel zu schöpfen. Nach dem Essen reinigte man sich die Hände mit Brot oder parfümiertem Ton.

Erst nach dem Essen wandte man sich dem Weintrinken zu. Diese Symposien, wie solche Trinkgelage genannt wurden, hatten vor allem kultischen Charakter (sie dienten zur Verehrung des Gottes Dionysos) mit einer starken erotischen Komponente. Es wurden aber auch philosophische Gespräche und Diskussionen geführt. In der späthellenistischen Zeit waren diese Symposien aber nichts anderes mehr als wilde Sauforgien.

Das klassische Rom

Schon seit dem vierten Jahrhundert v. Chr. hatte man, noch vor der Begegnung mit der Küche des Orients, in Rom gut gegessen.
Durch den lebhaften Handel mit Sizilien, das ja eine griechische Provinz war, und durch die zunehmenden Siege der römischen Legionen über die Griechen wurden nach und nach die griechischen Eß- und Trinkgewohnheiten übernommen.
Es kam zu immer üppigeren, ausschweifenderen Festmahlen. Wer zur Gesellschaft gehörte, zog in der Sänfte von einem Essen zum anderen.

Zu einer Tischgesellschaft gehörten neun Personen, die auf drei Sofas Platz nahmen. Diese Sofas waren hufeisenförmig um einen runden Tisch aufgestellt, die Gäste lagen darauf und stützten sich mit dem linken Unterarm auf. Mit der rechten Hand griffen sie nach den Speisen und Getränken. Manchmal wurden an der Tafel Messer benutzt. Man kannte bereits Fingerschalen und Servietten.
Aus dieser Zeit stammt das älteste uns überlieferte Kochbuch von Apicius.

Die Gelage waren jedoch nichts für den Feinschmekker im heutigen Sinn, denn es ging vor allem um die Show, um möglichst großen Einfallsreichtum bei der Präsentation der Speisen. Was man aß, konnte man oft nicht feststellen, weil der eigentliche Geschmack einer Speise durch starke exotische Gewürze und unglaubliche Mengen Honig und kandierte Früchte total verfälscht war.

Bekannt ist die spätrömische Sitte, sich mit einer Pfauenfeder den Mageninhalt wieder herauszukitzeln, um so Platz für das nächste Festmahl zu schaffen.

Das Mittelalter

Die Mahlzeiten bestanden im Mittelalter aus Fleisch, Wild, Fisch, Brot und Gebäck sowie Wein. Gemüse wurde sehr selten gegessen, lediglich die Erbsen galten bereits als Delikatesse. Reis war schon bekannt, die Kartoffel hingegen gänzlich fremd. Zucker wurde sehr spärlich verwendet, er war überaus kostbar.
Die mittelalterliche Küche wäre für uns nur sehr schwer verdaulich gewesen. Sie war ziemlich derb, und die meist sehr teuren Gewürze wurden in erheblichen Mengen und praktisch wahllos verwendet.
Im frühen Mittelalter kannte man weder Tischdecke noch Teller, weder Gabel noch Löffel. Die schweren Eichentische waren blank und enthielten Vertiefungen, in denen die Speisen lagen. Die Ritter saßen allein an der Tafel, während die Frauen in den Frauengemächern speisten. Dementsprechend rauh waren die Tischsitten, es wurde unmäßig gegessen und noch mehr getrunken. Mord und Totschlag bei Tisch waren keine Seltenheit.
Erst im elften Jahrhundert, als der Frauenkult begann und die Damen zu Tisch gebeten wurden, verfeinerten sich die Tischsitten. Man wusch sich zweimal die Hände, vor Beginn des Essens und nach Aufhebung der Tafel.
Die Tischordnung war sehr heikel und wurde von der Etikette streng geregelt. Am obersten Saalende befand sich ein erhöhter Sitz für den Herrn. Dieser thronte mit dem Rücken zum Saal gekehrt. Hinter ihm saßen die

Geschichte

Mitglieder der Familie und die Ehrengäste. Alle übrigen Gäste saßen auf Bänken (daher der Name „Bankett"), die entlang der Wände standen und reichlich mit Federkissen und Polstern ausgestattet waren. Die am Mahl teilnehmenden Personen befanden sich immer nur an einer Seite des Tisches, an der anderen servierten die Pagen die Speisen.
Wenn alle Platz genommen hatten, erschien der Truchseß, der Aufseher über die fürstliche Tafel, und führte die Reihe der Edelknaben, die die Speisen aus der Küche auf mächtigen Zinntellern hereintrugen, an. Ein Vorschneider tranchierte die Braten, meist mit einem fein ziselierten, mit kunstvollem Griff versehenen Messer.

Jeder Ritter saß neben seiner Tischdame, die beiden aßen aus einer Schüssel und tranken aus einem Becher. Man griff zierlich, nämlich nur mit den ersten drei Fingern, in die Schüsseln. Der höfische und welterfahrene Mann spreizte den Ringfinger und den kleinen Finger ab, wenn er zugriff. Das galt übrigens bis ins 16. Jahrhundert als artig. Suppen und Saucen wurden aus Schüsseln, die beiderseits Henkel hatten, getrunken, obwohl der Löffel zu Ende des Mittelalters bereits bekannt war. Diesen benutzte man dazu, Konfekt zum Mund zu führen.
Die Löffel waren meist Einzelstücke aus Edelmetallen, mit Edelsteinen besetzt, und nicht selten brachten die Gäste ihre eigenen kostbaren Löffel mit.

Zwar kannte man zur Zeit der Minnesänger noch keine Servietten, aber rings um den Tisch, an der Kante befestigt, lief ein leicht gefaltetes und gebauschtes Tuch, an dem man sich den Mund und die fettigen Hände reinigen konnte. Im 13. Jahrhundert wurde es üblich, Tischtücher zu gebrauchen.

Die Sitten waren zu dieser Zeit schon etwas verfeinert. Es galt als unhöflich, sich bei Tisch lange anzustarren, zu schnauben oder zu grunzen, sich hinten anzulehnen, angenagte Knochen in die gemeinsame Schüssel zurückzulegen, vor dem Trinken über den Mund zu fahren oder mit vollem Mund zu trinken. Den Damen empfahl man, sich vor dem Bankett in der Frauenkammer richtig satt zu essen, damit sie bei Tisch die besten Stücke ihrem Tischherrn vorlegen konnten und selbst nur bescheiden aßen. Sie durften nicht allzu laut lachen und keinesfalls gierig oder zu viel trinken. Außerdem war es verpönt, über die Speisen ein abfälliges Urteil abzugeben.

Zur Unterhaltung der Gäste zeigten Gaukler und Spielleute ihre Künste, später gab es richtige Tafelmusik mit Trompeten, Waldhörnern usw. und mit Chören.
Nach Beendigung der Mahlzeit wurde die Tafel im wahrsten Sinne des Wortes aufgehoben und hinausgetragen.

Renaissance, Barock und Rokoko

In Florenz begann man gegen Mitte des 15. Jahrhunderts sich intensiv mit der Kochkunst zu beschäftigen.
Auch der Gebrauch von Gabeln war in Europa zu diesem Zeitpunkt erstmals in Italien üblich. Obwohl sie in Byzanz schon lange Zeit in Verwendung waren, wurden sie in Venedig erst 1518 erwähnt, und zwar bei einem Bankett des Dogen.
Als Katharina von Medici 1533 den französischen Dauphin und späteren König Heinrich II. heiratete, brachte sie in ihrem Gefolge auch die besten Köche und Pastetenbäcker mit und begründete so den Ruf der französischen Küche.
Auch die Sitte, mit Messer und Gabel zu essen, wurde durch sie am französischen Königshof eingeführt. Mitte des 16. Jahrhunderts hatte sich der Gebrauch von Messer und Gabel in den Adelskreisen durchgesetzt, in der bürgerlichen Eßkultur dauerte es bis ins 18. Jahrhundert, daß das Besteck bei Tisch allgemeine Verwendung fand.
Unter Ludwig XIV. und Ludwig XV. wurde Paris das Kulturzentrum der Welt und somit auch der Eßkultur. An die Stelle der alten Prunkgelage traten das intimere Diner und das „petit souper" mit ausgeklügelten Menüs. Besonderer Wert wurde auf das Tischgespräch gelegt, und wer Geist besaß, zu plaudern wußte und etwas vom Kochen verstand, war ein gern gesehener Gast. So tragen Gerichte, die heute weltberühmt sind, gelegentlich Namen, die auf diese Zeit zurückzuführen sind. Ein Marquis de Béchamel erfand beispielsweise die Sauce gleichen Namens.
Die ersten Bücher über Kochkunst und Tafelkultur wurden geschrieben. Seit damals ist Französisch auch die Sprache der Küche.

In dieser Zeit wurde es üblich, in einem eigenen Speiseraum, der meist sehr kostbar ausgestattet war, das Essen einzunehmen. Für die Tafel verwendete man weißes Leinen, feines Porzellan und matt glänzendes Tafelsilber. Große Servietten aus Damast wurden zu zierlichen Figuren gefaltet und später, während des Essens, um den Hals gebunden. Als Servierart wurde „le grand couvert" (das große Gedeck) gebräuchlich, bei dem sämtliche Gerichte gleichzeitig auf den Tisch kamen.
Als im 16. und 17. Jahrhundert in den großen Handelsstädten das Bürgertum zu einem wirtschaftlichen und politischen Machtfaktor wurde und großen finanziellen Aufschwung nahm, äußerte sich dieser Umstand naturgemäß auch in der Tafelkultur. Das Streben, es der Aristokratie gleichzutun, führte zu einer raschen Verbreitung der verfeinerten Sitten, ohne daß die adeligen Exzesse und Ausschweifungen übernommen wurden.

Das 19. und 20. Jahrhundert

Nach der Französischen Revolution waren vor allem zwei Männer in Frankreich für die Entwicklung einer modernen Kochkunst und Tafelkultur von Bedeutung: der Meisterkoch Carême, der nicht nur ausgezeichnet kochte, sondern auch erlesenes Anrichtegeschirr und Tafelsilber entwickelte, und Jean Anthelme Brillat-Savarin.
Dieser humor- und geistvolle Schriftsteller wurde berühmt durch seine „Theorie der Tafelfreuden" («La physiologie du goût»), ein Buch, an dem er 25 Jahre lang arbeitete und in dem er unter anderem folgende Regeln für die Tischgesellschaft aufstellte:
Die Zahl der Gäste sollte zwölf nicht übersteigen. Die Beleuchtung des Raumes, in dem das Mahl stattfindet, muß glanzvoll sein, die Zimmertemperatur 13 bis 16 °C Reaumur (zirka 16 bis 20 °C) betragen. Das Gedeck muß blütenweiß sein. Die Gerichte sollten von erlesenem Geschmack, die dazu gereichten Weine erstklassig sein. Das Essen soll in einem maßvollen Tempo vor sich gehen.
Im Service war zuerst das „table d'hôte" üblich, bei dem alle Vorspeisen bereits am Tisch standen. Mit dem heutigen Table-d'hôte-Service hat dieses Service allerdings nur den Namen gemeinsam. Später ging man dann dazu über, jedes Gericht, so wie heute, portioniert und nacheinander aufgetragen zu Tisch zu bringen, sodaß man sein Essen heiß vorgesetzt bekam.
Ende des 19. Jahrhunderts reorganisierte der wohl berühmteste französische Koch Georges Auguste Escoffier die Küche. Sein Buch „La guide culinaire" – die Bibel der Kochkunst – ist heute noch in aller Welt anerkannt.
An den großen Kaiser- und Königshöfen Europas wurden die Tischsitten und -gebräuche bis zum Ersten Weltkrieg vom jeweiligen Hofzeremoniell bestimmt. In Wien zum Beispiel beherrschte das strenge spanische Hofzeremoniell auch die Tafelkultur. In der Kochkunst war ganz Europa von Frankreich beeinflußt.
Das wohlhabende Bürgertum ahmte, soweit es möglich war, die Gepflogenheiten des Hofes nach. Man beschäftigte Köchinnen und hatte an der Tafel Bedienstete.
Mit den beiden Weltkriegen wandelte sich die Tisch- und Tafelkultur ganz erheblich. Viele amerikanische Sitten bürgerten sich ein: Es wurden Cocktails getrunken, Partys und Cocktailpartys gefeiert. Die Tischsitten wurden wesentlich lockerer gehandhabt.
Erst in den letzten Jahren kommt es zu einer Renaissance der Tisch- und Tafelkultur. Designer entwickelten, in Zusammenarbeit mit der Industrie, modernes, den heutigen Anforderungen entsprechendes Tischinventar – Tischwäsche, Geschirr, Gläser, Besteck und sonstiges. Auch gutes Benehmen bei Tisch ist wieder gefragt.

Grundregeln der Gastlichkeit

Wer selbst oft und gerne eingeladen wird, findet auch Freude in der Rolle des Gastgebers. Wir alle haben zeitweilig das Bedürfnis, den Alltag zu vergessen. Das gesellige Beisammensein mit Freunden, Bekannten und Verwandten hilft uns dabei und bereichert unser Leben. Am besten lernen Menschen einander in entspannter Atmosphäre bei netten Gastgebern kennen, und nicht selten wird der eigene Bekanntenkreis durch solche Einladungen erweitert. Anlässe, um Gäste einzuladen, benötigt man heutzutage nicht mehr – oft werden Einladungen ganz spontan ausgesprochen –, und auch die Tageszeit und die Art der Einladung sind heute sehr vielfältig.

Die Einladung zu Hause

Um das Entstehen einer harmonischen Geselligkeit zu gewährleisten, ist es wichtig, bevor man einlädt die Auswahl der Gäste genau zu überdenken.
Als erstes wird man die **Anzahl der Gäste** festlegen, wobei sich für allgemeine Einladungen vier bis maximal zwölf Gäste als sehr günstig erweisen, denn sie finden in einer modernen und daher eher kleinen Wohnung bequem Platz, und außerdem ist eine allgemeine Unterhaltung in diesem Personenkreis noch möglich. Ist die Gruppe größer, entstehen Einzelgespräche.

Bei der **Wahl der Gäste** wird man darauf Rücksicht nehmen, daß es zwischen ihnen genug gemeinsame Interessen gibt, sodaß sich interessante Gespräche entwickeln können. Es sollten keine fanatischen politischen Gegner oder miteinander verfeindete Personen gemeinsam eingeladen werden. Auch wird es einer guten Atmosphäre nicht dienen, Menschen aus völlig verschiedenen Lebensbereichen aufeinanderprallen zu lassen. Ebenso ist auf ein möglichst ausgewogenes Verhältnis zwischen weiblichen und männlichen Besuchern zu achten. Bei einem größeren Personenkreis hilft eine Einladungsliste bei der Erstellung des Gästekreises.
Damit sich Ihre Gäste, aber auch Sie persönlich zeitlich auf die Einladung einstellen können, ist es ratsam, diese rechtzeitig vorzunehmen. Eine Eintragung im Terminkalender verhindert, daß vor längerer Zeit ausgesprochene Einladungen vergessen werden.
Meistens werden die Einladungen von der Hausfrau ausgesprochen. Sie kann dies schriftlich, mündlich oder telefonisch tun.

Schriftliche Einladungen sind heute nur noch bei offiziellen festlichen Ereignissen üblich, z. B. zu einer Taufe, Verlobung, zum Polterabend, zur Hochzeit, Promotion, zu runden Geburtstagen oder sonstigen besonderen Festlichkeiten, oder wenn sie an hochgestellte oder vorgesetzte Personen ergehen. Eine solche schriftliche Einladung besteht aus einem kurzen, liebenswürdigen Brief, der den Anlaß, die Mahlzeit, zu der eingeladen wird, Datum und Zeit sowie eventuelle Kleidungswünsche enthält. Sie muß mit der Hand geschrieben werden (nicht mit der Schreibmaschine) und beinhaltet keine anderen Mitteilungen als die mit der Einladung zusammenhängenden. Einladungen zu besonderen Anlässen (z. B. Hochzeit) sollte man drucken lassen.
Schriftliche Einladungen müssen etwa zwei Wochen vor dem Termin verschickt werden. Bei größeren Festen ist es ratsam, sie vier Wochen vorher zu versenden.
Damit Sie auch sicher sind, daß die Geladenen erscheinen werden, lassen Sie sich das Kommen Ihrer Gäste mit der Bitte um schriftliche (meist mit beiliegender Antwortkarte) oder mündliche Zusage bestätigen. Ein Vermerk in der Einladung: u. A. w. g. bedeutet „um Antwort wird gebeten". Bei Erhalt einer solchen Einladung verlangen es die guten Umgangsformen, daß man sich bis spätestens zwei Tage nach Erhalt dafür bedankt.

Bei **telefonischen** bzw. bei **mündlichen Einladungen,** die man anläßlich eines Besuches oder Treffens ausspricht, muß man ebenfalls den Anlaß, die Mahlzeit, Datum und genaue Uhrzeit bekanntgeben. Es genügt, eine Woche vor dem Termin einzuladen. Liegt die Einladung jedoch schon länger zurück, dann ist es ratsam, drei bis vier Tage vor dem vereinbarten Termin bei seinen Gästen anzurufen und an die Einladung zu erinnern. Anrufe werden am besten während des Tages in der Zeit von 9 bis 11 Uhr oder von 15 bis 19 Uhr erledigt.

Sollten Sie auf eine spezielle **Garderobe** Ihrer Gäste Wert legen, dann geben Sie dies bei Ihrer Einladung bekannt, z. B. „Ich freue mich, Euch zu meiner Geburtstagsparty einzuladen. Dabei möchte ich Euch bitten in Abendgarderobe zu erscheinen." oder: „Wir feiern in legerer Kleidung", „... aber bitte laßt Eure Jeans an" usw. Auch die Bemerkung „Cocktailkleid" genügt und ist für Ihre Gäste ein Hinweis.
Eine andere Möglichkeit, die Garderobewünsche auf der Einladungskarte bekanntzugeben, ist folgende: „Wir laden Euch herzlichst zu unserer Dirndl-Hochzeit ein" oder „Wir heiraten im Trachtenlook".

Veranstalten Sie eine Faschingsparty oder ein lustiges, originelles Gartenfest, dann bestimmt das Motto die Kleidung. Ihre Gäste werden sich dann schon etwas einfallen lassen.
Die Kleidung richtet sich jedenfalls immer nach den Wünschen des Gastgebers, der Jahreszeit, der Tageszeit und der Art der Veranstaltung.

Die Vorbereitungen

Wenn man Gäste erwartet, sollte man rechtzeitig mit den Vorbereitungen beginnen. Je besser durchdacht diese sind, desto mehr Zeit hat die Hausfrau am Abend für ihre Gäste. Sehr günstig ist es, wenn man Aushilfspersonal engagiert. Es bringt den Vorteil, daß die Hausfrau sich wirklich ihren Gästen widmen kann.
Daß sich die Wohnung tadellos in Ordnung befindet, ist wohl eine Selbstverständlichkeit. Die Garderobe wird freigehalten, die eigenen Mäntel sind vorübergehend anderswo untergebracht. Überprüfen Sie auch die Toiletteanlagen (Papier, Duftsprays). Die Waschmöglichkeiten müssen mit Seife und Handtüchern bestückt sein.
Wollen Sie Ihre Wohnung, abgesehen vom Tischschmuck, noch zusätzlich mit Blumen verschönern, müssen diese rechtzeitig besorgt und arrangiert werden.

Bedenken Sie auch, daß Sie eventuell noch Vorkehrungen zur Veränderung der Beleuchtung treffen müssen. Als Faustregel kann gelten: Je festlicher der

Abend, desto heller das Licht. Überprüfen Sie die gesamte Beleuchtung, um eventuell kaputte Lampen noch rechtzeitig austauschen zu können. Nebenräume, die von den Gästen benützt werden, sollten abends ständig beleuchtet sein.

Kontrollieren Sie rechtzeitig die Größe des Tisches, die Anzahl der Sitzgelegenheiten, des Geschirrs und Bestecks, der Gläser, Anzahl und Größe der Tischwäsche, das Anrichtegeschirr sowie den Getränkevorrat, Mundeis- und Lebensmittelbestand. Die Speisenfolge sollte der Jahreszeit, der Art der Mahlzeit und den zu erwartenden Gästen angepaßt sein. Bereits bei der Menüzusammenstellung ist darauf zu achten, daß die Hausfrau im Verlauf des Abends möglichst wenig beschäftigt ist.
Man erstellt am besten eine Einkaufsliste und geht mindestens ein bis zwei Tage vorher einkaufen bzw. bestellt die Ware (leicht verderbliche Lebensmittel kauft man erst am Tag des Verbrauches).

Beginnen Sie zeitgerecht mit dem Tischdecken, Dekorieren, Kochen, dem Vorbereiten der Aperitifs und sonstiger Getränke. Haben Sie Aushilfspersonal, muß dieses über die Gepflogenheiten des Hauses bestens und genauestens informiert werden.
Alle Küchen- und sonstige Vorbereitungsarbeiten sollten nach Möglichkeit so zeitgerecht abgeschlossen sein, daß der Hausfrau und den übrigen Familienangehörigen noch Zeit bleibt, sich in Ruhe umzuziehen, denn in Arbeitskleidung und Hausschuhen empfängt man keine Gäste.
Die letzten fünfzehn Minuten sollten zur Erholung und zur Einstimmung auf das festliche Ereignis dienen. Nichts wirkt störender als eine abgehetzte Hausfrau, die beim Empfang der Gäste ganz aufgelöst wirkt, weil der Haushalt vor wenigen Minuten noch kopfgestanden ist.

Kurz vor dem Eintreffen der ersten Besucher muß nochmals gründlich gelüftet werden.

Gastlichkeit

Empfang der Gäste

Die Gäste werden versuchen, den Zeitpunkt der Einladung möglichst genau einzuhalten.
Im allgemeinen wird ihnen der Herr des Hauses öffnen und sie empfangen. Hat man Personal (Diener, Hausmädchen, Aushilfspersonal), so öffnet natürlich dieses.
Der Hausherr nimmt der Dame den Mantel ab, der Herr hilft sich selbst. Diener, Hausmädchen usw. helfen auch dem Herrn aus dem Mantel. Will die Dame noch rasch einen Blick in den Spiegel werfen und sich ein wenig zurechtmachen, wird sich der Hausherr mit ihrem Begleiter unterhalten, um sie nicht zu stören. Dieser wird in der Zwischenzeit eventuell mitgebrachte Blumen auspacken.
Dann werden die Gäste vom Hausherrn in das Wohnzimmer oder den Empfangsraum gebeten, wo sie von der Hausfrau begrüßt werden. Steht Personal zur Verfügung, führt dieses die Gäste in das Empfangszimmer. Hier werden sie von den Gastgebern begrüßt. Gute Freunde wird die Hausfrau bereits im Vorzimmer willkommen heißen. Anschließend kommen die Kinder zum Willkommensgruß.

Das **Platzanbieten** kann zwanglos vor sich gehen, d. h., die Gäste nehmen auf den ihnen am nächsten stehenden Sesseln oder sonstigen Sitzgelegenheiten Platz, oder die Gastgeber plazieren. Dabei müssen sie mit Hinweisen, wie Handzeichen oder Berühren des jeweiligen Sessels, den Gästen Platz anbieten.

Wenn im Wohnzimmer bereits Gäste warten, werden die Eintretenden vorgestellt bzw. die Gäste miteinander bekannt gemacht. Dabei erheben sich die Herren von ihren Plätzen.

Sowohl das **Vorstellen** als auch das **Bekanntmachen** besorgt der Gastgeber. Vorgestellt wird grundsätzlich der Herr der Dame, eine jüngere Person einer älteren, der Rangniedrigere dem Ranghöheren. Ausnahmen von diesen Regeln gibt es in besonderen Fällen: Eine sehr junge Dame wird einem älteren Herrn vorgestellt, eine Dame einer sehr hohen Persönlichkeit.
Wird eine Einzelperson einem Ehepaar vorgestellt, so wird die Einzelperson zuerst der Dame und dann dem Herrn vorgestellt.
Die Beteiligten geben sich nach dem Vorstellen die Hand, wobei die Dame dem Herrn, der Ältere dem Jüngeren usw. die Hand zum Gruß reicht.
Miteinander bekannt gemacht werden gleichaltrige Personen gleichen Geschlechts und Ranges etwa mit den Worten: „Meine Damen (meine Herren), erlauben Sie mir, Sie miteinander bekannt zu machen“, dann werden die Namen genannt. Daraufhin geben sich die Beteiligten die Hand.

Oft erfordert es eine Situation auch, sich selbst vorzustellen, was heute auch Damen erlaubt ist, weil es der berufliche Alltag mit sich bringt.

Wichtig beim Vorstellen bzw. Bekanntmachen ist auch der Gebrauch der richtigen Anrede oder etwaiger Titel (siehe dazu Seite 22).

Kommen die Gäste zu spät, werden diese, nachdem sie sich beim Gastgeber für ihre Unpünktlichkeit höflich entschuldigt haben, vom Gastgeber vorgestellt, indem er den Namen des Zuspätgekommenen (auch einer Dame) nennt, danach die Namen der übrigen Gäste, die bereits bei Tisch Platz genommen haben. Diese erheben sich jedoch nicht, man reicht sich auch nicht die Hand, sondern die Begrüßung erfolgt durch Kopfnicken. Auf zu spät kommende Gäste sollte nicht länger als eine halbe Stunde gewartet werden, dann bittet die Hausfrau zu Tisch, damit das Essen nicht zu sehr leidet.

Während der Hausherr die Gäste miteinander bekannt macht und plaziert, wird die Dame des Hauses die mitgebrachten Blumen oder sonstigen Aufmerksamkeiten versorgen oder dem Personal zur Versorgung übertragen. Dafür müssen schon vor Erscheinen der Gäste genügend Vasen bereitgestellt werden.

Anschließend wird der **Aperitif** serviert. Befindet sich die Hausfrau in der Küche, versorgt der Hausherr die Gäste mit Drinks. Kocht der Hausherr, ist es umgekehrt. Bieten Sie Ihren Gästen zwei oder drei Getränke alternativ an (Aperitifs siehe Seite 124). Das Fragen nach Aperitifwünschen ist für diese eher unangenehm, da sie nicht wissen können, was Sie zu Hause bzw. was Sie vorbereitet haben.
Bietet eine Wohnung nicht genügend Platz, daß man den Aperitif in einem anderen Raum serviert, kann dieser beispielsweise auch stehend auf einer Terrasse,

einem Balkon, im Garten oder im selben Raum, in dem gegessen wird, eingenommen werden. Die Gäste können eventuell auch gleich zum Eßtisch geführt werden, und wenn alle Gäste sitzen, wird der Aperitif von rechts serviert.
Beim Aperitif darf man im Prinzip rauchen. Sind die Gastgeber Nichtraucher, muß unbedingt um Raucherlaubnis gefragt werden.

Nach dem Aperitif oder, genauer gesagt, wenn die Hausfrau so weit ist, werden die Gäste ins Eßzimmer bzw. zur Tafel geführt. Zu diesem Zeitpunkt sind eventuell aufgestellte Kerzen bei Tisch bereits angezündet und der erste Gang eingestellt oder zum Service bereit. Hat man Personal zur Verfügung, so wartet die Hausfrau auf ein Zeichen von diesem und bittet dann die Gäste zu Tisch.

Tischordnung

Das **Plazieren** am gedeckten Tisch ist natürlich wieder Aufgabe der Gastgeber. Bei zwanglosen Gesellschaften gibt es im allgemeinen keine Sitzordnung. Trotzdem sollten beim Plazieren einige Punkte berücksichtigt werden, die viel zum Gelingen einer Einladung beitragen können.

Die Gastgeber halten für sich jene Plätze frei, von denen aus sie leicht die Küche erreichen können, ohne ihre Gäste zu stören. Üblicherweise sitzen sie einander gegenüber. Wenn das Service vom Personal durchgeführt wird, ist der Platz der Hausfrau gegenüber dem Eingang. So kann sie das Service am besten überwachen und mit Blicken noch eventuell notwendige Anweisungen geben.

Sorgen Sie als Gastgeber, vor allem bei größeren Gesellschaften, dafür, daß jeweils Gäste, die alters- und interessenmäßig sowie weltanschaulich zusammenpassen, beieinander sitzen. Ehepaare werden auseinandergesetzt. Brautpaare hingegen sitzen zusammen. Sind Personen eingeladen, die den übrigen Gästen unbekannt sind, werden diese in der Nähe der Gastgeber plaziert.
Versuchen Sie auch Cliquenbildung zu vermeiden, Cliquen stören die gemeinsame Unterhaltung bei Tisch.
Wenn es der Raum ermöglicht, machen Sie einen eigenen Kinder- oder Jugendtisch, bzw. setzen Sie die Jugendlichen an einem Tischende zusammen. In diesem Fall bewährt sich Cliquenbildung.

Sollte einem Gast kein bestimmter Platz bei Tisch angeboten werden, fragt dieser die Gastgeber höflich, wo er Platz nehmen darf.
Bei offiziellen Einladungen und großen Gesellschaften wird die Tischordnung nach dem Rang der eingeladenen Gäste bestimmt. Der gesellschaftliche Rang eines Menschen ist abhängig von seinem Alter, seinem Beruf bzw. seiner Stellung im öffentlichen Leben. Bei Familienfeiern ist der Rang abhängig vom Grad der Verwandtschaft und von der Stellung zur Familie.
Der ranghöchste Herr oder der Ehrengast ist der Tischherr der Hausfrau und sitzt rechts von ihr, die ranghöchste Dame bzw. die Ehrendame ist die Tischdame des Hausherrn und sitzt ebenfalls rechts von ihm. Links von der Hausfrau und links vom Hausherrn sitzt der nächstrangige Herr bzw. die nächstrangige Dame, die wiederum die nächstrangigen Gäste als Tischdame bzw. -herrn bekommen usw.
Bei Herren unter sich gilt die gleiche Ordnung: Der Ranghöchste oder Ehrengast sitzt rechts vom Gastgeber, links sitzt der zweite Herr usw.
Der Wert der Plätze, sofern man überhaupt von einem solchen reden kann, nimmt also mit zunehmender Entfernung von den Gastgebern ab.
Die Rundtafel wird in kleinem Kreis bevorzugt, weil es hier keine so krasse Abstufung beim Wert der Plätze gibt.

Nachstehend sehen Sie zur Veranschaulichung einige Beispiele einer Tischordnung.

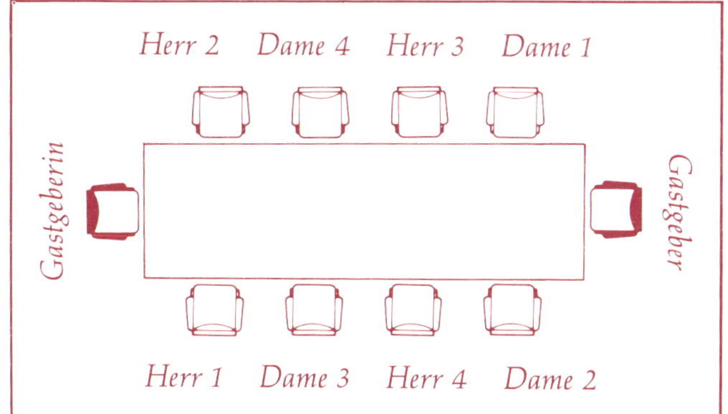

Gastlichkeit

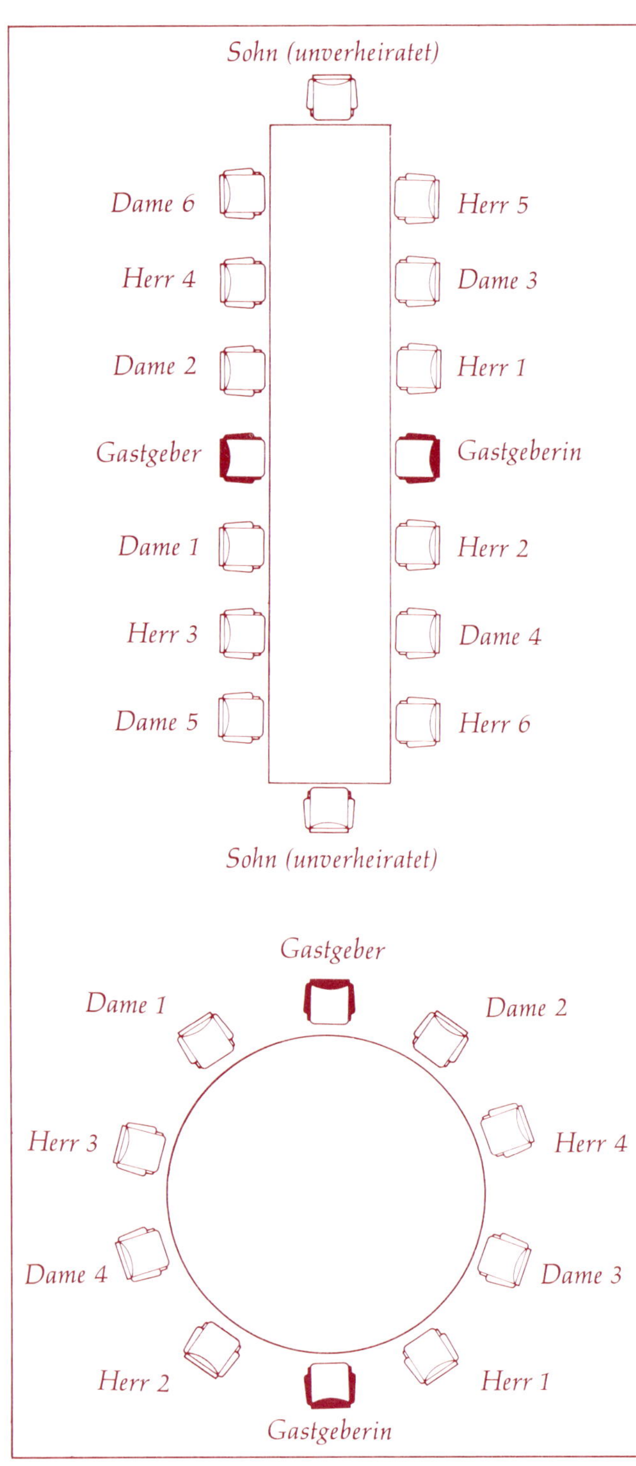

Aus Fragen des Taktes kann diese Reihenfolge nicht immer eingehalten werden, und es bedarf schon einer großen Portion Fingerspitzengefühls von seiten der Gastgeberin, um eine optimale Tischordnung zu erzielen. Diese kann allerdings immer noch durch kurzfristige Absagen verändert werden.

Bei größeren, offiziellen Gesellschaften, z. B. bei Diners, ist es üblich, daß jeder Herr eine Dame, seine Tischdame, zum Tisch geleitet. Daher liegen in der Diele bzw. im Empfangsraum eine Gästeliste und ein Tafelorientierungsplan zur Einsichtnahme auf, um einen reibungslosen Ablauf der Plazierung zu gewährleisten.
In der Gästeliste werden alle geladenen Personen mit allen Titeln genannt. Auf dem Tafelorientierungsplan ist die Sitzordnung bei Tisch festgehalten. Er ist aus Leder und zeigt die Tafelform. Rundherum sind auf kleinen Kärtchen die Namen der Personen, die an der Tafel sitzen, angebracht. Man kann sich mit einem Blick über die Sitzordnung und den zugewiesenen Platz informieren.

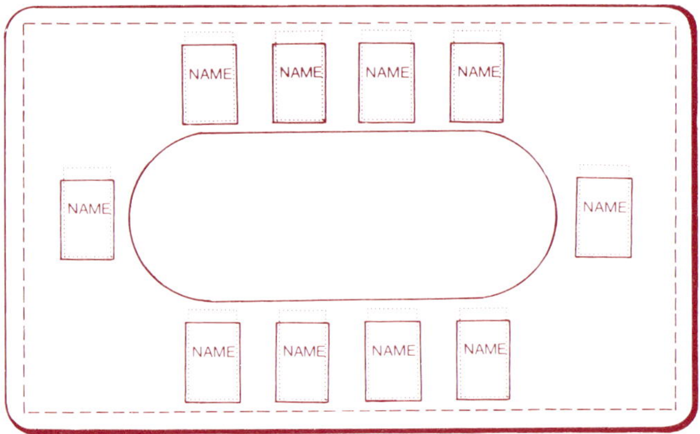

Tafelorientierungsplan

Häufig wird mit der Einladung ein kleines Kärtchen, auf dem die Tischform mit dem zugewiesenen Platz aufskizziert wurde, mitgeschickt. Bei Tisch sind außerdem die Plätze durch Tischkärtchen, auf denen der Name des Gastes steht, gekennzeichnet. Bei hochgestellten Persönlichkeiten stehen immer die Titel und der Name des Gastes auf der Tischkarte. Bei Verwandten und Bekannten genügt der Vorname oder die Bezeichnung des Familienstandes, z. B. Großvater, Tante Friederike usw.
Beim Platznehmen ist jeder Herr seiner Tischdame behilflich, indem er ihr den Stuhl zurechtrückt. Erst dann nimmt er selbst Platz, indem er mit der rechten Hand den Sessel nimmt, ihn geräuschlos etwas zurückschiebt und sich von rechts auf den Sessel setzt.

Benehmen bei Tisch

Wenn alle Gäste ihre Plätze eingenommen haben, nimmt jeder die Stoffserviette von seinem Gedeck, faltet sie halb auseinander und legt sie auf den Schoß. Bilden Papierservietten den Gedeckmittelpunkt, werden sie entweder rechts oder links neben das Gedeck gelegt.
Nun kann mit dem Service begonnen werden, wobei das Servieren der Speisen Sache der Hausfrau ist und das Getränkeservice dem Hausherrn zufällt, der seiner Frau eventuell auch Hilfe leisten kann. Kocht der Mann, ist es wiederum umgekehrt. Die Kinder der Gastgeber können etwa ab vierzehn Jahren ebenfalls begrenzt mithelfen. Sind Bedienstete im Haushalt, dann servieren natürlich diese (Servierregeln siehe Seite 108).

Mit dem **Essen** wird begonnen, wenn der erste Gang serviert ist und die Gastgeber ebenfalls Platz genommen haben. Die Hausfrau gibt dazu das Zeichen, indem sie selbst mit dem Essen beginnt. Dadurch haben vor allem junge und unerfahrene Gäste die Möglichkeit, sich durch einen kurzen Blick zu orientieren, wie und womit eine eventuell unbekannte Speise gegessen wird. Grundsätzlich wird immer das am äußersten Rand des Gedeckes liegende Besteck zuerst verwendet.
Man ißt ruhig und langsam und bemüht sich, mit dem Besteck keinen Lärm zu machen. Man sitzt aufrecht, den Oberkörper etwa eine Handbreit von der Tischkante entfernt. Die Hände bis zum Handgelenk, nicht die Ellbogen, liegen ruhig auf dem Tisch. Die Ellbogen liegen knapp am Körper an, und die Füße stehen ruhig nebeneinander.
Beim Essen von Suppe wird der Löffel mit der Löffelspitze zum Mund geführt und nicht der Kopf über den Teller gebeugt. Der Löffel darf nicht überfüllt werden, um ein Tropfen zu vermeiden.
Alle Besteckteile werden richtig in die Hand genommen: die Gabel mit der linken Hand, Messer und Löffel mit der rechten. Messer führt man niemals zum Mund.

Wie und womit die einzelnen Speisen gegessen werden, entnehmen Sie bitte dem Kapitel „Wie ißt man richtig?" auf Seite 112.

Man nimmt nur jeweils so viel von der Speise auf den Teller, als man sicher essen kann. Es ist besser, sich etwas nachreichen zu lassen. Ist der Teller leer und man wünscht noch etwas nach, legt man Gabel und Messer überkreuzt. Spricht man während des Essens, sollte das Besteck über den Teller gehalten werden. Benütztes Besteck darf nicht auf das Tischtuch gelegt werden. Es ist auch nicht richtig, ein Messer so auf den Tisch zu legen, daß nur die Messerspitze auf dem Tellerrand zu liegen kommt. Man legt vielmehr das ganze Messer auf den Teller.
Ist man mit dem Essen fertig, legt man das Besteck schräg nebeneinander, sodaß die Griffe etwas über den Tellerrand hinausragen. Das ist das Zeichen zum Abservieren.

Abserviert wird, wenn alle mit dem Essen fertig sind. Unbenutzte Gedecke von Gästen, die nicht erschienen sind, bleiben bis zum Schluß aufgedeckt und werden erst mit dem letzten Gang abserviert.

Wenn Ihnen als Gast das Essen geschmeckt hat, dann loben Sie es, ohne dabei überschwenglich zu werden. Man läßt sich aber keinsfalls etwas anmerken, wenn es nicht geschmeckt hat.

Das Zeichen zum **Trinken** gibt der Hausherr. Er erhebt sein Glas, nickt zuerst seiner Tischdame und dann mit einer leichten Verbeugung nach rechts und links den anderen Damen zu und fordert durch ein „Prost" oder „Zum Wohle" die Gäste zum Trinken auf.
Bevor man trinkt, tupft man sich mit der Serviette den Mund ab, um somit am Glas keine Lippenstift- oder Fettränder zu machen.
Wein- und sonstige Stielgläser faßt man am Stiel des Glases an. Alle anderen Gläser hält man im unteren Drittel.
Man hebt das Glas in Augenhöhe, schaut in Richtung des Gastgebers, der Tischnachbarn und des Gegenübers und nickt leicht mit dem Kopf.
Trinken Sie in kleinen Schlucken, und genießen Sie das Getränk. Niemals trinkt man ein Glas mit einem Zug aus, auch dann nicht, wenn man sehr durstig ist. Nachgeschenkt wird erst dann, wenn das Glas leer ist. Heutzutage kann aber auch schon dann nachgeschenkt werden, wenn der Gast fast ausgetrunken hat.

Wein aus der Bouteille mit Wasser in einem Glas zu mischen, ist nur im engsten Kreis erlaubt. Wasser wird in ein separates Wasserglas, das bei keinem Gedeck fehlen sollte, geleert. Möchte ein Gast die Weinmarke oder -sorte erfahren (vor allem, wenn der Wein im Krug serviert wird), bringt er am besten das Tischgespräch auf das Thema Wein, und der Gastgeber wird sofort die Weinmarke bekanntgeben. Direkt nach der Weinmarke zu fragen wäre unhöflich.
Wenn Ihre Gäste, aus welchen Gründen immer, keinen Alkohol trinken, dann akzeptieren Sie diese Entscheidung und versuchen Sie nicht, sie dazu zu überreden.

Rauchen soll man bei Tisch frühestens, nachdem der Hauptgang abserviert wurde, also vor dem Dessert. Der Gastgeber wird dazu auffordern. Ein höflicher Raucher wird aber seine Tischnachbarn nochmals fragen, ob es sie stört. Rauchen ist ein Appetitstopper und verfälscht den echten, feinen Geschmack von Speisen und Getränken. Ein Feinschmecker wird sich daher bis zum Kaffee gedulden und erst dann eine Zigarette, Zigarre oder Pfeife rauchen. Mit einer Zigarre oder Pfeife wartet man sowieso bis nach Beendigung des Essens.

Tischreden und **Trinksprüche** dürfen keinesfalls zu lang sein. Man wählt dafür am besten die Pause nach dem Hauptgericht, oder man wartet bis zum Schluß des Essens, denn während des Redens darf nicht gegessen werden. Der Redner klopft, wenn er nicht vom Hausherrn zu einer Rede aufgefordert wird, leicht an sein Glas, erhebt sich, wartet, bis die Unterhaltung verstummt, bringt seine Tischrede oder seinen Trinkspruch an und erhebt sein Glas. Nach Trinksprüchen können nun auch die übrigen Gäste aufstehen, und gemeinsam werden die Gläser geleert.
Sind bei offiziellen Veranstaltungen und Banketten mehrere Tischreden geplant, so werden sie abgesprochen und in nachstehender Reihenfolge gehalten. Vor Beginn des Essens erfolgt die Begrüßung. Bei taxativer Aufzählung bzw. Begrüßung einzelner Personen muß folgende Reihung eingehalten werden: zuerst die Geistlichkeit, dann zivile Persönlichkeiten in der Reihenfolge ihrer Stellung und schließlich Militärpersonen nach ihrem Dienstgrad. Die erste Rede soll erst nach dem ersten Gang, d. h. nach der kalten Vorspeise oder Suppe, gehalten werden, die zweite nach dem zweiten Gang, also nach der Suppe oder der warmen Vorspeise, die dritte nach dem Hauptgericht. Bei mehreren Tischreden muß auch die Reihenfolge der Redner ganz genau festgesetzt werden. Vor einer Tischrede ist darauf zu achten, daß die Gläser gefüllt sind.

Mit den Gläsern angestoßen wird immer bei feierlichen Gelegenheiten und im geselligen Kreis. Das Glas wird gehoben, indem man es möglichst weit unten anfaßt und die Gläser leicht aneinanderstößt. Man trinkt einen Schluck, wobei man sich ansieht, und stellt das Glas auf den Tisch zurück. Angestoßen wird mit Wein, Sekt oder Champagner.

Wenn alle Gäste den letzten Gang beendet haben, hebt die Hausfrau die Tafel auf. Niemand soll vorher ohne Grund und Entschuldigung die Tafel verlassen. Stoffservietten legt man vor dem Verlassen der Tafel einfach zusammen und legt sie auf den Tisch. Papierservietten können ruhig zerdrückt auf den Teller gelegt werden. Man rückt den Stuhl zurecht und begibt sich ins Wohnzimmer, wo eventuell **Kaffee** bzw. **Mokka** und/oder ein **Digestif** (siehe Seite 141) eingenommen werden. Hat man diese Möglichkeit nicht, kann man das auch an der Tafel tun. Sehr oft bleibt die Gesellschaft auch so an der Tafel sitzen und läßt hier das Fest ausklingen.
Eine gute Gastgeberin bleibt bis zum Ende der Einladung bei ihren Gästen. Diverse Arbeiten, wie z. B. Geschirreinigen, sollen erst dann geschehen, wenn sich die Gäste verabschiedet haben.

Bei Tisch können immer wieder Verhaltensweisen beobachtet werden, die man vermeiden sollte.
So sollte man während des Essens eine Tafel nicht verlassen. Ist es jedoch aus wichtigen Gründen erforderlich, wendet man sich an seinen Tischnachbarn mit der Frage: „Wollen Sie mich bitte kurz entschuldigen?" und erhebt sich. Eventuell angezündete Zigaretten werden im Aschenbecher ausgedämpft.
Niesen bei Tisch, während die anderen essen, ist ebenfalls unhöflich. Sollten Sie einen Niesanfall bekommen, dann entschuldigen Sie sich und verlassen die Tafel. Erst wenn sich der Anfall beruhigt hat, kehren Sie zum Tisch zurück. Dies gilt auch bei starkem Husten.

Ebenso ist das Schneuzen bei Tisch für andere Gäste unangenehm. Sollten Sie sich trotzdem schneuzen müssen, dann wenden Sie sich vom Tisch und von den Nachbarn ab und tun dies so geräuscharm wie nur möglich.

Schminken bei Tisch ist auch eine Unsitte. Sind die Lippen stark geschminkt, wird eine gut erzogene Dame vor dem Essen mit einem Papiertuch die Schminke entfernen, damit an den Trinkgläsern keine Abdrücke entstehen. Ist das Essen beendet, stehen der Dame immer Vorräume und Bad zur Verfügung, um sich nachzuschminken.

Sehr heikel ist das Verlangen von Gewürzen bei Tisch. Im Prinzip sollten alle Speisen, die auf den Tisch kommen, optimal gewürzt sein. Stellt der Gastgeber Gewürze auf den Tisch, so dürfen nur Salz, Pfeffer (auch aus der Mühle) und eventuell Senf verwendet werden, wenn diese Gewürze zur Speise passen. Nehmen Sie aber niemals Suppenwürzsaucen, auch wenn Ihnen die Suppe etwas zu schwach gewürzt erscheint. Schon gar nicht sollten Sie danach fragen, Sie würden sonst den Geschmack der Hausfrau kritisieren.
Eine Unart bei Tisch ist es, die Suppe, ohne sie vorher zu kosten, nachzuwürzen.

Ist die servierte Suppe bzw. Speise sehr heiß (Sie erkennen das am aufsteigenden Dampf), warten Sie, bis sie etwas ausgekühlt ist, denn Blasen und Schlürfen bei Tisch ist nicht angebracht.

Und nun noch ein paar Worte zum **kalten Buffet.** Wenn man als Gast zu einem kalten Buffet eingeladen ist, gibt es verschiedene Dinge, die man beachten muß. Der Gast wartet immer, bis er aufgefordert wird, sich zu bedienen. Geschieht dies nicht ausdrücklich, beginnen Sie erst, wenn bereits andere zum Buffet gegangen sind. Es zeugt von sehr schlechtem Benehmen, wenn man sich mit brennender Zigarette, Zigarre oder Pfeife zum Buffet begibt.

Man bedient sich zuerst bei den Fischgerichten. Fisch und Fleisch sollten niemals auf einem Teller gemischt werden. Auf einem frischen Teller nimmt man sich anschließend Fleisch, Pasteten, Mayonnaisen, Salate usw. Auch hier gilt die Regel, immer nur so viel zu nehmen, als man auch tatsächlich essen kann. Gehen Sie öfters zum Buffet, und machen Sie zwischen den einzelnen Gängen eine Pause. Wenn Sie sich einen Käseteller zusammenstellen, beginnen Sie beim harten Käse, dann nehmen Sie halbharten und schließlich weichen oder Cremekäse. Würzige Sorten nimmt man vor milden.
Zum Schluß bedient man sich bei Süßspeisen oder Obst, ebenfalls auf einem separaten Teller.

Als Herr können Sie Ihrer Tischdame vom Buffet etwas mitnehmen. Der Herr läßt sich hingegen niemals in Gesellschaft etwas von einer Dame servieren.

Missgeschicke bei Tisch

Fehlt bei einem Gericht versehentlich ein Vorlegebesteck, so darf man die Hausfrau ruhig darauf aufmerksam machen. Der Gast sollte auf keinen Fall sein eigenes Besteck verwenden.
Fällt einem Gast versehentlich die Serviette oder ein Besteck hinunter, wird dies von der Hausfrau oder dem Personal nachgereicht. Dazu ist es notwendig, schon bei den Vorbereitungen Reservebesteck und -serviette bereitzulegen.
Versehentlich vom Teller gefallene Speisen werden diskret an den Rand des Tellers gelegt und nicht gegessen.
Stößt ein Gast ein Glas um, so wird er sich selbstverständlich beim Gastgeber für seine Ungeschicklichkeit entschuldigen. Die Hausfrau wird mit ruhigen, sicheren Bewegungen die Bescherung beseitigen. Am besten bedeckt man den nassen Fleck mit saugfähigen Servietten und breitet darüber ein sauberes Tuch oder eine Deckserviette. Rotweinflecke soll man sofort mit Salz bestreuen, weil dieses den Farbstoff an sich zieht.
Zerschlägt ein Gast ein Glas, so räumt die Hausfrau die Scherben weg. Sie beruhigt den Gast auch mit einer Bemerkung, daß so ein Mißgeschick immer passieren könne. Wird von einem Gast ein wertvolles Gut zerschlagen, so ist er verpflichtet, dafür Schadenersatz zu leisten.

Beflecken Sie als Gastgeber einen Gast, müssen Sie selbstverständlich für die Reinigung des betroffenen Kleidungsstückes aufkommen. Befleckt sich ein Gast selbst, so werden Sie auch in diesem Fall behilflich sein. Ein wohlerzogener Gast wird allerdings erst nach dem Essen den Fleck entfernen, damit die Gastgeber in Ruhe ein warmes Essen genießen können.

Konversation

Daß man mit vollem Mund nicht spricht, ist eine Selbstverständlichkeit, daher wird während des Essens wenig gesprochen werden. Die Konversation wird zwischen den einzelnen Gängen gemacht. Bei vielen Gästen und an einer großen Tafel unterhält man sich vorzugsweise mit seiner Tischdame oder seinem Tischherrn, ohne aber die Dame zu seiner Linken oder den Herrn zur Rechten bzw. das Paar gegenüber zu vernachlässigen. Hat man seinen Tischnachbarn erst kennengelernt, wird man ein allgemeines neutrales Thema für ein Gespräch suchen. Im Laufe dieser Konversation findet man vielleicht gemeinsame Interessen, und schon entwickelt sich ein interessantes Gespräch.

Ein allgemeines Tischgespräch ist nur an einer kleinen Tafel möglich. Die Gastgeber haben darauf zu achten, daß ihre Gäste nach Möglichkeit die Hauptträger der Konversation sind, und werden deshalb die Thematik, die von den Gästen ausgeht, aufgreifen. Zeigen Sie sich als Gastgeber auch bei uninteressanter Problematik interessiert. Lassen Sie sich von den Erfolgen Ihrer Gäste erzählen, und bestätigen Sie diese. Stellen Sie sich nie selbst in den Mittelpunkt der Gesellschaft. Bestimmte Themen sollten als Tischgespräch von vornherein vermieden werden: Politik, Religion, extreme weltanschauliche Themen, Einkommen, die eigene Person, nicht anwesende Personen, außer man erkundigt sich nach deren Wohlbefinden.

In Gesellschaft Urlaubsbilder oder Fotoalben zu zeigen ist ebenfalls problematisch. Video-, Dia- oder Filmvorträge hält man nur, wenn alle geladenen Personen dies wünschen. Sie sollten maximal eine halbe Stunde dauern.

Ist bei einer Einladung Tanz vorgesehen, tanzen die Gastgeber selbstverständlich zuerst mit ihren Gästen. Um sogenannte Mauerblümchen wird man sich besonders kümmern. Die Tanzmusik wird dem Gästekreis angepaßt, und natürlich können auch Gäste einen Musikwunsch äußern. Fragen Sie Ihre Gäste nach etwaigen Musikwünschen, wobei Sie gleichzeitig Ihre Auswahl bekanntgeben.

Titel und Anreden

Formen der Anrede und richtige Anwendung der Titel sind ein wichtiger Teil gesellschaftlichen Umgangs. Sie spielen vor allem auch bei Einladungen eine Rolle, sei es bei der Einladung selbst, auf Tischkarten, beim Vorstellen und natürlich auch bei der Konversation. Was für den einen richtig ist, ist jedoch nicht unbedingt für alle richtig. Die Form der Anrede richtet sich nach dem Lebenskreis, aus dem der Anzuredende stammt, und nach der Situation, in der man ihm begegnet. Die Wahl der richtigen Form ist auch eine Frage des Taktes.

In Österreich ist es üblich und erwünscht, Titel zu verwenden. Schriftliche Anreden, z. B. auf Tischkarten und in Briefen, müssen sorgfältiger gewählt werden als mündliche.

In der Bundesrepublik Deutschland und in der Schweiz haben Titel wesentlich weniger Bedeutung.

Kirchliche Würdenträger

Apostolischer Nuntius: Exzellenz oder Eure Exzellenz (wenn zugleich Kardinal – Eminenz oder Eure Eminenz)

Kardinal: Eminenz oder Eure Eminenz, heute auch Herr Kardinal

Katholischer Erzbischof oder Bischof: Exzellenz oder Eure Exzellenz, Eure Erzbischöfliche (Bischöfliche) Gnaden, heute auch Herr Erzbischof, Herr Bischof

Evangelischer Bischof: Euer Bischöfliche Gnaden, heute auch Herr Bischof

Prälat: Hochwürdigster Herr Prälat, Hochwürdigster Herr Generalvikar, evtl. Euer Gnaden, heute auch Herr Prälat

Domherr: Hochwürdigster Herr (oder Domherr)

Propst, Superintendent: Herr Propst, Herr Superintendent

Abt: Hochwürdigster Herr oder Eure Gnaden, heute: Herr Abt

Äbtissin: Hochwürdigste Mutter Äbtissin, heute: Frau Äbtissin

Oberin: Ehrwürdige Mutter Oberin, heute: Frau Oberin oder Schwester Oberin
Monsignore: Monsignore
Ordenspriester: Hochwürden, heute: Pater
Ordensschwester: Eure Ehrwürden, heute: Schwester
Pfarrer: Hochwürden, heute: Herr Pfarrer
Pastor, Vikar: Herr Pastor, Herr Vikar

Verliehene Titel und Auszeichnungen
Bundespräsident: Herr (Frau) Bundespräsident (bei offiziellen Anreden auch Exzellenz oder Eure Exzellenz)
Bundeskanzler: Herr (Frau) Bundeskanzler (bei offiziellen Anreden auch Exzellenz oder Eure Exzellenz)
Bundesminister, Minister: Herr (Frau) Bundesminister, Minister
Staatssekretär: Herr (Frau) Staatssekretär
Botschafter: Herr (Frau) Botschafter (bei ausländischen Botschaftern: Exzellenz)
Landeshauptmann: Herr (Frau) Landeshauptmann
Landesrat: Herr (Frau) Landesrat
Abgeordneter: Herr Abgeordneter, Frau Abgeordnete
Oberbürgermeister, Bürgermeister: Herr (Frau) Oberbürgermeister, Bürgermeister
Sektionsrat: Herr (Frau) Sektionsrat
Hofrat: Herr (Frau) Hofrat
Regierungsrat: Herr (Frau) Regierungsrat
Senatsrat: Herr (Frau) Senatsrat
Geheimrat: Herr (Frau) Geheimrat
Kommerzialrat: Herr (Frau) Kommerzialrat
Ökonomierat: Herr (Frau) Ökonomierat
Präsident: Herr (Frau) Präsident
Generaldirektor, Direktor: Herr (Frau) Generaldirektor, Direktor
Oberstudienrat, Studienrat: Herr (Frau) Oberstudienrat, Studienrat
Oberschulrat, Schulrat: Herr (Frau) Oberschulrat, Schulrat
Kammersänger: Herr Kammersänger, Frau Kammersängerin

Landeshauptmann-Stellvertreter, Bürgermeisterstellvertreter, Vizepräsidenten, Direktor-Stellvertreter usw. werden als Herr (Frau) Landeshauptmann, Bürgermeister, Präsident, Direktor usw. angesprochen.

Akademische Grade
Rektor einer Universität: Eure Magnifizenz, heute: Herr (Frau) Rektor
Dekan: Herr (Frau) Dekan
Universitätsprofessor: Herr (Frau) Professor
Doktor: Herr (Frau) Doktor
Magister: Herr (Frau) Magister
Diplomingenieur: Herr (Frau) Diplomingenieur

In Österreich werden Gymnasiallehrer ebenfalls mit Professor angesprochen. Auch gibt es akademische Grade h. c. (honoris causa = ehrenhalber). Träger solcher Titel werden wie alle anderen akademischen Titel unter Weglassung von h. c. angesprochen. Die akademischen Grade genießen gegen Mißbrauch gesetzlichen Schutz.

Angehörige des Militärs
Bei Anreden von Militärpersonen wird immer das Wort „Herr" vor den militärischen Dienstgrad gesetzt, z. B. Herr Divisionär…, Herr Oberst…
Bei Begrüßungen und Tischreden werden einzelne militärische Persönlichkeiten immer nur bis zur Ebene des Bataillons- bzw. Regimentskommandanten namentlich angesprochen. In der Rangordnung darunterliegende Militärpersonen werden nur mit ihrer Funktion angesprochen, z. B. „…weiters begrüße ich den Kommandanten der …kompanie".

Anrede von Damen
Verheiratete Dame: Frau
Junge unverheiratete Dame: Fräulein
Man geht aber immer mehr dazu über, auch unverheiratete Frauen ab einem gewissen Alter mit „Frau" anzureden.
Wenn eine Dame keinen akademischen Grad und keine Berufsbezeichnung führt, dann wird sie mit „gnädige Frau" angesprochen.
Hat eine Frau einen beruflichen Titel oder einen akademischen Grad, dann wird der Titel oder Grad immer in Verbindung mit „Frau" ausgeprochen, auch wenn sie unverheiratet ist, z. B. Frau Abteilungsvorstand, Frau Doktor, sonst „gnädige Frau".
In keinem Fall hat die Ehefrau einen Anspruch auf den Titel ihres Mannes. Hier heißt es: Herr Dr. Huber und Frau Huber oder gnädige Frau.

Anrede der Ehegatten
Spricht man über seine Ehepartner, werden folgende Begriffe verwendet:
Bei höhergestellten Personen spricht man vom „Herrn Gemahl" oder der „Frau Gemahlin", sonst von „Ihrem

Gatten“ bzw. „Ihrer Gattin“, bei guten Bekannten auch von „Ihrem Mann“, bzw. „Ihrer Frau“. Vom eigenen Partner spricht man nur als von „meinem Mann“, „meiner Frau“.

Verabschiedung der Gäste

Höfliche Gäste werden immer danach trachten, die üblichen Besuchszeiten (siehe bei den einzelnen Mahlzeiten) einzuhalten.
Wenn sich ein Gast erhebt und von den anderen Gästen verabschiedet (es sollten immer die Ehrengäste den Anfang machen), geleitet ihn der Gastgeber oder die Gastgeberin zur Garderobe. Hier bedankt sich der Gast bei den Gastgebern, die ihre Freude über den Besuch äußern und guten Heimweg wünschen.
Der Hausherr hilft seinen Gästen – Damen wie Herren – in den Mantel, die Hausfrau ist nur für weibliche Gäste zuständig. Dann öffnen die Gastgeber die Wohnungs- oder Haustüre und verabschieden sich.
Wenn die Gäste ein Taxi benötigen, werden es die Gastgeber telefonisch bestellen. Gäste, die zuviel getrunken haben, sollte man dazu überreden, mit dem Taxi nach Hause zu fahren. Machen Sie Ihre Gäste auf die Folgen eines Unfalles aufmerksam.
Verbleibende Gäste sollten durch die früher aufbrechenden nicht in „Heimgehstimmung“ versetzt werden.
Natürlich gibt es auch immer wieder Gäste, die die üblichen Besuchszeiten weit überschreiten. Behandeln Sie als Gastgeber solche Gäste auch weiterhin freundlich und zuvorkommend. Machen Sie auf keinen Fall Anstalten, die Ihre Gäste zu einem abrupten Aufbruch veranlassen könnten, wie z. B. auffälliges Gähnen, auf die Uhr sehen, lüften, aufstehen, abräumen usw.
Wer sich Gäste einlädt, muß mit unverhofften Ereignissen rechnen. Gäste einzuladen ist für die Gastgeber auch immer mit viel Arbeit und Zeitaufwand verbunden. Dessen muß man sich schon vor jeder Einladung bewußt sein. Werden Gäste eingeladen, hat man sich diesen uneingeschränkt zu widmen, alle anderen Dinge, z. B. Telefonate, werden auf einen anderen Termin verschoben.

Unerwartete Gäste

Bekommen Sie unerwartet Gäste, empfangen Sie diese höflich und freundlich, auch wenn Ihnen der Besuch momentan sehr ungelegen kommt.
Nachdem die Gäste abgelegt haben, führen Sie sie in das Wohnzimmer.
Ist nicht aufgeräumt, dann entschuldigen Sie sich. Ihre Gäste werden es akzeptieren, da sie ja unangemeldet erschienen sind. Befinden Sie sich in Arbeitskleidung, dann behalten Sie diese getrost an.
Bieten Sie Ihren Gästen etwas zu trinken an. Das Angebot richtet sich natürlich nach der Tageszeit und nach Ihren Möglichkeiten. Im allgemeinen hat man immer Bier, Wein, alkoholfreie Getränke sowie Kaffee und Tee zu Hause. Auch die Hausbar sollte immer mit leichten Getränken bestückt sein. Ein Glas Sherry, Portwein oder Wermut kann jederzeit serviert werden.
Sind Sie allein zu Hause, müssen Sie Ihre Gäste zwar gelegentlich verlassen, um in der Küche Kaffee oder Tee zuzubereiten oder Getränke aus dem Kühlschrank zu holen, Ihre Gäste nehmen Ihnen dies aber sicher nicht übel.
Sind Sie mit Ihrer gesamten Familie daheim, dann bleiben die anderen Familienmitglieder bei den Gästen, während Sie die Bewirtung übernehmen.
Wenn unerwartete Gäste jegliches Angebot an Getränken ablehnen, dann drängen Sie auf keinen Fall irgend etwas auf. Sie erwarten sich eigentlich keine Bewirtung. Sehr gute Freunde oder Bekannte sowie Verwandte werden ihre Wünsche von selbst äußern.

Werden Sie beim Frühstück von Gästen überrascht, dann bieten Sie ein Frühstücksgetränk an. Kommen unerwartete Gäste zu einer Hauptmahlzeit, dann bieten Sie, falls Sie genug Speisen zur Verfügung haben, Ihrem Gast an, mitzuessen. Wird die Einladung von seiten des Gastes abgelehnt, dann versuchen Sie es mit einem Getränk. Auf alle Fälle sollten die Gäste bei Tisch Platz nehmen.
Nach Beendigung der Mahlzeit begeben Sie sich mit Ihren Gästen in das Wohnzimmer. Den Tisch abräumen können Sie später.

Werden Sie im Weggehen von Gästen überrascht, dann bitten Sie die Gäste kurz in die Wohnung. Haben Sie einen dringenden Weg, dann ersuchen Sie sie, später wiederzukommen.

Verhalten im Restaurant

Gäste kann man natürlich ebenso in ein gutes Restaurant einladen, besonders im Geschäftsleben ist das häufig der Fall. Man kann sich aber auch selbst einen schönen Abend gestalten und essen gehen. Um sich jeden Ärger zu ersparen, ist es am günstigsten, einige Vorbereitungen zu treffen.

Tischreservierung

Für den Besuch eines guten Restaurants ist es sehr zu empfehlen, einen Tisch reservieren zu lassen, damit man auch sicher die gewünschten Plätze bekommt.
Das kann sowohl telefonisch als auch persönlich geschehen. Man gibt seinen Namen, die Telefonnummer, Datum und Uhrzeit der Reservierung, Personenzahl und besondere Wünsche bekannt. Vielleicht wird man Sie auch danach fragen, ob Einzelrechnungen oder eine Gesamtrechnung gewünscht wird.
Kennen Sie das Restaurant nicht und wollen Sie besondere Gäste ausführen, dann ist es auf alle Fälle ratsam, sich vorher persönlich über die Örtlichkeiten und die Leistungsfähigkeit des jeweiligen Betriebes zu informieren. Besuchen Sie das Lokal eventuell alleine oder mit guten Freunden. Sind Sie zufrieden, können Sie auch mit für Sie wichtigen Leuten wiederkommen.
Sollten Sie einen Restaurantführer besitzen, so erleichtert dieser Ihnen die Wahl des jeweiligen Restaurants. Überzeugen Sie sich aber ebenfalls lieber selbst von dem Gebotenen.
Einen guten Betrieb erkennt man daran, daß

- man beim Eintreten bereits freundlich begrüßt wird,
- man an einem Tisch plaziert wird,
- einem die Speisenkarte geöffnet gereicht wird,
- der Kellner bestens über das Tagesangebot informiert ist und seine Gäste gut beraten kann,
- die Getränke rechtzeitig nachgeschenkt werden,
- regelmäßig die Aschenbecher entleert werden,
- rechtzeitig abserviert wird,
- sich der Kellner um seine Gäste kümmert und öfter am Tisch vorbeikommt,
- die Gäste nach der Bezahlung auch freundlich verabschiedet werden.

Bei reserviertem Tisch sollten Sie immer pünktlich erscheinen. Kommen Sie um mehr als eine halbe Stunde zu spät, kann der Kellner von der Reservierung Abstand nehmen und den Tisch anderweitig vergeben. Sollten Sie sich verspäten, rufen Sie das Restaurant an, und geben Sie die Verspätung bekannt.

Kleidung

Für die Damen genügt mittags und abends ein elegantes Kleid, ein Kostüm, Rock und Bluse. Abendgarderobe ist heute fast nicht mehr üblich.
Der Herr trägt einen Anzug (auch Trachtenanzug) oder Sakko bzw. Blazer und Hose, aber auf alle Fälle eine Krawatte oder ein Halstuch. Viele Abendrestaurants und Bars haben Krawattenpflicht.

Ankunft im Restaurant

Wenn Sie allein in ein Restaurant gehen, nehmen Sie als Herr schon in der Tür den Hut ab.
In einem guten Restaurant wird man jetzt bereits vom Besitzer selbst, vom Restaurantdirektor oder von einem Kellner begrüßt, der beim Ablegen behilflich ist und anschließend einen freien, möglichst kleinen Tisch anbietet. Ist kein Tisch mehr frei, wird man an einen bereits besetzten Tisch zu anderen Gästen plaziert. In dem Fall macht man eine kleine Verbeugung und fragt, ob es gestattet ist, Platz zu nehmen.

Haben sich ein Herr und eine Dame in einem Restaurant verabredet, erscheint der Herr natürlich zuerst, wählt einen geeigneten Tisch und erwartet seinen Gast. Beim Eintreten der Dame macht er sich durch Aufstehen bemerkbar, nimmt ihr den Mantel ab, versorgt die Garderobe und geleitet sie an den Tisch.
Verabredet man sich in einem Hotelrestaurant, erwartet der Herr die Dame in der Halle.
Wenn man gemeinsam ins Restaurant kommt, betritt der Herr als erster das Lokal. In guten Restaurants befindet sich die Garderobe vor dem eigentlichen Lokal. Hier hilft der Herr – nicht der Kellner – der Dame aus dem Mantel und übergibt diesen der Garderobiere oder dem Kellner. Dann legt der Herr selbst ab, wobei ihm die Garderobiere oder ein Kellner behilflich sein kann. Anschließend führt der Kellner die Gäste an einen freien bzw. reservierten Tisch.
Betritt man gleich das Lokal, ohne sich vorher seiner Garderobe entledigen zu können, wird einen im allgemeinen der Besitzer, Restaurantdirektor oder ein

Kellner begrüßen. Bei ihm erkundigt man sich, wo sich der reservierte Tisch befindet. Hat man keinen Tisch reserviert, wendet sich der Herr an den Kellner, der einem, je nach Möglichkeit, mehrere Tische zur Auswahl gibt. Der Herr wird die Dame danach fragen, welcher Tisch ihr angenehm ist. Dann legt man ab, und der Kellner wird die Gäste zum Tisch führen. Mäntel, große Taschen und andere Garderobestücke werden nicht mit an den Tisch genommen. Dies ist nur ausnahmsweise gestattet, wenn entweder eine Garderobe fehlt oder diese sehr überfüllt ist. Dann wird man seine Überkleider diskret auf einen Stuhl, nicht aber über die Stuhllehne legen.

Wenn man ausnahmsweise nicht von einem Kellner empfangen wird, geht der Herr voraus, ohne aber seiner Begleiterin davonzueilen. Weist der Kellner den Platz an, dann hat die Dame den Vortritt.

Am Tisch nimmt zuerst die Dame Platz. Sie bekommt den schönsten und besten, von dem aus sie alles im Restaurant sehen kann.

Ein höflicher Herr wird seiner Dame beim Niedersetzen behilflich sein, indem er ihr den Sessel zurechtrückt. (Tut er es nicht, wird das Verabsäumte vom Kellner erledigt.) Dann wird der Herr um die Ecke des Tisches zur Rechten seiner Dame oder ihr gegenüber Platz nehmen. Nebeneinander zu sitzen ist im deutschsprachigen Raum nicht üblich (wohl aber z. B. in Frankreich und Italien).

Lädt man eine größere Gesellschaft in ein Restaurant ein, so ist der Gastgeber selbstverständlich der erste, der eintrifft. Er erwartet seine Gäste am Tisch oder in einem Hotelrestaurant in der Halle bzw. in der Hotelbar. Letzteres wird vor allem bei geschäftlichen Einladungen oder unter Herren üblich sein. Natürlich kann sich die ganze Gesellschaft auch schon vorher treffen und gemeinsam das Lokal betreten, der Gastgeber zuerst. An der Garderobe ist jeder Herr seiner Dame beim Ablegen behilflich. Der Restaurantdirektor oder ein Kellner geleitet die Gesellschaft zum reservierten Tisch, wobei der Gastgeber, dann die ältere oder ranghöhere Dame vor der jüngeren bzw. rangniedrigeren geht, der ältere (ranghöhere) Herr vor dem jüngeren (rangniedrigeren). Ist ausnahmsweise kein Kellner beim Empfang der Gäste, so übernimmt der Gastgeber die Führung durch das Lokal, der jüngste Herr bildet den Abschluß.

Am Tisch werden häufig der Gastgeberin von ihren Gästen Blumen überreicht; diese ersucht den Kellner um eine passende Vase.

Zuerst nehmen wieder die Damen Platz – bei Geschäftsessen die Gäste –, und zwar in der Reihenfolge nach Rang und Alter. Sie bekommen die schönsten und besten Plätze. Das Plazieren bei Tisch wird vom Gastgeber vorgenommen.

Ist der Gastgeber eine Dame, wie das im heutigen Berufsleben durchaus vorkommt, dann gelten für die einladende Dame (Geschäftsfrau) dieselben oben erwähnten Regeln.

Begibt man sich in größerer Gesellschaft in ein Restaurant und jedes Paar bzw. jede Familie kommt für sich selbst auf, dann bestellt jeder für sich und zahlt für sich. In diesem Fall sollte man den Kellner aber schon vor der Bestellung darauf aufmerksam machen. Es ist unangenehm, wenn eine bereits fertiggestellte Rechnung auf mehrere Einzelrechnungen aufgeteilt werden muß.

Die Bestellung

Wenn alle am Tisch Platz genommen haben, wird der Kellner fragen, ob ein **Aperitif** gewünscht wird. Lassen Sie sich etwas empfehlen, denn für eine Aperitifbestellung läßt man sich keine Karte bringen.

Ein Aperitif muß nicht unbedingt alkoholhaltig sein, es gibt auch alkoholfreie Getränke, die sehr appetitanregend sind. In vielen Restaurants werden besondere Spezialitäten als Aperitif angeboten. Sollten Sie einige davon nicht kennen, fragen Sie den Kellner, er wird sie Ihnen gern erklären. Hat man gewählt, so teilt der Herr bzw. der Gastgeber dem Kellner die Wünsche seiner Gäste mit. Eine Dame wird nicht direkt beim Kellner bestellen, sie wird ihre Wünsche ihrem Begleiter mitteilen, außer sie ist die Gastgeberin, dann werden die Herren der Gesellschaft und die Gastgeberin für sich selbst bestellen.

Wenn der Aperitif bestellt ist, reicht der Kellner dem Gastgeber und seinen Gästen zur Auswahl der einzelnen **Speisen** die Speisenkarte. In manchen sehr guten Restaurants gibt es Speisenkarten ohne Preise. Sorgen Sie als Gastgeber dafür, daß Ihre Gäste diese bekommen, damit sie unbeschwert aussuchen können. Die Karte des Gastgebers enthält sämtliche Preise verzeichnet. Sind die Preise auf allen Karten ersichtlich, werden die Gäste danach trachten, bei der Auswahl den goldenen Mittelweg zu wählen.

Man kann seinen Gästen die Wahl erleichtern, indem man ihnen z. B. Speisen, die man selber bereits in den Restaurants gegessen hat, empfiehlt. Besonders Damen sind für eine Empfehlung meist sehr dankbar, vor allem dann, wenn sie mit einem Herrn das erste Mal essen gehen.

Man kann sich auch etwas vom Kellner empfehlen lassen. Fragen Sie nach den Tagesspezialitäten, diese sind immer frisch. In den meisten Häusern werden heutzutage auch saisonbedingte Spezialitäten, wie Spargel, Wild, Fische, Muscheln usw., angeboten. Nutzen Sie solche Angebote aus.

Möchten Sie und Ihre Gäste einmal etwas Neues, Unbekanntes essen, lassen Sie sich vom Kellner erklären, worum es sich handelt. In gut geführten Betrieben können Sie sich auch ein Menü vom Kellner zusammenstellen lassen. Mißtrauen gegenüber den Empfehlungen des Kellners ist meist überflüssig. Gute Restaurants haben erstklassig geschultes Personal. Der Kellner will Ihnen nicht unbedingt das Teuerste verkaufen. Er ist vor allem daran interessiert, die Kunden zufriedenzustellen, denn das ist die beste Werbung für das Haus.

Viele Restaurants bieten ein Degustationsmenü an. Das ist ein Menü mit mehreren Gängen, meist fünf oder mehr, das einen guten Überblick über die Leistungsfähigkeit der Küche gibt. Die Speisenfolgen sind von Fachleuten zusammengestellt und die einzelnen Speisen das Erlesenste und das Frischeste, was das Haus zu bieten hat.

Eine normale Speisenfolge besteht aus mindestens drei Gängen. Bestellen Sie daher zunächst eine kalte oder warme Vorspeise bzw. eine Suppe und die Hauptspeise gemeinsam. Das Dessert wird erst später bestellt.

Lädt man eine größere Gesellschaft in ein Restaurant ein, ist es ratsam, schon vorher ein komplettes Menü zu bestellen (siehe auch Bankette, Seite 232).

Nach Beendigung der Bestellungsannahme ist darauf zu achten, daß der Kellner die bestellten Speisen wiederholt. Dadurch können Mißverständnisse noch vor dem Service der Speisen verhindert werden.

Erst nach der Speisenbestellung werden die **Getränke** bestellt. Sie richten sich nach den jeweiligen Gerichten.

Zu einem guten Essen trinkt man nur Wein oder Mineralwasser. Limonaden und Fruchtsäfte sind Durstlöscher und passen nicht zu erlesenen Speisen. Ausnahmen bilden Kinder und Jugendliche.

Meist wird also zu einem guten Essen eine Flasche Wein bestellt. Hat man aber großen Durst, kann ohne weiteres vor dem Essen oder zwischen den Gängen ein Glas Bier getrunken werden.

Der Gastgeber läßt sich nach der Speisenbestellung die Weinkarte reichen und sucht zunächst nach Weinen, die er kennt. Ist ihm keiner der Weine bekannt, sollte er je nach Geschmack und den ausgewählten Speisen bestellen (korrespondierende Getränke siehe Seite 139). Der Kellner wird ihn beraten und entsprechende Weinmarken empfehlen.

Ist eine 0,7-Liter-Flasche zu viel, kann man auch offenen Wein bestellen, oder man nimmt eine halbe Flasche. Hierbei ist die Auswahl jedoch sehr begrenzt, da leider noch zu wenige Weinproduzenten ihre Produkte in dieser Flaschengröße anbieten. Hat man ein Degustationsmenü bestellt, so wird man zu jedem Gang ein Glas dazupassenden Weines trinken, den man aber schon vorher bestellt.

Wenn Sie Ihren Gästen einen speziellen Bordeaux oder Burgunder-Wein kredenzen wollen, geben Sie Ihre Bestellung so rasch wie möglich dem Kellner, damit dieser alle nötigen Vorbereitungen sofort in die Wege leiten kann, denn diese Weine verlangen ein besonderes Service. Es ist günstig, bereits bei der Tischreservierung eine solche besondere Weinmarke, von der Sie wissen, daß sie in dem Lokal angeboten wird, zu bestellen.

Wasser wird zu Wein separat getrunken.

Benehmen bei Tisch

Das Benehmen bei Tisch ist im Restaurant nicht anders als zu Hause. Kleine Unterschiede ergeben sich mitunter durch das Service, z. B. ist in guten Restaurants immer ein sogenanntes Kuvert aufgedeckt. Für dieses Gedeck wird häufig ein Extrapreis verrechnet. Es besteht aus dem großen Besteck, einer Serviette und/oder einem Standteller, einem Brotteller mit Buttermesser, Gebäck und Butter (siehe Seite 172).

Diese nimmt man sich auf den Brotteller, bricht vom Brot kleine Stücke ab, die man mit dem Buttermesser mit Butter bestreicht und mit der Hand ißt.

Gastlichkeit

Alle anderen Bestecke werden nach der Bestellung eingedeckt, da der Kellner erst jetzt die Menüfolge kennt.
Vor den Speisen werden die Getränke serviert.

Hat man eine Flasche Wein bestellt, kostet der Besteller vor dem Service. Bei besonderen Spezialitäten kann auch der Sommelier (Weinkellner) vorkosten.
Das Weinkosten bei Tisch vollzieht sich wie folgt: Der Kellner gießt einen kleinen Schluck des Weines in das Glas des Bestellers. Dieser hebt das Glas gegen das Licht und überprüft die Farbe und Klarheit des Weines. Dann riecht er kräftig. Dabei überprüft er den Duft und das Bukett des Weines. Das Glas soll beim Riechen etwas geschwenkt werden, damit sich das Bukett voll entfaltet. Zum Schluß nimmt man einen kleinen Schluck in den Mund und läßt den Wein zwischen Gaumen und Zunge verweilen. Damit kann man das volle Aroma des Weines auskosten.
Mit dieser Probe überprüft man nicht nur Aroma und Geschmacksrichtung des Weines, also ob der Wein trocken, lieblich oder süß schmeckt, ebenso prüft man den typischen Sortengeschmack und auch die richtige Trinktemperatur. Denn ist der Wein zu kalt, schmeckt er wenig aromatisch, ist er zu warm, schmeckt er schal und unangenehm. Auch Weinfehler werden beim Probeschluck erkannt. Schmeckt der Wein nach Kork, dann schicken Sie die Flasche zurück. Hat ein junger Wein einen unangenehmen Altersgeschmack, ist er verdorben und muß ebenfalls umgetauscht werden. Befinden sich Kristalle im Wein, so handelt es sich um Weinstein. Weinstein ist eine natürliche Ausscheidung guter Weine. Der Wein ist gesund und kann getrunken werden.
Machen Sie Weinreklamationen nur, wenn Sie überzeugt sind, daß der Wein wirklich verdorben ist. Der Kellner nimmt die Flasche bei ungerechtfertigter Beanstandung nicht zurück. Wenn Sie sich nicht sicher sind, ob der Wein in Ordnung ist oder nicht, bitten Sie den Kellner, den Wein ebenfalls zu kosten. Er wird im Zweifelsfall immer für Sie entscheiden. Sollten Sie eine zweite Flasche desselben Weines nachbestellen, wird dieser wiederum gekostet.

Natürlich beginnt man auch im Restaurant erst dann zu essen, wenn allen Personen am Tisch serviert wurde, wobei die Damen immer zuerst bedient werden. Ein gutes Service erkennt man unter anderem auch daran, daß allen Personen (Ausnahme: Bankett) möglichst gleichzeitig serviert wird.

Versuchen Sie die Unterhaltung bei Tisch so gedämpft zu halten, daß Ihre Tischnachbarn nicht gestört werden.

Nachdem die Hauptspeise abserviert wurde, bekommt nochmals jeder Gast eine Karte, damit er eine Nachspeise wählen kann. Hat der Herr bzw. der Gastgeber die Desserts bestellt, wird er vom Kellner auch gefragt werden, welches Getränk dazu gewünscht wird. Der Gastgeber erhält die Weinkarte und wählt aus. Nach dem Dessert fragt der Kellner, ob Kaffee oder ein Digestif gewünscht wird.

Und nun noch einige Kleinigkeiten, die im Restaurant beachtet werden sollen:
Während einer Mahlzeit wird man niemals telefonieren. Wenn es unbedingt sein muß, verschiebt man das Telefonat bis nach der Hauptspeise.
Werden Sie zum Telefon gerufen, können die am Tisch verbleibenden Personen die Mahlzeit selbstverständlich beenden. Der Kellner wird Ihr Essen notfalls warm stellen. Wenn Sie jedoch einen geruhsamen Abend verbringen wollen, dann verhindern Sie im vorhinein, angerufen zu werden.
Müssen Sie den Waschraum bzw. die Toilette aufsuchen, stecken Sie etwas Kleingeld ein.
Es ist nicht angebracht, Fehlendes, z. B. die Menagen, von fremden Tischen zu holen. Man halte dazu höflich die Bedienung an.
Hat jemand ein Glas umgeschüttet, so rufe man ebenfalls den Kellner, der wieder alles in Ordnung bringt.
Treffen Sie im Restaurant einen Bekannten, dann grüßen Sie mit einer der Person zugewandten Verneigung. Treffen Sie gute Freunde, dann gehen Sie zu dem jeweiligen Tisch und begrüßen Sie Ihre Freunde herzlich, aber kurz, schließlich wollen diese ihre Mahlzeit fortsetzen. Werden Sie bei Tisch begrüßt, dann erhebt sich der Herr, die Dame bleibt sitzen.

Bezahlen der Rechnung

Wenn alle am Tisch den letzten Gang beendet haben (für Eilige beim Bestellen des letzten Ganges), bittet man den Kellner um die Rechnung. Man ruft nach dem Kellner aber nicht durch das halbe Lokal, sondern lenkt mit einer dezenten Handbewegung die

Aufmerksamkeit auf sich. In guten Restaurants bringt der Kellner die Rechnung in einer Serviette eingeschlagen auf einem Tablett oder in einer kleinen Mappe, damit der Herr oder der Gastgeber bzw. die Gastgeberin dezent zahlen kann. Diese(r) legt die Geldscheine für alle anderen am Tisch Anwesenden nicht sichtbar unter die Serviette. Die Gäste sollten nicht mitbekommen, wieviel bezahlt wurde. Das Wechselgeld bringt der Kellner wiederum auf dem Tablett oder in der Mappe, in der man das Trinkgeld zurückläßt.
Heute ist es aber auch vielfach üblich, daß der Gastgeber die Rechnung an der Restaurantkassa begleicht. Achten Sie darauf, daß Sie eine korrekte Rechnung erhalten.
In vielen Betrieben kann man auch mit Kreditkarten bezahlen, Schecks werden natürlich auch überall angenommen. Will man mit Fremdwährung bezahlen, muß man immer mit einem schlechteren Wechselkurs rechnen.

Im allgemeinen ist es üblich, daß ein Herr für eine Dame bezahlt. Es gibt aber auch Fälle gegenseitiger Vereinbarung, z. B. unter Studenten, Kollegen, Sportkameraden, wo die Dame für sich zahlt. Dann wird sie dem Kellner, wenn er zum Kassieren erscheint, sagen: „Bitte getrennt" und wird bei ihm selbst bezahlen.

Trinkgelder sind oft ein Problem. Zunächst sei einmal grundsätzlich gesagt, daß niemand verpflichtet ist, Trinkgelder zu geben. Wenn Sie aber der Meinung sind, daß Sie besonders aufmerksam bedient wurden, dann geben Sie ein Trinkgeld. Die Höhe sollte sich nach dem Aufwand des geleisteten Service richten. Denn obwohl der Kellner verpflichtet ist, Sie höflich und aufmerksam zu bedienen, tut er dies lieber, wenn er mit einer Belohnung rechnen kann. Wenn Sie also vorhaben, ein bestimmtes Lokal öfter zu besuchen, und auf ein besonders aufmerksames Service Wert legen, dann seien Sie nicht knausrig mit dem Trinkgeld, denn zu wenig Trinkgeld kränkt den Kellner unter Umständen mehr als gar keines.
In Restaurants der gehobenen Klasse teilen die Kellner und die Lehrlinge das gesamte Trinkgeld einmal in der Woche. Je höher ein Kellner im Rang ist, desto höher ist sein Anteil bei der Trinkgeldaufteilung. Garderobieren, Türsteher etc. sowie die Küche erhalten davon nichts, sie werden mit Trinkgeld separat bedacht.
Kein Trinkgeld bekommt der Restaurantdirektor.
Köche nehmen Trinkgeld. Waren Sie mit dem Essen überaus zufrieden oder hat Ihnen der Koch einen speziellen Wunsch erfüllt, dann senden Sie ihm durch den Kellner ein angemessenes Trinkgeld. Natürlich können Sie dem Küchenchef auch persönlich Geld überreichen. Lassen Sie sich vom Kellner in die Küche führen, oder bestellen Sie den Küchenchef zu sich an den Tisch. Bedenken Sie aber, wenn Sie das Trinkgeld für die Küche bemessen, daß der Küchenchef mit seinen Mitarbeitern teilt. Trinkgelder für die Küche sind zwar sehr oft wohlverdient, aber rar.
Garderobieren und Türsteher erhalten kleine Beträge als Trinkgeld.

Reklamationen

Sind Sie mit einer Speise nicht zufrieden, können Sie selbstverständlich reklamieren. Bringen Sie Ihre Reklamationen aber ruhig und sachlich vor.
Wenn eine Speise oder ein Getränk nicht in Ordnung ist, beanstanden Sie es sofort nach dem Kosten. Halb geleerte Teller und Flaschen können bei einer Reklamation nicht berücksichtigt werden.
Ein gutes Restaurant wird immer danach trachten, Reklamationen großzügig zu erledigen, um Gäste nicht zu verärgern.

Verlassen des Restaurants

Der Gastgeber hebt die Tafel auf, indem er sich anschickt, aufzustehen. Er gibt damit das Zeichen zum Aufbruch.
Beim Verlassen des Lokals geht der Herr bis zur Tür voraus und achtet darauf, daß die Dame nicht hinter ihm herlaufen muß. Er wendet sich daher immer leicht nach ihr um, sodaß das Bild der Zusammengehörigkeit gewahrt bleibt. Er öffnet die Tür und überläßt dann der Dame den Vortritt. Nur bei einer Drehtür geht der Herr bis vor das Lokal voraus.
Hängen Kleidungsstücke in der Garderobe, hilft der Herr zuerst der Dame in ihre Garderobe und zieht dann seinen Mantel an. Der Herr setzt den Hut erst beim Verlassen des Restaurants auf.

Tisch- und Tafelinventar

Dieses Kapitel beschreibt die komplette Ausstattung für einen Haushalt oder Betrieb, die notwendig bzw. empfehlenswert ist, um Gäste in einer angenehmen Atmosphäre bewirten zu können. Sie erhalten einen Überblick über die Servier- und Tafelgeräte, die heute üblicherweise angeboten werden.

Besonders im Haushalt werden nicht alle Gegenstände zur Verfügung stehen. Eine Auswahl, die für den eigenen Bedarf sinnvoll und zweckmäßig ist, muß jeder Haushalt und jeder gastronomische Betrieb für sich selbst treffen. Man wird dabei immer vom Gästekreis, den man bewirten will, ausgehen.

Bevor man mit dem Einkauf des Tisch- und Tafelinventars beginnt, muß man sich darüber im klaren sein, welchen Stil man bevorzugt, sei es modern, rustikal, antik usw. Tischwäsche, Geschirr, Besteck und Gläser sollten aufeinander abgestimmt sein und zum Interieur (zur Einrichtung) des Haushaltes oder Betriebes passen.

Einrichtungsgegenstände

Die Auswahl des Tisches bzw. der Tische und Sessel sowie des sonstigen Interieurs ist vor allem eine Frage des persönlichen Geschmackes bzw. in der Gastronomie eine Frage der Konzeption des Betriebes (d. h., für ein Feinschmeckerrestaurant beispielsweise werden diese Gegenstände anders aussehen als für ein gemütliches Landgasthaus). Darüber hinaus müssen Tische und Sessel bestimmte ergonomische Voraussetzungen erfüllen.

Tische und Sessel

Ein **Eßtisch** ist zirka 70 bis 75 Zentimeter hoch. Die Länge und Breite des bzw. der Tische richten sich vor allem nach dem zur Verfügung stehenden Platz. Jedem Gast sollten beim Sitzen 70 bis 80 Zentimeter Gedeckbreite zur Verfügung stehen. Die Gedecktiefe beträgt 35 bis 40 Zentimeter.

Eßtische werden von der Industrie in verschiedenen Formen – quadratisch, rechteckig, rund, oval usw. – und Normgrößen angeboten.

Quadratische Tische sind in der Regel 80 × 80 Zentimeter im Ausmaß und für zwei Personen gedacht. Im Haushalt sind sie auf rechteckig ausziehbar.

Rechteckige Tische für vier Personen sind im Ausmaß am häufigsten 120 × 80 Zentimeter. Auch sie sind für den Haushalt meist ausziehbar.

Runde Tische haben im allgemeinen einen Durchmesser von 90 oder 106 Zentimetern für vier Personen und 120 Zentimetern für sechs Personen. Sie sind für den Haushalt ebenfalls auf oval auszuziehen (z. B. 136 × 106 Zentimeter oder 180 × 120 Zentimeter).

Darüber hinaus werden natürlich viele Tische als Sonderanfertigungen nach Maß hergestellt.

Alle diese Formen werden heute – vor allem für die Gastronomie – meist als sogenannte Säulentische, also mit stabilem Mittelfuß, erzeugt. Sie sind standfest und bieten viel Beinfreiheit.

Die Abmessungen der Tischplatten sind außerdem so gewählt, daß quadratische und rechteckige Tische kombinierbar sind. So kann man sie an die unterschiedlichsten räumlichen Gegebenheiten anpassen und den vorhandenen Raum optimal nutzen.

Speziell für Veranstaltungen (Bankette, Konferenzen usw.) gibt es außerdem Klapptische, die praktisch und

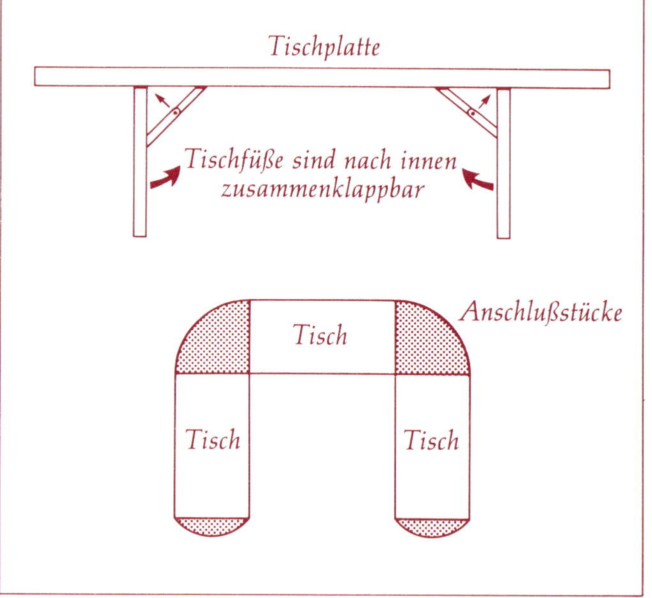

platzsparend sind. Sie werden nach der Veranstaltung zusammengeklappt und gestapelt.
Der Vorteil von quadratischen und rechteckigen Tischen liegt darin, daß sie mit der Schmalseite auch an eine Wand gestellt werden können und daher platzsparend sind, während runde Tische am schönsten mitten im Raum stehen.
Runde Tische haben den Vorteil, daß man daran relativ viele Personen plazieren kann und daß sie sehr dekorativ wirken. An runden Tischen gibt es absolute Gleichberechtigung, kein Platz ist bevorzugt.

Ein für den Eßtisch geeigneter **Sessel** soll eine Sitzhöhe von zirka 42 bis 45 Zentimetern, eine Sitzflächentiefe von ungefähr 48 bis 55 Zentimetern, eine Sitzflächenbreite von etwa 50 Zentimetern und eine Gesamthöhe von zirka 80 bis 85 Zentimetern haben. Spezielle Bankettsessel sind außerdem stapelbar.
Für die Gastronomie wurden auch **Banksysteme** entwickelt, die ein zentimetergenaues Einpassen in unterschiedliche räumliche Gegebenheiten ermöglichen. Der Vorteil einer Bank ist, daß sie platzsparend ist, während ein Sessel ein bequemeres Niedersetzen und Aufstehen bzw. ein optimales Service ermöglicht, da man von hinten an den Gast herantreten kann.

Sonstige Einrichtungsgegenstände

Servierwagen (mit Rädern): Der Servierwagen dient zum Transport von Speisen und Geschirr sowie zum Abstellen von Platten, Schüsseln und Tischgeräten.
Er sollte in keinem Haushalt fehlen und hat in der Nähe des Eßtisches bzw. während der Mahlzeit neben dem Sitz der Hausfrau seinen Platz. Es gibt ihn auch zusammenklappbar, so benötigt er nicht viel Platz und kann leicht hinter einem Schrank untergebracht werden. Praktisch sind auch solche Servierwagen, die unten ein zweites Fach haben, weil man hier besonders viel Platz zum Abstellen hat.
Barwagen: Barwagen für den Haushalt gibt es aus Holz oder Metall und Glas. Er unterscheidet sich von üblichen Servierwagen durch eingebaute Flaschenhalterungen oder Einsätze für Flaschen. Manche Barwagen haben auch Halterungen für Gläser.

In der Gastronomie benötigt man darüber hinaus noch weiteres Interieur, nämlich:

Beistelltisch (Serviertisch, Anstelltisch, Guéridon): Das ist ein kleiner Tisch, etwa im Ausmaß 90 × 50 Zentimeter, oft auch auf Rädern, der zum Arbeiten beim Tisch des Gastes verwendet wird.
Fleischwagen (Voiture, Chafing-dish-Wagen): Das ist ein rollender Servierwagen mit einer Wanne und versenkbarem Kippdeckel, der zum Warmhalten und Tranchieren von Grosse-pièce-Stücken, Braten und Bollito misto (Siedefleischspezialität) dient.
Flambierwagen: Dieser fahrbare Wagen wird zum Flambieren und Fertigstellen von Speisen vor dem Gast verwendet. Er hat ein Gasrechaud, eine Arbeitsfläche, Halterungen für Flaschen und Menagen sowie Fächer und Laden für Tranchierbretter, Bestecke usw. Meist kann er mit ein paar Handgriffen zu einem Servierwagen (Hors-d'œuvre-Wagen) umgebaut werden.
Vitrine (Servier-, Hors-d'œuvre-Wagen): Vitrinen gibt es in zwei Ausführungen, gekühlt und ungekühlt, sie sind ebenfalls fahrbar.

In ihnen werden meist fertig zubereitete Speisen präsentiert, wie z. B. Hors-d'œuvres, kalte Platten, Sandwiches, Käse, Desserts, Kuchen und Torten.
Die Speisen in den Vitrinen sollen als Appetitanreger dienen und dem Gast die Auswahl erleichtern, deshalb ist auf eine schöne Präsentation und absolute Sauberkeit besonders zu achten.
Barwagen: Barwagen für die Gastronomie sind in der Regel Sonderanfertigungen aus Metall. Sie enthalten Flaschen- und Gläserhalterungen, eine Arbeitsfläche, meist einen Kühlschrank und Eisbehälter.
Sie sind versperrbar und werden vor allem bei Banketten verwendet.
Digestifwagen: Er ist aus Holz oder Metall und hat Halterungen für Flaschen und Gläser.

Sonstige Einrichtungsgegenstände

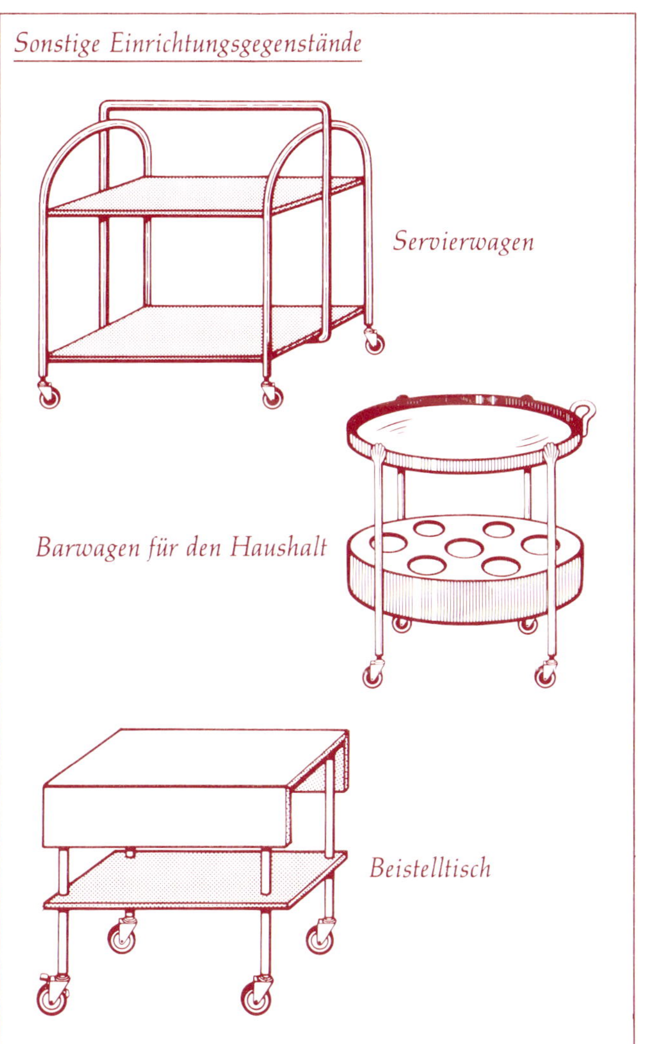

Tisch- und Tafelinventar

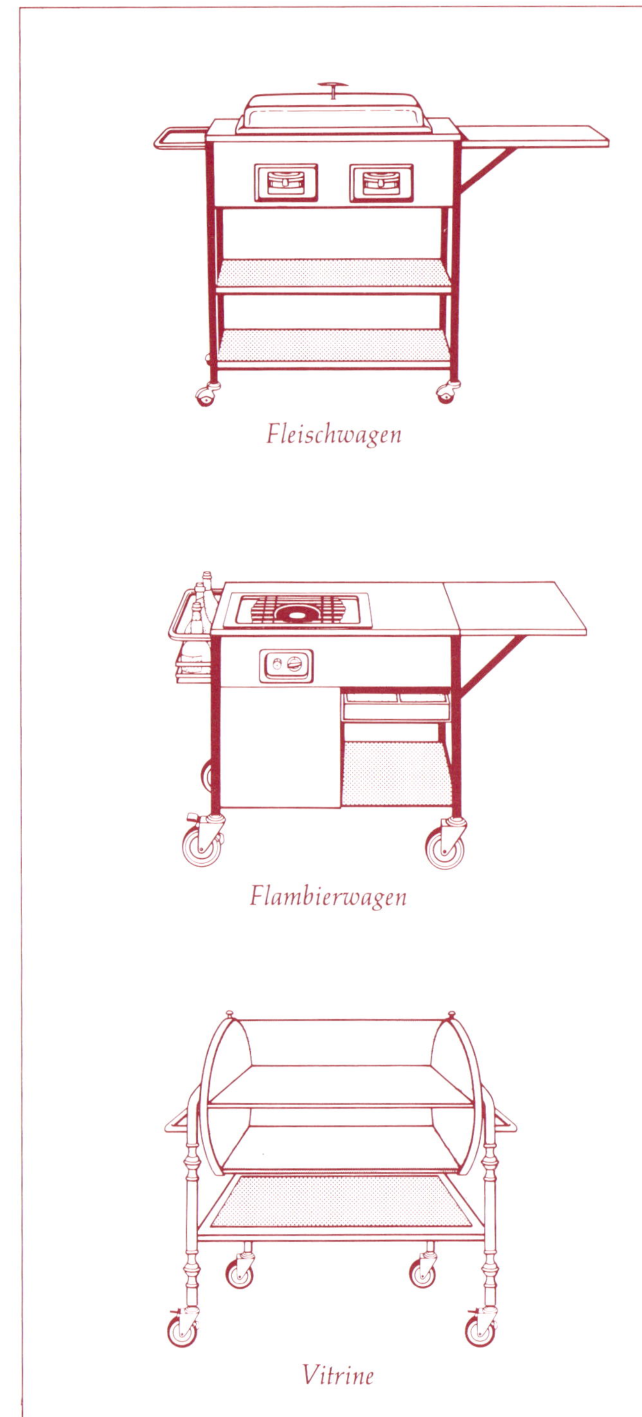

Fleischwagen

Flambierwagen

Vitrine

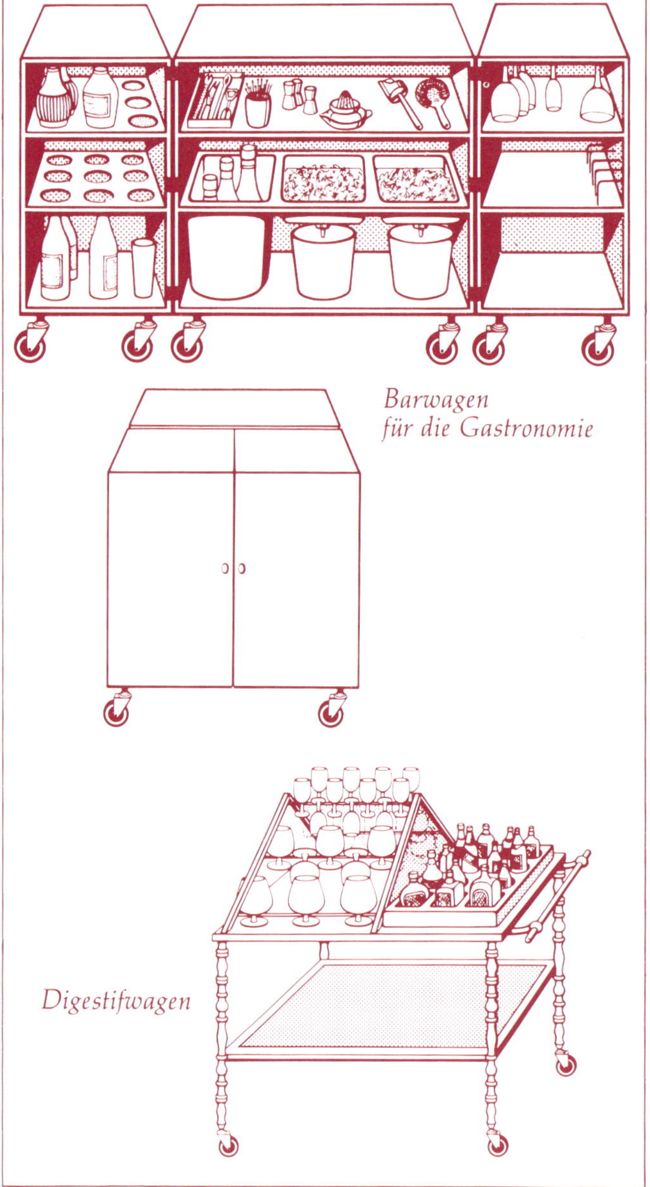

Barwagen für die Gastronomie

Digestifwagen

Tischwäsche

Die erste Voraussetzung für einen schön gedeckten Tisch ist erstklassige Tischwäsche. Sie muß vom Material, von der Struktur, Farbe und Musterung her sowohl zum Geschirr als auch zur Einrichtung des Raumes passen.

Material

Vom Material her unterscheidet man Tischwäsche aus Seide, Leinen, Halbleinen, Baumwolle, aus pflegeleichten Synthetikstoffen (Polyester, Acryl) und Mischgeweben.

- Tischwäsche aus Seide ist sehr teuer und daher äußerst selten.

- Unter Leinen (Reinleinen) versteht man einen Stoff, bei dem Kette (=längsverlaufende Fäden) und Schuß (=Querfäden) reine Flachsgarne sind. Leinen ist sehr haltbar, hat eine glatte Oberfläche, die nicht sehr leicht verschmutzt, und einen feinen Glanz. Es fasert nicht und saugt verschüttete Flüssigkeiten rasch auf. Leinen trocknet auch schnell. Es verknittert allerdings leicht und ist schwierig zu bügeln.
- Halbleinen muß in Kette oder Schuß aus Leinengarnen bestehen. Der Leinenanteil muß mindestens 38 Prozent des gesamten Gewichtes betragen. Auch Tischwäsche aus Halbleinen ist pflegeleicht. In der Gastronomie werden vor allem Leinen- und Halbleinengewebe verwendet.
- Baumwolle ist weniger haltbar als Leinen und hat auch weniger Glanz. Sie ist gut waschbar und saugfähig.
- Aus Synthetikstoffen wird vor allem Tischwäsche für den täglichen Gebrauch erzeugt, weil sie preiswert und sehr pflegeleicht ist.
- Mischgewebe sind Stoffe aus Natur- und Kunstfaser, die meist hervorragende Eigenschaften besitzen und daher auch relativ teuer in der Anschaffung sind.

Struktur

Die Struktur eines Gewebes ergibt sich aus der Bindung. Das ist die Art der Fadenverkreuzung im Gewebe. Die Grundbindungen sind Leinwandbindung, Köperbindung und Atlas- oder Satinbindung. Daneben gibt es eine unbegrenzte Zahl von kombinierten Bindungen.

Aus der Art der Bindung ergeben sich die verschiedenen Stoffarten. Die **Stoffarten,** die am häufigsten für Tischwäsche verwendet werden, sind:

- Damast: Das ist ein Seiden-, Leinen- oder Baumwollgewebe in gemusterter Atlasbindung. Er kann hand- oder maschingewebt sein, in Weiß oder Pastellfarben. Heute gibt es auch bunten Damast.
- Gewebe in Leinwandbindung: Sie können aus Leinen, Halbleinen, Baumwolle, Synthetikstoffen und Mischgewebe sein.
- Satin: Unter diese Bezeichnung fallen alle Gewebe mit glänzender Gewebeoberfläche in Atlasbindung. Für Tischwäsche verwendet man Satin aus Baumwolle.
- Batist: Das ist ein feinfädiges, halbdurchsichtiges Baumwoll- oder Leinengewebe in Leinwandbindung. Batist wird erst in neuester Zeit als Tischwäsche verwendet, und zwar sowohl einfarbig als auch bunt bedruckt.

Farben und Muster

An Farben und Mustern wird heutzutage eine wesentlich breitere Palette angeboten als noch vor einigen Jahren.

Bei besonders festlichen Anlässen wird nach wie vor in Weiß gedeckt, aber auch in zarten Pastellfarben.

In zarten Farben bedruckte Tischtücher (z. B. aus Batist) werden heute auch für elegante Tische verwendet. Spitzeneinfassungen und Stickereien (hand- oder maschinbestickt) sind ebenfalls sehr beliebt, die Palette reicht von gestickten Monogrammen über Blumen, Ornamente, Schnürl- bis zu Ajour- oder Lochstickerei. Man kann sich Tischtücher sogar im Muster des Porzellans (z. B. Augarten) handbemalen oder besticken lassen.

Häufig sieht man auch unifarbene Tischtücher, die mit weißen oder ecrufarbenen Mitteldecken kombiniert werden.

Als normale Tagesdecken verwendet man bunt bedruckte oder gewebte Dekordecken (z. B. bunten Damast) oder einfarbige Tischtücher mit Borten oder Wollspitzen.

Bei rustikaler Einrichtung empfehlen sich bunt gewebte oder bedruckte sowie bestickte Tischtücher (z. B. Kreuzsticharbeiten), deren Muster aus der alten Volkskunst stammen.

Arten der Tischwäsche

Tischplattenbezüge (Unterdecken, Moltons)

Moltons sind Unterdecken aus Flanell, Filz oder einem gummibeschichteten Kunststoff, die zum Schutz vor Schäden durch ausgeschüttete Flüssigkeiten oder zu heißes Geschirr direkt auf die Tischplatte gelegt werden. Sie verhindern aber auch ein Verschieben des Tischtuches und ermöglichen darüber hinaus ein geräuschloses Service. Durch Moltons haben Tischtücher außerdem eine längere Lebensdauer, und die Tischtücher wirken „satter".

Tisch- und Tafelinventar

Moltons aus Flanell oder Filz haben einen Überhang von maximal zehn Zentimetern und Bänder, mit denen sie an den Tischbeinen befestigt werden. Für runde und ovale Tische werden sie entsprechend zugeschnitten und Gummibänder eingezogen.
Gummibeschichtete Kunststoffmoltons werden passend für den Tisch zugeschnitten. Sie werden nur aufgelegt und schließen mit der Tischkante ab.

Tischtücher

Sie sollten hinsichtlich der Form und Größe den Tisch- und Tafelgrößen angepaßt sein.
Tischtücher sind in quadratischer, rechteckiger, runder und ovaler Form erhältlich. Ihre Größe berechnet man aus der Größe der Tischplatte und dem Überhang. Dieser Überhang soll auf allen Seiten mindestens 20 bis 25 Zentimeter betragen. Am schönsten fällt ein Tischtuch, wenn der Überhang bis einen Zentimeter über die Sesselhöhe reicht.
In jüngster Zeit geht im Haushalt und in der Gastronomie bei Festbanketten der Trend dahin, Tischtücher, die bis zum Boden reichen, zu verwenden. Darüber wird eine Mitteldecke gegeben.

Für nicht genormte Tischgrößen, die heutzutage sehr häufig sind, weil viele Einrichtungen individuell angefertigt werden, bieten Industrie und Handel Sonderanfertigungen an.

In der Gastronomie werden darüber hinaus folgende Abarten von Tischtüchern verwendet:

Tafeltücher: Als Tafeltücher werden im allgemeinen längere Tischtücher bezeichnet (maximal zehn Meter), da für festlichere Anlässe (Festtafeln) meist große Tische gebraucht werden. Sie sind in der Regel weiß.

Buffettücher: Überbreite und sehr lange Tischtücher aus Leinen oder Baumwolle nennt man Buffettücher. Sie hängen an einer Seite des Tisches bis zum Boden und werden für Buffets und Displaytische (Schautische) verwendet.

Buffetschürzen: Das sind geraffte oder in Falten gelegte und an einem Webband angenähte Leinen-, Baumwoll- oder Synthetiktücher, die um die Buffettische herum mit Stecknadeln befestigt werden. Die Tischoberfläche ist dabei mit normalen Tischtüchern bedeckt. Buffetschürzen muß man sich nähen lassen.

Konferenztücher: Sie sind aus grünem Filz und werden bei Konferenzen, Tagungen, Seminaren und Work-shops verwendet.

Mitteldecken oder Deckservietten (Milieus, Decktücher, Napperons)

Das sind große Servietten, die in Muster, Qualität und Farbe zum Tischtuch passen und zum Abdecken kleiner Verschmutzungen auf dem Tischtuch dienen. Dadurch muß dieses nicht so oft gewaschen werden. Deckservietten dienen heute aber auch als zusätzliche Dekoration und werden daher im Haushalt ebenfalls immer häufiger verwendet. In der Gastronomie sind sie unentbehrlich.
Ihre Anschaffung ist relativ günstig, es sollten daher für jeden Tisch nach Möglichkeit mehrere zur Verfügung stehen. Die Größen sind 80 × 80 Zentimeter, 90 × 90 Zentimeter, 100 × 100 und 120 × 120 Zentimeter. Es gibt sie auch in runder Form.

Mundservietten

Sie haben eine zweifache Funktion. Einerseits dienen sie als Tischdekoration, andererseits zum Schutz der Kleidung und zum Abwischen des Mundes.
Mundservietten sollen aus dem gleichen Material wie das Tischtuch sein. Für den täglichen Gebrauch in der Familie werden auch Papierservietten (Flauschservietten) verwendet. Wichtig ist bei beiden eine gute Saugfähigkeit.

Man unterscheidet nach der Größe:

Kleine Servietten: 40 × 40 Zentimeter oder 45 × 45 Zentimeter, für Frühstücksgedecke, zur Kaffeejause oder zum Tee.

Große Servietten (Mundservietten): 50 bis 60 Zentimeter im Quadrat, für Mittag- und Abendessen. Auch Menüservietten, die Pensionsgäste in einer eigenen Serviettentasche zu jeder Mahlzeit wieder bekommen, sind in dieser Größe.

Bankettservietten: 80 × 80 Zentimeter, kunstvoll gebrochen als Dekoration bei Buffets und Banketten; meist in Weiß.

Schmuckservietten: 10 × 10 Zentimeter oder 15 × 15 Zentimeter, dienen ausschließlich als Dekor oder bei besonderen Anlässen als Andenken.

Sets (Tellerdecken)

Sets sind Platzdecken, die anstelle eines Tischtuches aufgelegt werden.
Bei einem aus wertvollem Edelholz hergestellten Tisch oder einem alten Bauerntisch wird man mitunter die Tischplatte nicht verdecken wollen und zum Schutz der Platte Sets verwenden.
Meist nimmt man sie für kleinere Mahlzeiten, z. B. zum Frühstück, zur Jause oder zu einem rustikalen Essen. Sie sind dann aus bunter Baumwolle oder rustikalem Leinen gefertigt bzw. aus Kork, Hanf, Bast, Kunststoff usw. Es gibt sie aber ebenso aus edlem Brokat, englischer Spitze oder Organdy mit erlesenen Stickereien, und so können sie auch für einen eleganten Tisch verwendet werden.

Tisch- und Tafelinventar

In letzter Zeit ist es Mode geworden, Sets zusätzlich auf ein Tischtuch zu legen.

Wichtig bei Sets ist die richtige Größe, etwa 33 × 45 Zentimeter für die rechteckige Form, für andere Formate entsprechend größer. Sets sollen unbedingt weit über das Gedeck hinausreichen, damit beim Essen, trotz fehlendem Tischtuch, eine angenehme Atmosphäre erhalten bleibt und der Tisch nicht kahl wirkt. Die Formen sind quadratisch, rechteckig, rund oder oval.

Tischläufer

Tischläufer werden in der Mitte eines Tisches aufgelegt. Auf Eßtischen verwendet man sie in Kombination mit dazupassenden Sets.
Werden sie bei Festtafeln verwendet, überdecken sie den Mittelbruch des Tisch- oder Tafeltuches. Darauf stellt man den Tischschmuck, wie z. B. Blumenarrangements, Kerzenleuchter, sowie das sonstige Tischinventar.
Tischläufer gibt es in rustikaler Ausführung oder in Form von gestickten Decken, schweren Brokatdecken und Gobelins mit passenden Motiven (z. B. Jagdszenen).
Zu Hochzeiten, Geburtstagstischen usw. verwendet man Tischläufer aus weißer oder pastellfarbener englischer oder Brüsseler Spitze.
Tischläufer sind in der Regel 40 Zentimeter breit und der Länge des Tisches angepaßt. Es gibt sie nicht nur rechteckig, sondern auch oval.

Sonstige Tischwäsche

Im Haushalt finden darüber hinaus verschiedene kleine Wäschestücke, die einem eleganten Tisch seine besondere Note verleihen, Verwendung.

Kaffee- oder Teehäubchen (Wärmehäubchen): Sie sind passend zum Tischtuch, gefüttert und können verschieden verziert sein (z. B. abgesteppt, mit Spitze verziert, mit einem Silberrand abgeschlossen). Man stülpt sie über die Kaffee- oder Teekanne, um diese warm zu halten.

Eierhäubchen: In der Ausführung sind sie den Kaffeehäubchen ähnlich. Sie werden zum Warmhalten der Frühstückseier verwendet.

Toastserviette: Das sind Servietten mit vier „Lappen". Man legt den Toast in den Mittelpunkt und legt die Lappen darüber, sodaß der Toast warm gehalten wird.

Brotkörbcheneinsatz: Das ist ein aus Stoff genähter, oft mit Spitze verzierter Einsatz, den man in ein Brotkörbchen, eine Brotschale oder auf eine Silberplatte legt und in dessen Abteilungen man die Gebäckstücke einzeln geben kann. Meist wird er für Jourgebäck verwendet.

Klapperdeckchen: Das sind runde oder ovale Deckchen in verschiedenen Größen (10 bis 25 Zentimeter Durchmesser), die als Auflage auf kleine Tabletts (z. B. unter Gläser) oder auf Tragteller gelegt werden, um ein Verrutschen oder Klappern des Geschirrs zu verhindern.

Gläserschuh: Er ist zur Tischwäsche passend, rund und doppelt genäht, wobei die zweite Stofflage in der Mitte offen ist, sodaß man den Glasfuß einschieben kann. Man verwendet Gläserschuhe statt Klapperdeckchen, wenn Gläser auf einem Tablett angeboten werden oder auch für die Gläser am Tisch als zusätzliche Dekoration.

Tablettdeckchen: Sie sind in der Größe des Tabletts oder Servierwagens und werden auf diese aufgelegt.

Die Gastronomie verwendet außer der genannten Tischwäsche noch weitere Wäsche, die im Service Verwendung findet.

Serviertuch: 60 × 50 Zentimeter, für jeden Kellner. Es wird über dem linken Unterarm getragen. Es dient zusammengefaltet als Schutz der Hand beim Tragen von heißen Platten oder zum Vermeiden von Fingerabdrücken beim Tragen von Tellern und Bestecken.

Weinserviette: 50 × 30 Zentimeter, für das Flaschenweinservice.

Plateautuch: in der Größe des jeweiligen Plateaus, als Auflage, um das Rutschen von Tellern etc. zu verhindern.

Guéridontuch: 120 × 100 Zentimeter oder 150 × 120 Zentimeter, für Guéridons.

Gläserpoliertuch: 60 × 40 Zentimeter, separates Tuch nur zum Polieren von Gläsern.

Geschirrtuch: 50 × 50 Zentimeter oder 60 × 50 Zentimeter, zum Polieren von Geschirr und Besteck.

Tips für den Einkauf

Gute und schöne Tischwäsche ist verhältnismäßig teuer. Sie ist aber auch strapazfähiger als billige Wäsche und daher langfristig gesehen wirtschaftlicher.
Beim Kauf sollte man darauf achten, die Auswahl so vorzunehmen, daß spätere Nachkäufe derselben Art und Qualität möglich sind.
Entschließt man sich jedoch zum Kauf billiger Materialien, so ist es ratsam, die Tischwäsche etwas größer zu kaufen bzw. anfertigen zu lassen, denn man muß mit dem Eingehen dieser Wäschestücke beim Waschen rechnen.
Stoffservietten haben in der Regel einen großen Verschleiß (Flecken, Verlust). Es ist daher ratsam, um ein Drittel mehr als Reserve zu kaufen.

Tisch- und Tafelinventar

Reinigung, Pflege und Aufbewahrung der Tischwäsche

Tischwäsche wird einschließlich der Moltons (außer Kunststoffmoltons) gewaschen, wobei die angegebenen Pflegehinweise genau berücksichtigt werden müssen.
Nachbehandelt wird die Wäsche entweder mit Weichspülmitteln (z. B. Moltons) oder mit Wäschestärke (z. B. alle Baumwoll- und Leinengewebe).

Moltons werden zusammengerollt aufbewahrt, damit sich keine Falten bilden, die man durch die Tischwäsche hindurch erkennen kann.

Die restliche Tischwäsche wird gebügelt. Besonders wichtig ist dabei das richtige Zusammenlegen, um die Tischwäsche mit einem Minimum an Falten auflegen zu können. Es werden **Tischtücher,** egal von welcher Größe, immer zweimal der Länge nach gefaltet und gebügelt (Abb. 1 und 2).
Somit entstehen beim ersten Falten ein kräftiger Hauptbug und beim zweiten Falten die sogenannten Seitenbüge. Der Breite nach wird das Tisch- oder Tafeltuch nur mehr gefaltet, aber nicht gebügelt (Abb. 3 und 4).
Wichtig ist, daß nur die gebügelten Falten das Oberflächenbild eines aufgelegten Tisch- oder Tafeltuches bestimmen. Sie sind Richtlinie beim Aufdecken des Tisches. Die Querbrüche sollen nach dem Auflegen durch das Eigengewicht des Tuches verschwinden.

Nach dieser Methode werden auch Deckservietten (Napperons) und Buffettücher gebügelt und gefaltet.

Servietten können auf zweierlei Arten gebügelt werden, je nachdem, wie groß sie sind.
Große Servietten werden zuerst der Länge nach, dann in Querrichtung gedrittelt.
Kleinere Servietten werden je einmal der Länge und der Breite nach zusammengelegt. Papierservietten werden in gleicher Weise maschinell gefaltet.

Für das kunstvolle Formen von Servietten (für Bankette) eignen sich ausschließlich solche, die besonders gut gestärkt und genau auf Kante gebügelt wurden. Nur so erhält die Form eine Standfestigkeit und gleichmäßiges Aussehen.

Im Haushalt wird die gesamte Tischwäsche auf Stoß gelegt. Das bedeutet, daß die Rollkante (geschlossener Bug) nach vorne zeigt und der offene Teil nach hinten. In der Gastronomie legt man Tisch- und Tafeltücher zu Fünfer- oder Zehnerstapeln auf Stoß. Servietten werden in Zehnerstapeln versetzt gelegt. Auf diese Weise kann die gewünschte Anzahl von Tischwäsche schnell und problemlos aus dem Kasten genommen werden.
Richtig zusammengelegte und gestapelte Tischwäsche bewahrt die Form und ist jederzeit gebrauchsfertig.

Außerdem ist sehr wichtig, daß man die Tischwäsche mindestens eine bis eineinhalb Wochen an einem Ort lagern läßt, an dem genügend Platz ist und viel Luft dazukommt, damit sich das Gewebe vom Waschvorgang erholen kann.
Läßt man das Gewebe nach dem Waschen zuwenig lang lagern, wird es brüchig und verfärbt sich. Richtiges Lagern schont die Wäsche und fördert ihre Haltbarkeit.

Richtiges Zusammenlegen eines Tischtuches

Abb. 1

Erste Bügelfalte – Hauptbug oder Mittelbruch
Das Tischtuch wird dabei der Länge nach halbiert. Dadurch kommt die untere (linke) Stoffseite nach innen zu liegen.
Ist in das Tischtuch ein Monogramm eingestickt, soll dieses vor dem Zusammenlegen rechts oben außen liegen.

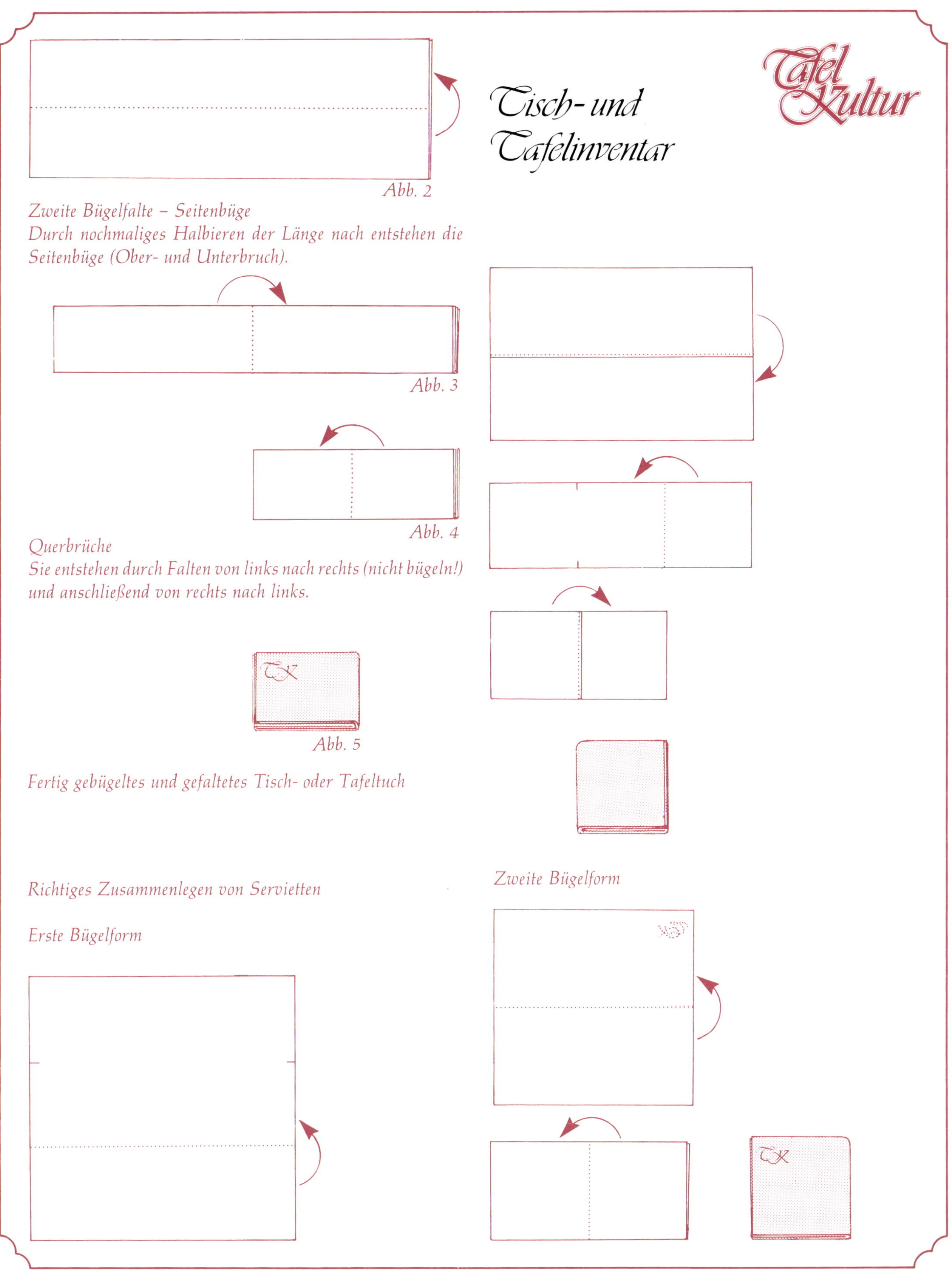
Tisch- und Tafelinventar
Tafel Kultur
Abb. 2
Zweite Bügelfalte – Seitenbüge
Durch nochmaliges Halbieren der Länge nach entstehen die Seitenbüge (Ober- und Unterbruch).
Abb. 3
Abb. 4
Querbrüche
Sie entstehen durch Falten von links nach rechts (nicht bügeln!) und anschließend von rechts nach links.
Abb. 5
Fertig gebügeltes und gefaltetes Tisch- oder Tafeltuch
Richtiges Zusammenlegen von Servietten
Erste Bügelform
Zweite Bügelform

Tisch- und Tafelinventar

Porzellan

Unter Porzellan werden heute im weitesten Sinn alle Tafelgeräte aus Steingut, Steinzeug, Porzellit und echtem Porzellan zusammengefaßt. Alle diese Materialien sind aus Tonerde und verschiedenen Zusätzen, z. B. Feldspat, Quarz, hergestellt und durch zweimaliges Brennen verfestigt. Die geformte, gebrannte, unglasierte Tonmasse wird Scherben genannt, aus dessen Beschaffenheit man die Art der Tonware erkennt.

Material

Steingut ist weiß brennend, nicht durchscheinend, tönern klingend und meist nicht spülmaschinenfest (Rißbildung). Es wird erst durch die Glasur dicht. Steingut ist dickwandiger, aber leichter als Steinzeug und Porzellan, hat einen glasierten, glatten Bodenrand und splittert leicht ab. Eines der bekanntesten Steingutgeschirre ist Gmundner Keramik. Auch das berühmte englische Wedgewood-Geschirr ist meistens aus Hartsteingut, einer besonderen Steingutart, hergestellt. Es ist benannt nach einem englischen Keramiker, der als erster eingefärbtes Steingut herstellte.

Steinzeug ist gelblich oder braun brennend, nicht durchscheinend, hell klingend und spülmaschinenfest. Es ist auch unglasiert dicht. Steinzeug ist dem Porzellan sehr ähnlich, jedoch dickwandiger.

Porzellit oder **Vitro-Porzellan** entsteht durch die Vermengung der Rohstoffe von Steinzeug und Porzellan sowie durch eine bestimmte Brenndauer. Es hat die Merkmale von Steinzeug, ist aber etwas dünnwandiger und besonders haltbar.

Porzellan, auch „weißes Gold" genannt, ist das edelste unter den Geschirrmaterialien. Die Bezeichnung „Porzellan" stammt aus dem Italienischen und ist von „porcella" (ital., Muschel) abgeleitet.
Gutes Porzellan ist weiß brennend, durchscheinend, hat einen melodischen Klang, eine glänzende, durchscheinende Glasur und einen unglasierten, rauhen Bodenrand. Porzellan ist auf Grund der Qualität der Rohstoffe bei so hoher Temperatur gebrannt, daß es vollkommen dicht ist. Je nach der Zusammensetzung der Rohstoffe unterscheidet man grundsätzlich:

- Weichporzellan: Es enthält mehr Quarz und Feldspat und wird auch als „englisches Porzellan" bezeichnet. Französisches Sèvres-Porzellan und das chinesische Porzellan gehören in diese Gruppe.
- Hartporzellan: Es enthält mehr Tonerde und wird bei höheren Temperaturen gebrannt. Hartporzellan ist das deutsche oder österreichische Porzellan.

Die Eigenschaften des Porzellans können durch besondere Zusätze oder Behandlungen verändert werden:

- Knochenporzellan: Es ist durch den Zusatz von Knochenasche besonders schön mit Farbe dekorierbar.
- Biskuit- oder Bone-China-Porzellan: Durch Zugabe von Rinderknochenasche, hohen Feldspat- und niedrigen Quarzgehalt ist es besonders transparent, mit seidenweicher, mattglänzender Oberfläche. Es ist das schönste Porzellan, dabei trotzdem sehr robust und härter als normales Porzellan.
- Feuerfestes Porzellan: Es entsteht durch ein besonderes Brennverfahren.
- Schwarzes Porzellan: In letzter Zeit ist nach langjährigen Laborversuchen diese neue Porzellanart entwickelt worden. In der Zusammensetzung entspricht es weitestgehend dem weißen Porzellan, dem verschiedene Farboxyde beigemischt werden. Nach dem Brennen wird es schwarz glasiert, sodaß die Transparenz völlig verlorengeht. Schwarzes Porzellan kann dünner verarbeitet werden als weißes, es ist hell im Klang und kann durch Ätzen mit Flußsäure oberflächenveredelt werden. Es findet oft als Platz- oder Gedeckteller Verwendung.

Dekor

Porzellan ist ursprünglich weiß oder elfenbeinfarben und kommt mit Farb- oder Edelmetallverzierungen in den Handel. Die Verzierung kann unter oder auf der Glasur erfolgen:

Unterglasur-Dekor: Sie liegt direkt auf dem einmal gebrannten Scherben unter der schützenden Schicht der Glasur. Nur besonders hochwertige Farben (Metallsalzlösungen und keramische Farben) können eingebrannt werden. Der Dekor ist unbegrenzt haltbar, Geschirr mit Unterglasur-Dekor ist spülmaschinenfest und sehr strapazierfähig. Es kann allerdings passieren, daß nach längerem Gebrauch Haarrisse in der Glasur auftreten.

Inglasur-Dekor: Bei diesem sinken die Farben beim Brennen in die Glasur ein. Dieser Dekor ist ebenfalls spülmaschinenfest. Er wird besonders für das in der Gastronomie gebrauchte Porzellan verwendet.

Aufglasur-Dekor: Bei dieser Art von Dekor können alle Farben, auch Silber, Gold und Platin, verwendet werden. Die keramischen Farben oder Metalle bzw. Metalloxyde werden mit leicht schmelzbaren Glasuren (Glasfluß) versetzt, auf die bereits fertig glasierten Stücke aufgetragen und im Schmelzofen bei 870 °C eingebrannt. Dabei verbinden sich Glasur und Glasfluß miteinander, wodurch die Farbe haltbar wird. Die Haltbarkeit ist jedoch geringer. Geschirr mit Aufglasur-Dekor muß sehr schonend gereinigt werden.

Zum **Auftragen von Dekor** gibt es verschiedene mechanische Verfahren, wie z. B. Spritzen mit Spritzpistolen, Buntdruck (Steindruck) oder Schwarzdruck (Gravur in Stahl- oder Kupferplatte).
Das edelste Verfahren, Dekor aufzutragen, ist die Handmalerei. Dieses Porzellan trägt am Boden den Stempel „handbemalt".
Das teuerste und wertvollste handbemalte Porzellan wird in den Manufakturen von Meißen (DDR), Augarten Wien (Österreich), Nymphenburg (BRD), Sèvres (Frankreich), Capodimonte (Italien), Worcester und Chelsea (Großbritannien), Kopenhagen (Dänemark) u. a. erzeugt.

Bei **Golddekor** gibt es verschiedene Möglichkeiten der Herstellung.

- Glanzgold: Für dieses verwendet man ein Präparat aus ätherischen Ölen, in denen Goldsalze gelöst sind. Der Goldgehalt ist sehr niedrig. Es wird aufgetragen, bei niedrigen Temperaturen gebrannt und glänzt sofort nach dem Brand. Glanzgold nützt sich schnell ab und wird nur für einfaches Geschirr als Dekor genommen.
- Mattgold: Bei dieser Art wird das Gold in fester oder flüssiger Form auf das Porzellan aufgetragen und im Ofen eingebrannt. Nach dem Brennen ist das Gold matt und wird mit Bürsten und feinem Sand poliert (=Polierdekor). Danach besitzt es einen mattschimmernden Glanz. Polierdekor ist wesentlich fester mit dem Scherben verbunden.
- Goldätzdekor: Das Muster wird mit Flußsäure, der einzigen Säure, die Porzellan angreift, eingeätzt. Nach sorgfältiger Reinigung und dem Ausglühen der Stücke wird die Ätzung mit Poliergold überzogen. Die Verzierung wirkt nach dem Brennen plastisch.
  Sehr vornehme Haushalte und Luxusbetriebe der Gastronomie verwenden zu besonderen Anlässen Goldätzdekorteller als Platzteller, die das Gedeck des Gastes schmücken.

Silberverzierungen werden in Form von galvanischer Versilberung des Porzellans mit oder ohne Kupferunterlage angebracht. Nach der Galvanisierung wird das Silber poliert (Mattsilber). Es gibt aber auch Glanzsilberdekor.

Gebrauchsformen von Porzellan

Flache Teller

Sie sind in verschiedenen Größen erhältlich und nach ihrem hauptsächlichen Verwendungszweck benannt. Nach der Form unterscheidet man Teller mit sogenannten Tellerfahnen (Tellerrändern) oder die Coupeform.

Steakteller: zirka 27 cm[1].
Speiseteller (Fleischteller, großer Teller, Hauptspeisenteller): zirka 24 cm.
Vorspeisenteller: zirka 21 cm.
Dessertteller: zirka 19 cm.
Salatteller: zirka 17 cm.
Brotteller: zirka 15 cm.
Butterteller: zirka 11 cm.
Fischteller: Sie sind entweder mit Fischdekor oder in ovaler, dem Fisch nachempfundener Form.
Fondueteller: Sie haben mehrere Unterteilungen für die Saucen.
Artischockenteller: Sie sind mit Vertiefungen für die dazu gereichten Saucen.
Austernteller: Diese haben ebenfalls Vertiefungen für die Austern.
Schneckenteller: Sie werden für Schnecken, die im Gehäuse serviert werden, verwendet. Meist für ein halbes Dutzend (eventuell ein Dutzend) Schnecken.

Tiefe Teller

Suppenteller: zirka 24 cm, als Coupeform meist nur 21 cm, ¼ l Inhalt.
Oatmeal-Schüssel (Müsli-Schüssel, Cereal-bowl): 14 bis 17 cm, zirka ¼ l Inhalt, für Frühstückszerealien.
Salatschüssel (Kompottschüssel): 11 bis 13 cm, ⅛ bis ¼ l Inhalt, oft auch in eckiger Form.

[1] Alle angegebenen Maße sind durchschnittliche Größen.

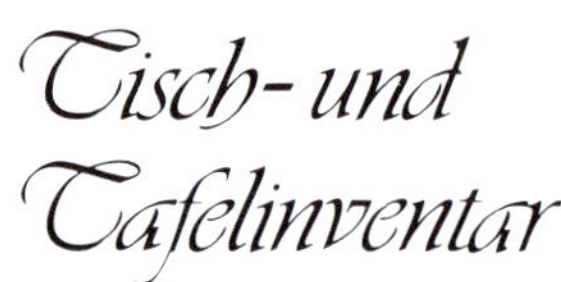

Kannen und Krüge

Kaffeekanne: im Haushalt als Teil des Kaffeeservices meist mit 1 bis 1,5 l Inhalt. In der Gastronomie für 1 Person zirka 0,33 l, für 2 Personen zirka 0,6 l, für 4 Personen zirka 1,3 l Inhalt.
Teekanne: im Haushalt oft mit einem Porzellaneinsatz für den Tee, Inhalt 0,75 bis 1,5 l. In der Gastronomie für 1 Person zirka 0,36 l, für 2 Personen zirka 0,5 l, für 4 Personen zirka 1 l Inhalt.
Mokkakanne: 0,5 bis 0,75 l Inhalt.
Milchkanne: zirka 1 l Inhalt, auch für Schokolade und als Aufgußkanne für Tee.
Universalkännchen (Universalgießer): 0,15 bis 0,25 l Inhalt, sowohl für Milch als auch für Obers geeignet.
Oberskännchen (Obersgießer): zirka 0,1 l Inhalt.
Portionsoberskännchen: zirka 0,03 l Inhalt.
Glühweinkrug: 0,25, 0,5 und 1 l Inhalt.
Bierkrug: 0,5 l („Krügel") und 1 l („Maß") Inhalt, geeicht, mit und ohne Deckel.
Schnapskrügerl und Karaffe für Schnaps: Sie werden meist im Set angeboten.

Tassen und Becher

Tassen sind immer nur mit einer passenden Untertasse (Unterteller) komplett. Von verschiedenen Firmen wird heute aber bereits Geschirr angeboten, bei dem die Untertasse für mehrere Tassen paßt (z. B. für Kaffee und für Tee).

Frühstückstasse (Herrentasse): zirka 0,3 l Inhalt.
Kaffeetasse: 0,12 bis 0,24 l Inhalt.
Teetasse: 0,15 bis 0,25 l Inhalt.
Rustikale Teeschale (Häferl): Sie ist ohne Untertasse, 0,25 bis 0,3 l Inhalt.
Schokoladetasse: 0,17 bis 0,23 l Inhalt.
Mokkatasse: zirka 0,1 l Inhalt.
Doppelmokkatasse: zirka 0,15 l Inhalt.
Spezialkaffeetassen (z. B. Rüdesheimer Set): meist nur in der Gastronomie.

Eierbecher: Vorteilhaft sind Eierbecher mit Rand – zum Ablegen des Eierlöffels und der Eierschale.
Trinkbecher: zirka 0,28 l Inhalt.
Glühweinbecher: zirka 0,16 l Inhalt.

Suppentasse mit zwei Henkeln (Bouillontasse): zirka 0,3 l Inhalt, mit passender Untertasse.
Spezialsuppentasse mit einem Henkel: zirka 0,1 l Inhalt, mit passender Untertasse.

Anrichtegeschirr

Zum Anrichten der Speisen für das Service benötigt man eine Vielzahl von Geschirr. Im Haushalt ist es meist im Speiseservice inbegriffen.

Suppenterrine (Suppentopf, Suppenschüssel): mit Deckel und eventuell mit Untersatz (Unterteller), 1,9 bis 3,5 l Inhalt.
Ragoutschüssel: 1,4 bis 2,25 l Inhalt.
Ovale Fleischplatte: 25 bis 40 cm im Haushalt, bis 60 cm in der Gastronomie.
Ovale Fischplatte: 40 bis 43 cm.
Sauciere mit Untersatz: 0,35 bis 0,4 l Inhalt.
Buttersauciere mit Untersatz: zirka 0,15 l Inhalt.
Beilagenplatte: 22 bis 30 cm.
Beilagenschüssel (Salatschüssel, Salatiere): 15 bis 25 cm im Haushalt, bis 35 cm in der Gastronomie.
Spargelplatte mit Einsatz: zirka 25 cm.
Runde Platte: 30 bis 34 cm im Haushalt, bis 60 cm in der Gastronomie. Sie wird für Torten, Aufschnitt, aufgeschnittenen Käse, Canapés usw. verwendet.
Käseglocke, Käseplatte mit Griff: in unterschiedlichen Größen, für Käse im ganzen.
Tortenplatte mit oder ohne Fuß: 30 bis 32 cm.
Kuchenteller mit zwei Henkeln: 27 bis 32 cm.
Königskuchenplatte (Sandwichplatte): 32 bis 35 cm lang.
Zwei- oder dreiteilige Etagere: für aufgeschnittene Kuchen und Feingebäck sowie Obst.
Schalensatz mit Griff: für Petits fours, Bäckereien, Knabbergebäck, Obst.
Kabarett, Kabarettschalen: für kleine Vorspeisen oder Salate, Saucen, Bäckereien und Knabbergebäck.
Obstschale (Obstschüssel) mit und ohne Fuß, mit und ohne Henkel.
Brotschale (Brotschüssel): 25 bis 33 cm lang.
Zuckerdose: 0,13 bis 0,3 l, in zwei Größen für Kaffee- und Mokkaservice.
Butterschale (Butterteller, Butterplättchen): zirka 18 cm lang.
Butterdose (Butterschüssel): für 250 g Butter, rund oder rechteckig.
Marmeladeschüssel mit Deckel: 0,25 l Inhalt.

Feuerfestes Geschirr

Feuerfestes Geschirr ist aus Steingut. Heute sind bereits komplette Speiseservice in feuerfester Ausführung erhältlich. Das hat den Vorteil, daß man beim Vorwärmen die Teller nicht überhitzen kann und somit ein Zerspringen vermeidet. Außerdem kann man z. B. bereits auf Tellern angerichtete Speisen im Rohr gratinieren.
Darüber hinaus gibt es charakteristische Formen von feuerfestem Geschirr.

Näpfchen („cocottes"), **Pastetennäpfchen:** für Eier, kleine Vorspeisenragouts, Gemüseflan, Soufflés usw.
Gratinplatte („plat russe"): ovale Platte mit Rand, zum Gratinieren von Teigwarengerichten, für Austern, Fischgerichte mit viel Sauce, gratinierte Fische usw.
Backformen (Auflaufformen): tiefe runde oder ovale Schüsseln für Süßspeisen wie Salzburger Nockerln, Aufläufe, Topfenpalatschinken usw.
Gratiniersuppentasse (Zwiebelsuppentasse): für gratinierte Suppen.
Eierplatte (Eierpfanne): für Spiegeleier und andere Eiergerichte.
Fonduepfanne („caquelon"): für Käse- und Schokoladefondue.
Muschelschale („coquille"): für kleine kalte und warme Vorspeisengerichte aus Meeresfrüchten (als Ragout oder gratiniert).
Tongut-Schneckenpfanne: für Schnecken (ein halbes Dutzend), die ohne Gehäuse serviert werden.

Geschirr, Besteck und Gläser für den Haushalt

Verschiedene Serviettenformen

Teller
Speiseteller
Fischteller
Fondueteller
Artischockenteller
Austernteller
Schneckenteller
Suppenteller
Salatschüssel
Oatmeal-Schüssel
Kannen und Krüge
Kaffeekanne
Teekanne
Mokkakanne
Milchkanne
Universalkännchen
Oberskännchen
Portions-
oberskännchen
Glühweinkrug
Bierkrug
Schnapskrügerl und Karaffe
für Schnaps
Tassen und Becher
Frühstückstasse
Kaffeetasse
Teetasse
Rustikale
Teeschale
Schokoladetasse
Doppel-
mokkatasse
Mokkatasse
Rüdesheimer Set
Eierbecher
Trinkbecher
Glühweinbecher
Bouillontasse
Spezialsuppentasse

Anrichtegeschirr
Suppenterrine
Ragoutschüssel
Ovale Fleischplatte
Sauciere mit Untersatz
Beilagenplatte
Beilagenschüssel
Spargelplatte mit Einsatz
Käseglocke
Käseplatte mit Griff
Tortenplatte
Zweiteilige Etagere
Schalensatz mit Griff
Kabarettschalen
Kabarett
Kuchenteller mit zwei Henkeln
Obstschale
Brotschale
Zuckerdose
Marmelade-
schüssel
Königskuchenplatte
Butterschale
Butterdose
Feuerfestes Geschirr
Näpfchen,
Pastetennäpfchen
Gratinplatte
Backform
Gratiniersuppentasse
Eierplatte
Fonduepfanne
Muschelschale
Tongut-Schneckenpfanne

Neben den genannten Gebrauchsformen werden aus Porzellan noch Platzteller, Suppeneinschenkschalen (Suppenausgießschalen), Garnierplatten, Portionszuckerschälchen, Gebäckdosen, Staubzuckerstreuer, Salz- und Pfefferstreuer, Senfbehälter, Gläseruntersetzer, Kannenuntersetzer, Tabletts für Zucker und Milch, Serviettenringe, Stövchen (Kaffee- oder Teewärmer), Kerzenleuchter, Vasen, Tischglocken usw. hergestellt.
Diese Gegenstände finden aber, aus anderen Materialien erzeugt, häufigere Verwendung.

Für Großküchen (z. B. Kantinen, Krankenhäuser) werden von Industrie und Handel spezielle Gebrauchsformen, sogenanntes Systemgeschirr, angeboten. Dieses ist rechteckig und kann daher auf Tabletts besonders platzsparend gestellt werden.

Tips für den Einkauf

Beim Einkauf von Geschirr soll zunächst berücksichtigt werden, daß es zum Stil der **Einrichtung** paßt und dem **Verwendungszweck** entspricht. Üblicherweise hat jeder Haushalt zwei Geschirrservice, ein Gebrauchsgeschirr für den Alltag (aus Hartsteingut, Steinzeug oder Vitro-Porzellan) und ein Tafelgeschirr für festliche Anlässe, die Bewirtung von Gästen usw. (aus Porzellan oder Bone-China-Porzellan). Auch in der Gastronomie wird für das tägliche À-la-carte-Geschäft meist ein einfacheres Geschirr verwendet als für repräsentative Essen (Bankette).

Ferner soll auf eine hohe **Bruchfestigkeit** geachtet werden, vor allem bei Gebrauchsgeschirr. Am besten eignet sich ein Kompaktgeschirr aus einem festen Scherben mit niedrig gehaltenen Tassenfüßen, Tassenhenkeln mit starken Verbindungen, Deckenverstärkungen bei Kannendeckeln, nicht herausragenden Schnaupen (= Ausgießer) bei Kannen usw.

Auch auf die **Handlichkeit** im Gebrauch ist zu achten, d. h., das Geschirr soll gut stapelbar sein und breite Tellerfahnen (= Tellerränder) haben, damit die Teller beim Tragen sicher in der Hand liegen.

Bei Gebrauchsgeschirr ist außerdem **Unterglasur-** (meist im Haushalt) oder **Inglasur-Dekor** (in der Gastronomie) empfehlenswert (unbegrenzt haltbar, spülmaschinenfest) sowie eine harte Glasur. Schließlich wird auf den Tellern mit scharfen Stahlklingen geschnitten und mit Gabeln gestochert. Beim Stapeln reiben die Tellerwülste (unglasierter Bodenrand) ständig auf der Glasur. Bei weichen Glasuren können leicht Risse entstehen, in die Spülmittel und Speisesäuren dringen, die im Laufe der Zeit die Farben des Dekors verändern und häßliche Flecken entstehen lassen.

Auch auf eine **mühelose Reinigung** soll geachtet werden. Spitzwinkelige Ecken und Kanten lassen sich oft nur schwer reinigen, besonders wenn die Glasur rauh ist, wie das bei rustikalem Geschirr des öfteren vorkommt. Die Oberfläche und die Form des Geschirres sollen die Benützung von Spülmaschinen zulassen, ohne daß ein Teil des Geschirres nachgewaschen werden muß.

Zur Sicherheit sollte man sich beim Einkauf auch nach der **Hitzebeständigkeit** des Geschirres erkundigen. Denn meistens ist es notwendig, das Geschirr vorzuwärmen, um die angerichteten Speisen warm zu halten. Besonders praktisch ist feuerfestes Geschirr. Es hat den Vorteil, daß Speisen darin zubereitet und anschließend gleich serviert werden können.

Darüber hinaus ist auf die **Wirtschaftlichkeit** bezüglich raumsparender Stapelung und mehrfacher Verwendungsmöglichkeit bestimmter Geschirrteile zu achten. So werden zum Beispiel kleine Tassen bzw. Schüsseln angeboten, die für Suppe, kleine Beilagen, Salat oder Müsli verwendet werden können.

Beim Einkauf von Geschirr sollte man sich auch nach der **Nachkaufgarantie** erkundigen, sodaß kaputtes Geschirr problemlos ergänzt werden kann. Am günstigsten ist es, gleich beim Erstkauf eine Reserve anzuschaffen.

Reinigung des Porzellans

Porzellan läßt sich am einfachsten im Geschirrspüler reinigen. Je einfacher und glatter die Form, desto problemloser ist die Reinigung.

Wertvolles Geschirr mit Aufglasur-Dekor, besonders wenn es handbemalt oder mit Edelmetallverzierung ist, muß nach wie vor mit der Hand und mit einem

milden Spülmittel gereinigt werden. Nach der Reinigung wird es heiß abgespült. Es trocknet dann von selbst.
Das Geschirr muß aber nachpoliert werden, indem man z. B. einen Teller mit einem Tuchende eines nicht fasernden Geschirrtuches mit der linken Hand ergreift, wobei die Finger unter dem Tellerrand und der ausgestreckte Daumen am Tellerrand liegen. Dann wird der Teller mit der rechten Hand im Tuch mehrfach rechtsherum gedreht. Zum Schluß wird der polierte Teller auf etwaige Flecken kontrolliert.

In der Gastronomie ist zu berücksichtigen, daß Porzellan durch das ständige Waschen in der Spülmaschine mitunter Kalkflecken bekommt. Es muß daher in regelmäßigen Abständen mit einem speziellen Putzmittel oder mit Essig gereinigt werden.
Angeschlagenes Porzellan gehört unbedingt aussortiert.

Gläser

Auf einem schön gedeckten Tisch darf ein formvollendetes Glas nicht fehlen. Schon immer war es ein Zeichen besonderer Kultur, Getränke in schönen Gläsern zu servieren.

Material

Das Grundmaterial zur Glasherstellung ist Quarzsand, der unter Zusatz von Fluß- und Entfärbungsmitteln bei 1.450 °C in Schmelzöfen zum Schmelzen gebracht wird.

Werden als Flußmittel Natron (Soda) und Kreide (Kalkstein) verwendet, entsteht das **einfache Glas** oder **Natronglas.** Dieses ist hart, leicht schmelzbar, oft mit kleinen Blasen, relativ robust und temperaturunempfindlich.

Wird Natron durch Kali ersetzt, entsteht härteres und schöneres Glas, das **Kristallglas** oder **Kaliglas.** Es ist leicht, schwerer schmelzbar als Natronglas, schleif- und sehr gut gravierbar.
Das sogenannte böhmische Kristallglas wird durch zusätzliche Kreide- und Kalibeimengungen gehärtet.

Bleikristallglas oder **Bleiglas** entsteht durch Zusatz von Bleioxyd. Es ist weich, schwer, besonders klar und glänzend, mit hohem Lichtbrechungsvermögen und sehr gut schleifbar.

Eine besondere Glasart ist **feuerfestes Glas.** Durch Zusatz von Schamotte und Borax ist es chemikalien-, feuer- und hitzebeständig. Es wird gepreßt oder geblasen und ist sehr beliebt als Koch- und Serviergeschirr.

Einfache Gläser werden durch maschinelles **Pressen** in Hohlglasmaschinen hergestellt. Man benützt dazu erwärmte Gußeisenformen, in welche die zähe Glasmasse gegossen wird. Die Formen können Muster besitzen, die dann auf das Preßstück übertragen werden. Preßglas erkennt man an der Formnaht am Fuß des Stielglases oder am Boden des Becherglases. Diese Produkte sind billig und werden im Haushalt für den täglichen Gebrauch und in der Gastronomie als Schankgläser verwendet.

Kristall- und Bleikristallgläser werden **geblasen,** und zwar entweder maschinell, oder sie werden mit Hilfe der Glasmacherpfeife mundgeblasen. Diese sind besonders wertvoll.

Der Wert eines Glases wird durch seinen Klang, das Lichtbrechungsvermögen und seine Wandstärke bestimmt.

Dekor

Veredelt werden Kristallgläser durch Färben, Bemalen, Ätzen, Gravieren und Schleifen.

Färben kann man Gläser, indem man dem Glasfluß gewisse Metalle beimengt. Diese lösen sich mit charakteristischen Farben, z. B. wird Gold rubinrot, Silber honigfarben bis braun, Eisen blaugrün, Mangan violett bis schwarz.

Man kann Gläser auch mit Glas- oder Ölfarbe **bemalen.** Anschließend werden die Gläser leicht gebrannt.

Geätzt werden Gläser mit Flußsäure. Dazu werden sie zuerst mit Wachs beschichtet und dann die Zeichnungen in Wachs eingeritzt, sodaß die Flußsäure nur an diesen Stellen das Glas ätzen kann.

Eine weitere Möglichkeit der Veredelung ist das **Gravieren.** Gravuren sind ganz fein eingeschnittene Verzierungen (Aufschriften, Monogramme, Vignetten,

Linien und Ornamente), die mit Diamanten oder Gravierrädchen aus Kupfer angebracht werden. Sie sind im Gegensatz zum Schliff immer matt.

Für das **Schleifen** von Glas gibt es zwei Möglichkeiten, nämlich mit feinen Schmirgel- oder Sandsteinscheibchen oder mit groben, abgerundeten Sandsteinkugeln.

Gebrauchsformen von Glas

Durch die Vielfalt der Getränke werden sehr unterschiedliche Glasformen benötigt, nach dem Grundsatz: „Ein Getränk entfaltet erst dann seinen vollen Geschmack, wenn es im richtigen und passenden Glas angeboten wird."

Im Prinzip werden folgende Grundformen unterschieden:
Kelchgläser: bestehend aus Fuß, Stiel und Kelch
Schalen: bestehend aus Fuß, Stiel und flachem Kelch
Becher: ohne Stiel oder mit kurzem Fuß (Fußbecher)

Je nach der Getränkeart, die man aus dem jeweiligen Glas trinkt, unterscheidet man vier Gruppen, nämlich Wein-, Bier-, Wasser- und Bargläser. Als solche werden sie auch im Handel angeboten.

Weingläser

Der Wein ist ein edles Getränk, dessen natürliche Farbe man im Glas auch sehen soll. Weingläser mit farbigem Kelch sind daher ungeeignet.
Ursprünglich gab es für Wein nur zwei Gläserformen, den Pokal und den Römer.

Der **Pokal** ist ein kräftiges Glas mit gedrungenem Fuß und Stiel. Er wird heute auch als Schankwein- oder Schoppenglas bezeichnet, also ein Glas für den Ausschank offener Weine (=Weine aus dem Krug oder einer Karaffe).

Der **Römer** ist ein farbloses Kelchglas mit langem oder kurzem, grünem oder braunem, gerilltem Stiel. Ursprünglich kommt dieses Glas aus den fränkischen Glashütten des Spessarts und wurde „am Römer", dem Frankfurter Marktplatz, verkauft. In diesem Glas wurde der Wein dort auch zum Verkauf angeboten.

In den **traditionellen Weinbaugebieten** entwickelten sich charakteristische Gläserformen (meist ähnlich den dort gebräuchlichen Flaschenformen), die heute noch verwendet werden.

- Burgunderweinglas: Der Kelch ist apfelförmig und sehr groß, dadurch kann der eingeschenkte Wein durch Sauerstoffeinwirkung sein volles Bukett entfalten. Für alle Burgunderweine.
- Bordeauxweinglas: Es ist ein großes Glas mit tulpenförmigem Kelch. Für alle Bordeauxweine, die ebenfalls viel Sauerstoff für die Entwicklung ihres Buketts benötigen.
- Anjouweinglas: Der Stiel ist hoch, der Kelch relativ klein und leicht ausgestellt. Für Roséweine aus Anjou und Touraine im Loiretal.
- Vouvrayweinglas: Es hat einen ausgestellten Kelch. Für moussierende Vouvray-Weine aus dem Loiretal.
- Alsaceweinglas: Es ist dem deutschen Moselweinglas ähnlich und hat einen zart hellgrün gefärbten Kelch. Für alle Elsässer Weine.
- Provenceweinglas: Das ist ein leicht ausgestelltes Glas für Weiß-, Rot- und Roséweine aus der Provence.
- Rheinweinglas: Das Glas hat einen apfelförmigen Kelch und einen überlangen, braunen oder olivgrünen Stiel. Für alle Rheinweine, Pfälzer und Frankenweine.
- Moselweinglas (Trevirisglas): Der Kelch ist zartgrün gefärbt, da die Moselweine im wahrsten Sinn des Wortes „weiße Weine" sind. Er ist entweder apfelförmig oder nach oben leicht geöffnet. Für alle Moselweine.
- Baroloweinglas: Der Kelch ist apfelförmig. Für alle Baroloweine aus Italien.
- Chiantibecher: Das ist ein Becher- oder Fußbecherglas. Für alle Chiantiweine.

Tisch- und Tafelinventar

Moselweinglas Baroloweinglas Chiantibecher

Aus diesen Formen entwickelten sich die heute üblichen Stielgläser. Sie werden in unterschiedlicher, ansteigender Größe für Dessert- und Südweine, Weißweine, Rotweine und Schaumweine erzeugt und meist in einem Gläserset, d. h. im gleichen Design, angeboten.

Hinsichtlich der **Kelchform** unterscheidet man die Apfelform, die Tulpenform, die gerade und die ausgestellte Form.

Bei der Apfel- und der Tulpenform können sich die Duftstoffe des Weines voll entfalten und bleiben im Glas, da sich diese Formen nach innen schließen. Sie werden daher bevorzugt für schwere, gehaltvolle Weine, die zur Entwicklung ihres Buketts viel Sauerstoff benötigen, verwendet.

Die gerade und die ausgestellte Form sind eher für junge, spritzige Weiß- oder Roséweine gedacht, deren Bukett nicht so intensiv ist.

Apfelform Tulpenform Gerade Form Ausgestellte Form Stielknopfglas

Eine Besonderheit stellen die **Stielknopfgläser** dar, die heute sehr häufig angeboten werden. Das Weinglas wird am Knopf des Stieles erfaßt, somit kann sich die Fingerwärme nicht auf den Kelch übertragen und die Temperatur des Weines verändern. Außerdem läßt sich diese Glasform beim Schwenken gut halten, daher sind viele Weindegustationsgläser Stielknopfgläser.

Und nun zu den einzelnen Weinglasarten, die sich aus den klassischen Formen entwickelt haben.

Rotweingläser: Sie sind meist dem Burgunder- oder Bordeauxweinglas nachempfunden, haben einen großen Kelch und einen langen Stiel. Um den Duft besonderer Rotweine voll zur Geltung bringen zu können, haben Rotweingläser im Vergleich zu Weißweingläsern immer eine größere Kelchweite und Stielhöhe.

Weißweingläser: Sie sind kleiner im Kelch und kurzstieliger. Da Weißweine gekühlt getrunken werden, haben die Gläser weniger Inhalt als Rotweingläser, damit der eingeschenkte Wein bald getrunken und nicht im Glas warm wird. Die Form ist entweder dem Burgunder- und dem Bordeauxweinglas oder dem Mosel- bzw. Rheinweinglas nachempfunden.

Roséweingläser: Die Größe des Kelches entspricht der eines Weißweinglases, weil auch Roséwein gekühlt getrunken wird. Da Roséweine junge, frische, spritzige Weine sind, ist die Kelchform der Roséweingläser leicht ausgestellt.

Dessertwein- oder Südweingläser: Das sind kleine Stielgläser mit unterschiedlichen Kelchformen und 1/16 l Inhalt. Für Beerenauslesen, Ausbruchweine, Trockenbeerenauslesen und Eisweine, Sherry, Portwein und sonstige Dessert-, Süd- und Süßweine.

Schaumweingläser: Die Champagner- oder Sektgläser sind sehr hoch, aus dünnem Glas und haben einen schmalen Kelch. Man unterscheidet den Sektkelch (französische Form), die Sektflöte (Sektspitz), die Sektschale und den Sektbecher (Sektstutzen). Sektkelch, -flöte und -becher behalten die Kohlensäure länger im Glas, während die Sektschale die CO_2-Blasen rascher entweichen läßt.

Sektgläser, besonders die Sektschale, werden auch für einige Bargetränke verwendet.

Rotweinglas Weißweinglas Roséweinglas Dessertweinglas

Sektkelche Sektflöte Sektschale Sektbecher

Der Vollständigkeit halber seien zum Schluß noch die geeichten Weingläser für offenen Wein oder Schankwein aufgezählt, die sowohl im Haushalt für den täglichen Gebrauch als auch in der Gastronomie Verwendung finden:

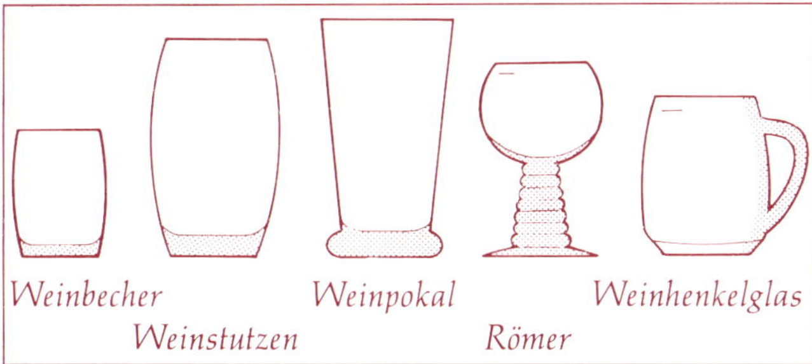

Biergläser

Bier wurde früher nur aus Steingutkrügen getrunken. Der Grund dafür war, daß man das Bier nicht filtrieren konnte und es daher für den Betrachter kein schönes Aussehen hatte.
Die modernen Filtrationsmethoden verleihen dem Bier aber einen vorzüglichen Glanz und einen den Geschmack anregenden Farbton. Deshalb wird Bier heute aus Gläsern mit unterschiedlichen Formen getrunken. Nur der Freistaat Bayern blieb seiner Tradition treu und serviert seinen Gästen Bier immer noch im Tonmaßkrug.

Man unterscheidet folgende Bierglasformen:

Bierbecher (Bierstutzen): Er wird in verschiedenen Größen erzeugt. Kleine Formen dienen im Haushalt als Universalglas für den täglichen Gebrauch und werden sowohl für Bier als auch für Wasser, Fruchtsäfte, Limonaden usw. verwendet.
In der Gastronomie ist er vor allem für offenes Bier in Gebrauch.
Henkelbierglas: Es wird für den offenen Bierausschank in Bierlokalen, Biergärten und bei Volksfesten verwendet. Der Größe nach unterscheidet man Seidel (0,33 Liter), Krügel (0,5 Liter), Maß (1 Liter) und Doppelmaß (2 Liter).
Bierpokal: Das ist ein hoher, schlanker Becher mit Fuß.
Biertulpe: Sie wird meist für das Flaschenbierservice verwendet.
Bierschwenker: Das ist eine Form, die erst in letzter Zeit modern geworden ist und vor allem in Restaurants Verwendung findet.
Bierstangen: Das sind hohe Gläser für spezielle Biere wie Pils (Pilsbierstange), Weißbier (Weißbierstange oder Bierflöte), Düsseldorfer Altbier (Altbierstange) und Kölsch (etwas niedriger als die Altbierstange).
Bierkelch: In diesem Glas werden vor allem Bockbiere, Porter und Stout serviert.
Bierschale (Berliner Molle): Sie wird für die „Berliner Weiße" (=Weißbier, das mit Waldmeister oder einem Schuß Himbeersaft serviert werden kann) verwendet.

Schankbiergläser sind laut Gesetz geeicht, Flaschenbiergläser kommen auch ungeeicht in den Handel. Geeichte Gläser sind mit Füllmengen von 0,125 Liter („Pfiff"), 0,2 Liter, 0,25 Liter, 0,3 Liter, 0,4 Liter (BRD), 0,5 Liter und 1 Liter im Handel.

Wassergläser

Sie werden zum Service von Wasser aller Art (Trinkwasser, Sodawasser, Tafel- und Mineralwasser), aber auch für alkoholfreie Getränke verwendet. Man unterscheidet zwei Formen:

Wasserbecher: Das ist ein fußloses, mittelhohes Glas.
Stielwasserglas: Es hat einen großen Kelch und einen mittelhohen Stiel. Dieses Glas ist meist höher als die Weingläser.

Tisch- und Tafelinventar

Wassergläser werden passend zu den Weingläsern bzw. zum Bierglas im Set angeboten.
Außerdem gibt es ein eigenes **Limonadenglas,** das für alle alkoholfreien Getränke verwendet wird und in der Regel geeicht ist (für offenen Getränkeausschank).
Eine Sonderstellung nimmt das **Milchglas** ein. Es hat eine hohe Becherform und darf nur für heiße und kalte Milch bzw. Milchmischgetränke verwendet werden.

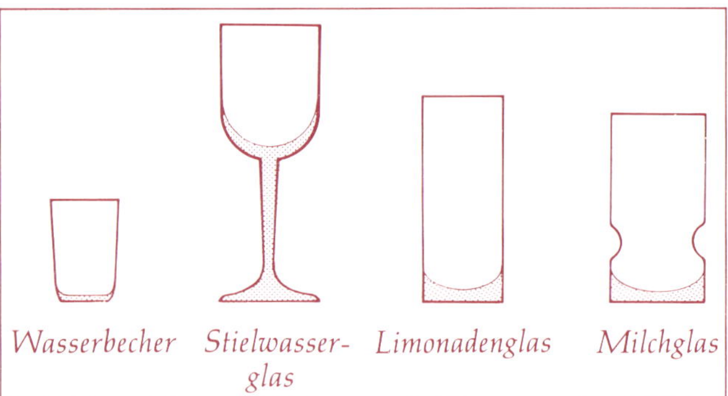

Bargläser

Eine gut eingerichtete Bar sollte in der Lage sein, Getränke für jeden Geschmack anzubieten. Bedingt durch die Vielfalt an Getränken, werden auch sehr unterschiedliche Gläser benötigt.

Tumbler: Das ist ein Stutzenbecher mit gerader oder schräger Form und verstärktem Boden. Dieser ist einerseits wichtig für die Standfestigkeit, andererseits für die längere Kühlhaltung eines Getränkes.
Tumbler gibt es in sechs verschiedenen Größen:
Kleiner Tumbler: für Frucht- und Gemüsesäfte, Sours, Campari, Wermut on the rocks usw.
Mittlerer Tumbler: für Fizzes, Egg-nogs, kalte Punsche etc.
Großer Tumbler (Highballglas): für Highballs, Milkshakes, Non alcoholic drinks, Anisées usw.
Collinsglas: für Collinses, Longdrinks und Fancy drinks
Sling- oder Zombieglas: für Slings und Coolers
Old-fashioned-Glas: Es ist um vieles breiter als der bereits erwähnte kleine Tumbler. Das Old-fashioned-Glas ist das schottische Whiskyglas. Deshalb wird es auch vielerorts ganz einfach als Whiskyglas bezeichnet. Durch die Breite und die Tiefe dieser Glasform kann gut gelagerter Whisky sein volles Bukett enfalten. Auch alle Getränke „on the rocks" (mit Eiswürfeln) werden darin serviert.
Cocktailcreamer: Er ist in der Form wie eine Sektschale, nur wesentlich kleiner (Inhalt zirka sieben Zentiliter). Er wird in erster Linie für alle Cocktails mit cremiger Konsistenz (zubereitet aus Obers und Likören) verwendet.
Cocktailglas: Es hat eine Ähnlichkeit mit dem Südweinglas. Der Inhalt reicht von einem sechzehntel Liter bis zu sieben Zentilitern. Es ist vor allem für klare, leicht vermengbare Cocktails gedacht.
Cocktailschale: Das ist ein Mittelding zwischen Cocktailcreamer und -glas. Sie kann für alle Cocktails und Frozen drinks verwendet werden (zirka sieben Zentiliter Inhalt).
Likörglas (Likörkelch): Es hat einen länglichen, tulpenförmigen Kelch und wird vor allem für alle Bitterliköre, Anisées usw. verwendet.
Likörschale: Das ist das gebräuchlichste Likörglas und wird meist für alle Likörarten sowie für Branntweine (besonders Obstbranntweine) verwendet. Das Glas hat dieselbe Form wie der Cocktailcreamer, ist aber etwas kleiner (zirka sechs Zentiliter Inhalt).
Schnapsglas (Stamperl, Stamper): Das sind kleine, becherförmige Gläser für alle klaren Schnäpse bzw. Branntweine. Sie dürfen bei tiefen Temperaturen nicht zerspringen, da sie für viele Schnäpse gekühlt werden müssen.
Cognacschwenker (Snifter): Das ist ein großes, ballonförmiges Glas, in dem sich das wertvolle Bukett des Cognacs voll entwickeln kann. Cognacschwenker werden auch für Armagnac, Calvados und Edelliköre wie Bénédictine, Chartreuse, Cointreau, Curaçao, Cordial Médoc, Grand Marnier usw. verwendet.
Weinbrandschwenker (Likörschwenker): Es gibt ihn in zwei verschiedenen Größen, die aber beide kleiner als der Cognacschwenker sind. Er wird für Weinbrände sowie für Kümmel- und Klosterliköre verwendet.
Bowleglas (Bowlenkandel): Es ist ein Henkelglas, das für Bowlen und Cups verwendet wird.
Punsch- oder Grogglas (Teeglas): Das Glas selbst ist aus feuerfestem Material. Damit man es auch bei hohen Temperaturen gut angreifen kann, wird es in ein Körbchen aus Bast oder Metall gestellt.
Das Punschglas wird auch für Feuerzangenbowle, Glühwein u. ä. verwendet.

Neben diesen üblicherweise für verschiedene Getränke verwendbaren Gläsern gibt es Formen, die nur für ein spezielles Getränk entwickelt wurden.

Krüge und Karaffen

Wasser- und Weinkrug: Er wird sowohl zu Hause als auch im Restaurant zum Servieren von Wasser und offenem Wein sowie für Fruchtsäfte verwendet.
In der Gastronomie ist er auf 0,25 Liter, 0,5 Liter und 1 Liter geeicht.
Karaffe: Sie wird für Wasser oder offenen Wein benützt.
Bierkrug: Er wird in Bierlokalen – heute aber sehr selten – zum Servieren von offenem Bier verwendet. Sein Nachteil ist, daß durch das zweimalige Umleeren (in den Krug, dann in das Glas) sehr viel Kohlensäure und die kühle Frische verlorengehen; das Bier schmeckt schal.

Dekantierkrug, Dekantierkaraffe: Sie dienen zum Dekantieren (siehe Seite 137) von alten Rotweinen und Portwein mit Depot. Die Dekantierkaraffe hat einen Stöpsel oder einen Verschluß mit Ausgießer aus Metall.
Portwein- oder Sherrykaraffe: Sie ist kleiner als die Dekantierkaraffe und wird für Sherry und zum Dekantieren von alten Portweinen mit Depot verwendet.
Rumkaraffe: Sie ist kleiner als eine Dekantierkaraffe und hat einen Glasstöpsel. Die Rumkaraffe wird im Haushalt zum Service von Tee mit Rum benötigt.
Rührglas: Es wird in der Bar zur Herstellung von Cocktails mit leicht vermengbaren Ingredienzien hergestellt.

Tisch- und Tafelinventar

Zitronensaftkännchen: Es wird zum Service von Tee mit Zitrone benötigt.
Bowleservice (Bowlegarnitur): Sie besteht aus einem Bowletopf und sechs Bowlegläsern.
Bowlenei: Es ist wie ein großes Tee-Ei an einer Kette befestigt und wird, mit Eis gefüllt, in den Bowletopf gehängt. So bleibt die Bowle einige Stunden kühl.

Sonstige Gebrauchsformen aus Glas

Neben Gläsern, Krügen und Karaffen wird heute eine große Palette an Glaswaren angeboten, von den traditionellen geschliffenen Bleikristallgläsern bis zu den modernsten Formen. Es sind sehr häufig Gegenstände, die auch in Porzellan oder Edelmetall erzeugt werden, wie Zuckerdosen und Oberskännchen, meist mit passendem Tablett, kleine Salat- oder Kompottschüsseln, große Salatschüsseln zum Anrichten, Tortenplatten, Kuchenteller, Sandwichplatten, Käseglokken, Schalensätze mit Griff, Kabaretts und Kabarettschalen, Obstschalen, Butterschalen, Marmeladeschüsseln, Eierbecher, Sektkühler (mit Metallrand), Salz- und Pfefferstreuer, Salz- und Pfeffermühlen, Zahnstocherbehälter, Stövchen u. a.

Im folgenden sind jene Geräte aufgezählt, die überwiegend aus Glas erzeugt werden:

Runde Platten: Große Glasplatten (in der Größe von Speisetellern) werden für kalte Fleisch-, Fisch-, Gemüse- und Salatplatten verwendet, kleine Glasplatten (in der Größe von Desserttellern) für Beef tartar, Salat als Beilage usw.
Fingerschale (Fingerbowle): Sie wird zum Reinigen der Finger bei Tisch benötigt, wenn mit diesen gegessen wird.
Eiskübel: Man bewahrt darin Mundeisstücke auf und verwendet ihn sowohl bei Tisch als auch in der Bar.
Eisgläser: Sie unterteilen sich grundsätzlich in Eisschalen (Coupeschalen) und Eisbecher, sehr große Gläser bezeichnet man auch als Eispokale. Beide Formen gibt es mit und ohne Stiel. Sie werden in immer dekorativeren Formen angeboten, damit das Eis wirkungsvoll angerichtet werden kann.
Für manche Eisspeisen haben sich besondere Geschirrformen entwickelt, z. B. Cassataschale, Bananensplitschale, Eiskaffeebecher.
Marmelade- und Honigtiegel: Meist werden sie zusammen mit einer passenden Platte aus Metall angeboten.
Honigspender: Das ist ein hohes Glasgefäß mit einer Ausgießvorrichtung aus Metall. Der Metallriegel ist beweglich, und der ausfließende Honig kann portioniert werden.
Zuckerportionierer (Zuckerstreuer, Zuckerschütter): Er ist aus Glas mit einem Portionierer aus Metall.
Staubzuckerstreuer: Er besteht ebenfalls aus Glas und hat eine Metallkappe, die mit Löchern versehen ist.
Süßstoffbehälter: Meist ist das eine kleine Glasdose (mit oder ohne Füße) mit Metalldeckel und kleinem Löffel oder kleiner Zange zum Herausnehmen des Süßstoffes. Süßstoffbehälter werden auch mit Unterteller angeboten.
Oberssschüssel: Sie ist größer als eine Kompottschüssel und wird für Schlagobers verwendet.

Tisch- und Tafelinventar

ten, daß Markengläser eine Nachkaufgarantie haben. Diese ist besonders wichtig, da es bei Gläsern den meisten Bruch gibt.

Tips für den Einkauf

Beim Einkauf von Glas ist wiederum der Verwendungszweck bestimmend. Man wird auch bei den Gläsern zweierlei Arten anschaffen, für den täglichen Gebrauch und für festliche Gelegenheiten. Für den Alltag gibt es auch bei billigem Preßglas schöne, zweckmäßige Formen. Bei geschliffenen Gläsern ist darauf zu achten, daß der Schliff nicht bis zum Rand geht, da die Gläser dadurch leichter brechen. Bleikristall muß durch ein Etikett (Bleizusatz 24 Prozent) gekennzeichnet sein. Glas wirkt aber vor allem durch sein Material, sodaß es nicht unbedingt verziert sein muß.

Bei allen Formen müssen die Handlichkeit und die Standfestigkeit geprüft werden. Gutes Glas ist klar, blasen- und fehlerfrei (gegen das Licht halten). Auch der Glasrand ist zu kontrollieren. Ein einwandfreies Glas hat einen guten Klang. Schließlich ist zu beach-

Reinigung und Pflege der Gläser

Einfache Gläser können unproblematisch mit dem Geschirrspüler gereinigt werden. Wertvolles geschliffenes Glas ist mit der Hand zu reinigen, und zwar in einer sauberen, heißen Spülmittellösung, damit alle Fett- und Lippenstiftspuren verschwinden. Außerdem ist zu beachten, daß die Gläser einzeln im Becken gewaschen werden. Dann werden sie mit warmem Wasser nachgespült und mit einem faserfreien Tuch nachgetrocknet, und zwar folgendermaßen: Das untere Glasende wird mit einem Tuchende mit der linken Hand erfaßt, mit dem anderen Tuchende in der rechten Hand nimmt man das Glas zwischen den Daumen und die restlichen Finger. Dann dreht man das Glas, bis es trockenpoliert ist. Gläsertücher dürfen niemals zu anderen Reinigungszwecken verwendet werden. Hartnäckigen Schmutz auf Gläsern entfernt man mit verdünntem Essig und Salz. Angeschlagene Gläser müssen aussortiert werden.

Bestecke

Das Besteck teilt man grundsätzlich in Eßbesteck und Vorlegebesteck ein. Beide werden heute (meist zusammenpassend) in sehr unterschiedlichen Formen angeboten. Darüber hinaus haben sich für verschiedene Delikatessen Spezialbestecke entwickelt, die nur für diese verwendet werden.

Material

Vom Material her gesehen gibt es heute eine große Auswahl an Bestecken, die natürlich preislich sehr unterschiedlich sind.

Tisch- und Tafelinventar

Bestecke aus Edelstahl werden am meisten verwendet, denn sie sind leicht zu pflegen, meist spülmaschinenfest und daher zweckmäßig für den täglichen Gebrauch. Edelstahlbestecke sind entweder aus Chromstahl oder aus Chromnickelstahl (Cromargan) hergestellt. Man kann sie am Aussehen unterscheiden.
Chromstahl ist bläulich. Chromstahlbestecke brauchen nicht gekennzeichnet zu werden. Wenn sie es dennoch sind, tragen sie die Bezeichnung „rostfrei" („inox" oder „stainless").
Chromnickelstahl glänzt silbrig. Bestecke aus Chromnickelstahl tragen auf der Rückseite die Kennzeichen 18/8 oder 18/10, d. h., dieser Stahl wurde mit 18 Prozent Chrom (für Härte und Widerstandsfähigkeit) und acht (zehn) Prozent Nickel (silberähnlicher Glanz) veredelt. Der Vorteil dieser Legierung liegt darin, daß sie nicht anläuft und gegen säurehaltige Speisen unempfindlich ist. Auch bei höchster Beanspruchung behält sie ihren natürlichen Glanz. Bestecke aus Edelstahl können mattgebürstet oder hochglanzpoliert sein.

Bestecke mit nichtmetallischen Griffen gibt es in großer Anzahl, entweder mit einem Griff aus buntem Kunststoff oder aus Horn, Holz, Porzellan oder Perlmutt. Leider sind nicht alle diese Bestecke spülmaschinenfest.
Ist das Material angenietet, was man sehr leicht an der kleinen Metallinienkante am Griff erkennen kann, können sie wie die Edelstahlbestecke sorglos im Geschirrspüler gewaschen werden (Ausnahme: Holzgriffe). Sind sie aber angekittet, müssen sie mit der Hand abgewaschen werden.

Versilberte Bestecke stehen bezüglich ihrer Beliebtheit nach den Edelstahlbestecken an zweiter Stelle. Sie sind auf der Rückseite mit einem Prägestempel gekennzeichnet, der die Silberauflage in Gramm pro 24 Quadratdezimeter angibt, was ungefähr der Oberfläche von zwölf Eßgabeln und zwölf Eßlöffeln entspricht.
Es gibt 80-, 90-, 100- und 150-Gramm-Auflagen, wobei die häufigste die 90-Gramm-Auflage ist. Der Kern der versilberten Bestecke ist aus Alpaka (Neusilber), einer Legierung aus Kupfer, Zink und Nickel. Versilberte Bestecke sind heute schon sehr häufig spülmaschinenfest.

Eine Abart der normalen versilberten Bestecke sind die sogenannten **Patentbestecke.** Das sind solche, die an den stark beanspruchten Stellen der Besteckteile eine stärkere Silberauflage haben, um ein vorzeitiges Verschleißen zu verhindern. Sie sind am Stempel „Patent" erkennbar.

Echtsilber-Bestecke sind aus einer Silberlegierung (800 Teile Silber, 200 Teile Kupfer) bzw. Sterlingsilber (925 Teile Silber, 75 Teile Kupfer) hergestellt. Sie sind durch die Feingehaltsangabe 800/000 bzw. 925/000 gekennzeichnet. Der überwiegende Teil der Silberbestecke ist aus Echtsilber 800/000.
Da beide Legierungen ziemlich weich sind, verbiegen sich die Besteckteile relativ leicht. Silberbestecke sind sehr teuer, und man findet sie daher auch selten, besonders in der Gastronomie.
Bei den versilberten und den Echtsilber-Bestecken werden auch Formen angeboten, die auf der Rückseite kunstvoll geprägte Filigrangravuren zeigen.

Vergoldete Bestecke sind Silberbestecke mit einer Goldauflage, die an den stark beanspruchten Stellen verstärkt ist.

Goldbestecke sind aus massivem Gold hergestellt. Sowohl vergoldete als auch echte Goldbestecke laufen nicht an. Sie sind sehr teuer in der Anschaffung (meist eine Geldanlage) und tragen ebenfalls auf der Rückseite die Angabe des Goldgehaltes.

Gebrauchsformen des Bestecks

Essbestecke

Großes Besteck: Während früher das sogenannte **Tafelbesteck** verwendet wurde, bevorzugt man heute in der Regel das etwas kleinere und handlichere **Menübesteck.** Es werden beide nach wie vor im Handel angeboten. Sie bestehen aus großer Gabel (Fleischgabel), großem Messer (Fleischmesser) und großem Löffel (Suppenlöffel).
Dessertbesteck: Es ist kleiner als das Menübesteck. Die Form des Dessertlöffels hat sich geändert. Während er früher schmal und spitz war, ist er heute eher rund gehalten, weil er vielfach statt eines Bouillonlöffels verwendet wird.
Fischbesteck: Die Gabel ist etwas flacher als die Fleischgabel und hat in der Mitte vertiefte Zinken, mit denen man herausragende Gräten abheben und festhalten kann. Das Messer ist stumpf und hat einen zum Griff fugenlos verlaufenden Schneideteil. Es ist deshalb stumpf, weil Fisch zerteilt und nicht geschnitten wird.
Obstbesteck: Es ist kleiner als das Dessertbesteck. Das Messer hat eine besonders scharfe Klinge, oft mit Wellenschliff.

Tisch- und Tafelinventar

Kuchengabel: Bei der typischen Kuchengabel ist eine Zinke etwas verbreitert und kantig zum Herunterstechen der Mehlspeise.
Kaffeelöffel, Teelöffel, Mokkalöffel: Der Kaffeelöffel wird heute für alle Aufgußgetränke verwendet und hat daher den Teelöffel fast völlig verdrängt. Mokkalöffel werden nur mit der Mokkatasse serviert und finden derzeit ihre häufigste Verwendung bei Espressos.
Limonadenlöffel: Er wird nur für echte Limonaden (bestehend aus Zitrusfruchtsaft, Zucker und Wasser) und aufgespritzte Fruchtsirupe zum Umrühren verwendet. Charakteristisch ist der lange, schmale Griff.
Eislöffel: Je nach der Form des Eisglases werden Eislöffel mit kurzem oder langem Griff benützt.
Eierlöffel: Die Schaufel des Eierlöffels ist aus Horn, Elfenbein, Schildpatt oder Perlmutt (eventuell Hartplastik), keinesfalls aber aus Silber, da sich dieses verfärbt und außerdem den Geschmack beeinträchtigt.
Joghurtlöffel: Er ist der Form nach dem Limonadenlöffel sehr ähnlich und wird deshalb häufig durch diesen ersetzt.
Tassenlöffel (Bouillonlöffel): In der Größe entspricht er einem Dessertlöffel, die Schaufel ist aber tiefer.
Buttermesser (Streichmesser): Es ist klein und handlich und hat einen stark verbreiterten runden Schneideabschluß. Diese Form erleichtert das Aufstreichen von Butter, Marmelade und Pasteten.
Steakmesser: Es ist sehr spitz, besonders scharf und hat einen Wellenschliff.
Bowlegabel: Man verwendet sie für Früchtebowlen zum Essen der Früchte.
Pellkartoffelgabel: Die besondere Form (nach vorne versetzte mittlere Zinke) soll das Aufspießen der Pellkartoffeln erleichtern.

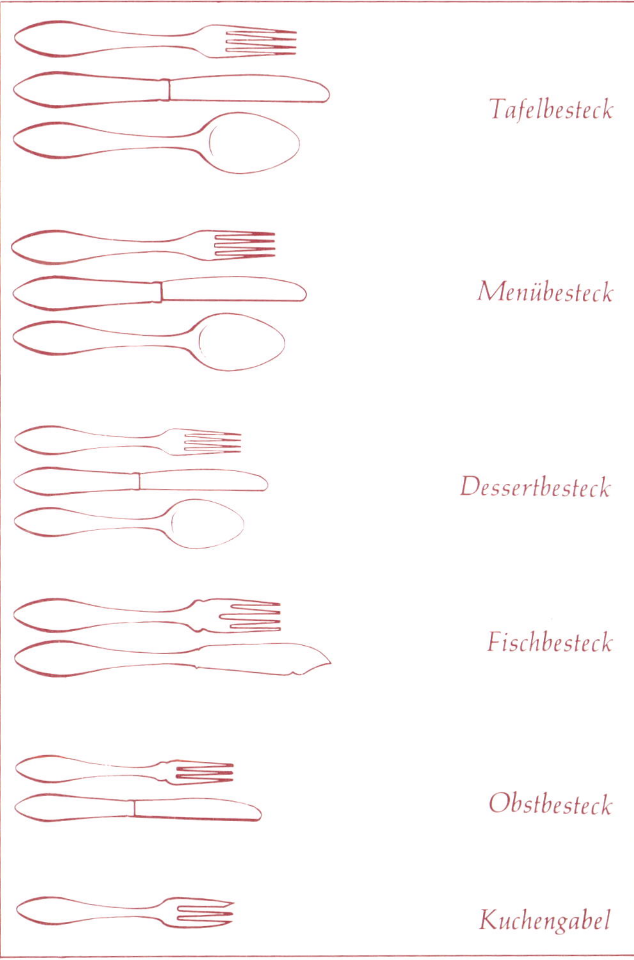

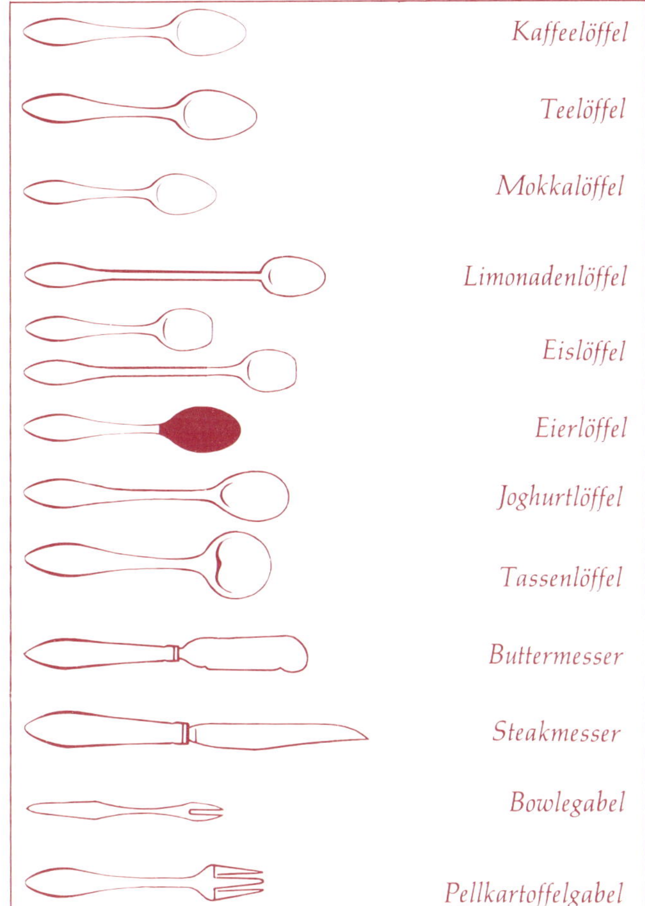

Vorlege- und Tranchierbestecke

Unter Vorlegebesteck versteht man alle jene Geräte, mit denen Speisen aller Art angeboten werden. Tranchierbestecke dienen zum Zerteilen der Speisen.

Suppenschöpfer (Suppenkellen, Schöpflöffel): Sie werden in einem Besteckset oft in verschiedenen Größen angeboten und haben einen Inhalt von 1/16 bis zu 1/8 Liter.
Vorlegebesteck: Es besteht aus Bratengabel (große Vorlegegabel) und Bratenlöffel (großer Vorlegelöffel). Es wird nur im Haushalt verwendet. Die Gabel hat zwei lange, breite Zinken.
Vorlegezange: Bratengabel und Bratenlöffel sind zu einer Zange verbunden. Die Vorlegezange ist nur zum Vorlegen flacher Stücke geeignet.
Fleischvorlegegabeln (kleine Vorlegegabeln): Meist sind sie in zwei verschiedenen Größen in einem Besteckset. Man nimmt sie für kalte Fleisch-, Wurst- und Käseplatten.

Tisch- und Tafelinventar

Fleischtranchierbesteck: Es besteht aus Tranchiergabel und -messer. Tranchierbesteck, das bei Tisch verwendet wird, unterscheidet sich von dem in der Küche verwendeten durch die schönere Ausführung. Die Schneide des Messers ist sehr schmal, die Zinken der Gabel lang und eng beieinanderliegend.

Tranchelard (Lachsmesser, Tortenmesser): Dieses spezielle Tranchiermesser ist länger und dünner als ein normales. Es dient zum Aufschneiden von großen, dünnen Tranchen (z. B. Lachs, Beinschinken, Hammelkeule) bzw. zum Durchschneiden von Torten. Benötigt man eine Gabel, verwendet man dazu jene vom Fleischtranchierbesteck.

Geflügeltranchierbesteck: Es unterscheidet sich vom Fleischtranchierbesteck durch ein stärkeres Messer und eine dünnerzinkige Gabel. Dadurch wird das Zerteilen des Geflügels erleichtert.

Fischvorlegebesteck: Es besteht aus einer übergroßen Fischgabel und einem übergroßen, sehr breiten Fischmesser. Damit filetiert und portioniert man Fische.

Saucenschöpfer (Saucenlöffel): Er ist kleiner als der Suppenschöpfer und kann seitlich auf einer oder auf beiden Seiten einen Ausgießer haben.

Ragout- oder Gemüselöffel, Kartoffellöffel, Reis- oder Fritesschaufel: Für jede Beilage sind speziell geformte Vorlegelöffel erhältlich. Ihr Gebrauch ist eher selten, statt dessen wird ein Suppen- oder Bratenlöffel verwendet.

Spaghettizange: Sie dient zum leichteren Herausnehmen der Spaghetti aus der Anrichteschüssel.

Salatvorleger: Er besteht aus Salatgabel und Salatlöffel. Die Gabel hat eine Löffelform und ist zusätzlich mit Zinken ausgestattet.

Mixed-Pickles-Zange: Sie wird für Essiggemüse, wie Mixed Pickles, Oliven, Champignons, Perlzwiebeln, kleine Essiggurken, Maiskolben usw. verwendet.

Sardinenheber (Sardinengabel): Er hat die Form einer sehr breiten, kleinen Gabel, bei der die Zinkenspitzen durch einen kleinen Querbalken verbunden sind. Dadurch kann man die Sardinen bequem aus der Dose herausnehmen und das Öl abtropfen lassen.

Pastetenheber: Er wird zum Aufnehmen von aufgeschnittenen Pasteten in Teighülle verwendet.

Buttervorlegemesser: Von der Form her ist es dem Buttermesser ähnlich und wird zum Herunterschneiden der Butter vom ganzen Stück verwendet.

Käsemesser: Das ist ein überbreites, scharfes Messer mit einer gebogenen Spitze, die in zwei spitzen Zinken endet. Somit kann der Käse geschnitten und anschließend das abgetrennte Stück mit den Zinken aufgespießt und auf den Teller gelegt werden.

Käsebeilchen: Es wird wie das Käsemesser verwendet.

Käseschaufel mit Schabmesser: Die Schaufel ist völlig flach und hat ein eingebautes Schabmesser. Damit können vom Blockkäse dünne Scheiben geschnitten werden, die auf der Schaufel liegenbleiben und von dort auf den Teller gelegt werden.

Tomatenmesser: Das ist ein kleines Messer mit starkem Wellenschliff. Es wird im Haushalt zum Schneiden ganzer Fleischtomaten verwendet.

Obstfiletiermesser: Es ist ein sehr scharfes Messer ohne Wellenschliff, um eine glatte Schnittfläche zu erhalten.

Kompottvorlegelöffel: Er wird zum Vorlegen von Kompotten aus der Kompottschüssel benützt.

Tortenheber (Tortenschaufel) und Tortenmesser: Mit dem Tortenmesser wird die Torte in einzelne Stücke geschnitten, die mit dem Tortenheber vorgelegt werden.

Kuchen- oder Eisheber mit Schneide: Dieses Gerät ist eine Kombination aus Tortenheber und Tortenmesser.

Gebäck-(Patisserie-)Zange: zum Vorlegen von Kuchen, Feingebäck, Petits fours und Teebäckerei.

Eisvorlegeschaufel: Sie wird dann benötigt, wenn Eis im ganzen angeboten wird (z. B. Eistorte). Sie ist sehr selten und wird meist durch den Tortenheber bzw. den Kuchen- oder Eisheber mit Schneide ersetzt.

Obers-(Sahne-)Löffel, Marmelade- oder Honiglöffel: Das sind speziell geformte Löffel zum Herausnehmen von Obers bzw. Marmelade oder Honig, die aber meist durch einen Dessert- oder Kaffeelöffel ersetzt werden.

Zuckerlöffel, Zuckerzange: zur Entnahme von Kristall- bzw. Würfelzucker aus der Zuckerdose.

Eiszange: Mit ihrer Hilfe kann man die Eiswürfel sicher aus dem Eiskübel herausholen und in das Glas geben.

Bargabel (Garniturgabel): Sie hat einen langen Stiel und dient zum Aufsetzen von Garnituren auf oder in das Glas.

Barmesser (Garniturmesser): Es ist klein und hat zwei Zinken zum Aufspießen der geschnittenen Garnituren, die man auf oder in das Glas gibt. Das Messer muß sehr scharf sein.

Barlöffel: Durch seinen langen Stiel ist er in der Bar vielseitig verwendbar, nicht nur zum Umrühren leicht vermengbarer Ingredienzien, für die man keinen Shaker braucht, sondern auch zum Herausnehmen von Kirschen, Oliven usw. für die Garnituren sowie zum Messen kleiner Mengen. Am Stielende befindet sich häufig ein Stoßer zum Zerkleinern von Zucker, Minze usw.

Barzange: Sie wird zum Öffnen von Glasdeckeln (Oliven, Cocktailkirschen) sowie zum Aufbrechen von Sektverschlüssen (Drahtagraffen) verwendet.

Nußknacker: Er wird zum Öffnen der Schalen von Walnüssen, Haselnüssen, Paranüssen etc. verwendet.

Traubenschere: Man benützt sie zum Abschneiden kleinerer Teile von der ganzen Traube.

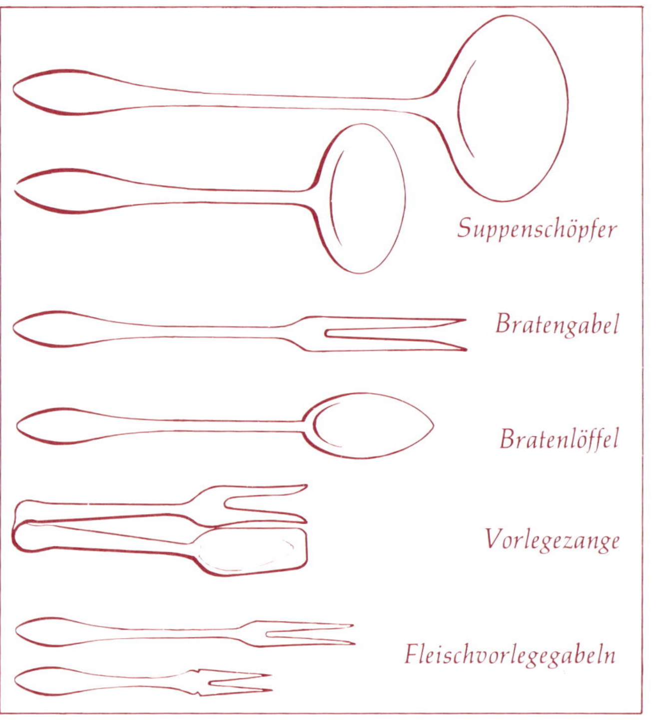

Tafel Kultur

Tisch- und Tafelinventar

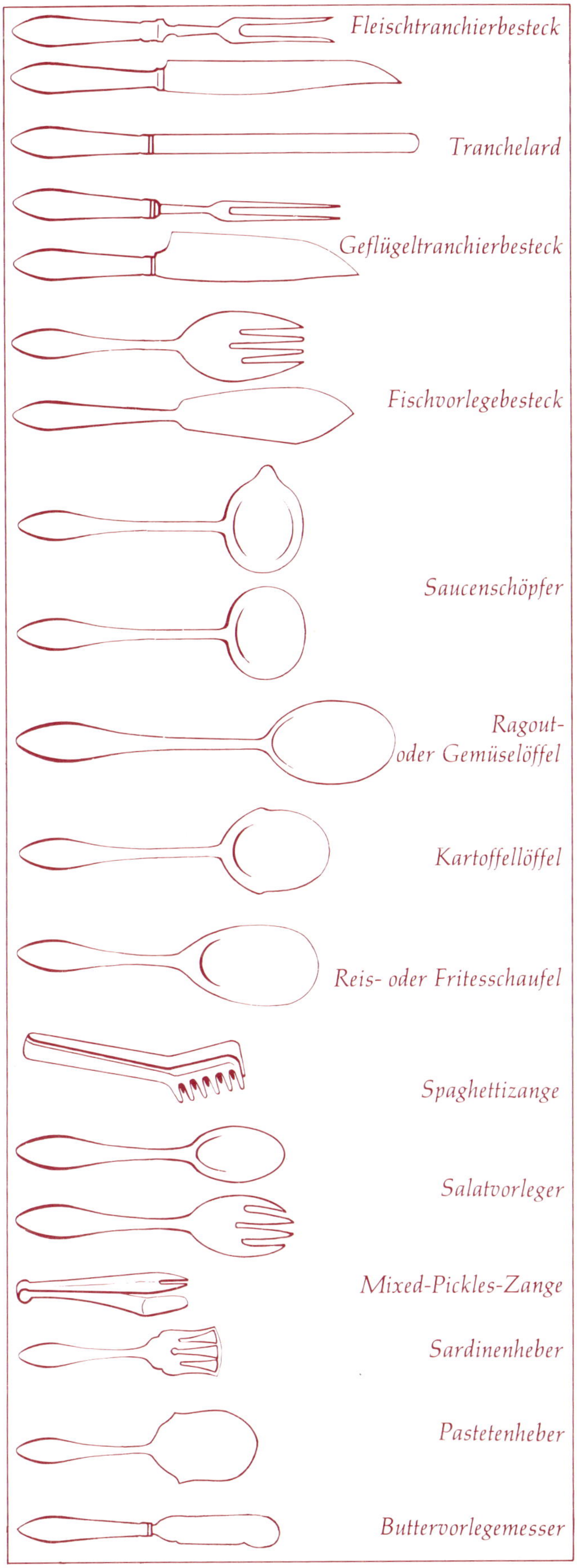

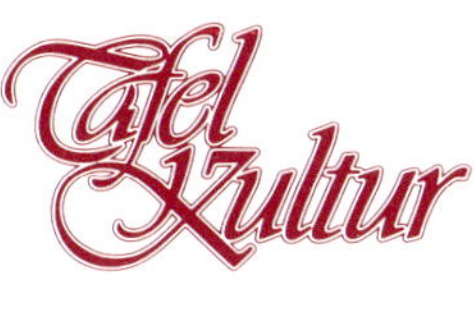

Fleischtranchierbesteck
Tranchelard
Geflügeltranchierbesteck
Fischvorlegebesteck
Saucenschöpfer
Ragout-
oder Gemüselöffel
Kartoffellöffel
Reis- oder Fritesschaufel
Spaghettizange
Salatvorleger
Mixed-Pickles-Zange
Sardinenheber
Pastetenheber
Buttervorlegemesser

Käsemesser
Käsebeilchen
Käseschaufel mit Schabmesser
Tomatenmesser
Obstfiletiermesser
Kompottvorlegelöffel
Tortenheber
Tortenmesser
Kuchen- oder Eisheber
mit Schneide
Gebäckzange
Eisvorlegeschaufel
Oberslöffel
Marmelade- oder Honiglöffel
Zuckerlöffel
Zuckerzange
Eiszange

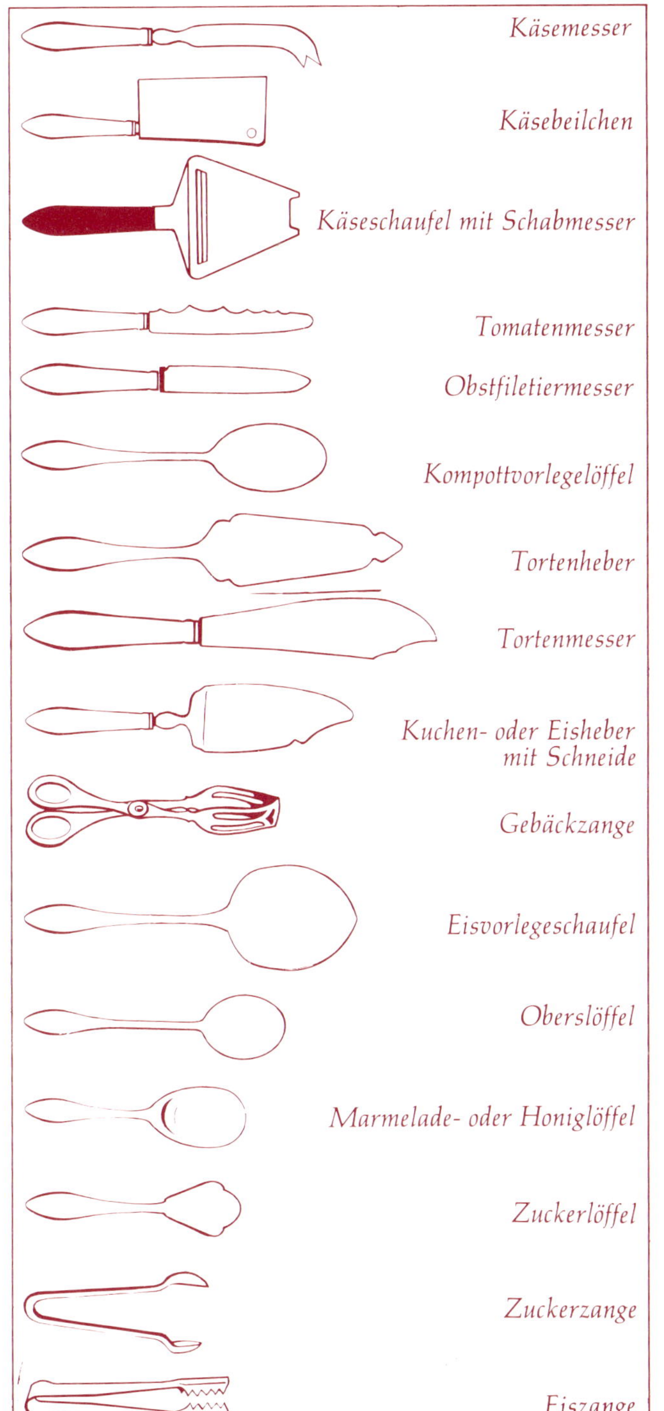

Tisch- und Tafelinventar

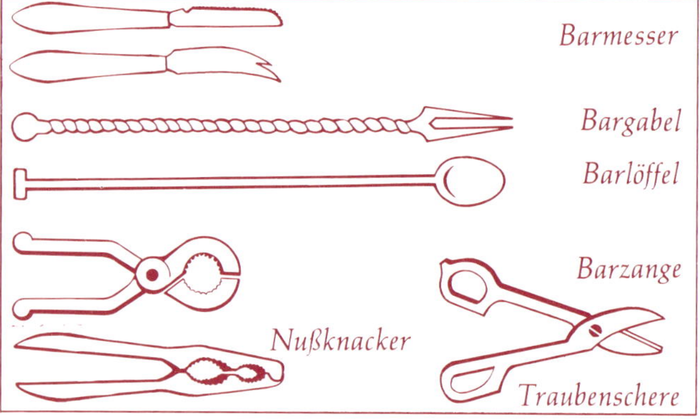

In der Gastronomie verwendet man zum Vorlegen grundsätzlich eine große Gabel und einen großen Löffel. Von den aufgezählten Vorlegebestecken werden dagegen nur wenige verwendet, z. B. Suppen- und Saucenschöpfer, Vorlegezange (z. B. bei Buffets), Salatvorleger (beim Salatbuffet), Sardinen- und Pastetenheber, Buttervorlegemesser, Käsemesser, Gebäckzange, Tortenheber, Nußknacker, Traubenschere sowie die Tranchierbestecke und die Bargeräte. Alle anderen Geräte werden nur im Haushalt verwendet.

Spezialbestecke

Spezialbestecke sind der Größe und Form nach dem jeweiligen speziellen Verwendungszweck angepaßt und können sowohl Eß- als auch Hilfsbestecke sein.

Gourmetlöffel: Das ist ein flacher, breiter Löffel, der statt eines Fischmessers (besonders für Fischgerichte mit Sauce), aber auch für andere Gerichte mit Sauce, vor allem der Nouvelle cuisine, verwendet werden kann.
Austerngabel: Sie hat sehr breite, scharfkantige, spitze Zinken, mit denen man das Fleisch der frischen Austern von der Schale abtrennt und zum Mund führt.
Austernmesser (Austernbrecher, Austernöffner): Dieses Besteck dient zum Öffnen der Austern.
Hummerzange: Mit dieser Zange bricht der Kellner oder auch der Gast selbst die Scheren und Gelenke von Hummern oder Langusten auf.
Hummergabel (Hummerpike, Hummerstift): Sie wird zum Herausziehen und -schälen des Fleisches von Krustentieren aus dem Scherengelenk und den seitlichen Extremitäten verwendet.
Kaviarbesteck: Es besteht aus der Kaviarschaufel oder dem Kaviarlöffel zum Herausnehmen des Kaviars aus der Kaviardose und dem Kaviarmesser. Die Form dieses Messers ist ähnlich dem Buttermesser. Die Klinge ist breit und nach oben abgerundet. Das Kaviarmesser verwendet man zum Auflegen des Kaviars auf Toast oder Blinis.
Beim Kaviarbesteck sind alle jene Teile, die mit dem Kaviar in Berührung kommen, aus Horn, Elfenbein, Schildpatt, Perlmutt oder Hartplastik, um den feinen Geschmack des Kaviars nicht zu verfälschen.
Krebsbesteck: Es besteht aus Krebsmesser und Krebsgabel und dient zum Zerlegen gekochter Krebse.
Schneckenzange: Sie ist zum Halten des Schneckenhauses für Schnecken, die im Gehäuse serviert werden.
Schneckengabel: Mit Hilfe der feinzinkigen, gebogenen Schnekkengabel wird die Schnecke aus ihrem Haus herausgeholt und gegessen. Man verwendet die Schneckengabel aber auch zum Essen von Schnecken, die ohne Gehäuse serviert werden.
Spargelvorlegezange: Sie dient zum Vorlegen und Anrichten von Stangenspargel.
Spargelheber: Er wird statt der Spargelvorlegezange verwendet.
Spargelgriff (Spargelzange): Das ist ein Eßbesteck, mit dessen Hilfe Stangenspargel zum Mund geführt wird.
Fonduegabel: Das ist eine lange, schmale Gabel, deren Zinkenenden Widerhaken haben. Zum besseren Auseinanderhalten für die Gäste sind an den Griffenden verschiedenfarbige Plättchen angebracht. Sie werden ausschließlich für Fondues (Fleisch-, Käse- und Schokoladefondues) und sogenannte Bouillis (Fondue chinoise) verwendet.
Für Käsefondues gibt es auch Gabeln mit normalen Zinken.
Grapefruitbesteck: Es besteht aus einem Messer, mit dem man die Grapefruit filetiert, und einem Löffel, mit dem das Fruchtfleisch ausgestochen und gegessen wird.
Maiskolbenhalter: Man verwendet sie zum Halten heißer Maiskolben.

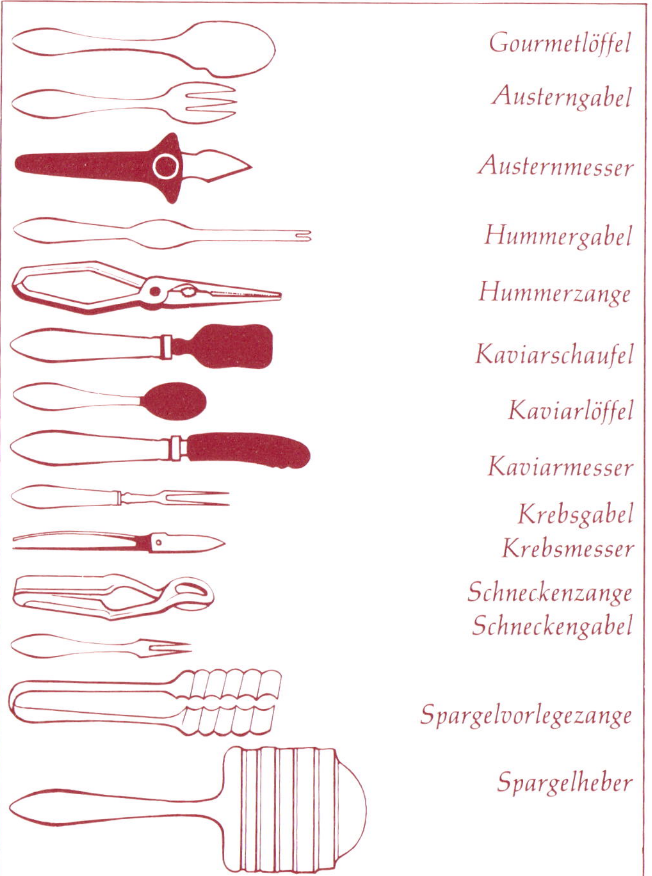

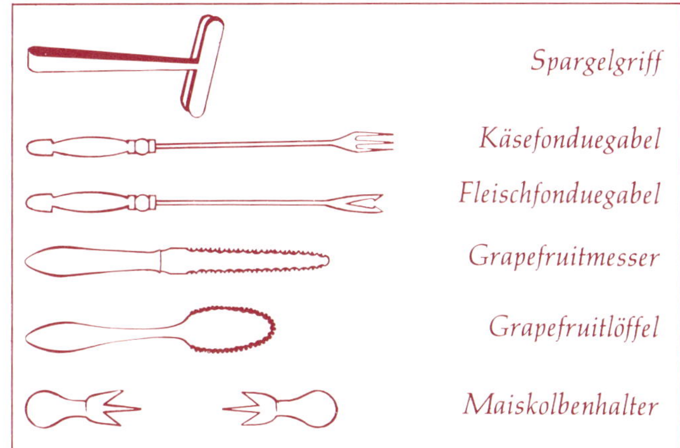

Tips für den Einkauf

Beim Einkauf von Besteck ist vor allem auf die Zweckmäßigkeit zu achten. Es sollte pflegeleicht, daher nicht zu sehr verziert sein.
Auch beim Besteck werden viele Haushalte und gastronomische Betriebe zwei Garnituren, nämlich für den Alltag und für besondere Anlässe, anschaffen.
Besonders zu beachten sind die Angaben über das Material (Punzierungen). Je teurer und wertvoller das Besteck ist, desto wichtiger sind sie (z. B. bei Goldbesteck).
Bei Messern sollte man vor allem die Schweißnaht zwischen Griff und Klinge prüfen und feststellen, ob der Griff auch nicht wackelt.
Wird Silberbesteck häufig benutzt, ist es günstig, Patentbesteck anzuschaffen.
Bestecke werden von Industrie und Handel in schönen Edelholzkassetten unterschiedlicher Größe (von 24 bis 193 Besteckteile) für mindestens sechs Personen angeboten. Sie sind mit Tuch oder Filz ausgeschlagen und haben Halterungen für die einzelnen Besteckteile.

Reinigung, Pflege und Aufbewahrung des Bestecks

Edelstahlbestecke können problemlos im Geschirrspüler gereinigt werden, sind jedoch nach dem Spülvorgang abzutrocknen, sonst können sie bei längerem Liegen rosten bzw. Flecken bekommen. Werden sie nach längerem Gebrauch durch das kalkhaltige Wasser matt, legt man sie in unverdünnten Essig, spült kalt nach und poliert mit einem weichen Tuch.
Bestecke mit Holzgriffen müssen besonders vorsichtig mit der Hand gewaschen werden. Die Griffe sollten nach Möglichkeit nicht mit dem Spülwasser in Berührung kommen, da das Holz sonst aufquillt und sich verzieht oder Risse bildet. Nach einer gewissen Verwendungsdauer (20 bis 30 Spülungen) sollten die Holzgriffe dünn mit Speiseöl eingerieben werden.

Am schwierigsten zu pflegen sind versilberte und Silberbestecke. Sie oxydieren mit der Zeit und müssen dann besonders behandelt werden; mit Silberputztüchern, -watte, -lösungen oder -pasten. Der Handel bietet auch sogenannte Silbertauchbäder mit Reinigungsflüssigkeit („Silverking") oder Silberbäder mit Aluminiumplatte und Sodalösung (galvanisches Verfahren) an. Große Gastronomiebetriebe bedienen sich Silberreinigungs- und -poliermaschinen.
Am einfachsten und schonendsten reinigt man Silber in einer kochendheißen Sodalösung. Man legt in ein Gefäß aus Glas, Porzellan oder Plastik (nicht Metall) eine Alufolie, gibt Soda darauf, leert kochendheißes Wasser darüber und legt das Silber hinein.
Nach der Reinigung muß das Silber gut mit heißem Wasser gespült und mit einem weichen Tuch poliert werden.

Vergoldete und Goldbestecke wäscht man nur in Seifenlauge, spült mit heißem Wasser nach und poliert anschließend mit einem weichen Tuch.

Jenes Besteck, das für festliche Gelegenheiten verwendet wird, sollte nach Möglichkeit, damit es nicht so schnell zerkratzt wird, in Kassetten oder Bestecktaschen aufbewahrt werden.

Tisch- und Serviergeräte aus Metall

Dazu zählen in erster Linie alle Geräte aus Edelstahl und Edelmetall, die zum Anrichten von Speisen und zum Präsentieren verschiedener Gerichte benötigt werden. Sie wurden früher als „Tafelsilber" bezeich-

Tisch- und Tafelinventar

net. Heute werden sie aus denselben Materialien hergestellt, wie sie bereits beim Besteck beschrieben wurden, nämlich aus Chromstahl, Chromnickelstahl (Chromargan), versilbertem Alpaka, Echtsilber, vergoldetem Silber und Massivgold. Manches wird auch aus Messing erzeugt (z. B. Platzteller).
Diese Geräte haben nicht nur eine bestimmte Funktion zu erfüllen, sondern sind außerdem eine schöne Dekoration für jede Tafel.

Andererseits gehören auch die Geräte zum Warmhalten und zum Flambieren sowie die Bargeräte zu dieser Gruppe. Sie können neben den genannten Metallen auch aus Aluminium oder Kupfer bestehen.

Gebrauchsformen

Hier gibt es viele Gegenstände, die bereits beim Porzellan und/oder beim Glas erwähnt wurden, die aber auch aus Metall hergestellt werden, wie zum Beispiel Suppenterrinen, Fleischplatten, Fischplatten, Beilagenplatten, Spargelplatten, Saucieren, Tortenplatten, Kannen in verschiedenen Größen für Kaffee, Tee, Schokolade, Milch, Oberskännchen, Zuckerdose (oft mit passendem Tablett), Zuckerschalen, Süßstoffbehälter, Marmeladeschüsseln, Butterdosen, Eierbecher, Salatschüsseln, Fingerschalen, Eisschalen (Coupeschalen) und Eisbecher.

Platzteller (Stand-, Gedeck-, Deck-, Dekor- oder Grundteller): Er ist ein reiner Zierteller, der im gehobenen Service und bei festlichen Anlässen als Unterteller verwendet wird. Er ist sehr flach und größer als alle Teller, die daraufgestellt werden (zwischen 27 und 34 Zentimeter im Durchmesser).
Platzteller können nicht nur aus Metall (Messing, Bronze, Zinn, Silber, Gold), sondern auch aus Glas, Edelholz, Keramik oder erlesenem Prozellan sein. Manchmal wird auch der größte flache Teller (Steakteller) als Platzteller verwendet.

Suppeneinschenkschale (Suppenausgießschale): Das ist eine Portionsschale zum Eingießen von Suppe in einen Suppenteller.

Vorspeisenplatte (Hors-d'œuvre-Platte): Sie ist aus Edelstahl und wird häufig so angeboten, daß man sie sowohl als Platte für Sandwiches, Cocktailbrötchen, Aufschnitt usw. als auch mit sogenannten Raviers (=Glaseinsätze) für kleine Hors-d'œuvres verwenden kann. Zusätzlich kann manchmal noch ein Holzbrett eingesetzt werden, das auf einer Seite mit einer Saftrinne ausgestattet ist und so zum Tranchieren verwendet wird, auf der anderen Seite zum Anrichten von Käse geeignet ist (=Escoffier-Set).

Ovale Fleischplatten: Sie sind in der Größe von einer bis zu zehn Portionen erhältlich.

Runde Platten: Sie werden sowohl als Anrichteplatten verwendet, aber auch als Unterplatten, auf die man Glasschüsseln, Glasplatten und feuerfestes Geschirr stellt und so zu Tisch bringt.

Ausstellungsplatten (Barockplatten): Sie sind flach und breit, mit schönem Dekorrand. Es gibt sie in verschiedenen Größen mit und ohne Griffe. Sie werden vor allem bei Buffets und Cocktailpartys (für Canapés, Brötchen) sowie für Aufschnittplatten usw. verwendet.

Austernplatte: Sie hat einen Einsatz, durch den das Schmelzwasser des Mundeises ablaufen kann.

Schneckenpfanne, Schneckenplatte: Man verwendet sie zum Service von Schnecken im Gehäuse.

Obstschale (Obstschüssel) und Obstkorb: Obstschalen aus massivem Metall werden mit und ohne Fuß angeboten, geflochtene Obstkörbe aus Silberdraht gibt es auch mit Henkel.

Brotschale (Brotschüssel) und Brotkorb: Die Brotschale besteht aus massivem Metall, während der Brotkorb aus versilbertem Draht geflochten ist.

Toastständer: Er wird vor allem beim Frühstück verwendet.

Menagenplatte (Menagenteller): Auf diese kleine Platte werden Salz- und Pfefferstreuer gestellt und so zu Tisch gebracht.

Eiereinschlagglas: Es besteht aus Metall und hat einen Glaseinsatz. Man verwendet es nicht nur für Eier im Glas, sondern auch für Fruchtsalate, Creme- und Eisdesserts.

Suprême-Schale (Chilled cup): Sie ist mit Eis gefüllt und dient zum Servieren eisgekühlter Speisen und Getränke, z. B. kalter Suppen, Kaviar im Glas, Gänseleberterrine in der Portionsterrine, eisgekühlter Frucht- und Gemüsesäfte.

Zuckerschale: Sie wird in der Gastronomie für verpackten Zucker verwendet.

Wein- und Sekt-(Champagner-)Kühler: Er wird zum Kühlen von Weiß-, Rosé- und Schaumweinen sowie zum Frappieren von Schaumweinen verwendet.

Timbales: Das sind Ragout-, Gemüse- und Beilagenschüsseln mit passendem Deckel.

Platten- und Tellercloches: Sie werden auf dem Weg von der Küche zum Gast über die Platten bzw. Teller gestülpt und die Speisen so warm gehalten.

Thermoskannen: Sie haben ein Fassungsvermögen von 0,5, 0,75 oder 1 Liter und sind in der Hauptsache zum Warmhalten von Frühstücksgetränken gedacht.
Sie werden auch versilbert hergestellt.

Rechaud (Platten- und Tellerwärmer): Das sind Warmhalteplatten, die entweder mit Kerzen beheizt oder elektrisch vorgeheizt und dann auf den Tisch gestellt werden. Darauf stellt man die warmzuhaltenden Speisen.

Platemaster (elektrischer Platten- und Tellerwärmer): In der Gastronomie benützt man elektrisch geheizte Warmhalteplatten.

Stövchen: Das ist ein kleiner Rechaud aus Metall, Porzellan oder Glas mit Kerze zum Warmhalten von Kaffee, Tee u. ä. im Haushalt.

Chafing-dish: Das ist eine Wasserbad-Wanne mit Gas- oder Spiritusrechaud für längeres Warmhalten von Speisen bei einem Buffet.

Flambierrechaud: Das ist eine mit Gas oder auch Spiritus betriebene Kochplatte zum Flambieren und Fertigstellen von Speisen vor dem Gast.

Flambierpfannen: Sie sind oval, rund oder rechteckig, meist aus Edelstahl, außen verkupfert und werden für alle Flambégerichte verwendet.

Fonduegarnitur: Sie besteht aus einem Spirituskocher mit verstellbarer Flamme und einem Fonduetopf aus Metall. Die Fonduegarni-

tur wird für alle Arten von Fondues verwendet. Für Käse- und Schokoladefondues benötigt man allerdings einen separaten Topf aus feuerfestem Ton (siehe Seite 40).
Fonduekarussell: Es hat zusätzlich eine Halterung für Saucenschüsseln, die gedreht werden kann. Das hat den Vorteil, daß man die Saucen am Tisch sehr platzsparend unterbringt. Der Nachteil ist, daß die Saucen mit der Zeit warm werden.
Weinbowle (Bowletopf): Sie wird zur Zubereitung von Feuerzangenbowle und Krambambuli verwendet.
Zuckeraufleger: Er wird über die Weinbowle gelegt, und darauf kommt der Zuckerhut (für Feuerzangenbowle und Krambambuli).
Schüttelbecher (Shaker): Er ist aus Metall (ein Teil kann eventuell auch aus Glas sein) und besteht aus zwei oder drei Teilen. Man verwendet ihn zur Herstellung von Bargetränken mit schwer vermischbaren Ingredienzien.
Barmaß (Measure): Das ist ein geeichter Meßbecher zum richtigen und genauen Messen der Ingredienzien bei der Zubereitung von Bargetränken.
Bar- und Cocktailsieb (Strainer): Es wird zum Abseihen und zum Zurückhalten von Eis verwendet, wenn man Cocktails aus dem Shaker gießt.
Zitronenpresse: Da in der Bar sehr viel Saft von Zitrusfrüchten verwendet wird, gibt es eine eigene Barzitruspresse.
Brenner für Cognac und Irish coffee: Er wird zum Wärmen von Cognac und zur Zubereitung von Irish coffee verwendet.
Dekantierkorb (Rotweinkorb): In besonders eleganter Ausführung ist er aus versilbertem Draht geflochten. Er dient zum Servieren oder Dekantieren von alten Rotweinen bzw. Portwein mit Depotablagerung. Der Dekantierkorb darf nicht zu flach sein, da sonst der Wein beim Öffnen der Flasche überläuft.

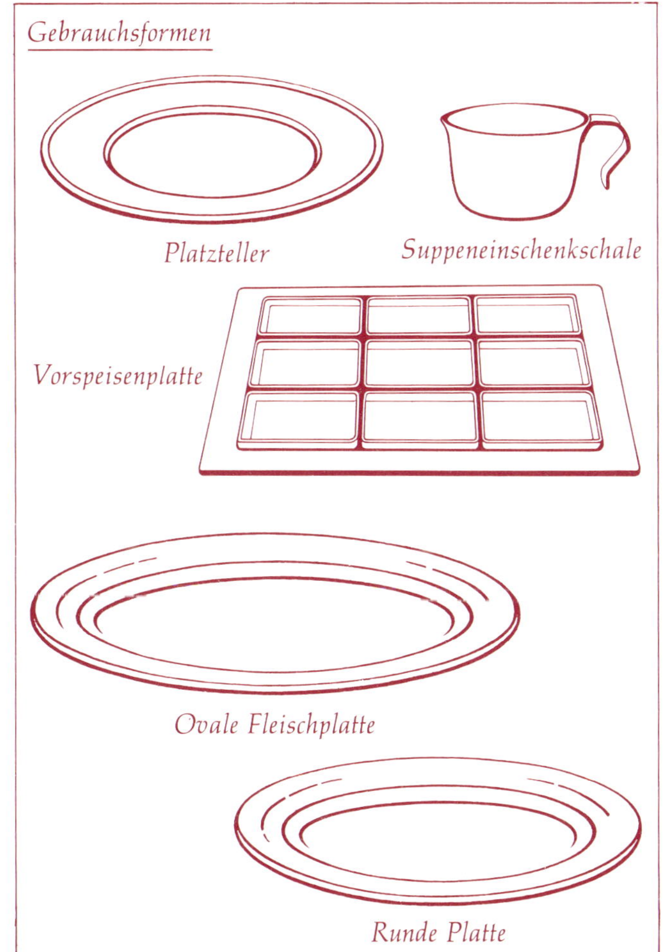

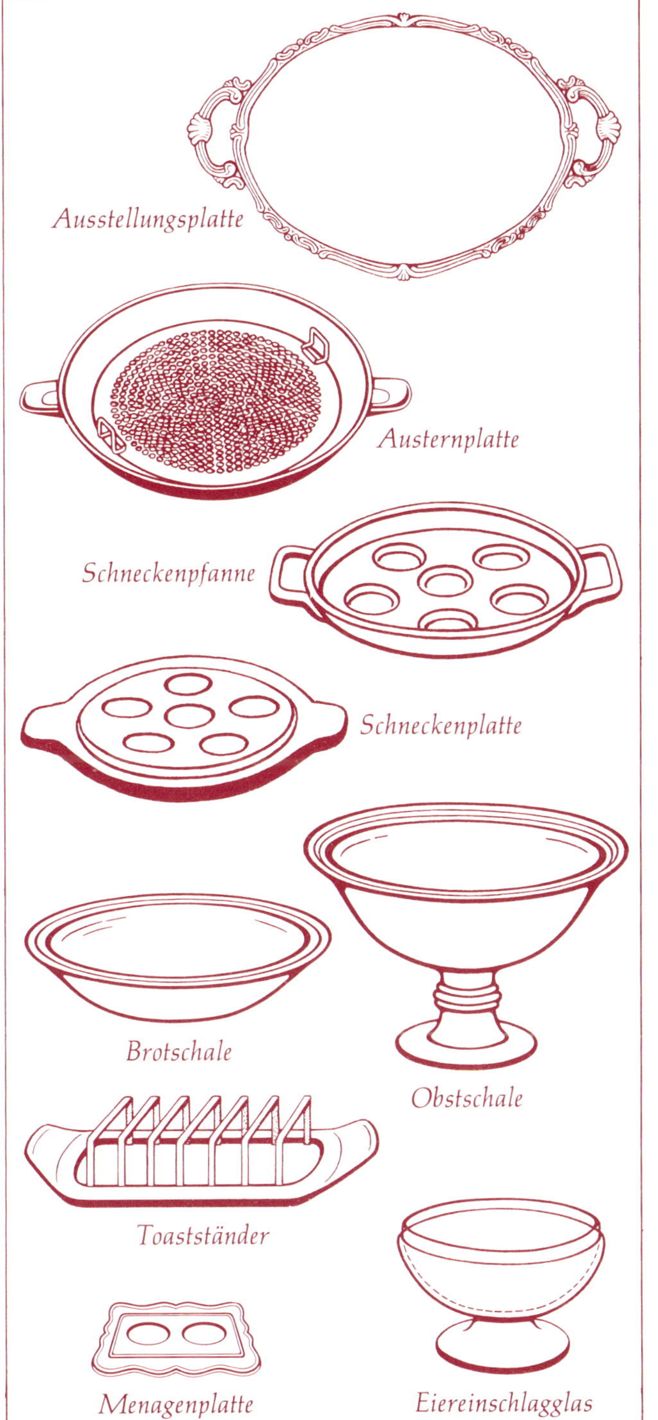

Suprême-Schalen
Zuckerschale
Wein- und Sektkühler
Thermoskanne
Timbale
Platten- und Tellercloche
Rechaud
Stövchen
Chafing-dish
Flambierrechaud
Platemaster
Flambierpfanne
Fonduegarnitur
Fonduekarussell
Weinbowle mit Zuckeraufleger
Shaker
Barmaß
Bar- und Cocktailsieb
Zitronenpresse
Brenner für Cognac
und Irish coffee
Dekantierkorb

Tisch- und Tafelinventar

Einige Gegenstände wurden auch schon in früheren Kapiteln erwähnt, z. B. Brotkorb (für den täglichen Gebrauch aus Bast, Weidenruten, Peddigrohr u. a.), Dekantierkorb usw.

Salz- und Pfefferstreuer: Sie sind oft Teil eines Speiseservice, im selben Design wie dieses. Es gibt sie aber auch aus Glas, Plexiglas, Metall, Holz usw.

Pfeffermühle: Für das Aroma des Pfeffers ist es günstiger, diesen in einer Pfeffermühle aufzubewahren. Sie werden in verschiedenen Größen aus Holz, Glas, Plexiglas, Marmor usw. angeboten.

Salzmühle: Sie wird in denselben Materialien wie die Pfeffermühle angeboten und dient zum Reiben von grobem Salz. Häufig ist sie auch mit einer Pfeffermühle kombiniert.

Zahnstocherbehälter: Aus hygienischen Gründen sollten sie so verschlossen sein, daß immer nur ein einzelner Zahnstocher entnommen werden kann. Sind sie offen, müssen einzeln verpackte Zahnstocher verwendet werden.
Sie bestehen aus Glas mit einem Metalldeckel oder aus Porzellan und Holz.

Salz-Pfeffer-Ständer: Er besteht meist aus drei Behältern für Salz, Pfeffer und Zahnstocher.

Menagenständer (Ketchup-Ständer): Er wird in der Gastronomie für verschiedene Würzsaucen (z. B. Ketchup, Worcestershiresauce), die am Tisch des Gastes eingestellt werden, verwendet. Häufig ist er kombiniert mit einem Salz-Pfeffer-Ständer.

Essig-Öl-Ständer: Sie sind aus Metall oder Holz mit Behältern aus Glas oder Porzellan und werden dann eingestellt, wenn nichtmarinierte Salate zu Tisch kommen.

Senf- oder Ketchupbehälter: Sie können aus Keramik, Holz (mit Einsatz), eventuell auch aus Glas sein und haben immer einen Deckel.

Käsebehälter (Parmesanbehälter): Er ist für Reibkäse und meist aus Metall mit Glaseinsatz, aber auch aus Porzellan.

Holzschüsseln: Sie werden in verschiedenen Größen angeboten und im Haushalt für Nüsse oder Obst sowie zum Anrichten von Topfenkäse oder Salaten verwendet.

Holzteller (Brettl): Auch diese gibt es in verschiedenen Größen. Sie dienen bei rustikalen Essen im Haushalt als Teller oder Anrichteplatte. In der Gastronomie sind sie laut Lebensmittelgesetz verboten.

Flaschen- und Gläseruntersätze: Sie können aus Keramik, Metall, Holz, Kork, Bast usw. sein und werden als Untersatz von Flaschen, die nicht gekühlt sind (z. B. Rotwein), bzw. Gläsern verwendet.

Flaschenöffner: Er ist nur für Kronenkorken geeignet.

Spindelkorkenzieher: Er wird nur zum Öffnen von Weinen, die dekantiert werden, verwendet. Die Spindel ermöglicht das behutsame Entfernen des Korkens, ohne daß das Depot aufgewühlt wird.

Hebekorkenzieher: Mit ihm kann man sowohl Flaschen mit Korkstoppel als auch mit Kronenkorken bei Tisch öffnen.

Schankkorkenzieher: Er wird nicht bei Tisch verwendet.

Cocktailstäbchen (Sticks): Sie sind aus Metall oder Plastik und werden für Cocktailhappen und Cocktailgarnituren verwendet.

Tips für den Einkauf

Besonders bei diesen Gegenständen stehen bei der Anschaffung die Kriterien Zweckmäßigkeit und finanzielle Möglichkeiten im Vordergrund.
Während man im Haushalt den Großteil des Anrichtegeschirrs im Speiseservice hat und dieses nur den speziellen Bedürfnissen eines Haushaltes entsprechend ergänzt und mit sonstigen Tisch- und Serviergeräten erweitert werden muß, ist es in der Gastronomie aus Haltbarkeitsgründen unbedingt notwendig, Anrichtegeschirr aus Metall zu verwenden. Je nach der Kategorie des Betriebes und der Art der Veranstaltungen, die durchgeführt werden, wird man preiswerte oder teurere Tisch- und Serviergeräte aus Metall anschaffen. Werden Geräte aus Edelmetall gekauft, ist wieder auf die Punzierung zu achten.

Reinigung und Pflege

Sie ist immer abgestimmt auf das jeweilige Material, das zum Großteil schon in den vorhergehenden Kapiteln beschrieben wird. Alle anderen Metalle, z. B. Kupfer, Messing, putzt man bei Bedarf mit Metallputzmitteln, die im Handel erhältlich sind.

Sonstiges Tischinventar

Dazu gehören alle jene Utensilien, die außer den bereits genannten noch erforderlich sind, um den reibungslosen Ablauf eines Essens zu gewährleisten. Sie sind unterschiedlich in den Materialien, aus denen sie hergestellt sind. In der Hauptsache bestehen sie wieder aus Metall (Aluminium, Messing, Kupfer, Silber, Gold), aus Glas und aus Holz.

Tisch- und Tafelinventar

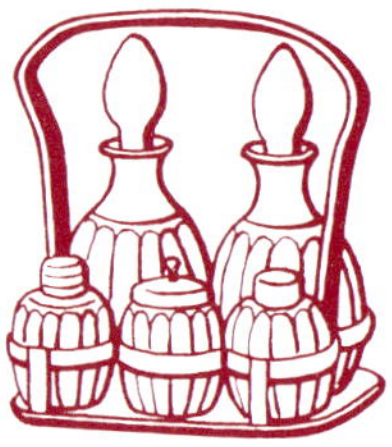

Zitronenklips: In diese werden Zitronenachtel eingeklemmt und der Saft ausgepreßt. Zum Service von Tee mit Zitrone.
Sektflaschenverschluß: Er wird vor allem in der Bar verwendet, wenn Sekt glasweise verkauft oder für Cocktails verwendet wird.
Eierkappzange: Sie wird im Haushalt zum Kappen von weichen Eiern verwendet.
Aschenbecher und Standaschenbecher: Aschenbecher werden ebenfalls in den unterschiedlichsten Materialien erzeugt, aus Porzellan, Glas (Bleikristall), Metall, Stein (Marmor, Onyx usw.), Plastik.
Standaschenbecher sind aus Metall und werden in der Gastronomie vor allem bei Cocktailpartys, Konferenzen, Präsentationen usw. verwendet.
Tischbesen und -schaufel: Beides gibt es in Garnituren aus verschiedenen Metallen. Sie werden nach dem Hauptgang zum Entfernen der Brösel verwendet.
Tranchierbretter: Sie sind mit einer Saftrinne versehen und zum Unterschied von den Küchentranchierbrettern zur Verwendung vor dem Gast wesentlich schöner ausgeführt (eventuell mit Metallverzierungen). Tranchierbretter werden aus Holz oder Kunststoff erzeugt. In der Gastronomie ist die Verwendung von Tranchierbrettern aus Holz laut Lebensmittelgesetz allerdings verboten.
Tischabfallbehälter: Sie werden beim Frühstück für die leeren Portionsverpackungen von Butter, Marmelade, Honig, Brot, Zucker und Obers verwendet und sind aus Porzellan (eventuell auch aus Plastik).

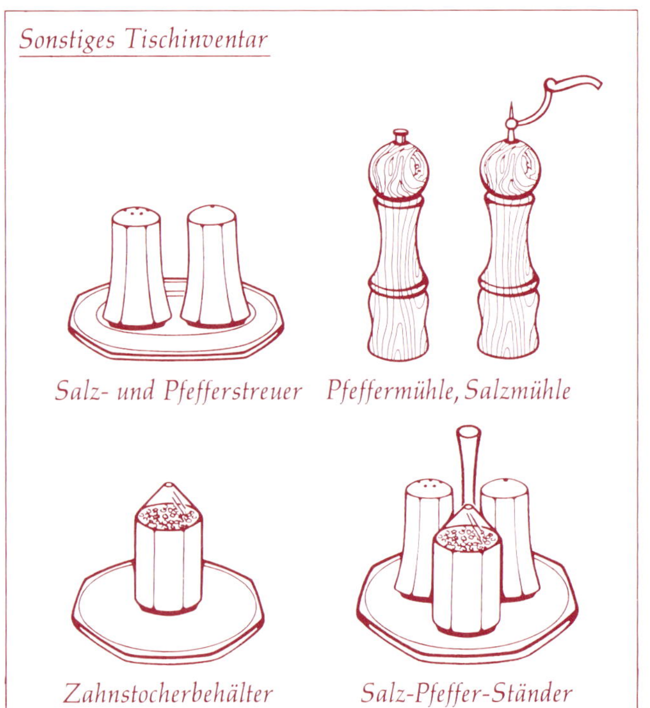

Menagenständer

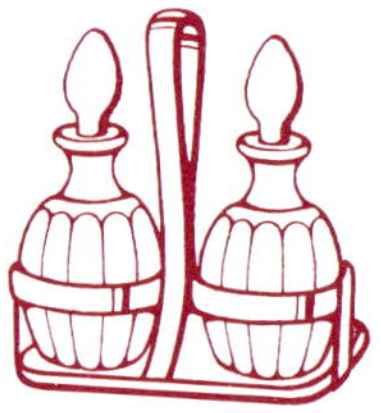

Essig-Öl-Ständer

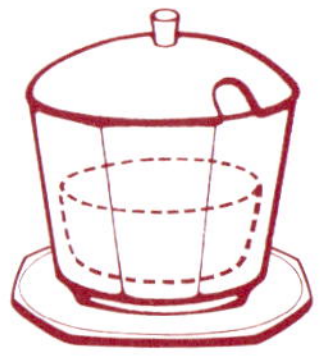

Senf- oder Ketchupbehälter

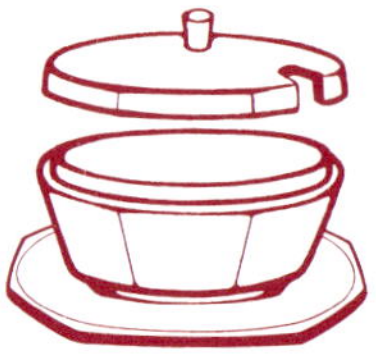

Käsebehälter

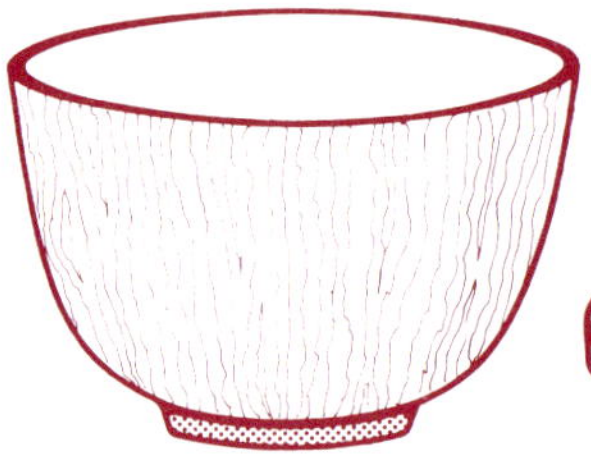

Holzschüssel

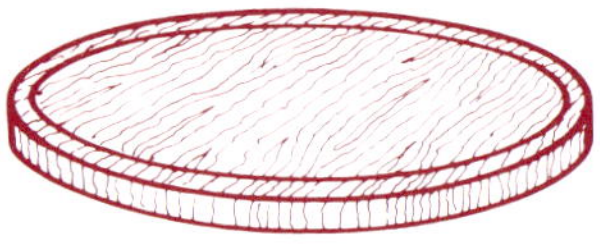

Holzteller

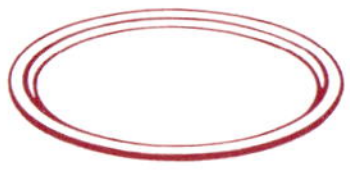

Flaschen- und Gläseruntersatz

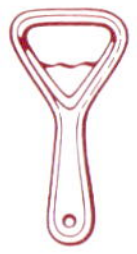

Flaschenöffner

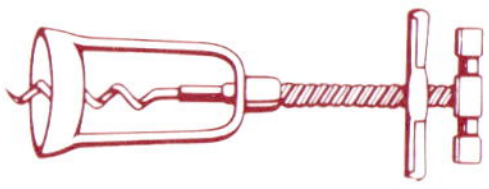

Spindelkorkenzieher

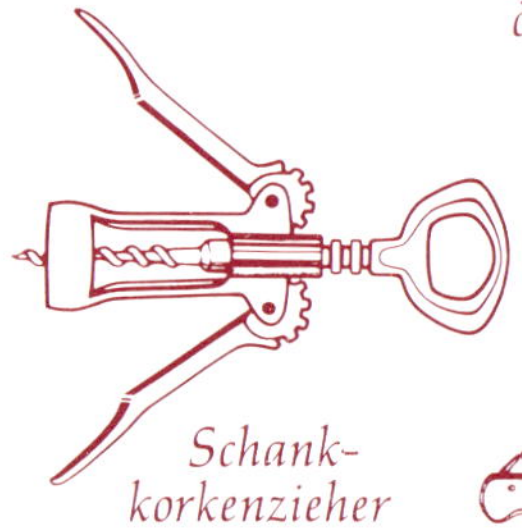

Schankkorkenzieher

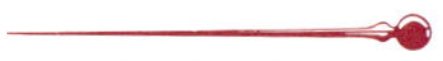

Cocktailstäbchen

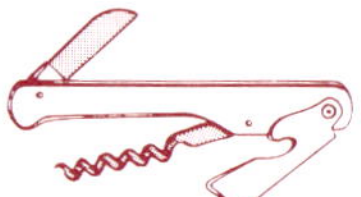

Hebekorkenzieher

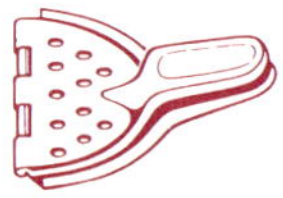

Zitronenklips

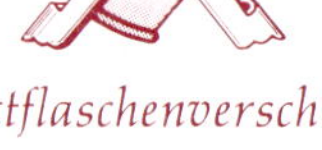

Sektflaschenverschluß

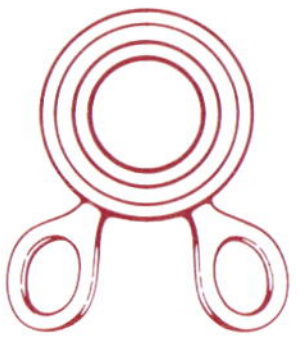

Eierkappzange

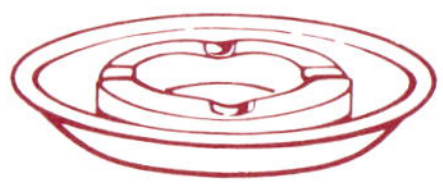

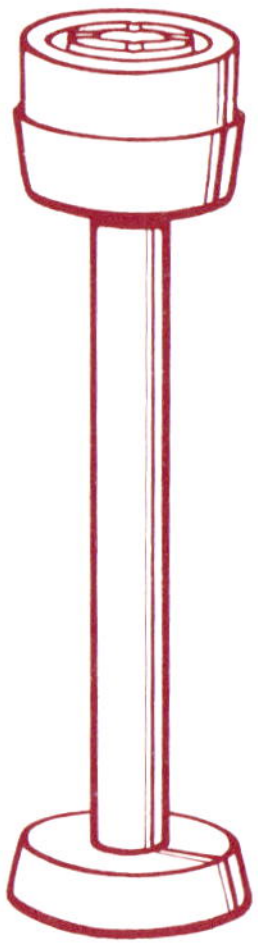

Aschenbecher und Standaschenbecher

Tisch- und Tafelinventar

Tasche

Die zu einem Quadrat zusammengelegte Serviette wird so gelegt, daß alle offenen Seiten nach links oben zeigen (1). Die obersten Blätter werden diagonal nach innen gefaltet (2) und eingesteckt (3).
Diese Form wird häufig zum Einschieben von Toast oder für Menükarten verwendet.

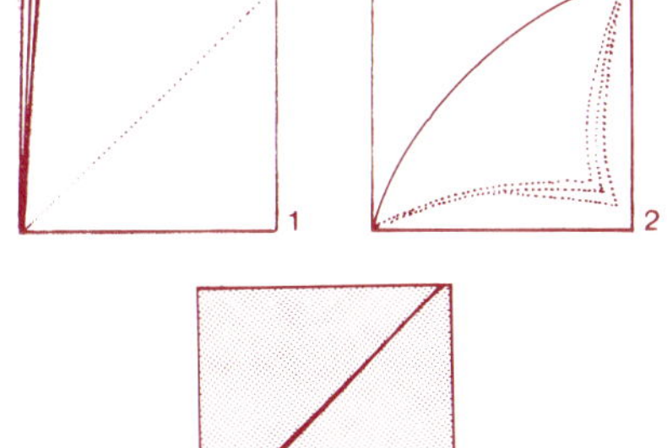

Rolle

Einfach: Die Serviette in der Mitte brechen (1) und von der Seite her einrollen (2, 3). Darüber kann man auch einen Serviettenring streifen.

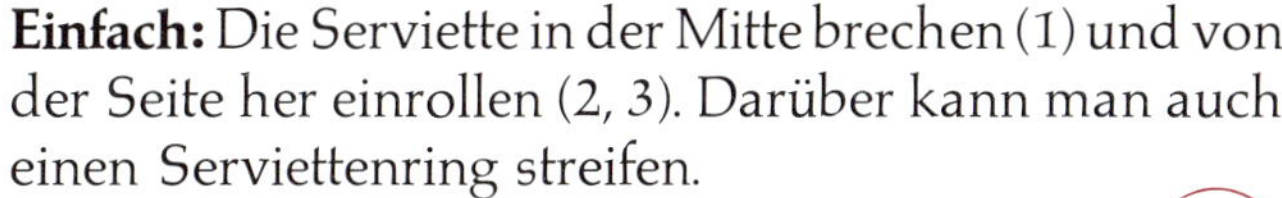

Zweifach: Die Serviette in der Mitte brechen (1), die linke und die rechte Seitenkante bis zur Mitte einrollen (2, 3).

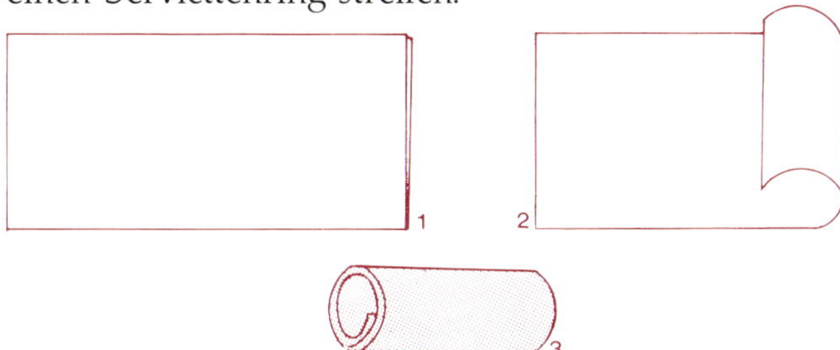

Tischschmuck

Im weitesten Sinn des Wortes zählt zwar alles, was bis jetzt an Tischinventar aufgezählt wurde (Porzellan, Besteck, Gläser) zum Tischschmuck, die besondere Note erhält ein Tisch aber erst durch schön gefaltete Servietten, Blumenschmuck, Kerzen usw.

Gefaltete Servietten

Eine der effektvollsten Tischdekorationen sind zweifellos schön gefaltete Servietten. Man unterscheidet zwischen Serviettenlegen und Serviettenbrechen. Einfache Formen werden gelegt. Bei komplizierteren Formen spricht man vom Serviettenbrechen. Dieser Ausdruck kommt daher, daß die intensiv gestärkte Serviette mit leisem Knistern bricht, wenn man sie faltet. Aus hygienischen Gründen beschränkt man sich heute meist auf einfache Formen, die gefaltet werden, ohne daß man die Serviette viel anzugreifen braucht. Nur für sehr festliche Tafeln und Bankette verwendet man kunstvolle Formen. Es werden dann aber zusätzlich einfach gelegte Mundservietten serviert.

Dreieck

Die einfachste Form ist ein Dreieck. Die zu einem Quadrat zusammengelegte Serviette wird diagonal halbiert.

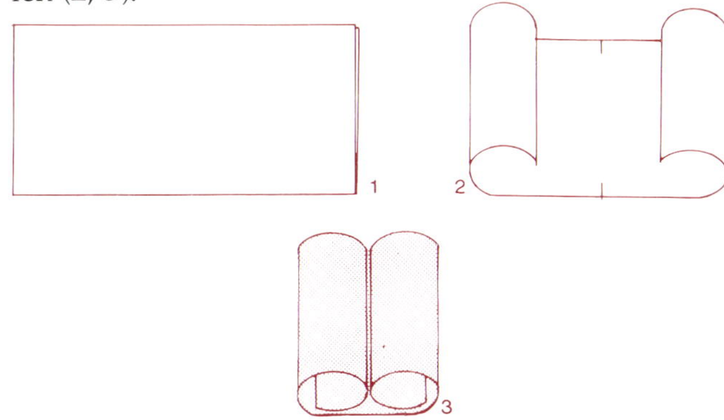

Stufe (Welle, Treppe)

Einfach: Die Serviette in der Mitte brechen (1), die linke Seitenkante bis zur Mitte einrollen (2).
Diese Faltform wird statt eines Platztellers genommen.

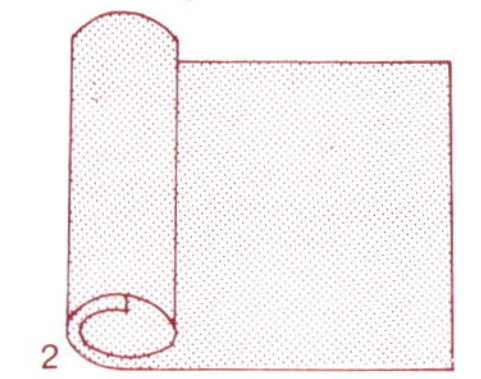

Zweifach: Die Serviette in der Mitte brechen (1), die linke Seitenkante nach vorne rollen, die rechte nach hinten (2, 3).

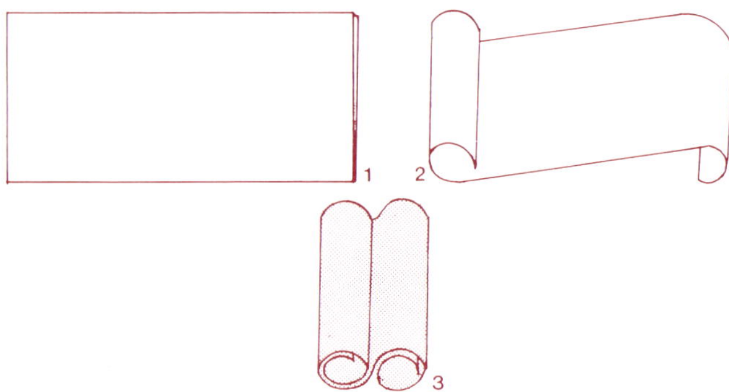

Dreifach (Variante 1): Die Serviette in der Mitte brechen (1), das linke und das rechte Drittel einschlagen (2); den mittleren Teil mit zwei Fingern leicht anheben und die Serviette zusammenschieben (3). Es ist darauf zu achten, daß alle drei Wölbungen gleich groß sind.

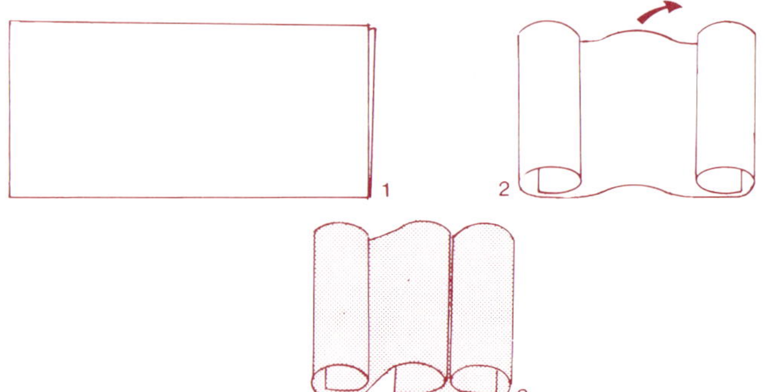

Dreifach (Variante 2): Die Serviette in der Mitte brechen (1), die rechte Seitenkante nach unten klappen, in der Mitte die Serviette etwas anheben und ausrunden, die linke Seitenkante nach oben einrollen (2, 3).

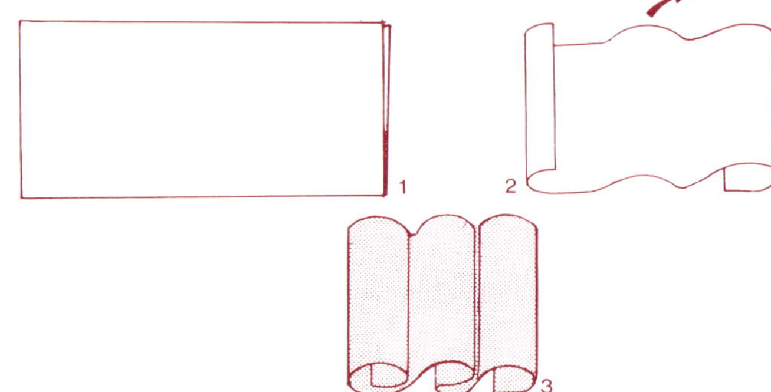

Spitz (Tafelspitz)

Die Serviette in der Mitte brechen, die offene Seite zeigt nach unten (1). Die Ecken a und b werden jeweils diagonal auf die Grundlinie gebrochen (2). Das entstandene Dreieck faltet man leicht nach innen und stellt die Serviette auf (3).

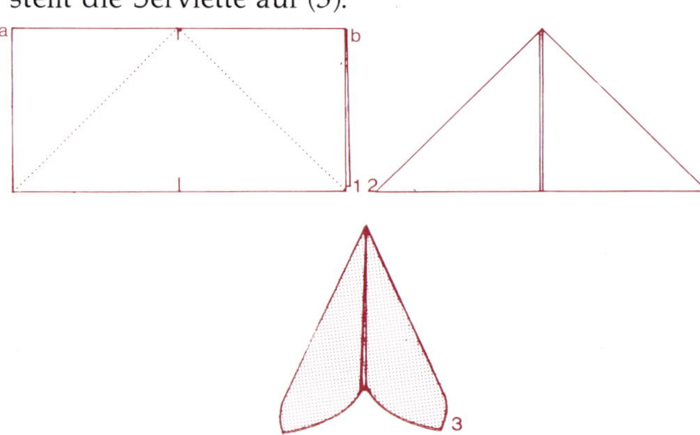

Gestulpter Spitz (französische Restaurantserviette, Hut, Tüte)

Die Serviette in der Mitte brechen, die offene Seite zeigt nach unten (1). Die Mitte markieren und die linke Hälfte zur Mitte hin einrollen (2). Die Ecke a auf die Ecke b legen und die vier Zipfel nach oben außen brechen (3), die Ecke c steht frei weg (4). Die Serviette etwas ausrunden und aufstellen.

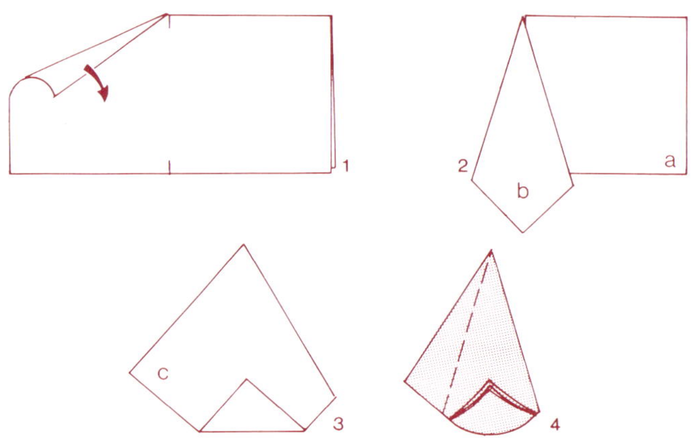

Tisch- und Tafelinventar

Einfache Bischofsmütze

Die zu einem Quadrat zusammengelegte Serviette diagonal zu einem Dreieck brechen (1), die Ecken a und b hinten ineinanderstecken (2, 3), die Form etwas ausrunden und aufstellen (4).
Diese Form kann auch gelegt werden.

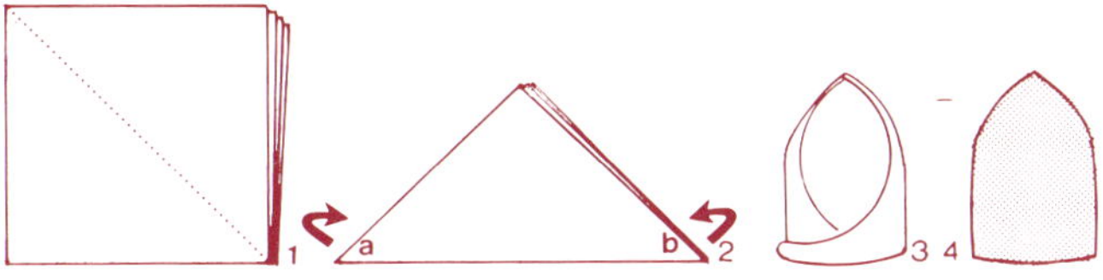

Jakobinermütze

Von einer zu einem Quadrat zusammengelegten Serviette wird die untere Spitze des Quadrats zur Mitte gebrochen (1). Die Ecken a und b hinten zusammenstecken (2, 3), die Form ausrunden und aufstellen.
Auch die Jakobinermütze kann gelegt werden.

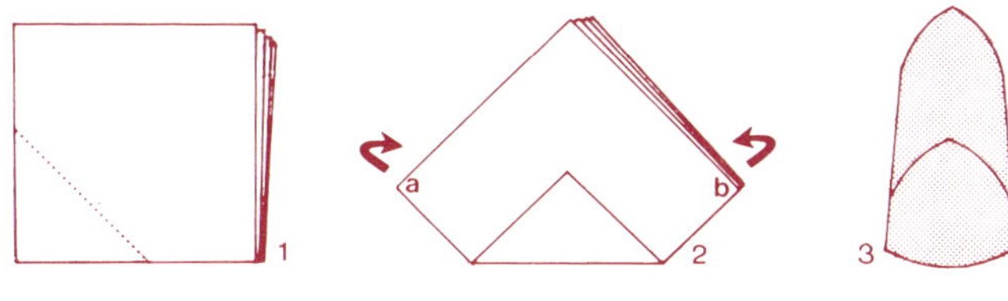

Doppelte Bischofsmütze (Krone)

Die Serviette wird in der Mitte gebrochen, die offene Seite zeigt nach oben. Die Ecke a bricht man diagonal zur gedachten Mitte nach unten, Ecke b nach oben (1). Es entsteht die Figur 2. Diese dreht man um und dreht sie gleichzeitig um 90 Grad, sodaß sie gleichlaufend zur Tischkante liegt (3). Dann wird sie zur Hälfte in der Längsrichtung nach oben geklappt (4), anschließend den rechten Zipfel herausziehen (5). Man dreht die Form um, sodaß die Zipfel nach oben zeigen, und steckt die rechte untere Kante nach vorn in die schräge offene Seitenkante, die linke nach hinten (6). Die Form ausrunden und aufstellen (7).

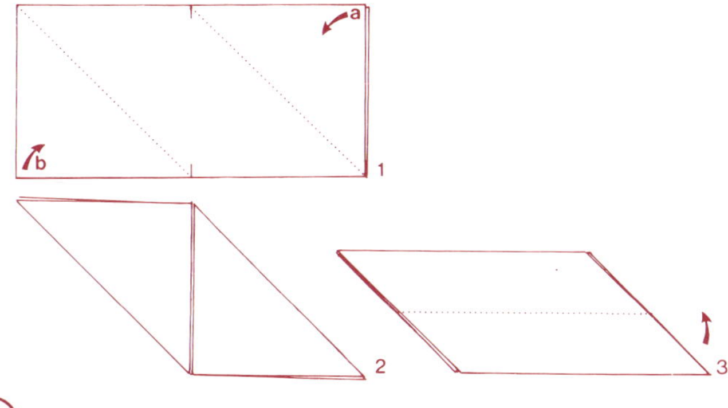

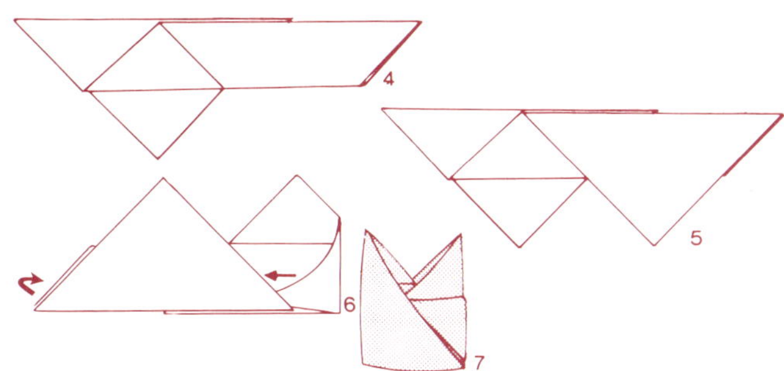

Dschunke (Schiff)

Die zu einem Quadrat zusammengelegte Serviette wird so gelegt, daß alle offenen Seiten nach links unten zeigen. Das Quadrat diagonal zu einem Dreieck brechen (1). Die Ecken a und b so brechen, daß eine Drachenfigur entsteht (3). Die Ecke c nach hinten biegen (4) und vom entstandenen Dreieck die Ecken d und e nach unten zusammendrücken. Die Mitte kommt dadurch nach oben (5). Aus dem nun entstandenen „Boot" die Zipfel („Segel") nach oben ziehen (6).

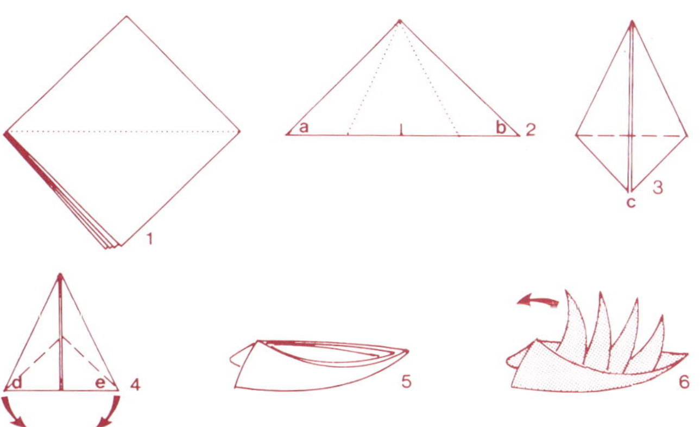

Artischocke (Seerose, Rose)

Die vier Ecken einer entfalteten Serviette nach innen brechen (1), den Vorgang wiederholen (2), die Serviette umdrehen und den Vorgang nochmals wiederholen (3, 4). Die Zipfel, die unter den vier Ecken liegen, vorsichtig herausziehen (5). Dabei mit dem Finger die Mitte andrücken, damit die Form nicht auseinanderfällt. Diese Figur wird sehr gern bei Fingerbowlen, Vorspeisencocktails u. a. verwendet.

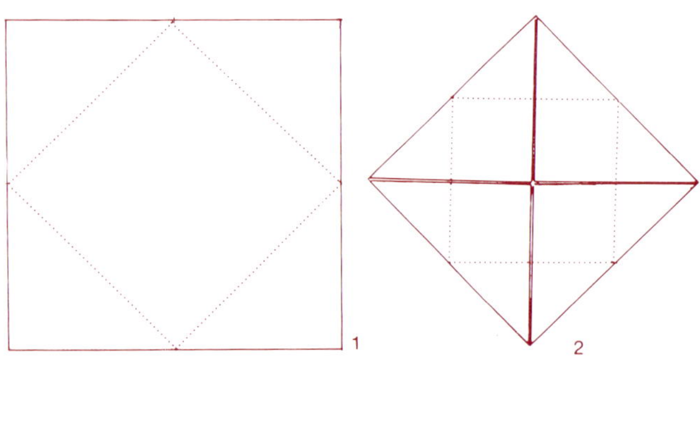

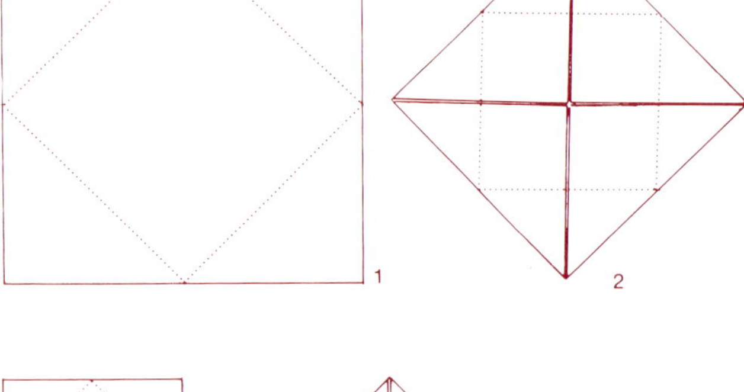

Zweifacher Fächer mit Spitzen

Die Serviette unterhalb der Mittellinie nach oben brechen (1), und zwar so, daß oben ein Rand von etwa fünf Zentimetern entsteht. Ebenfalls wie eine Ziehharmonika falten und fest andrücken (2). Die untere Kante zusammenhalten, die oberen Kanten auseinanderfallen lassen (3) und die inneren Kappen des vorderen Fächerblattes vorsichtig nach vorn ziehen (4). Die Figur aufstellen.

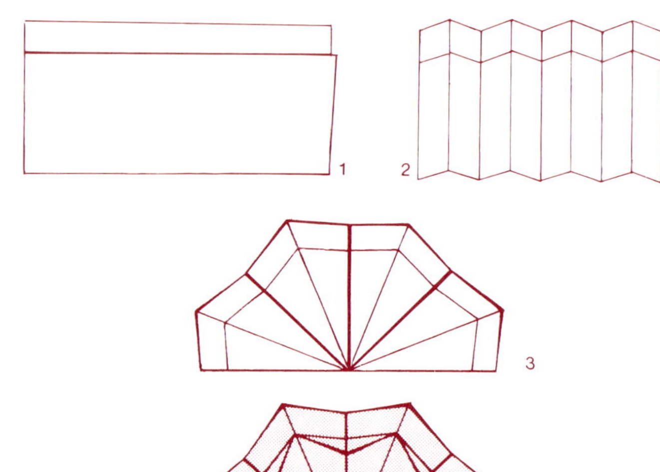

Einfacher Fächer

Die Serviette in der Mitte brechen, die offene Seite zeigt nach unten (1). In gleichmäßigen Abständen mehrmals abwechselnd nach vorne und hinten brechen (Ziehharmonika) und fest andrücken (2). Die unteren Kanten fest zusammenhalten, die obere geschlossene Kante auseinanderfallen lassen und die Figur aufstellen (3).

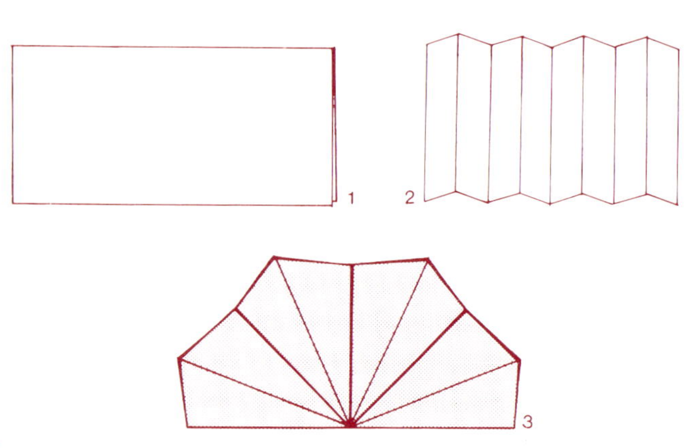

Stehender Fächer (Standfächer)

Die Serviette in der Mitte brechen, die offene Seite zeigt nach unten (1). Von rechts beginnend etwas mehr als die Hälfte in Ziehharmonikaform brechen (2), fest andrücken und die Serviette in der Mitte nach oben brechen (3), sodaß der gebrochene Teil außen liegt (4). Das glatte Rechteck schräg brechen, sodaß eine Stütze entsteht. Den gebrochenen Teil zum Fächer auseinanderfallen lassen und die Figur aufstellen (5).

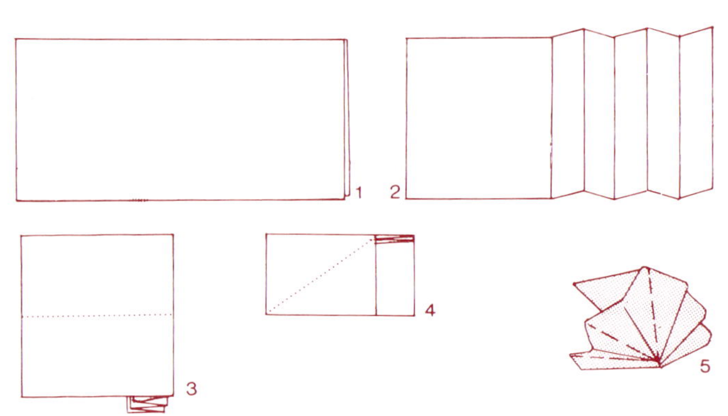

Lilie (englische Form, Tulpe)

Eine entfaltete Serviette legt man diagonal zu einem Dreieck (1). Dann die Ecken b und c nach oben auf a brechen (2). Es entsteht ein Quadrat, von dem man die Ecke c mindestens zu zwei Dritteln nach oben (3) und die Spitze davon wieder nach unten bricht (4). Die Ecken d und e biegt man nach hinten und steckt sie dort ineinander (5). Die Figur leicht formen und die beiden oberen Zipfel (a, b) herunterziehen und im unteren Rand feststecken (6).

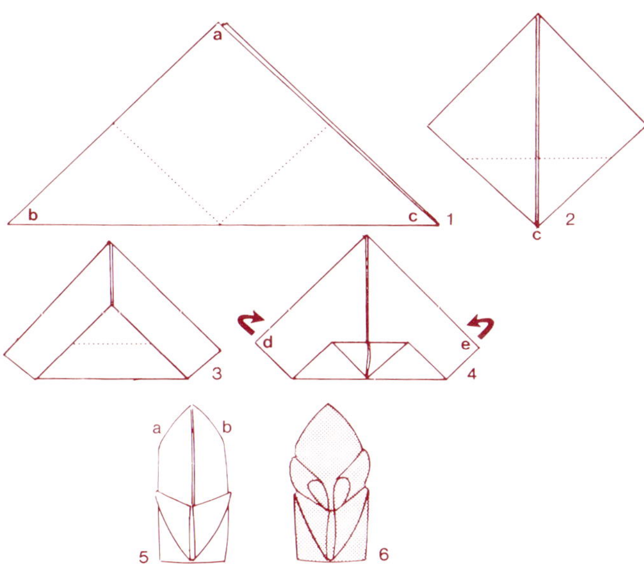

Palmwedel

Eine entfaltete Serviette legt man diagonal zu einem Dreieck (1). Beginnend an der Grundlinie des Dreiecks in Abständen von zwei Zentimetern abwechselnd nach vorne und hinten brechen (2). Es entsteht ein Band, das man mit dem Zipfel a nach unten legt. Die Mitte fest auf eine Unterlage drücken und die beiden Ecken b und c nach oben ziehen (3). Diese ein wenig zusammendrehen und aufstellen (4).
Sie kann auch flach auf einen Teller – (5) Jakobsmuschel – oder seitlich auf die Schmalseite – (6) Schwinge – gelegt werden.
Am besten gelingt diese Form mit einer Papierserviette.

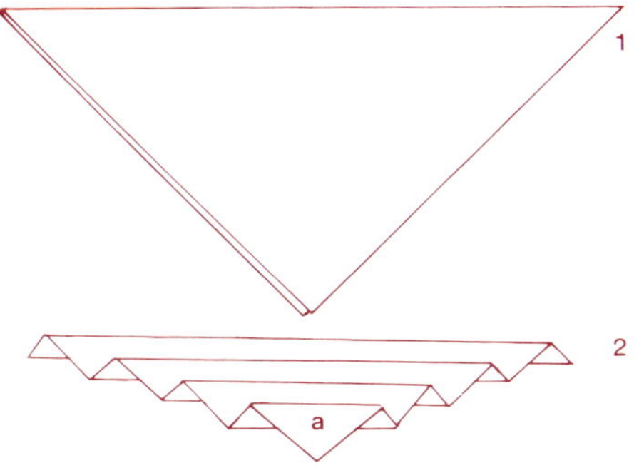

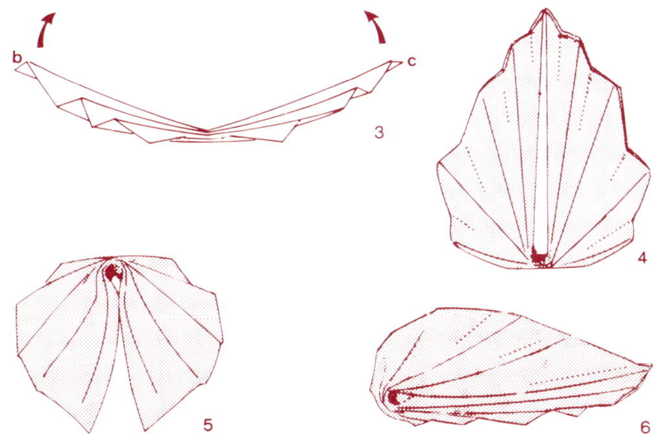

Turmspitze

Eine entfaltete Serviette legt man diagonal zu einem Dreieck (1), bricht die Ecken b und c auf a (2) und die untere Hälfte dieses Vierecks diagonal nach hinten (3). Die Ecken d und e hinten zusammenstecken (4) und die Figur aufstellen.

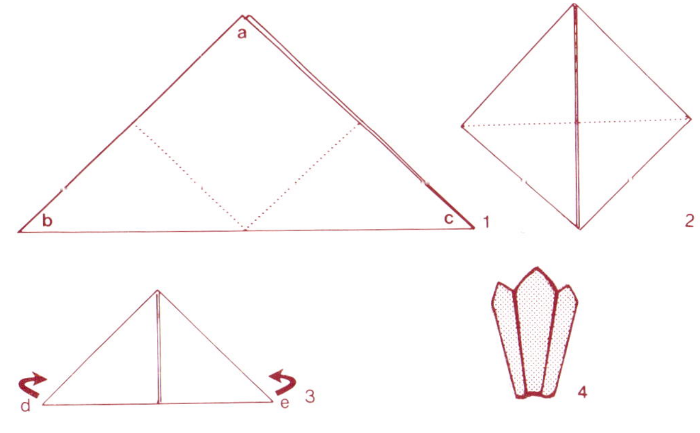

Säule (Kerze)

Eine entfaltete Serviette legt man diagonal zu einem Dreieck (1), bricht von der Grundlinie einen etwa zwei Zentimeter breiten Rand nach oben (2) und wendet die Serviette. Von der rechten Seite her ziemlich schmal

aufrollen (3) und den nach außen stehenden Zipfel a in den entstandenen unteren Rand der Serviette stecken (4).
Die Säule kann man auch in einen Serviettenring stellen.

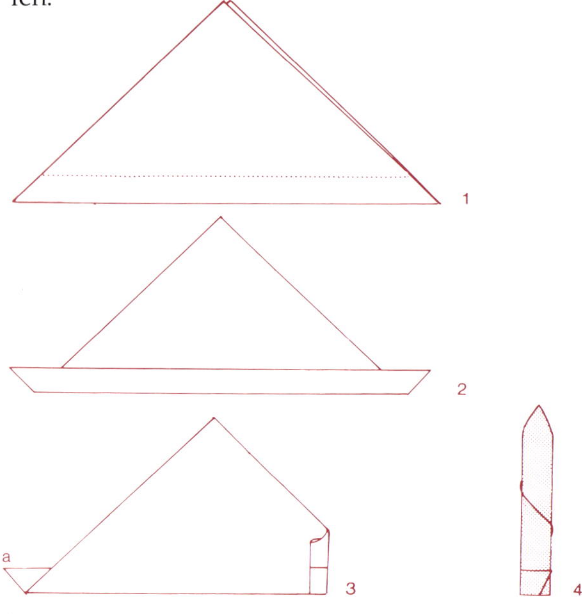

Bierstengel

Eine entfaltete Serviette diagonal zu einem Dreieck brechen (1), das Dreieck von der Grundlinie her bis zur Spitze einrollen (2, 3), in der Mitte knicken (4) und die fertige Figur in ein Glas stecken.

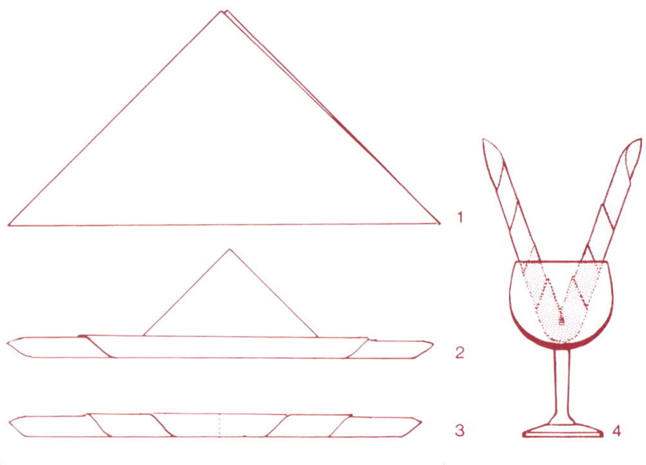

Strauss

Diese Figur ist nur mit leichten, ungestärkten Servietten zu formen. Eine quadratische Serviette in der Mitte fassen und ausschütteln (1, 2). Die Mitte M steckt man in ein hohes Glas, die entstandenen „Blätter" fallen nach außen.

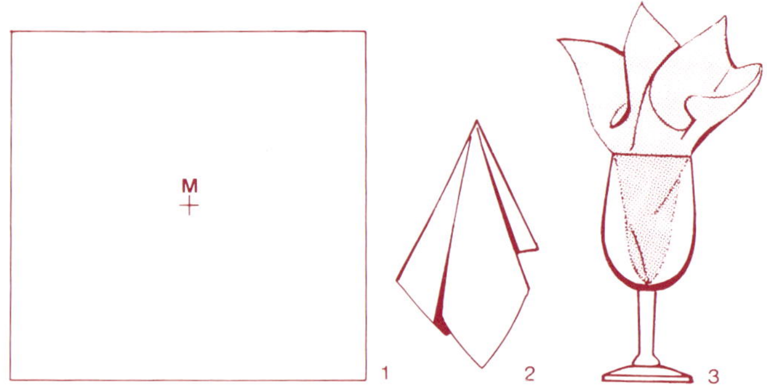

Blumenschmuck

Zu einer angenehmen Atmosphäre bei Tisch gehören auch Blumen.
Je nach der Jahreszeit können verschiedene preisgünstige Blumenarten für den Tischschmuck verwendet werden.
Vom Spätwinter an über die ganze Frühjahrszeit stehen Frühlingsblumen, z. B. Tulpen, Märzenbecher, Narzissen und Hyazinthen, zur Verfügung, die sehr gut mit frisch austreibenden Zweigen und frühblühenden Ziersträuchern (Forsythien, Zierkirschen, Scheinquitten usw.) kombiniert werden können.
Der Sommer bringt eine große Anzahl an Blumen: Rittersporn, Ringelblumen, Sonnenblumen, Sommerazaleen, Rosen, Zinnien, Tagetes, Bartnelken etc. Die vielen Gräser bilden eine zusätzliche Dekorationshilfe.
Im Spätsommer und im Herbst werden Kombinationen von Blüten, z. B. Chrysanthemen, Astern usw., mit Früchten- und Beerenzweigen interessant. Getrocknete Blätter und Fruchtstände ermöglichen eigenwillige Gestaltungen.
In der Advents- und Weihnachtszeit kommen neben den Nadelhölzern auch Weißdorn, Schlehe, Berberitzen, Buchs, Stechpalmen, Tannenzapfen und Trokkenfruchtstände zur Anwendung.
Trockenblumen, Seidenblumen und Gewürzsträußchen ergänzen die Möglichkeiten der Tischgestaltung.
Daneben sind in den Blumenhandlungen natürlich das ganze Jahr über gezüchtete Blumen erhältlich, die bei festlichen Anlässen ihre Verwendung finden.

Alle diese Blumen zeigen eine ihnen eigene Wirkung, sodaß sie nicht wahllos kombiniert werden können. Gut zusammen passen Blumen,

- wenn sie sich im Charakter und Ausdruck ähnlich sind, z. B. Tulpen und Osterglocken, Perlhyazinthen und Maiglöckchen,
- wenn sie durch ihre Gegensätzlichkeit reizvoll wirken, z. B. schwere, lagernde und lange, aufstrebende Formen, Kontrastfarben,
- wenn sie auch in der Natur zusammenstehen, z. B. bunte Frühlingswiesenblumen, sommerliche Gartensträuße.

Natürlich erzielen nicht alle Blumen dieselbe Wirkung. Man unterscheidet:

Massenblüher: Das sind Blumen, die nur in einer größeren Menge wirken, z. B. Vergißmeinnicht, Tausendschön, Stiefmütterchen usw.

Gruppenblüher: Das sind Blumen mit starker Eigenwirkung. Sie kommen nicht nur durch eine große, schöne Blüte, sondern auch durch den langen Stiel, der ihnen eine gewisse Eleganz verleiht, zur Geltung. Sie wirken in kleinen Mengen (ein bis fünf Stiele), lassen sich aber auch zu größeren Gruppen zusammenfügen. Dazu gehören z. B. Tulpen, Gerbera, Iris, Rosen, Pfingstrosen, Rittersporn.

Einzelblüher: Das sind Blumen mit ausgeprägter Einzelwirkung, also mit einer sehr starken Ausdruckskraft. Sie wirken am besten alleine, z. B. viele Arten von Lilien, Amaryllis usw.

Einkauf und Vorbereitung der Blumen

Als Tischschmuck werden Blumen sehr gezielt, nämlich dem jeweiligen Anlaß entsprechend, verwendet und daher auch häufig gewechselt.

Da Blumen einen relativ hohen Kostenfaktor darstellen, sollten beim Einkauf und bei der Vorbereitung zum Arrangieren verschiedene Kriterien berücksichtigt werden:

- Blumen sollten beim Einkauf leicht angeblüht sein.
- Bei der Auswahl verschiedener Blumen ist auf eine gute Farbharmonie zu achten. Es können entweder verwandte Farben (Orange – Rot, Violett – Blau), oder Kontrastfarben (Gelb – Violett, Orange – Blau, Rot – Grün) gewählt werden.
  Die verwendeten Farben müssen so aufeinander abgestimmt werden, daß sie warm auf das menschliche Auge wirken. Das ist dann der Fall, wenn die Flächen der komplementierenden Farben in einem bestimmten Verhältnis zueinander stehen. Rot wirkt so, wenn es zu Grün in einem ausgeglichenen Verhältnis steht. Blau benötigt von der Kontrastfarbe Orange die doppelte Fläche, um warm zu wirken, Violett sogar die dreifache Fläche von Gelb.
  Die Farbe der Blumen soll mit der der Tischwäsche, des Geschirrs, der Servietten und der Vasen bzw. Gefäße harmonieren.
  Es empfiehlt sich, zarte Farben im Geschirr durch kräftigere Töne beim Blumenarrangement hervorzuheben. Bei einem Geschirr mit lebhaftem Muster wird man durch einfarbige Blumen einen Ausgleich schaffen.
- Stark duftende Blumen (Maiglöckchen, Hyazinthen, Jasmin, Freesien usw.) können besonders in kleinen Räumen unangenehm wirken und sollen daher nur wenig verwendet werden.
- Durch den Transport soll die Wasseraufnahme möglichst nicht unterbrochen werden, daher sind die Stielenden mit feuchten Tüchern, Papier oder Beuteln zu umhüllen.
- Alle Stiele werden neu und schräg, möglichst unter fließendem Wasser, abgeschnitten. Durch den Schrägschnitt wird die Fläche vergrößert und damit die Wasseraufnahme begünstigt. Anschließend sollten die Blumen wieder möglichst schnell mit Wasser versorgt werden.
- Viel Laubmasse stellt eine große Wasserverdunstungsfläche dar, dies wirkt sich besonders in trokkenen Räumen ungünstig aus. Außerdem bewirkt das ins Blumenwasser reichende Laub eine schnellere Fäulnis, daher werden die Blätter am unteren Drittel der Stiele entfernt.
- Spezielle Mittel zur Frischhaltung von Schnittblumen verhindern Fäulnisbildung. Das Blumenwasser bleibt tagelang sauber und muß nicht erneuert werden. Wird die verdunstete Wassermenge nachgefüllt, muß das Nachfüllwasser wieder ein Frischhaltemittel enthalten.

Gefässe

Ein wichtiger Faktor beim Arrangieren von Blumen sind richtige Gefäße.

Tisch- und Tafelinventar

Aus der Vielfalt des heutigen Angebotes sollte man einfache, klare Formen in dezenten Farbtönen, die sich der Blumenfüllung wirkungsmäßig unterordnen oder anpassen, auswählen.

Im Haushalt benötigt man eine kleine Tischvase und mehrere, mindestens aber drei **Vasen** für Sträuße, die im Material, in der Höhe und der Form unterschiedlich sein sollen, da ja auch die Sträuße hinsichtlich der Anzahl, der Länge und der Art sehr verschieden sind. In der Gastronomie müssen pro Tisch mindestens eine Vase sowie eine gewisse Reserve vorhanden sein.

Vom Material her kommen Glas, Porzellan, Keramik und Metall in Frage.
Glas- und Porzellangefäße wirken durch Eleganz und Schlichtheit. Durch sie erscheinen die Blüten grazil und kostbar. Sie eignen sich für Rosen, Nelken, Orchideen, Lilien, Gerbera usw.
Keramikgefäße wirken eher rustikal und eignen sich für große, leuchtende Blütenformen wie Dahlien, Gladiolen, Sonnenblumen etc.
Metallgefäße aus Zinn, Kupfer, Messing oder Bronze wirken behaglich und gemütlich. Sie eignen sich besonders gut für Herbstblumen oder Trockengestecke. Metallgefäße aus Silber hingegen wirken ebenfalls elegant.

Auch die Vasenhöhen sollten variieren. Vasen mit acht bis zehn Zentimeter Höhe werden für kleine, einfache Blumen bzw. bei gedeckten Tischen als Tischvasen verwendet.
Vasen mit 15 bis 18 Zentimeter Höhe sind für Blumen mittlerer Höhe, z. B. für Biedermeierrosen, geeignet, solche mit 25 bis 30 Zentimeter Höhe für langstielige Blumen.
Als Faustregel für das richtige Verhältnis der Vasenhöhe zur Länge der Blumen gilt:
Doppelte Vasenhöhe + Durchmesser der Vase = Höhe der Blumen
Durch günstige Vasenformen kann die Stellung der Blumen stark beeinflußt werden. Vasen, die zuerst schmäler werden und sich nach oben hin wieder öffnen, geben Blumen einen guten Halt. Ansonsten sollte man sich mit Steckhilfen behelfen. Dies gilt auch, wenn die Vasenöffnung zu groß ist.

Neben Vasen sollten in jedem Haushalt und in der Gastronomie auch **Steckschalen** vorhanden sein. Flache Schalen sind die meistgebrauchte Gefäßform und für Tischdekorationen vorzüglich geeignet. Hohe Schalen (z. B. Kuchenplatten mit Mittelfuß) oder Gläser mit hohem Stiel heben Blumen heraus, präsentieren sie und benötigen gleichzeitig weniger Platz. Sie sind z. B. für ein Buffet gut geeignet.

Als Tischschmuck sehr beliebt sind heute auch sogenannte **Rosenpokale,** das sind Stielgläser, die man halb mit Wasser füllt und dann Blütenköpfe hineingibt, die auf dem Wasser schwimmen.

Steckhilfen

Zum Gestalten von Blumen in Vasen oder Steckschalen benötigt man Steckhilfen, die den Blüten und Zweigen Halt geben.

- Kugelig zusammengedrehter Maschendraht eignet sich für tiefe Schalen und hohe Vasen.
- Für hohe, zylinderförmige Vasen nimmt man am besten eine Blumenspirale, die am Vasenrand eingehängt und nach unten hin immer schmäler wird.
- Ein Kunststoffsteckschwamm (Oasis) ist für jede Gefäßform geeignet, weil man ihn beliebig schneiden kann. Er muß mindestens eine halbe Stunde vor dem Stecken in Wasser eingeweicht werden.
- Styropor ist ebenfalls beliebig schneidbar, kann aber nur für Trockengestecke verwendet werden.
- Moospolster, zu einer Halbkugel geformt und mit Maschendraht umwickelt, eignen sich für flache Schalen und kübelförmige Gefäße. Sie werden ebenfalls vor der Verwendung naß gemacht.
- Der Igel (Kenzan, Fakir) ist eine Bleiplatte, in der Nägel mit der Spitze nach oben eingearbeitet sind. Er wird mit Knetmasse am Boden des Gefäßes befestigt und kommt bei hohen, geraden Vasen, meist aber bei asymmetrischen Gestecken zur Anwendung.
- Kieselsteine, Lecca, weißer Kalkbruch, Muscheln und kleine Glaskugeln können zum Sichern von Blumen in schlanken Gefäßen verwendet werden. Meist dienen sie aber zum Abdecken anderer Steckhilfen oder zum Beschweren der Gefäße.

Da Steckhilfen nicht sichtbar sein sollen, werden sie in Schalen zusätzlich mit Blättern abgedeckt, in Vasen sollen sie höchstens bis drei Zentimeter unterhalb des Vasenrandes reichen.

Arbeitsgeräte

An Arbeitsgeräten zum Blumenstecken benötigt man ein Blumenmesser oder eine doppelseitig geschliffene Blumenschere, damit man die Stiele auf die gewünschte Länge verkürzen kann.
Verwendet man einen Moospolster als Steckhilfe, braucht man auch ein Steckholz zum Bohren von Löchern. Bei weichen oder hohlen Blumenstielen wird eventuell auch bei anderen Steckhilfen ein Steckholz benützt werden.
Außerdem verwendet man, um Blumen mit dünnen Stielen oder schweren Blüten zu verstärken, einen grünen Blumendraht. Damit die Blumen auch in geheizten Räumen und bei Kerzenlicht ihre Frische bewahren, werden sie zum Schluß mit einem Spritzballon (Blumenspritze) besprüht.

Gestalten von Tischblumenschmuck durch Arrangieren und Stecken

Blumen, die nur lieblos in eine Vase „gesteckt" werden, können niemals die gleiche Wirkung erzielen wie solche, die mit ein paar Handgriffen gruppiert werden. Dazu sind einige Grundkenntnisse notwendig.
Grundsätzlich können Blumen in Vasen arrangiert oder symmetrisch bzw. asymmetrisch gesteckt werden.

Beim **Arrangieren in Vasen** sollte nicht der ganze Strauß auf einmal in die Vase gegeben werden, sondern jeder Stiel einzeln. Bei einer großen Blumenfülle dürfen die Stiele nicht auseinanderfallen, sondern es soll die Mitte betont werden. Das erreicht man, indem gebogene Stiele zunächst an den Vasenrand gestellt und anschließend für die Mitte gerade, größere Blütenformen genommen werden, die etwas kürzer gehalten sind. Ein Maschendraht, der Kunststoffsteckschwamm oder auch der Igel ermöglicht einen besseren Halt.
In Vasen mit gerader Form sollten geschwungene, lebhaft wirkende Füllungen angeordnet werden, während umgekehrt in Vasen mit bewegter Form Blumen und Rispen mit geraden Stengeln gut gruppiert werden können.

Die Tischvase wird mehr und mehr von **kleinen Schalengestecken** verdrängt. Sie haben den Vorteil, „nach mehr" auszusehen als die gleiche Menge Blumen und Grün in einer entsprechenden Vase.
Zuerst wird die Steckmasse oder der Maschendraht in die Schale gegeben und mit Blättern abgedeckt, z. B. mit Rhododendron, Mahonien, Efeu, dann werden die Blütenstiele gesteckt.

Da der kleine Tischschmuck aber begrenzten Raum beanspruchen soll, sind nur kleine Blumen dafür geeignet. Meist genügen fünf Stück. Kleine Tischgestecke lassen sich zu jeder Jahreszeit mit einfachen Mitteln und geringen Kosten richten und sind für einfache Tische gut geeignet.

Für festliche Anlässe werden die Gestecke elegant, ausladend und mit seitengleicher Anordnung gearbeitet **(symmetrische Gestecke).** Diese wirken ruhig und klar und können von jeder Seite betrachtet werden. Da Tischgestecke hauptsächlich sitzend betrachtet werden, ist es günstig, auch im Sitzen zu arbeiten. Man erhält dadurch die richtige Optik.

Vor dem eigentlichen Stecken wird die gut durchnäßte Steckhilfe (Moospolster, Kunststoffschwamm) in die Steckschale gegeben und diese etwa ein Drittel mit Wasser und beigefügtem Frischhaltemittel gefüllt. Die Steckhilfe darf nie so groß sein, daß sie die ganze Schale ausfüllt, sie soll aber zirka drei Zentimeter aus dieser herausragen. Dann wird durch vorheriges Hinhalten der Blumen die Höhe und Breite des Gesteckes festgelegt.

Für die Höhe eines Gesteckes gilt folgende Regel:

Niedriges Gesteck = Gefäßhöhe + Gefäßdurchmesser

Mittleres Gesteck = eineinhalbmal Gefäßhöhe + Gefäßdurchmesser

Hohes Gesteck = zweimal Gefäßhöhe + Gefäßdurchmesser

Das Gedeck soll dabei nicht höher als 30 Zentimeter werden, damit es bei Tisch nicht störend wirkt.
Die Breite und Tiefe des Gesteckes richten sich nach dem Platz, der in der Mitte des Tisches zur Verfügung steht, und der Länge des Tisches bzw. der Tafel.

Die Mitte einer Schale bildet ein gerade gewachsener Blütenstiel. Damit ein Gesteck nicht starr und steif wirkt, werden die Blüten gruppenweise und in verschiedenen Höhen gestaffelt. So werden zur ersten und am höchsten stehenden Blüte zwei weitere von verschiedener Länge gesteckt (1).

Diese Mittelgruppe ist die Hauptgruppe, die durch eine größere Anzahl von Blüten, größere Blütenformen und intensivere Farben betont wird. Bei großen Gestecken kann sie bis zu sieben Blüten betragen. Außerdem ist zu beachten, daß für die höchsten Blumen Knospen, kleinere Blüten und zartere Farben ausgewählt werden, während die großen, schweren, dunkleren und aufgeblühten Formen mehr in der Tiefe (knapp oberhalb der Gesteckschale) gruppiert werden. Anschließend werden die linken und rechten Blütenstiele, wiederum in Gruppen, gesteckt und damit die Breite des Gesteckes fixiert. Dann wird die Tiefe durch Stecken der Blumen vorne und hinten festgelegt. So erhält man die Grundform des Gesteckes (2).
Jetzt wird noch geschickt die Mitte verstärkt, und die Lücken werden behutsam geschlossen (3).
Eine zahlenmäßig gleiche Anordnung der Blumen bedeutet aber nicht, daß jede Blüte auf beiden Seiten genau auf dieselbe Stelle gesteckt werden muß.
Falls die Blumen zuwenig eigenes Laub besitzen, können zum Abschluß einzelne Grünzweige oder Wedel möglichst sparsam dazwischengesteckt werden (4).

Die **asymmetrischen Gestecke** werden zwar auch aus der Mitte heraus gearbeitet, die zwei Seiten sind aber ganz verschieden.
Sie wirken lebendig und interessant, da sie mehr Bewegung in Aufbau und Umriß zeigen.
Die asymmetrische Steckweise findet vorwiegend bei Einzelstücken (Raumschmuck) Verwendung und setzt größere Fachkenntnisse voraus.

Menü- und Tischkarten

Menükarten

Eine sehr hübsche Dekorationsmöglichkeit, die bei besonderen Anlässen (z. B. Taufe, Verlobung, Hochzeit) oder bei festlichen Abendessen (Diners) auf den Tisch gestellt oder gelegt werden, sind Menükarten.

Im Haushalt bestehen sie aus einem Einlageblatt, auf dem das Menü steht, und einem Umschlag, der möglichst dekorativ und wirkungsvoll sein soll (z. B. aus Pergament, Elefantenpapier, Japanpapier, Leinen, Samt, Seide, Leder, verstärkt mit Karton). Bei der Gestaltung solcher Hüllen entstehen oft wahre Kunstwerke. Hier kann die Hausfrau ihre ganz persönliche Note ausdrücken.
Das Einlageblatt kann einfach oder doppelt und gefaltet sein.

Vormittagsjause

Frokost

Einfacher Mittagstisch für zwei Personen

Es gibt grundsätzlich zwei Möglichkeiten, wie Menükarten gestaltet werden können. Sind sie für einen bestimmten Anlaß gedacht, bei dem sie gleichzeitig einen gewissen Erinnerungswert für die Gäste haben und von diesen mitgenommen werden, können sie von der Gestaltung her genau auf den Anlaß abgestimmt werden. In diesem Fall muß man relativ viele Karten vorbereiten, etwa für jedes Paar eine.
Das Einlageblatt wird hineingeklebt. Wenn man eine Menükarte als zusätzlichen Tischschmuck, beispielsweise bei einem festlichen Abendessen, einsetzen möchte, wird man die Hülle neutraler halten, weil man sie öfter verwenden kann, und deshalb auf das sonstige Tischinventar abstimmen. Das Einlageblatt wird mit einer Kordel fixiert und kann so bei der nächsten Veranstaltung leicht ausgetauscht werden.
Von der Größe her sind Karten zum Aufstellen etwa im Ausmaß 12×18 Zentimeter. Werden sie gelegt, können sie auch größer sein.
Beschriftet werden Menükarten im Haushalt immer mit der Hand.

In der Gastronomie ist die Aufmachung der Menükarten von der Art des Betriebes abhängig. Da Menükarten aber meistens von den Gästen als Andenken mitgenommen werden, sind sie ein guter Werbeträger. Man sollte für sie daher die größtmögliche Sorgfalt und Aufmerksamkeit aufwenden.
Klein- und Mittelbetriebe verwenden häufig einfache oder gefaltete Menükarten (ohne Umschlag), die aus einem qualitativ hochwertigen Papier hergestellt sein sollen und im einschlägigen Fachhandel erhältlich sind. Einfache Karten haben ein Längsformat und sind meist mit der Aufschrift „Menü" versehen. Manche Betriebe (meist Groß- und Luxusbetriebe) lassen sich spezielle Umschläge für die Menükarten entwerfen und drucken, in die Einlageblätter gegeben und die für alle Anlässe verwendet werden. Solche Hüllen sind häufig aus Bütten-, Pergament-, Elefanten-, Japanpapier oder Hochglanzkarton. Sie können mit der Hand oder mit der Schreibmaschine beschriftet werden.

Beschriften kann man Menükarten auf zwei Arten:
- Klassische Form: Darunter versteht man die Ausrichtung aller Zeilen nach einer gedachten Mittellinie (zentriert). Dies bedeutet ein genaues Auszählen der Buchstaben.
- Moderne oder einfache Form: Die Zeilen beginnen alle bei einer gedachten Seitenlinie (=linksbündig).

Auf einfachen Karten oder Einlageblättern werden die Gerichte, der Speisenfolge entsprechend, untereinandergeschrieben. Am Ende der Karte sind die zur Auswahl stehenden Getränke verzeichnet. Diese Form wird dann gewählt, wenn das Menü nicht sehr groß ist und nur ein bis zwei Getränke zur Auswahl stehen.
Doppelte, gefaltete Karten oder Einlageblätter beinhalten auf der linken Seite die Getränke und auf der rechten die Speisen, wobei die Speisen immer auf derselben Höhe mit den korrespondierenden Getränken stehen, somit weiß der Gast, welches Getränk zu den einzelnen Gängen serviert wird.
Sowohl bei einfachen als auch bei gefalteten Karten stehen am unteren Ende Ort und Datum.

Zur Schreibweise ist folgendes zu bemerken:
- Bei der Benennung von Speisen verwendet man nur eine Sprache. Eingedeutschte Fremdwörter mit großem Bekanntheitsgrad, z. B. Beefsteak, Consommé usw., können verwendet werden.
- Wichtig ist die genaue Bezeichnung der Speisen und des verwendeten Fleischstückes. Allgemeine Begriffe, wie z. B. Schweinebraten oder Rindfleisch, sind unpräzise und führen zu Fragen von seiten des Gastes.
- Veraltet sind Bezeichnungen „à la"… (=nach Art…), da viele Gäste die unter diesem Namen genannten Gerichte nicht kennen. Es ist besser, die Garnituren bekanntzugeben.
- Getränke werden ebenfalls genau bezeichnet; Weine z. B. mit Namen, Herkunft, Rebsorte, Jahrgang und Erzeuger.

Tischkarten

Tischkarten können zwei Funktionen haben, nämlich als Dekoration und Orientierungshilfe dienen. Sind sie in erster Linie Dekoration, werden sie im persönlichen, privaten Kreis Verwendung finden, etwa bei Familienfesten, Kinderpartys, Faschingsveranstaltungen usw. Meist steht dann nur der Vorname darauf oder das Verwandtschaftsverhältnis (z. B. Tante Elisabeth).
Als Orientierungshilfe werden sie bei Veranstaltungen verwendet, die einen offiziellen Charakter haben.

Beispiele von Menükarten

	Menü
Aperitifs: Sekt-Orange, Sherry fino, Orangensaft	
Vintage Port Crofts 1972	Cantaloupe-Melone mit Westfäler Schinken
	*
	Kraftsuppe mit Eierstich
	*
Undhof Wieden 1983, Grüner Veltliner, Weingut Salomon, Krems	Gebratenes Blaufelchenfilet mit Mandeln, Fischkartoffeln
	*
Vöslauer Goldeck Cabinet 1978, Schlumberger, Vöslau	Rehmedaillons auf Kastanienpüree, Herzoginnenkartoffeln, Sauce Cumberland
	*
	Käseplatte
	*
Henkell Royal extra dry	Überraschungsomelette
Digestifs: Grand Marnier, Zuger Kirsch, Napoléon V.S.O.P. Fine Champagne	*
	Mokka
	..., den ...

Menü

Quiche lorraine

*

Forelle blau
mit Salzkartoffel
und Selleriesalat

*

Gefüllte Trauben
mit Mangopüree

*

Mokka

Ottakringer Goldfassl Pils

*

Meersburger
Chorherrenhalde
Weißherbst 1981

..., den ...

Mit ihrer Hilfe wird die Tischordnung festgelegt, und den eingeladenen Personen werden so die Plätze zugewiesen. Je größer bei solchen Einladungen der Personenkreis ist, desto eher werden Tischkarten verwendet. In diesem Fall steht auf der Tischkarte der komplette Name mit Titeln.
Man kann Tischkarten in einschlägigen Fachgeschäften mit den verschiedensten Motiven kaufen, dann braucht man nur noch die Namen daraufzuschreiben. Man kann sie aber auch selbst gestalten und stimmt sie in diesem Fall meist vom Material und vom Motiv her auf die Menükarten ab.
Im Ausmaß sind sie etwa 5×10 Zentimeter.
Häufig werden aber auch, gerade bei vornehmen Veranstaltungen, Tischkartenhalter verwendet. Sie sind vom Material her meist zum Besteck passend, in Form von Figuren. Auf jeden Fall haben sie oben einen Schlitz, in den man ein einfaches, beschriftetes Kärtchen hineinstecken kann.

Sonstiger Tischschmuck

Kerzen und Kerzenständer

Kerzen sind ein wirkungsvolles Dekorationsmittel, die obendrein bei Tisch durch ihr warmes Licht eine besondere Atmosphäre erzeugen. Sie werden heute in einer Vielfalt erzeugt, daß für jeden Geschmack und in jeder Preisklasse etwas zu finden ist.

Ebenso vielfältig ist das Angebot an Kerzenständern. Als Material verwendet man für sie Holz, Glas oder Metall (Schmiedeeisen, Chromnickelstahl, versilbertes Alpaka, Silber und Gold). Oft sind sie auch aus Porzellan, im selben Design wie das Speiseservice. Besonders wirkungsvoll sind Kandelaber (Girandolen), die man auf einen Spiegel stellt.

Porzellanblumen

Das sind kleine Blumenarrangements, die aus Porzellan geformt werden. Sie sind sehr teuer und können in passender Umgebung ein wirkungsvoller Tischschmuck sein, der besonders gerne bei Kaffee- oder Teejausen aufgestellt wird.

Serviettenringe

Sie sind nur für den häuslichen Gebrauch, nicht für die Gastronomie bestimmt. Es gibt sie aus Metall (Kupfer, Messing, versilbertem Alpaka, Silber, Gold), Porzellan, Elfenbein, Bernstein, Edelholz, Bast, Stoff (z. B. Brokat) und Plastik. Meist sind sie schön verziert (ziseliert, geschnitzt). Sehr häufig werden sie im selben Design wie das Besteck und der Platzteller angeboten, manchmal aber auch passend zum Speiseservice.
Sie dienen auch als Kennzeichen für die Stoffservietten der einzelnen Familienmitglieder, damit diese nicht täglich gewechselt werden müssen. Diese Serviettenringe tragen dann meist ein Monogramm, oder sie sind überhaupt unterschiedlich in der Form.

Messerbänkchen

Das ist ein selten verwendetes, in letzter Zeit allerdings wieder in Mode kommendes kleines Gestell, auf das die Messerklinge gelehnt wird. Auch wenn während eines Menüganges noch einmal nachgereicht wird, gehören die Messer dorthin. Es ist meist in Material und Ausführung passend zum Besteck (siehe Foto Seite 254–255).

Ziergegenstände aus Silber

Bei festlichen Tafeln, z. B. bei Diners, sind kleine Ziergegenstände aus Silber sehr beliebt. Häufig sind es Figuren, wie Vögel u. ä., die neben den Blumengestecken oder an den beiden Tafelenden stehen.
Eine andere Möglichkeit, den Tisch zusätzlich zu dekorieren, ist, bei jedem Gedeck eine kleine Silbervase mit Blumen oder einen kleinen silbernen Zieraschenbecher mit dazupassendem Behälter für Zigaretten aufzustellen.
Bei besonders vornehmen Veranstaltungen werden oft kleine Salzstreuer aus Silber oder Glas für jedes Gedeck oder jedes zweite Gedeck aufgestellt.

Empfehlungen für die Grundausstattung an Tischinventar im Haushalt

Im Handel werden Porzellan, Besteck und Gläser jeweils für sechs Personen angeboten. Es ist in den letzten Jahren allerdings üblich geworden, die einzelnen Serviceteile für neun bzw. zwölf Personen zu ergänzen. Darüber hinaus werden bei der Bewirtung von Gästen bestimmte Teile öfter benötigt, z. B. Dessertteller für Vorspeise, Salat und Dessert, sodaß eine größere Anzahl vorhanden sein muß. Wie bereits erwähnt, ist es im Haushalt üblich, jeweils ein Geschirr für festliche Gelegenheiten und eines für den täglichen Gebrauch anzuschaffen.
Die folgende Tabelle gibt einen Überblick über jene Gegenstände, die für einen gut ausgestatteten jungen Haushalt erforderlich sind. Diese werden den jeweiligen Gegebenheiten eines Haushaltes entsprechend ergänzt.

Tischinventar für festliche Gelegenheiten

Anzahl	Art
1	Molton
1 bis 2	Tischtücher für festliche Anlässe
2	Mitteldecken
6 bis 12	große Servietten (Mundservietten)
2	Tischtücher für die Kaffeejause (ein Tischtuch kann evtl. durch Sets ersetzt werden)
6 bis 12	kleine Servietten
6 bis 12	Suppenteller oder Suppentassen: Es ist abzuwägen, was man eher benötigt. Während man heute auf einem schön gedeckten Tisch gerne Suppentassen einstellt, können Suppenteller vielfältiger verwendet werden, z. B. für Teigwarengerichte.
6 bis 12	Speiseteller
12 bis 24	Dessertteller
1	Ragoutschüssel: Man kann sie auch als Suppenterrine oder für Gemüse verwenden.
1	Sauciere aus Porzellan oder Silber
1	Buttersauciere
1 bis 2	ovale Fleischplatten, eventuell in verschiedenen Größen, aus Porzellan oder Metall

Tisch- und Tafelinventar

Anzahl	Art	
1 bis 2	runde Platten für Aufschnitt, Torten usw. aus Porzellan, Glas oder Metall	
2 bis 4	Beilagen- oder Salatschüsseln, verschieden groß	
evtl. 1	Kuchenplatte mit Henkeln aus Porzellan oder Metall	
1	Königskuchen- oder Sandwichplatte für Sandkuchen, Rehrücken, Sandwiches usw. aus Porzellan, Glas oder Metall	
1	Käseglocke oder Käseplatte mit Griff	
1	Butterdose aus Porzellan, Glas oder Metall	
6	Eierbecher aus Porzellan oder Metall	
1	Brotschale aus Porzellan, Metall- oder Silberdraht	
1	Obstkorb aus Porzellan, Glas oder Silberdraht	
6 bis 12	Kaffeetassen	oder 6 bis 12 Universaltassen für Kaffee und Tee
6	Teetassen	
1	Kaffeekanne aus Porzellan oder Silber	
1	Teekanne aus Porzellan oder Silber	
1	Milchkanne	oder 1 Universalkännchen aus Porzellan, Glas oder Silber
1	Oberskännchen	
1	Zuckerdose aus Porzellan, Glas oder Silber	
6 bis 12	Rotweingläser	oder 9 bis 12 Universalgläser
6 bis 12	Weißweingläser	
6 bis 12	Südweingläser	
6 bis 12	Sektgläser	
6 bis 12	Biergläser	Verschiedene Firmen bieten diese drei Gläser als eine Glasform an
6 bis 12	Wassergläser	
6 bis 12	große Tumbler für Longdrinks	
6 bis 12	kleine Tumbler (Old-fashioned-Gläser) für Whisky	
6 bis 12	Schnapsgläser	
6 bis 12	Weinbrand- oder Cognacschwenker	
6 bis 12	Likörgläser (Likörschalen)	
6	Cocktailschalen	
1 bis 2	Wasser- oder Weinkrüge	
6 bis 12	Eisschalen (Coupeschalen)	
6 bis 12	große Bestecke (Messer, Gabeln, Löffel)	
6 bis 12	Dessertbestecke (Messer, Gabeln, Löffel)	
6 bis 12	Fischbestecke (Messer, Gabeln)	
6 bis 12	Kaffeelöffel	
6 bis 12	Kuchengabeln	
6 bis 12	Eislöffel	
6	Eierlöffel	
1 bis 2	Suppenschöpfer	
1 bis 2	Saucenschöpfer	
1 bis 2	Bratengabeln	Vorlegebesteck im Haushalt
1 bis 2	Bratenlöffel	
2	Fleischvorlegegabeln in verschiedenen Größen	
2	Salatvorleger	
1	Käsemesser	
1 bis 2	Ragout- oder Gemüselöffel	
1	Tortenheber	oder 1 Kuchen- und Eisheber mit Schneide
1	Tortenmesser	
1	Gebäckzange	
1 bis 2	Salz- und Pfefferstreuer mit Ständer oder Menagenplatte aus Porzellan, Glas oder Metall	
1	Pfeffermühle	
1	Zahnstocherbehälter	
1 bis 2	Senfbehälter (für Senf und Ketchup)	
1	Parmesanbehälter	
2	Flaschenuntersätze	
1	Hebekorkenzieher	
2 bis 4	Aschenbecher	
1	Tischbesen und -schaufel	
1	Wein- und Sektkühler	
1	Warmhalteplatte (Rechaud oder Platemaster)	
2 bis 3	Blumenvasen in verschiedenen Höhen und aus verschiedenen Materialien	
2	Tischvasen aus Porzellan oder Glas	
1 bis 2	Gesteckschalen aus Porzellan oder Keramik	
1 bis 3	Kerzenständer mit einer, zwei oder drei Kerzen	

Tischinventar für den täglichen Gebrauch

Anzahl	Art
2 bis 3	Tischtücher
6	Suppenteller
6	Speiseteller
6 bis 12	Dessertteller
2	Beilagen- oder Salatschüsseln
1	Fleischplatte
1	runde Platte
1	feuerfeste Auflaufform
6 bis 12	Universal- oder Frühstückstassen
6	rustikale Teeschalen (Häferl)
1	Kaffeekanne aus Glas oder Porzellan
1	Universalkännchen
1	Zuckerdose
6	Eierbecher
9 bis 12	Universalgläser in Becherform
6	Römer oder einfache Weingläser
1	Glaskrug
6	kleine Kompottschüsseln
1	Butterdose
1	Marmeladen- und Honigbehälter
6	große Bestecke (Messer, Gabeln, Löffel)
6	Kaffeelöffel
6	Kuchengabeln
6	Limonadenlöffel
1 bis 2	Salatvorleger
1	Nußknacker
1	Salz-Pfeffer-Ständer
1	Brotkorb
1	Flaschenöffner
2 bis 3	Aschenbecher

Hausbar

1 Shaker, 1 Rührglas, 1 Barmaß, 1 Barsieb, 1 Zitronenpresse, 1 Bargabel, 1 Barmesser, 1 Barlöffel, 1 Eiskübel, 1 Eiszange, 1 Sektflaschenverschluß

Tischdecken

In diesem Kapitel wird in chronologischer Reihenfolge Schritt für Schritt erklärt, wie man einen Tisch richtig deckt, ohne auf die Besonderheiten, die bei einzelnen Mahlzeiten auftreten können, einzugehen. Außerdem wird das Vorbereiten von Servierwagen und von Buffets allgemein beschrieben.

Vorbereiten des Ess- bzw. Restauranttisches

Als Grundsatz für das Tischdecken gilt: Je genauer und sorgfältiger gearbeitet wird, umso schöner wird der Tisch oder die Tafel bzw. der Gesamteindruck des Raumes.
Während es allerdings für die Gastronomie strenge Regeln für das Tischdecken gibt, die unbedingt eingehalten werden müssen, sollte im Haushalt die persönliche Note der Hausfrau in der Tischgestaltung ersichtlich sein.

Prinzipiell unterscheidet man zwischen Aufdecken und Eindecken.

Von **Aufdecken** spricht man, wenn der Tisch bzw. die Tische gedeckt werden, solange sich noch kein Gast im Raum befindet.
Im Haushalt bzw. bei bestellten Essen (z. B. Bankett) in der Gastronomie werden, da die Speisenfolge bekannt ist, das gesamte benötigte Besteck und die Gläser aufgedeckt. Ansonsten wird im Restaurant nur ein Grundgedeck aufgelegt.

Eingedeckt wird, wenn sich bereits Gäste im Raum befinden. Das ist vor allem in der Gastronomie beim À-la-carte-Service der Fall, wo nach der Bestellung das fehlende Besteck ergänzt wird.

Bevor man mit dem Decken des Tisches beginnt, müssen Porzellan, Besteck und Gläser auf Sauberkeit geprüft, eventuell gewaschen, auf jeden Fall aber poliert werden. Die Tischwäsche soll sorgfältig gebügelt und richtig gefaltet sein.

Auflegen der Tischwäsche

Man beginnt mit dem **Stellen** und **Ausrichten** des bzw. der Tische, wobei zu beachten ist, daß der Tisch nach Möglichkeit parallel zum Fenster, also quer zum einfallenden Licht, zu stehen kommt.
Der Tisch wird auf seine Standfestigkeit geprüft. Ein wackelnder Tisch ist störend, daher wird in diesem Fall ein kleines Korkplättchen oder Linoleumstückchen untergelegt bzw. Filz daruntergeklebt. Die Stühle stellt man zur Seite, sie behindern sonst die Arbeit.
Ist kein Molton am Tisch, muß es als erstes aufgelegt werden.
Genau auf Tischgröße zugeschnittene Moltons werden exakt mit dem Tischrand abschließend aufgelegt. Alle anderen stülpt man über den Tisch (mit Gummibezug) bzw. rollt sie von der Schmalseite her auf und bindet sie an den Tischbeinen fest. Die Bänder dürfen später nicht unter dem Tischtuch heraushängen.

Darüber kommt das **Tischtuch.** Das gefaltete Tischtuch legt man so auf den Tisch, daß die Rollkante (geschlossener Bug) nach links zeigt (Abb. 1). Mit beiden Händen ergreift man die offenen Kanten und entfaltet das Tischtuch (Abb. 2). Nun liegt es parallel auf dem Tisch, der Mittelbruch zur Person hin oben, die beiden offenen Kanten darunter. Dann faßt man das Tischtuch so an, daß der Mittelbruch zwischen Daumen und Zeigefinger, die darunterliegende Kante zwischen Zeige- und Mittelfinger gehalten wird. Die untere Kante liegt frei (Abb. 3).

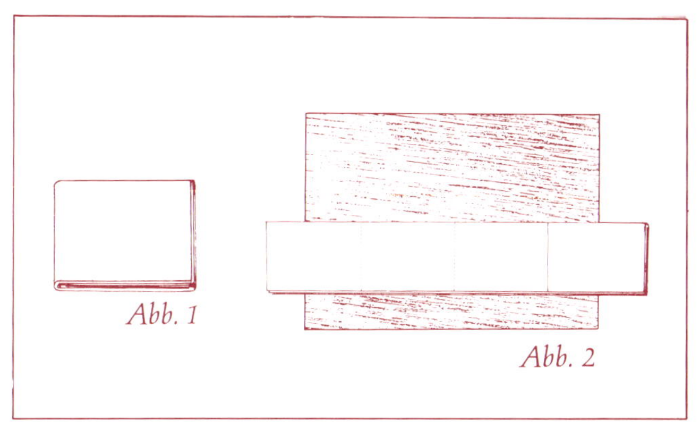
Abb. 1

Abb. 2

Tischdecken

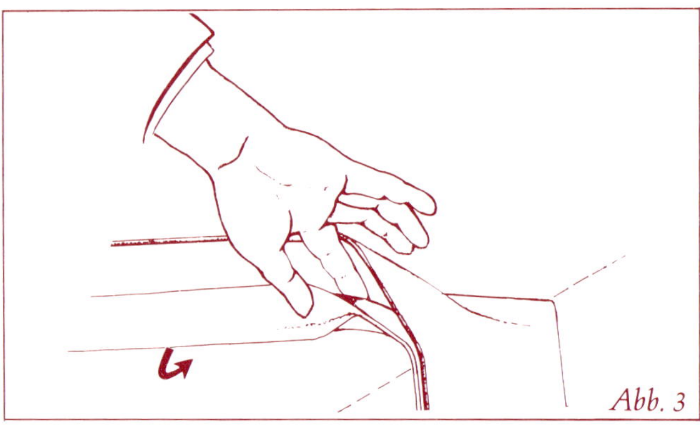
Abb. 3

Nun wird das Tischtuch angehoben und die freiliegende Kante vorsichtig über die gegenüberliegende Tischkante geworfen. Man gibt den zwischen Daumen und Zeigefinger gehaltenen Mittelbruch frei und breitet mit Zeige- und Mittelfinger ziehend das Tischtuch über den Tisch.

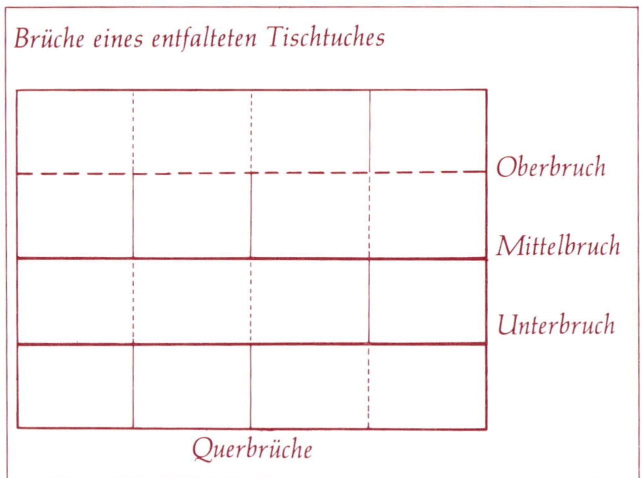

Brüche eines entfalteten Tischtuches

Das Tischtuch ist richtig aufgelegt, wenn der Hauptbug nach oben zeigt, parallel zur Tischkante verläuft und die Tischtuchenden über alle vier Tischkanten gleich lang herabhängen.
Ist das nicht der Fall, so korrigiert man, indem man das Tischtuch an der Kante mit beiden Händen erfaßt (Daumen und Zeigefinger), hochhebt und mit dem so entstehenden Luftpolster in die gewünschte Richtung zieht. Niemals schiebt man es mit den Fingerspitzen zurecht oder streift es mit der Hand glatt, denn das hinterläßt Spuren auf einem gestärkten Tischtuch.

Hat man für **runde Tische** keine geeigneten runden Tischtücher, verwendet man quadratische. Dabei ist zu beachten, daß die Tischtuchecken genau vor den Tischbeinen herabhängen. Hat ein runder Tisch nur einen Mittelfuß, sind die Tischtuchecken dort, wo die Gäste nicht sitzen.

In der Gastronomie ist beim Auflegen der Tischwäsche die Anordnung der Einzeltische im Raum zu beachten.
Bei parallel gestellter Tischfolge laufen die Büge (Brüche) der Tischtücher jeweils dem Raumeingang zu.
Werden die Tische jedoch schräg gestellt, laufen die Brüche zum Zentrum des jeweiligen Raumes, während der Hauptbruch des in der Mitte plazierten Tisches zum Eingang weist.
Bei schräg stehenden Tischen, ohne Mittelpunkt im Raum, bilden die Hauptbrüche ein „Fischgrätmuster", allerdings nur dann, wenn der Raum länglich ist.

Etwas schwieriger aufzulegen als ein normales Tischtuch sind lange **Tafeltücher.** Das Heraussuchen des passenden Tafeltuches wird erleichtert, wenn es am Saum (Webkante) die Länge entweder eingewebt oder mit Wäschetinte innen vermerkt hat.
Tafeltücher können immer nur von mindestens zwei Personen aufgelegt werden. Man legt das zusammengefaltete Tafeltuch mit der Rollkante nach links in die Mitte der Tafel. Jede der beiden Personen ergreift eine der beiden offenen Kanten und begibt sich damit nach links (mit der obenliegenden Kante) bzw. rechts ans Tafelende. Somit ist das Tafeltuch entfaltet. Sie vergleichen den Überhang, der auf beiden Seiten gleich groß sein muß.

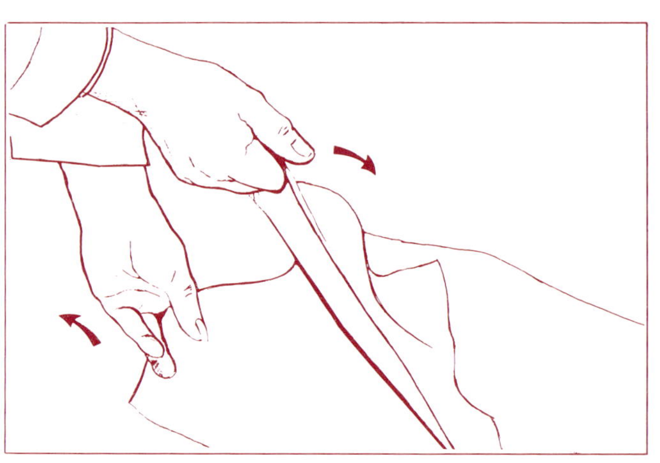

Eine der beiden Personen hat nun zu ihrer Rechten den Hauptbruch liegen, unter dem sich zwei übereinanderliegende Webkanten befinden. Diese ergreift nun mit der rechten Hand die erste und mit der linken Hand die am Molton liegende zweite Kante. Der Gegenüberstehende macht es genau umgekehrt.

Das Tafeltuch wird leicht angehoben und vorsichtig auseinandergezogen. Der Hauptbug muß genau in der Mitte der Tafel parallel zur Tischkante zu liegen kommen, der Überhang muß auf allen vier Seiten gleich groß sein.
Ist dies nicht der Fall, kann wieder nur gemeinsam korrigiert werden, indem beide Personen den Tafeltuchrand mit Zeigefingern und Daumenballen festhalten, das Tafeltuch gleichzeitig in die Höhe heben und es durch den entstehenden Luftpolster in die richtige Lage ziehen.

Benötigt man für einen großen Tisch oder eine Tafel **mehrere Tischtücher,** so ist beim Überdecken darauf zu achten, daß der Stoß der Tischtücher auf der vom Eingang abgekehrten Seite ist, daß möglichst gegen Lichteinfall (Fenster) überdeckt wird und daß die Brüche beim Übereinanderlegen der Tischtücher übereinstimmen und so eine durchgehende Linie ergeben.

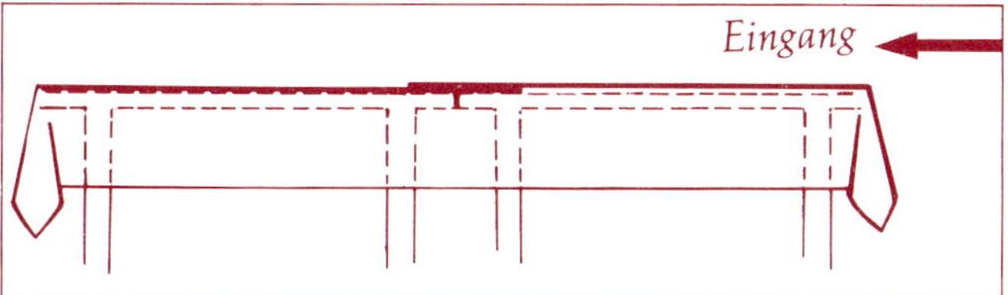

Der Mindestüberstand sollte zehn Zentimeter betragen, um ein Verrutschen der Tafelwäsche und Sichtbarwerden des Moltons zu vermeiden. Außerdem ist darauf zu achten, daß die Nahtkanten nicht durch ein Gedeck verlaufen, da ein Teller sonst nicht gut steht.

Ist ein **Tischtuch** hingegen **zu lang,** muß es an einer Seite eingeschlagen werden. Das wird immer von zwei Personen durchgeführt, die, sich gegenüberstehend, den überhängenden Teil abschätzen, den Rest nach innen schlagen und unter das Tischtuch legen. Der eingeschlagene Teil des Tischtuches befindet sich immer auf der vom Eingang abgekehrten Seite, denn das Tischtuch ist hier wesentlich fülliger und dies würde beim Betreten des Raumes sofort auffallen.

Auf das Tisch- oder Tafeltuch kann man anschließend als zusätzliche Dekoration entweder Sets, einen Tischläufer oder eine Mitteldecke legen. In der Gastronomie wird immer eine Mitteldecke, ein sogenanntes Napperon, aufgedeckt.

Mitteldecken oder Napperons werden folgendermaßen aufgelegt:

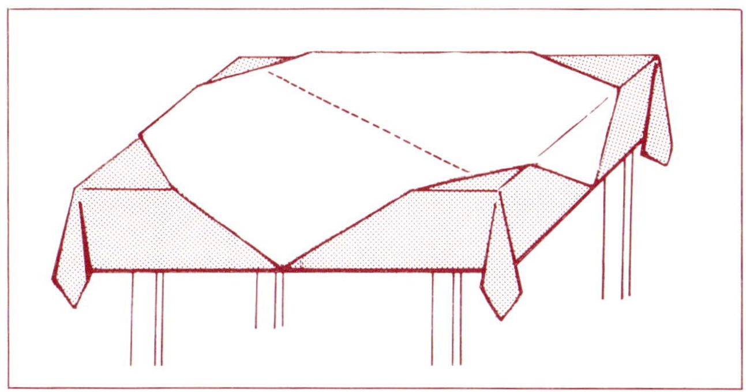

Der Überhang des Napperons soll nicht über die Abschlußkante des Tischtuches hinunterragen.

Beim Überdecken mehrerer Napperons ist wiederum zu beachten, daß der Stoß nach Möglichkeit gegen die Lichtquelle und auf der vom Eingang abgekehrten Seite ist.

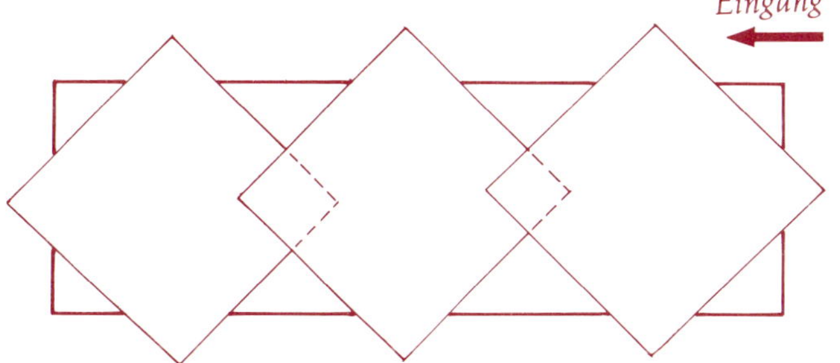

Sets legt man so auf, daß ihr Rand mit der Tischkante abschließt. **Tischläufer** überdecken, wie bereits erwähnt, den Mittelbruch des Tischtuches.

Aufdecken des Geschirrs und des Bestecks

Nach dem Auflegen der Tischwäsche werden die Sessel genau gegenüber aufgestellt und so ausgerichtet, daß jedem Gast gleich viel Platz zur Verfügung steht.

Tischdecken

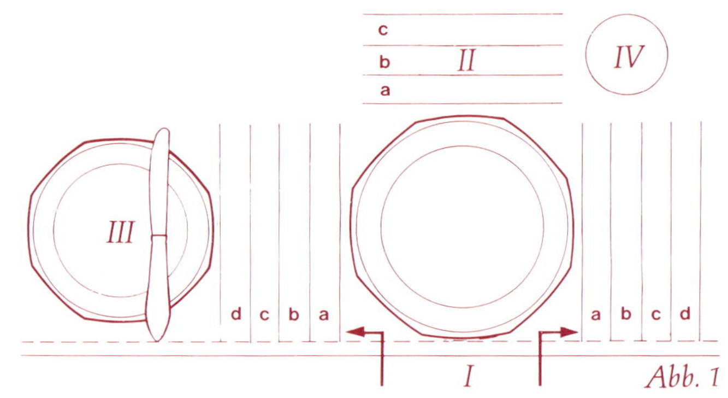

Abb. 1

Der Mittelpunkt des Gedeckes wird durch eine gefaltete **Serviette** bzw. einen **Stand- oder Platzteller** fixiert. Teller bringt man zu Tisch, indem man sich auf die linke Hand eine gefaltete Serviette legt und darauf einen Stapel polierter Teller stellt. Beim Aufdecken darf man die Teller nur noch am äußersten Rand (Tellerfahne) anfassen.

Die Teller werden ein bis zwei Zentimeter von der Tischkante entfernt aufgestellt. Haben sie eine Vignette, muß sich diese immer oben befinden. Außerdem ist zu beachten, daß gegenüberliegende Gedecke eine Linie bilden. Der Abstand vom Mittelpunkt des einen bis zum Mittelpunkt des nächsten Gedeckes soll, wie bereits erwähnt, 70 bis 80 Zentimeter betragen.

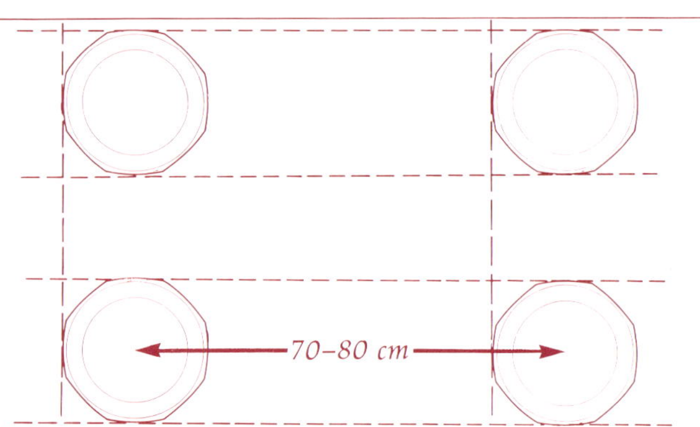

Nun werden die Sessel wieder entfernt, um das weitere Aufdecken nicht zu behindern. Man legt das polierte **Besteck** auf ein Tablett mit Serviette oder rutschfester Auflage und trägt es so zum Tisch.
Man kann es auch in ein Geschirrtuch (Poliertuch) einschlagen, die einzelnen Teile beim Tisch polieren und von Hand aus decken. Das polierte Besteck darf nur noch an der schmalsten Stelle angefaßt werden. Man deckt das Besteck in der Reihenfolge Messer (mit der Schneide nach innen), Gabel, Löffel, immer von innen nach außen, d. h. von der Hauptspeise bis zur Vorspeise (Abb. 1, I a–d) in der umgekehrten Reihenfolge der Benützung (d–a).

Der Abstand zwischen Messer und Gabel ist so zu wählen, daß der einzustellende Teller, falls kein Platzteller aufgedeckt wurde, leicht Platz findet. Messer und Löffel bilden am Griffende eine Linie (Abb. 2).

Abb. 2

Zwei gleich große Gabeln werden versetzt aufgedeckt, und zwar so, daß die Zinkenspitzen der inneren Gabel mit dem Zinkenanfang der äußeren eine Linie bilden (Abb. 2). Bei zwei verschieden großen Gabeln (z. B. Dessertgabel und große Gabel) bilden entweder die Griffenden eine Linie (Abb. 3), oder sie werden ebenfalls versetzt aufgedeckt.

Abb. 3

Mehrere Gabeln werden immer versetzt aufgedeckt (Abb. 4).

Abb. 4

Das Dessertbesteck wird oberhalb des Standtellers oder der Serviette gedeckt (Abb. 1, II a–c), wobei zuerst die Gabel mit dem Griff nach links und das Messer oder der Löffel mit dem Griff nach rechts zu liegen kommt.

Bei einem festlichen Gedeck zu Hause bzw. einem Kuvert im Restaurant stellt man anschließend auf die linke Seite des Standtellers den **Brotteller** mit einem Buttermesser (Abb. 1, III).

Standteller und Brotteller werden entweder so aufgedeckt, daß der untere Rand mit dem Besteck eine Linie bildet (Abb. 5) oder die Mittelpunkte der beiden Teller auf einer gedachten Linie liegen (Abb. 6).
Das Butter- oder Dessertmesser liegt auf der rechten Seite des Tellers mit der Schneide nach links.

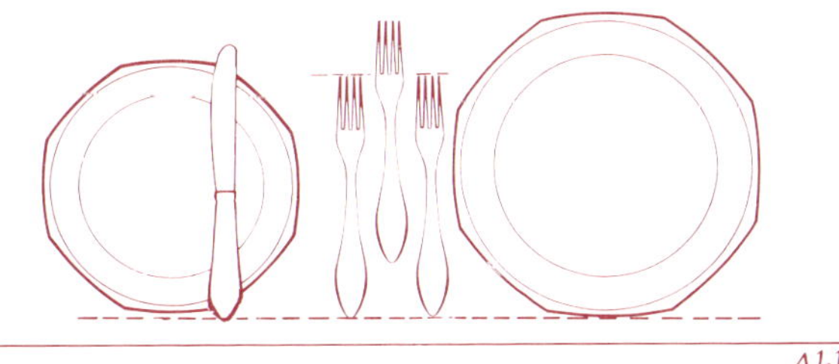

Abb. 5

Abb. 6

Stellen der Gläser

Zum Schluß werden die Gläser aufgedeckt (Abb. 1, IV). Die polierten Gläser stellt man wiederum auf ein Tablett mit Serviette oder rutschfester Auflage. Beim Aufdecken werden sie am Stiel (Becher am untersten Rand) angefaßt. Jenes Glas, das beim Decken eines Tisches zuerst aufgestellt wird, nennt man das **Richtglas** (Stand- oder Grundglas). Es ist immer das größte Glas, meist das Stielwasserglas, und steht zirka einen Zentimeter oberhalb der Messerspitze des Messers für den Hauptgang. Dann werden die restlichen Gläser aufgedeckt. Dabei gibt es drei Möglichkeiten, nämlich die Längsform, die halbrunde Form und die Blockform. Als Grundprinzip beim Aufstellen von Gläsern gilt, daß die niedrigeren vor den höheren zu stehen kommen („Orgelpfeifenprinzip"). Dadurch wird das Einschenken erleichtert.
In Blockform werden die Gläser nur dann aufgestellt, wenn zwischen den Gedecken sehr wenig Platz vorhanden ist.

Beispiele für Gläserstellungen

Längsform

Halbrunde Form

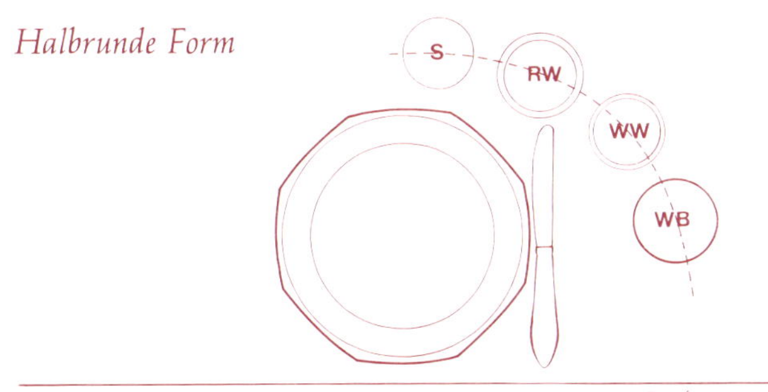

Blockform

RW Rotweinglas
S Sektglas
W Stielwasserglas
WB Wasserbecher
WW Weißweinglas

Tischdecken

Es sollen nicht mehr als vier Gläser aufgedeckt werden und immer nur eines von jeder Sorte, also z. B. nur ein Weißweinglas, auch wenn in einer Menüfolge zwei verschiedene Weißweine gereicht werden. Der Trend geht heute sogar eher dahin, auch bei Festtischen nur ein Glas (=Universalglas[1]) oder zwei Gläser (ein Rotwein- und ein Weißweinglas oder ein Universal- und ein Weißweinglas) aufzudecken. Alle weiteren Gläser werden mit dem entsprechenden Gang eingestellt.
Bier- und Südweingläser können im Haushalt aufgedeckt werden, in der Gastronomie sind sie erst nach der Bestellung einzustellen.

Aufdecken der Servietten

Befindet sich die Serviette noch nicht auf dem Tisch, d. h., es wurde als Gedeckmittelpunkt ein Standteller aufgedeckt, so werden nun im Anschluß an die Gläser die Servietten aufgedeckt. Es gibt verschiedene Möglichkeiten, die Serviette auf dem Tisch einzusetzen, sie soll aber immer dem Gast zugewendet sein.

Im Haushalt ist es sehr häufig üblich, die Serviette links von der Gabel im gleichen Abstand von der Tischkante wie die Besteckteile zu plazieren (1). Rechts können Servietten ausnahmsweise dann zu liegen kommen, wenn links durch viel Besteck, Brotteller usw. kein Platz mehr dafür ist (2). Im Restaurant dagegen (im Haushalt bei Festgedecken) werden, wie bereits erwähnt, Servietten zwischen dem Besteck direkt auf dem Tischtuch oder auf dem Stand- oder Gedeckteller plaziert (3).
Eine andere Möglichkeit, Servietten bei Festgedecken aufzustellen, ist die Plazierung auf dem Brotteller, das wird vor allem bei hohen Faltformen praktiziert (4).
Bei einem Sektfrühstück kann man die Serviette eventuell auch in das Sektglas stecken (5).

[1] Universalgläser sind für Mineralwasser, Säfte, Rotwein geeignet.

Aufstellen des Tafelschmucks und der Menagen

Zum Schluß werden Tafelschmuck und Menagen aufgestellt (im Restaurant geschieht dies manchmal schon vor dem Aufdecken der Standteller).
Unter Menagen versteht man Salz- und Pfefferstreuer, Pfeffermühle (auf einem kleinen Teller), Zuckerstreuer, Essig-Öl-Ständer, Parmesanbehälter, Ketchup, Worcestershiresauce, Tabascosauce und Senfbehälter.
Auf einem schön gedeckten Tisch sollten keine Menagen aufgestellt werden, Salz- und eventuell Pfefferstreuer sind möglich. Alle anderen Menagen stellt die Hausfrau auf dem Servierwagen bereit.
In der Gastronomie sollten ebenfalls nur Salzstreuer und Pfeffermühle (eventuell Pfefferstreuer) auf den Tischen stehen. Auf dem Serviertisch oder Sideboard stehen die restlichen Menagen bereit und werden nur auf Verlangen des Gastes gebracht.
Die Menagen sollen für alle Gäste leicht erreichbar sein, aber, so wie der Tischschmuck, nicht behindern.

Stellen der Sessel

Nach Beendigung des Aufdeckens werden die Sessel auf ihren Platz gestellt. Dabei ist zu beachten, daß sie exakt vor dem Gedeck stehen, genau gegenüber und in einer Linie mit den nebenstehenden Sesseln. Sie stehen unmittelbar vor dem herabfallenden Tischtuch.
Man stellt die Sessel so um den Tisch, daß die Tischbeine nicht stören. Läßt sich das bei größeren Gesellschaften nicht vermeiden, so darf nur ein Familienmitglied und niemals ein Gast diesen Platz einnehmen.
In der Gastronomie ist dies unbedingt zu vermeiden (Verwendung von Säulentischen).
Hinter den Sesseln sollte genügend Bewegungsfreiheit sein.

Zum Schluß überzeugt man sich nochmals von der Vollständigkeit der Gedecke und der Harmonie des gesamten Raumes durch eine genaue Kontrolle.

Verhalten bei befleckter Tischwäsche

Wird ein Tischtuch während einer Mahlzeit durch umgestoßene Gläser oder Saucen stark befleckt, wird der Fleck zunächst mit einer saugfähigen Papierserviette abgetupft und mit einer oder mehreren sauberen Papierservietten abgedeckt.
Bei Rotwein- oder Obstflecken wird sofort nach dem Abtupfen der Fleck kräftig mit Salz bestreut, um ein tiefes Eindringen des Farbstoffes in das Gewebe zu verhindern. Dann wird mit einer zum Tischtuch passenden Deckserviette überdeckt.
Auch in der Gastronomie verwendet man meist eine Deckserviette zum Überdecken, nachdem man vorher die Flecken mit der zusammengelegten Handserviette (bei Rotweinflecken mit Papierserviette) abgetupft hat.
Bei größeren Mißgeschicken überdeckt man mit einem Tischtuch, oder, in seltenen Fällen, wird das Tischtuch überhaupt ausgewechselt.

Tragen eines gedeckten Tisches

Muß ausnahmsweise ein bereits gedeckter Tisch getragen werden, so wird der Überhang des Tischtuches an den Schmalseiten vorsichtig zurückgeschlagen. Der Tisch wird dann an den Beinen oder an der unteren Tischplatte in die Höhe gehalten und getragen. Auf keinen Fall darf das überhängende Tischtuch mit eingeklemmt werden, weil es dadurch zerknittert wird.

Abnehmen der Tisch- und Tafeltücher

In der Gastronomie wird es mitunter vorkommen, daß ein Tisch nicht besetzt und die Tischwäsche daher nicht benützt wurde. Um ein **unbenütztes Tischtuch** gebrauchsfertig zu erhalten, wird es wieder abgenommen und sorgfältig zusammengelegt. Dabei wird im Prinzip so vorgegangen: Das Tischtuch wird im Mittelbruch mit beiden Händen (Daumen und Zeigefinger) hochgehoben, sodaß die Seitenteile herabfallen. Nun wird das gefaltete Tuch so auf den Tisch gelegt, daß der Oberbruch obenauf liegt. Dann das Tuch in gleicher Weise nochmals falten und so auf den Tisch legen, daß der mittlere Querbruch nach oben liegt. Dieser wird nun mit den Zeigefingern von beiden Seiten unterfaßt. Die Arme hebt man hoch, so daß die Seitenteile wieder herabfallen. Dieser Vorgang wird wiederholt.
Das wichtigste ist dabei, daß die Tischtücher immer exakt in die Bügelfalten zurückgelegt werden.
Bei **unbenützten Tafeltüchern** wird der geschilderte Vorgang von zwei Personen durchgeführt.

Auch das Abnehmen eines **gebrauchten Tisch- oder Tafeltuches** geschieht auf dieselbe Art und Weise, es geht jedoch rascher, da auf das Übereinstimmen der Brüche nicht mehr genau geachtet werden muß.
Ist das gebrauchte Tischtuch gefaltet, wird es zu einem Dreieck zusammengeschlagen, um es von der sauberen Wäsche zu unterscheiden. Die Tischtücher werden dann gestapelt und können so leicht gezählt werden.
Gebrauchte Napperons und Mundservietten werden ebenfalls gefaltet und gebündelt.

Vorbereiten des Servierwagens (bzw. des Guéridons) und der Anrichte (bzw. des Sideboards)

Wenn der Tisch gedeckt ist, werden anschließend im Haushalt der Servierwagen oder ein kleiner Serviertisch und die Anrichte (falls eine solche vorhanden ist) hergerichtet.

Auf den **Servierwagen** legt man zuerst ein passendes Tablettdeckchen oder eine große, weiße Stoffserviette bzw. ein kleines Tischtuch auf. Der Servierwagen hat dreierlei Funktion. Es sollen hier einerseits alle Gegenstände, die am Tisch störend wirken, abgestellt werden können (z. B. Brotkorb, Kaffeekanne, Beilagenschüssel, Brötchenplatten). Andererseits legt sich die Hausfrau auf dem Servierwagen alle jene Geräte und Gegenstände bereit, die zum reibungslosen Ablauf eines Essens notwendig sind, sodaß sie nicht ständig zwischen Küche und Eßplatz hin und her pendeln muß. Solche Gegenstände sind beispielsweise die Menagen, Servietten, ein Rechaud, Flaschenuntersätze und Gläser, die nicht am Tisch eingestellt wurden (z. B. Biergläser), sowie alles, was zum Getränkeservice notwendig ist. Auch das Vorlegebesteck kann hier bereitgelegt und unmittelbar vor dem Service der Platten und Schüsseln auf bzw. in diese gelegt werden. Schließlich dient der Servierwagen der Hausfrau zum Arbeiten vor den Gästen, d. h., sie verrichtet hier

Platemaster, Papierservietten, Serviertücher, Bierwärmer, Speisen- und Getränkekarten, Zündhölzer, Bon- und Schreibblocks usw.

Um möglichst wenig Bruch zu bekommen, werden Gläser meist im Office aufbewahrt.

Tätigkeiten wie Anrichten (siehe Seite 101), Tranchieren, Filetieren, Flambieren usw.

Auf der **Anrichte,** die ebenfalls mit einem passenden Tuch abgedeckt ist, kann man Obstkörbe, Desserts, Kaffeegeschirr, Salzgebäck, Petits fours, Tischbesen und -schaufel, Aschenbecher usw. vorbereiten.
Es ist darauf zu achten, daß auf der Anrichte keine heißen Platten oder Schüsseln abgestellt werden, da das Möbel sonst Flecken bekommt. Man muß unbedingt Untersetzer verwenden.
Besonders vorsorgliche Hausfrauen werden ein ganzes Gedeck als Reserve auf die Anrichte stellen. Ist eine Anrichte neben dem Eßtisch im Haushalt nicht vorhanden, müssen diese Dinge in der Küche bereitstehen.

In der Gastronomie verwendet man statt eines Servierwagens einen sogenannten **Beistelltisch** oder **Guéridon.** Dieser wird ausschließlich für das Arbeiten beim Tisch des Gastes, also Tranchieren, Filetieren, Marinieren, Flambieren usw. genommen. Er wird bei Bedarf mit einem Guéridontuch gedeckt und so zum Tisch des Gastes getragen.

Statt der häuslichen Anrichte hat man im Betrieb einen sogenannten **Servicetisch,** auch **Mise-en-place-Tisch** oder **Sideboard** genannt. Er wird den betrieblichen Eigenheiten entsprechend vorbereitet und vor jeder Mahlzeit neu bestückt bzw. auf Vollständigkeit kontrolliert. Gut ausgestattete Betriebe haben für jede Station einen Servicetisch, der im allgemeinen folgendermaßen bestückt ist:

- Tischwäsche: Tischtücher, Mund- und Deckservietten
- Teller: z. B. Speise-, Dessert- und Brotteller, Suppenuntertassen
- Bestecke: z. B. große Bestecke, Dessert- und Fischbestecke, Kaffee- und Mokkalöffel, Vorleger
- Menagen
- Sonstige Gegenstände: Brotkörbe, Tischbesen und -schaufel, Aschenbecher, Flaschenuntersätze, Flaschenöffner, Plateaus und Tabletts, Rechauds und

Vorbereiten von Buffets

Als Buffettische können zu Hause Anrichten im Wohn- oder Eßzimmer (eventuell zusätzlich mit einem Beistelltisch), Gartentische, mehrere aneinandergereihte kleine Tische oder sogar Tischlerböcke mit darübergelegten Latten verwendet werden. Die vorhandenen Tische werden an die Wand oder, falls genügend Platz vorhanden ist, in die Mitte des Raumes gestellt. Frühstücksbuffets können auch im Garten oder auf der Terrasse aufgebaut werden.
Als Molton kann man eine dünne Wolldecke benützen, da im Haushalt kaum so lange Moltons vorhanden sein werden. Benötigt man mehrere Decken, so werden sie nicht überdeckt, sonst ergeben sich Unebenheiten, sondern Stoß an Stoß gelegt.
Statt eines Buffettuches wird man mehrere gleichfarbige Tischtücher nehmen, die überdeckt werden (siehe Seite 87), eventuell auch ein weißes Leintuch.

In der Gastronomie verwendet man, wie bereits erwähnt, für Buffets eigene Klapptische, die nach der Veranstaltung wieder leicht verstaut werden können. Sind solche Tische nicht vorhanden, nimmt man die normalen Restauranttische, die im Ausmaß genormt und daher leicht aneinanderzustellen sind.

Auflegen von Buffettüchern

Wie bereits erwähnt, sind Buffettücher sehr lange und überbreite Tischtücher.
Buffettücher sollen in der Gastronomie bis zu fünf Zentimeter über dem Fußboden hängen und an beiden Seiten des Buffettisches eingeschlagen werden können, d. h., sie müssen um zwei Tischbreiten länger sein als der Tisch selbst.

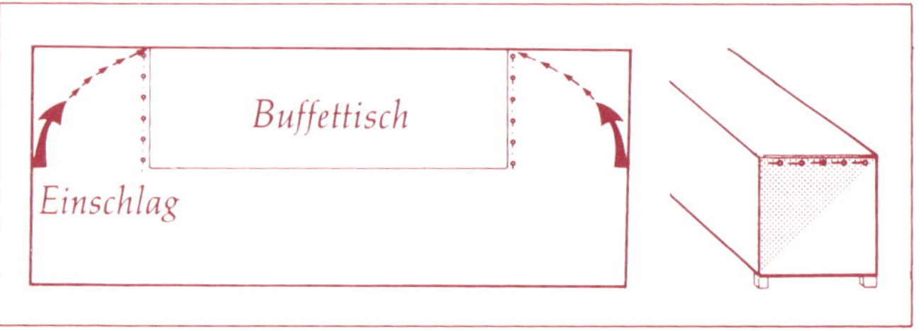

Steht der Buffettisch an der Wand, dann kann der zur Wand gekehrte Teil unbedeckt bleiben. Wird der Tisch aber in der Mitte des Raumes aufgestellt, müssen die Buffettücher den Tisch komplett umschließen.

Man beginnt mit dem **Stellen der Tische.** Meist benötigt man mehrere, die der Länge oder der Breite nach zusammengestellt werden. Es ist darauf zu achten, daß die Tische alle gleich hoch sind.
Dann werden **Moltons** aufgelegt.
Zum Auflegen des **Buffettuches** benötigt man wegen ihrer Überbreite mindestens vier Personen, zwei an jedem Buffettischende. Das Auffalten geschieht nun wie beim Tafeltuch (siehe Seite 86).
Zuerst wird die Vorderseite angepaßt, d. h., das Tuch reicht über die ganze Länge bis fünf Zentimeter über dem Fußboden. Dann wird es vorsichtig auf den Tisch aufgelegt. Etwaige Falten werden durch Hochheben (Luftpolster) und Zug geglättet. Ist die Oberfläche faltenfrei und in der gewünschten Lage, werden die beiden Enden nach hinten gezogen, eingeschlagen und mit Stecknadeln befestigt. Stehen keine passenden Buffettücher zur Verfügung, wird wie bei den Tischtüchern überdeckt (siehe Seite 87).

Anbringen von Buffetschürzen

Einfacher lassen sich Buffets decken, wenn man sogenannte Buffetschürzen verwendet.

Auf der Tischoberfläche werden zuerst Moltons und die normalen Tischtücher gedeckt, anschließend die Buffetschürzen mit Stecknadeln um den Tisch herum befestigt. Sie müssen ebenfalls bis fünf Zentimeter über dem Fußboden reichen.
Buffetschürzen dienen, da sie sehr dekorativ sind, als Schmuck, haben aber zusätzlich den Vorteil, daß sie in der Anschaffung billiger als Buffettücher sind. Hat man verschiedenfarbige Buffetschürzen zur Auswahl, kann man außerdem die Buffets unterschiedlich, dem jeweiligen Anlaß entsprechend, gestalten.
Ein weiterer Vorteil ist, daß man zum Beispiel in der Größe nicht zusammenpassende Tischtücher abdecken kann.

Aufdecken des Buffets

Egal, für welches Buffet man im Haushalt deckt, immer ist darauf zu achten, daß an einem Ende des Buffettisches Teller (gestapelt), Besteck, Servietten und eventuell Gläser (z. B. beim Frühstücksbuffet) in genügender Anzahl, für die Gäste leicht erreichbar, aufgedeckt werden.

Auch mit Servietten sollte man nicht zu sparsam umgehen (etwa zehn Stück mehr, als Gäste erwartet werden).
Jede einzelne Platte oder Schüssel muß mit dem richtigen Vorlegebesteck bestückt sein.

Im Gesamtbild eines Buffets sind etwas erhöht angebrachte Platten besonders dekorativ. Im Haushalt hilft man sich häufig mit einem Karton (z. B. Schuhschachtel) oder einem umgedrehten Teller bzw. einer Schüssel. Darüber läßt man das Tischtuch laufen und stellt darauf beispielsweise eine besonders schön angerichtete Platte.
Auch Obstschalen oder Tortenplatten mit Fuß, zwei- oder dreiteilige Etageren, Schalensätze mit Griff u. ä. wirken sehr gut.

In der Gastronomie gibt es verschiedene Möglichkeiten, Buffets vorzubereiten (siehe Seite 252). Meist hat man auch eine größere Auswahl an Gestaltungselementen für ein Buffet zur Verfügung. Es wird zusätzlich häufig mit Skulpturen aus Schokolade, Eis, Butter usw. gearbeitet.

Menükunde, Anrichten, Servieren und richtiges Essen

Kleine Menükunde

Schon bei der Einladung sollte man sich überlegen, was man seinen Gästen aufwarten möchte. Bei der Erstellung der Speisenfolge müssen einige allgemeine Grundregeln immer im Auge behalten werden:

- Die Speisenfolge ist dem Gästekreis anzupassen. Viele Menschen haben eine Abneigung gegen bestimmte Speisen bzw. eine Diät einzuhalten. Dies sollte bei der Erstellung des Menüs berücksichtigt werden.
  In der Gastronomie dürfen auch Faktoren wie Nationalität, Beruf, Alter und religiöse Ansprüche der Gäste nicht außer acht gelassen werden.
- Auch die Tageszeit und die für das Essen zur Verfügung stehende Zeit haben Einfluß auf die Zusammensetzung des Menüs, nämlich hinsichtlich der Anzahl der Gänge, der Art der Speisen (leicht oder schwer), des Umfanges an Rohstoffmengen usw.
- Der Anlaß ist ebenfalls zu berücksichtigen. Bei einer Hochzeit sind feine, zarte Speisen angebracht, während sie bei einem Herrenessen ruhig etwas kräftiger und stärker gewürzt sein dürfen.
- Bei der Erstellung eines Menüs sollte auch gleich überprüft werden, ob man alle dafür notwendigen Geschirrteile, Gläser und Bestecke besitzt. Etwas zu borgen ist meist problematisch, da die geliehenen Teile häufig nicht zum eigenen Tischinventar passen.
- Hat man kein Personal zur Verfügung, ist schon bei der Erstellung der Speisenfolge darauf zu achten, daß nur solche Gerichte ausgewählt werden, die unproblematisch in der Vorbereitung sind, sodaß sie, wenn die Gäste Platz genommen haben, leicht und schnell serviert werden können (z. B. kalte Vorspeisen, Bouillons).
- Angepaßt an die Jahreszeit, sollten saisonbedingte Nahrungsmittel gewählt werden, da diese zu dem Zeitpunkt am schmackhaftesten, aber auch am preisgünstigsten sind, z. B. Spargel, Wild.
- Innerhalb des Menüs dürfen sich weder die Rohmaterialien noch die Zubereitungs- bzw. Garmachungsart wiederholen. Auch eine Abwechslung in der Farbe (hell, dunkel) und in der Konsistenz (klar, gebunden) sollte gegeben sein.
- Je umfangreicher ein Menü ist, desto mehr Bedeutung bekommen die einzelnen Garmachungsarten. Die Speisen sollten möglichst leicht verdaulich sein. Das erreicht man durch Dünsten, Pochieren, zartes Braten, Grillen und eventuell Kochen. Bakken, Fritieren, Rösten sowie die Herstellung fettreicher Saucen ist bei umfangreichen Speisenfolgen zu unterlassen.
  Der Trend in der zeitgemäßen Küche geht überhaupt hin zur leichten und natürlichen Garmachung. Man verwendet viele frische Zutaten, frische Kräuter, kaltgepreßte Öle, Gärungsessig und so wenig wie möglich an Würzmitteln.
  Statt gebundener Suppen ist es besser, klare, entfettete, konzentrierte Suppen zu servieren. Diese sind zugleich appetitanregend.
- Zuerst muß die Speise für den Hauptgang festgelegt werden. Sie ist der Höhepunkt des Essens, dem sich die übrige Speisenfolge unterordnet.
- Die Beilagen ergänzen den Hauptgang harmonisch. Jede, auch die kleinste Speisenfolge soll eine Gemüse-, eine Roh- bzw. Frischsalat- und eine Sättigungsbeilage (z. B. Kartoffeln, Reis) enthalten. Es sind also auch die wichtigsten ernährungsphysiologischen Erkenntnisse zu berücksichtigen, d. h., die Nährstoffe (Eiweiß, Fette, Kohlehydrate), Wirkstoffe (Vitamine, Mineralstoffe) und Ballaststoffe sollten in einem ausgewogenen Verhältnis sein.
- Bei der Zuordnung der weiteren Gänge ist der klassische Menüaufbau richtungweisend.

Die **klassische Menüreihenfolge** hat ihren Ursprung in Frankreich und besteht aus folgenden Gängen:

Kalte Vorspeise
Suppe
Warme Vorspeise
Fisch
Hauptplatte
Warmes Zwischengericht
Kaltes Zwischengericht
Eisgetränk
Braten, Salate
Gemüse
Warme Süßspeise
Kalte Süßspeise
Würzbissen
Nachtisch

Kaffee wird nicht in die klassische Menüreihenfolge einbezogen, bildet aber bei jeder Speisenfolge, teilweise außerhalb der Tafel, zur Anregung des Nerven- und Verdauungssystems den Abschluß.

Heute sind die Speisenfolgen kleiner und ernährungsmäßig vernünftiger geworden. Die **moderne Menüreihenfolge** sieht folgendermaßen aus:

Kalte Vorspeise
Suppe
Warme Vorspeise
Fisch
Sorbet
Hauptgericht mit Beilagen
und Salat (eventuell Kompott)
Warme Süßspeisen
Käse und/oder Obst
Kalte Süßspeisen

Diese Speisenfolge bedeutet nicht, daß nicht der eine oder andere Gang ausgelassen werden kann, es ist aber immer die angeführte Reihenfolge einzuhalten.

Von einem Menü spricht man erst dann, wenn mindestens drei Gänge serviert werden. Zwei Gänge sollten höchstens beim täglichen Essen im familiären Kreis üblich sein.

Man kann servieren:

Suppe
Hauptgericht

Hauptgericht
Nachtisch

Ein dreigängiges Menü besteht aus:
Suppe oder kalter Vorspeise
Hauptgericht
Nachtisch

Hat ein Menü vier Gänge, gibt es bereits verschiedene Möglichkeiten, eine Speisenfolge zusammenzustellen. Dabei ist jede Kombination denkbar, bei der die Menüreihenfolge eingehalten wird, die vier folgenden sind aber am gebräuchlichsten:

Kalte Vorspeise
Suppe
Hauptgericht
Warme oder kalte
Süßspeise

Suppe
Warme Vorspeise
Hauptgericht
Warme oder kalte
Süßspeise

Suppe
Fisch
Hauptgericht
Warme oder kalte
Süßspeise

Suppe oder
kalte Vorspeise
Hauptgericht
Käse oder Obst
Kalte Süßspeise

Werden fünf Gänge serviert, sind die folgenden Zusammenstellungen am häufigsten:

Kalte Vorspeise
Suppe
Fisch
Hauptgericht
Warme oder kalte
Süßspeise

Kalte Vorspeise
Suppe
Hauptgericht
Käse oder Obst
Kalte Süßspeise

Kalte Vorspeise
Suppe
Warme Vorspeise
Hauptgericht
Warme oder kalte
Süßspeise

Suppe
Warme Vorspeise
Fisch
Hauptgericht
Warme oder kalte
Süßspeise

Alle diese Menüs kann man nun um ein Sorbet als Zwischengericht erweitern.

Degustationsmenüs haben meist fünf bis zehn Gänge, wobei das sogenannte „amuse gueule" mit eingerechnet ist. Darunter versteht ein Feinschmecker kleine phantasievolle kalte oder warme Gerichte, die vor einem Degustationsessen zur Einstimmung serviert werden. Die einzelnen Portionen der Degustationsmenüs sind dementsprechend klein.

Und nun ein paar Worte zu den einzelnen Gängen eines konventionellen Menüs. Im folgenden wird erläutert, welche Gerichte gegeben werden können:

Kalte Vorspeisen: z. B. garnierte, gefüllte Eier oder Schinkenrollen, kalte Fischfilets, Schal- oder Krustentiere, kaltes Fleisch oder Geflügel, Vorspeisencocktails (= Früchte, verbunden mit Fleisch von Geflügel, Fisch und Schaltieren, dazu pikante Saucen), Pasteten und Terrinen, Vorspeisensalate, kalte Suppen und Kaltschalen (kalte Fruchtsuppen).
Von der Ernährungsphysiologie aus gesehen ist es am günstigsten, ein Menü mit einer Rohkost zu beginnen.

Suppen: klare Suppen mit Einlagen (Bouillon, Consommé), gebundene Suppen (Einmach-, Creme-, Püree-, Gemüsesuppen), Spezialsuppen, Essenzen usw.

Menükunde

Warme Vorspeisen: feines Gemüse je nach Jahreszeit, gratiniert oder gebacken, gratinierte oder gebackene Pilze, kleine Spießchen, Torteletts, Strudel, Omeletten, Puddings, Aufläufe, Risottos, Spaghetti, Tagliatelle, Ravioli, Cannelloni, Lasagne, Gnocchi – mit passender Sauce usw.
Diese Speisen können auch als Hauptspeisen serviert werden, dann sind die Portionen allerdings größer.

Fische: Dazu gehören auch die Schal-, Krusten- und Weichtiere. Fische können entweder als separater Gang, als warme Vorspeise oder auch als Hauptgericht serviert werden, z. B. blau gekochte, gedünstete, gegrillte, gebratene Fische, Fische mit pikanter Sauce, Fischragout, Schnecken usw.
Als Hauptgericht serviert man Fisch mit zwei Beilagen (Sättigungsbeilage und Salat) und eventuell mit klarer Sauce oder aromatisierter Buttermischung.

Sorbets: In der neuen Küche werden Sorbets (auch Scherbett genannt) als Verdauungsförderer, sozusagen zur Entspannung des Magens, serviert. Sorbets bestehen aus leichtem Fruchteis mit Zitrone, Weißwein, Sekt oder Champagner und Spirituosen.

Hauptgerichte: Das sind Braten, Grillgerichte, Gekochtes, Gedünstetes oder Ragouts aus Schlachtfleisch, Geflügel oder Wild mit dazupassenden Beilagen. Wie bereits erwähnt, werden immer eine Gemüse-(Vitamin-) und eine Sättigungsbeilage gereicht. Sättigungsbeilagen sind Reis, Kartoffeln, Knödel, Teigwaren und Getreideprodukte.
Statt Gemüse oder zusätzlich wird der Salat als Vitaminbeilage gereicht.

Warme Süßspeisen: Aufläufe, Strudel, Knödel, Nockerln, Palatschinken (Pfannkuchen), Schmarren, diverse Crêpes, Süßspeisenflambés, Schokoladefondue, warme Cremes usw.

Käse und/oder Obst: Käse kann entweder als einzelne Sorte oder im Sortiment am Käsebrett angeboten werden. Manchmal werden zu Käse auch bestimmte Früchte, z. B. Äpfel, Birnen, Nüsse, Weintrauben, gereicht.
An Obst kann grundsätzlich jede Sorte angeboten werden. Während teure exotische Früchte immer einzeln serviert werden (z. B. Ananas, Mangos, Papayas), kommt heimisches Obst häufig gemischt in einer Obstschale auf den Tisch.
In manchen Ländern bildet der Käse den Abschluß eines Menüs, an und für sich sollte eine Speisenfolge aber mit einer Süßspeise enden.

Kalte Süßspeisen: Puddings, kalte Cremes, Obstsalate, Kompotte, Fruchtschalen, Eiscoupes, Halbgefrorenes, Parfaits, Omelette en surprise, Torten, Feingebäck usw.
Trockene Kuchen (z. B. Sandkuchen, Teekuchen), Gugelhupfe und Feingebäck (z. B. Plunderteiggebäck) werden innerhalb eines Menüs nicht gereicht.

Kaffee und/oder Digestif: Nach Beendigung des Menüs wird häufig ein Kaffee (Mokka) oder Digestif (siehe Seite 141) oder beides serviert.
Stattdessen kann man auch einen sogenannten Café brûlé reichen. Cafés brûlés sind heiße Kaffees, die mit Alkohol vermischt bzw. meist flambiert werden, z. B. Irish coffee, Rüdesheimer Kaffee, Kaffee-Kirsch, Steirisch Kaffee usw.

Hat man sehr viele Einladungen innerhalb eines Zeitraumes, sollte man sich genaue Aufzeichnungen über die schon servierten Speisen und Getränke machen, damit eine etwaige Wiederholung beim selben Gästekreis unterbleibt.

Datum ____________________

Anlaß ____________________

Geladene Gäste und Tischordnung

____

____

____

Aperitif ____________________

Menü	Getränke

Besondere Ereignisse ____________________

____

Brunch

Mittagessen

Modernes Gedeck

Anrichten

Dem Anrichten der Speisen ist eine besondere Bedeutung zuzumessen, denn es kann die Wirkung eines schön gedeckten Tisches und die ganze Kochkunst durch lieblos angerichtete Speisen verlorengehen.
Dies gilt nicht nur für den Festtagstisch, sondern auch für den Alltag. Das einfachste Gericht gewinnt, wenn es appetitlich angerichtet wird.

Schon beim Portionieren muß darauf geachtet werden, daß die einzelnen Stücke schön geschnitten und gleichmäßig in der Größe sind. Fleisch zum Beispiel wird immer quer zur Faser geschnitten. Reis sieht hübscher aus, wenn man ihn in einem Suppen- oder Saucenschöpfer formt.

Speisen können grundsätzlich auf zwei Arten angerichtet werden, nämlich auf dem Teller, von dem sie gegessen werden (=**Tellerservice**) oder auf Platten und in Schüsseln (=**Plattenservice**).

Auf Tellern werden die Speisen folgendermaßen angerichtet:

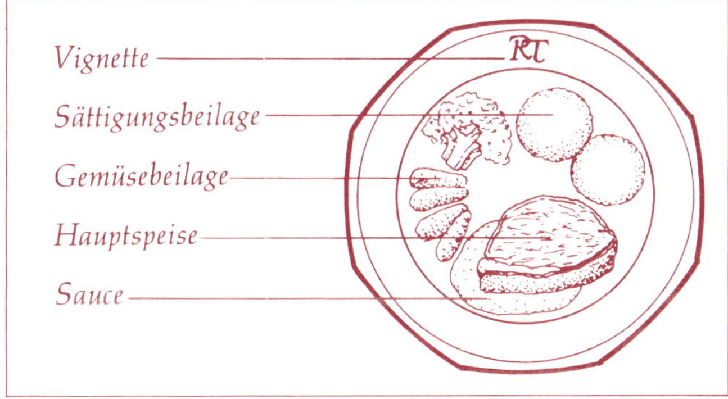

Es ist darauf zu achten, daß das Fleisch im unteren Teil des Tellers liegt, Sättigungs- und Gemüsebeilagen im oberen Bereich. Bratensaft gießt man in der konventionellen Küche über das Fleisch, Saucen kommen daneben. In der neuen Küche und bei allen englisch gebratenen Fleischstücken gibt man zuerst etwas Saft auf den Teller und legt dann das Fleisch in den Saft. Gekochtes Fleisch wird mit etwas Suppe übergossen. Kalte Saucen (z. B. Sauce tartare) werden wie Beilagen behandelt und im oberen Bereich des Tellers angerichtet.
Speisen, die auf Tellern angerichtet werden, dürfen nie auf die Tellerfahne (Tellerrand) hinausragen (Ausnahme: Solospargel).
Eventuell vorhandene Vignetten auf Tellern sind immer vom Gast aus gesehen oben.

Beim Anrichten auf Platten ist folgendes zu beachten:

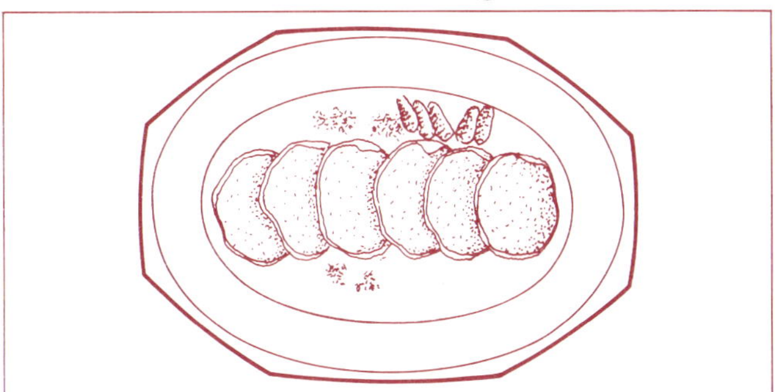

Die Portionen werden auf einer Platte so angerichtet, daß, vom Servierenden aus gesehen, das Fleisch dachziegelförmig auf der rechten Seite liegt. Die Beilagen, z. B. schön geformter Reis, Kartoffeln, Gemüse, Garnituren, befinden sich links. Dadurch kann der Gast, wenn die Platte eingereicht wird (siehe Seite 109), zuerst das Fleisch und dann die Beilagen auf den Teller nehmen. Das Fleisch muß so angeordnet sein, daß der Gast das nächstliegende Stück abheben kann und nicht herausziehen muß.

Bei einer größeren Platte (mehr als sechs Personen) werden die Fleischstücke rechts dachziegelförmig bis zur Mitte gelegt, daneben kommen die Beilagen, ab der Mitte liegt das Fleisch links. Man kann dadurch die Platte nach der Hälfte umdrehen und so das Service erleichtern.

Über das Fleisch zieht man etwas Saft oder Sauce, damit dieses nicht austrocknet. Der Rest des Saftes wird in der Buttersauciere, der Rest der Sauce in der

Anrichten

Sauciere separat („à part“) serviert. Bei rosa gebratenem Fleisch oder Gerichten der Nouvelle cuisine gibt man wieder zuerst etwas Saft auf die Platte und legt dann das Fleisch in den Saft.
Auf Platten, die nur mit Fleisch belegt werden, sollte man eine Garnitur geben, z. B. geschnittene Tomaten, Essiggurkerln oder Paprikastreifen auf einem Salatblatt, verschiedene Früchte wie Bananen-, Pfirsich-, Ananasstücke, ein Sträußchen Kräuselpetersilie usw. Es sieht auch hübsch aus, wenn die Speisen mit Kräutern bestreut werden, z. B. Schnittlauch, Petersilie.

In Fett gebackene Speisen (z. B. gebackene Champignons, Wiener Schnitzel) legt man auf eine Platte mit Spitzenpapier.

Im Haushalt sollte immer nur eine Beilage auf der Platte angerichtet sein, nämlich die Sättigungsbeilage. Die anderen werden in Schüsseln angerichtet.
In der Gastronomie werden je nach Servierart entweder

- alle Beilagen auf der Platte serviert (meist dann, wenn die Platte am Tisch eingestellt wird), oder
- es kommt nur eine Beilage auf die Platte, oder
- alle Beilagen werden separat serviert.

Unabhängig davon, ob auf Tellern oder Platten angerichtet wird, kommen kalte Gerichte immer auf kaltes Geschirr und warme Gerichte auf vorgewärmtes. Daher werden warme Speisen nie auf Glastellern oder -platten serviert.
Die angerichteten Suppenteller und -tassen, Glasplatten, Schüsseln, Saucieren etc., die auf dem Tisch des Gastes zu stehen kommen, werden in der Gastronomie und bei besonders festlichen Anlässen im Haushalt zusätzlich auf einen Unterteller (den sogenannten Tragteller) gestellt. Auf den Unterteller kommt zuerst eine Papierserviette (im vornehmen Haushalt ein Klapperdeckchen) oder ein Underliner, bevor das Geschirr daraufgestellt wird.
Der Unterteller ist immer um so viel größer, daß er bequem angefaßt und getragen werden kann (z. B. Dessertteller auf Speiseteller).

Wird eine Speise auf Eis serviert, hat man zwei Möglichkeiten, wie dies geschehen kann: Entweder man gibt die Tasse, Schüssel usw., in der sich die Speise befindet, in eine mit Eis gefüllte Suprême-Schale, oder man stellt sie in eine etwas größere, mit Eis gefüllte Schüssel. Die Suprême-Schale stellt man auf einen Dessertteller mit Serviette, die Schüssel, je nach Größe, ebenfalls auf einen Dessertteller oder einen Speiseteller.

Die folgende Tabelle zeigt alle Gänge eines Menüs (außer Delikatessen – siehe Spezialitäten und Spezialgedecke, Seite 187), die verschiedenen Möglichkeiten des Anrichtens und welches Geschirr und Besteck man zum Essen braucht.

Speise	Anrichten zu Hause	Anrichten in der Gastronomie	Teller und Besteck zum Essen	Anmerkungen
Kalte Vorspeisen	Dessertteller oder Glasteller, Serviette, Unterteller	Dessertteller oder Glasteller, Serviette, Unterteller oder: Glasplatte, Serviette, Unterteller (oder Metallplatte), Vorlegebesteck	Dessertgabel, Dessertmesser Dessertteller, Dessertgabel, Dessertmesser	Für Vorspeisen, die entsprechend groß sind, z. B. Forellenfilet, Spargel, verwendet man Speiseteller. In der Nouvelle cuisine serviert man Hors-d'œuvres häufig auf Steaktellern oder Glasplatten mit Serviette und Unterplatte. Leicht zerteilbare kalte Fischgerichte, wie geräuchertes Forellenfilet, werden mit einem Fischbesteck gegessen.

Speise	Anrichten zu Hause	Anrichten in der Gastronomie	Teller und Besteck zum Essen	Anmerkungen
Vorspeisencocktails	Eis-(Coupe-), Cocktail- oder Sektschale, Serviette, Unterteller (Brot- oder Dessertteller)	Sekt- oder Eisschale (Coupeschale), Serviette, Unterteller (Brotteller)	Dessertgabel und Kaffeelöffel (im Haushalt eventuell Kuchengabel und Kaffeelöffel)	Das Besteck kann man entweder auf den Unterteller legen (im Haushalt, wenn der Cocktail bereits eingestellt ist, wenn die Gäste kommen; in der Gastronomie beim À-la-carte-Service) oder aufdecken (im Haushalt, wenn die Cocktails serviert werden und die Gäste bereits Platz genommen haben; in der Gastronomie beim Bankettservice). Bei Fischcocktails gibt man statt der Dessertgabel eine Fischgabel.
Vorspeisenauswahl	Kabaretts oder Kabarettschüssel, kleine Löffel	Vorspeisenplatte mit Raviers oder: Hors-d'œuvre-Wagen	Dessert- oder Speiseteller, Dessertgabel, Dessertmesser	
Avocados	Dessertteller oder Glasteller, Serviette, Unterteller	Dessertteller oder Glasteller, Serviette, Unterteller	Kaffeelöffel	
Kalte Suppen und Kaltschalen (=kalte Fruchtsuppen)	Gekühlte Suppentasse, Untertasse oder gekühlte kleine Glasschüssel, Serviette, Unterteller (Brot- oder Dessertteller)	Gekühlte Suppentasse, Untertasse, Serviette, Unterteller (Vorspeisen- oder Dessertteller) oder Suppentasse auf einer Suprême-Schale, die mit Eis gefüllt ist	Tassen- oder Dessertlöffel	
Klare und gebundene Suppen	Suppentasse, Untertasse oder: Suppenterrine, Serviette, Unterteller (dazupassender Untersatz, Steak- oder Speiseteller), Suppenschöpfer	Suppentasse, Untertasse, Serviette, Unterteller (Vorspeisen- oder Dessertteller) oder: Suppeneinschenkschale, Serviette, Tablett	Tassen- oder Dessertlöffel Suppenteller, Serviette, Unterteller (Steak- oder Speiseteller), großer Löffel	Suppentassen werden etwa zu drei Vierteln gefüllt. Suppeneinlagen, die sehr viel Flüssigkeit aufnehmen, z. B. Schöberln, können im Haushalt extra auf einem Dessertteller mit Dessertgabel gereicht werden.
Kraftsuppen (Consommés), Ochsenschwanzsuppe usw.	Kaffeetasse, Untertasse	Kaffeetasse, Untertasse, Serviette, Unterteller (Dessertteller)	Kaffeelöffel	Sie wird so eingestellt, daß der Henkel auf der linken Seite ist.
Spezialsuppen (Haifischflossen-, Schwalbennestersuppe u. ä.)	Mokkatasse oder Spezialsuppentasse, Untertasse	Spezialsuppentasse oder Mokkatasse, Untertasse, Serviette, Unterteller (Brotteller)	Mokkalöffel (eventuell Kaffeelöffel)	Sie wird ebenfalls mit dem Henkel nach links eingestellt.
Suppen à la Bocuse (mit Blätterteig überbacken)	Suppentasse, Untertasse	Suppentasse, Untertasse, Serviette, Unterteller (Vorspeisen- oder Dessertteller)	Tassen- oder Dessertlöffel	
Gratinierte Suppen	Gratiniersuppentasse, Untertasse	Gratiniersuppentasse, Untertasse, Serviette, Unterteller (Vorspeisen- oder Speiseteller)	Tassen- oder Dessertlöffel	

Speise	Anrichten zu Hause	Anrichten in der Gastronomie	Teller und Besteck zum Essen	Anmerkungen
Suppentöpfe (Geflügeltopf, Pot au feu, Bouillabaisse usw.)	Suppenterrine, Serviette, Unterteller (dazupassender Untersatz oder Steak- bzw. Speiseteller), Suppenschöpfer	Suppenterrine, Serviette, Unterteller (Steak- oder Speiseteller), Suppenschöpfer	Suppenteller, Serviette, Unterteller (Steak- oder Speiseteller), großer Löffel, große Gabel, großes Messer, Abfallteller (Dessertteller) für Knochen und Gräten	Für Fischsuppen mit nicht ausgelösten Fischstücken (z. B. Bouillabaisse) wird ein Fischbesteck aufgedeckt.
Warme Vorspeisen	Vorspeisen- oder Speiseteller oder: ovale Platte, Bratengabel und Bratenlöffel oder: Beilagenschüssel, Gemüselöffel	Vorspeisen- oder Speiseteller oder: ovale Platte, Vorleger	Große Gabel, großes Messer Vorspeisen- oder Speiseteller, große Gabel, großes Messer	Warme Vorspeisen sind im allgemeinen vom Umfang her größer als kalte, daher werden sie auf größeren Tellern mit großem Besteck serviert. Sind die Portionen sehr klein gehalten (z. B. Königinpastetchen), werden sie auf Desserttellern angerichtet und mit Dessertbesteck serviert.
Warme Vorspeisen in Näpfchen, Portionsterrinen, Muschelschalen usw.	Näpfchen usw., Serviette, Unterteller (Dessertteller)	Näpfchen usw., Serviette, Unterteller (Dessertteller)	Dessertgabel und Kaffeelöffel	Dessertgabel und Kaffeelöffel können wie beim Vorspeisencocktail auch aufgedeckt sein. In Muschelschalen serviert man kalte und warme (meist gratinierte) Vorspeisen aus Meeresfrüchten. Man kann dazu auch eine Austern- oder Dessertgabel alleine servieren.
Teigwarenvorspeisen	Vorspeisen- oder Speiseteller	Vorspeisen- oder Speiseteller	Große Gabel	
Spaghetti	Suppenteller, Serviette, Unterteller (Steak- oder Speiseteller) oder: Beilagenschüssel, Spaghettizange (eventuell zwei große Löffel) Ragoutschüssel für das Sugo, kleiner Suppenschöpfer oder Ragoutlöffel	Suppenteller, Serviette, Unterteller (Steak- oder Speiseteller)	Große Gabel, großer Löffel Suppenteller, Serviette, Unterteller (Steak- oder Speiseteller), große Gabel, großer Löffel	In Italien wird nur eine große Gabel aufgedeckt.
Eiergerichte	Vorspeisen- oder Speiseteller	Vorspeisen- oder Speiseteller	Große Gabel, eventuell großes Messer	Kleine Portionen werden auf Desserttellern angerichtet und dazu eine Dessertgabel und eventuell ein Dessertmesser serviert.
Warme Fischgerichte	Fisch-, Steak- oder Speiseteller oder: Fischplatte oder ovale Platte, Fischvorlegebesteck	Fisch-, Steak- oder Speiseteller oder: Fischplatte oder ovale Platte, Fischvorlegebesteck	Fischbesteck Fisch-, Steak- oder Speiseteller, Fischbesteck	Falls kein Fischbesteck vorhanden ist, deckt man eine große Gabel und ein großes Messer mit der Klinge nach außen oder zwei große Gabeln, für Fischfilets nur eine Gabel.

Speise	Anrichten zu Hause	Anrichten in der Gastronomie	Teller und Besteck zum Essen	Anmerkungen
Sorbets	Sektglas, Serviette, Unterteller (Brot- oder Dessertteller)	Sektglas, Flipkelch oder Cobblerkelch, Serviette, Unterteller (Brot- oder Dessertteller)	Eislöffel bzw. Kaffeelöffel oder Limonadenlöffel	Werden sie in der Sektschale serviert, gibt man einen Eislöffel mit kurzem Griff oder einen Kaffeelöffel, zur Sektflöte oder zum Kelch einen mit langem Griff oder einen Limonadenlöffel.
Fleisch-, Geflügel- und Wildgerichte mit Beilagen	Speise- oder Steakteller oder: ovale Fleischplatte, Bratengabel, Bratenlöffel	Speise- oder Steakteller oder: ovale Fleischplatte, Vorleger	Große Gabel, großes Messer Speiseteller, große Gabel, großes Messer	Für Steaks, Grillgerichte, Hauptspeisen der Nouvelle cuisine und Gerichte mit vielerlei Beilagen verwendet man Steakteller. Zu Geflügel serviert man einen Abfallteller für Knochen (Dessertteller) und eine Fingerschale.
Beilagen extra:				
Gemüsebeilagen	Beilagenschüssel oder -platte, Gemüselöffel	Ovale Platte oder Timbale, Vorleger		
Mais	Zusätzlich zwei Maiskolbenhalter oder Dessertgabeln	Zusätzlich zwei Maiskolbenhalter oder Dessertgabeln		
Sättigungsbeilagen	Beilagenschüssel oder -platte, spezielle Löffel (z. B. Kartoffellöffel, Reis- oder Fritesschaufel) bzw. Suppen- oder Bratenlöffel	Ovale Platte oder Timbale, Vorleger		
Bratensaft	Buttersauciere, Untersatz oder Serviette, Unterteller (Brotteller), eventuell Dessert- oder Tassenlöffel bzw. Saucenschöpfer	Buttersauciere, Serviette, Unterteller (Brotteller), eventuell Dessert- oder Tassenlöffel		
Saucen	Sauciere, Untersatz oder Serviette, Unterteller (Dessertteller), Saucenschöpfer oder großer Löffel	Sauciere, Untersatz oder Serviette, Unterteller (Dessertteller), Saucenschöpfer		
Preiselbeeren	Kleine Kompottschüssel, Serviette, Unterteller (Brotteller), Kaffeelöffel	Kleine Schälchen (Portionszuckerschälchen), Serviette, Unterteller (Untertasse oder Butterteller), Kaffeelöffel		Sie werden meist zu Wildgerichten oder Fleischgerichten auf Wildbretart serviert.
Kompotte	Kleine Kompottschüssel, Serviette, Unterteller (Brotteller), Kaffeelöffel	Kleine Kompottschüssel, Serviette, Unterteller (Brotteller), Kaffeelöffel		Sie werden oft zu Geflügelgerichten, Kalbsbraten, Naturschnitzel usw. serviert.
Salat	Dessertteller oder kleine Salatschüssel, Serviette, Unterteller (Brot- oder Dessertteller) bzw. Glasteller, Serviette, Unterteller (Dessertteller)	Dessertteller oder Glasteller bzw. kleine Salatschüssel, Serviette, Unterteller (Dessertteller)		

Speise	Anrichten zu Hause	Anrichten in der Gastronomie	Teller und Besteck zum Essen	Anmerkungen
Salat	oder: Salatschüssel, Salatvorleger	oder: Salatbuffet	Dessertteller, kleine Salatschüssel oder Glasteller, Serviette, Unterteller, Dessertgabel	Bei einem besonders eleganten Service kann zu Salat auch extra eine Dessertgabel gereicht werden.
Ragoutgerichte, Saucenfleisch	Speiseteller	Speiseteller	Große Gabel, großes Messer	
	oder: Ragoutschüssel oder Beilagenschüssel, Ragoutlöffel	oder: ovale Fleischplatte oder Timbale, Vorleger oder kleiner Schöpflöffel	Speiseteller, große Gabel, großes Messer	
Gemüseplatte	Speiseteller	Speiseteller	Große Gabel, großes Messer	
	oder: runde Platte	oder: runde Platte	Speiseteller, große Gabel, großes Messer	
Salatplatte	Speiseteller oder Glasteller, Serviette, Unterteller	Speiseteller oder: Glasplatte, Serviette, Unterteller, Vorleger	Dessertgabel, eventuell Dessertmesser	
Warme Süßspeisen	Speise- oder Vorspeisenteller	Speise- oder Vorspeisenteller	Speiseteller, Dessertgabel, Dessertlöffel (im Haushalt eventuell Kuchengabel und Kaffeelöffel)	Kleine Portionen (z. B. innerhalb eines mehrgängigen Menüs) können auch auf Desserttellern angerichtet werden.
	oder: ovale Platte oder Beilagenschüssel bzw. -platte, Suppen- oder Bratenlöffel bzw. Tortenschaufel	oder: ovale Platte, Vorleger	Speise- oder Vorspeisenteller, Dessertgabel, Dessertlöffel	
Überbackene Süßspeisen, Soufflés, Salzburger Nockerln usw.	Feuerfeste Auflaufform, Untersetzer, großer Vorlegelöffel	Feuerfeste Auflaufform, Serviette, Metallplatte, Vorleger	Speise- oder Vorspeisenteller, Dessertgabel, Dessertlöffel	Überbackenes Eis wird auf kalten Tellern angerichtet.
Warme Cremes	Eis-(Coupe-) bzw. Sektschale oder kleine Kompottschüssel, Serviette, Unterteller (Brot- oder Dessertteller)	Eisschale (Coupeschale), Serviette, Unterteller (Brot- oder Dessertteller)	Kaffeelöffel	Der Löffel wird auf den Unterteller gelegt und mitserviert.
Käse	Dessertteller	Dessertteller	Dessertgabel und Dessertmesser	Zu Streich- oder Weichkäse gibt man keine Gabel. Zu Käse serviert man Butter in Röllchen oder Scheiben (auf Eis), dazu eine Kuchen- oder Dessertgabel, Brot in einer Brotschale mit Stoffserviette. Man kann Käse auch auf einem Holzbrett mit einer Strohmatte darauf servieren.
	oder: Käsebrett, Käsemesser oder Käseschaufel oder: Käseglocke, Käsemesser oder Käseschaufel	oder: als Einzelkäse: Glasplatte, Serviette, Metallplatte, Vorleger; als Auswahl: großes Holzbrett (Käsebrett), eventuell mit Spitzenpapier oder: vom Käsewagen (Vitrine): Käsemesser (für verschiedene Käsesorten verschiedene Käsemesser) oder große Gabel und großes Messer	Dessertteller, Dessertgabel, Dessertmesser	

Speise	Anrichten zu Hause	Anrichten in der Gastronomie	Teller und Besteck zum Essen	Anmerkungen
Obst	Dessertteller oder: Obstschale	Dessertteller oder: Obstschale	Obstgabel und Obstmesser oder Dessertgabel und Dessertmesser Dessertteller, Obst- oder Dessertbesteck	Werden Obstarten mit der Hand gegessen, serviert man eine Fingerschale. Große Obstsorten kommen im allgemeinen filetiert zu Tisch.
Weintrauben	Zusätzlich Traubenschere	Zusätzlich Traubenschere		
Grapefruits			Grapefruitbesteck oder Obstmesser und Kaffeelöffel	
Beerenobst	Kleine Kompottschüssel, Serviette, Unterteller (Brot- oder Dessertteller), Staubzuckerstreuer	Eisschale (Coupeschale), Serviette, Unterteller (Brot- oder Dessertteller), Staubzuckerstreuer, Underliner, Unterteller (Brotteller)	Dessertgabel, Kaffeelöffel (im Haushalt eventuell Kuchengabel und Kaffeelöffel)	
Obstsalate, Kompotte, kalte Cremes	Kleine Kompottschüssel oder Eis- (Coupe-) bzw. Sektschale, Serviette, Unterteller (Dessertteller) oder: große Kompottschüssel, Serviette, Unterteller (Steak- oder Speiseteller), kleiner Schöpflöffel	Kleine Kompottschüssel oder Eisschale (Coupeschale), Serviette, Unterteller (Dessertteller)	Dessertgabel, Dessertlöffel (im Haushalt eventuell Kuchengabel und Kuchenlöffel) kleine Kompottschüssel, Dessertgabel, Dessertlöffel (bzw. Kuchengabel und Kuchenlöffel) oder Kaffeelöffel	Werden sie außerhalb eines Menüs serviert, gibt man einen Kaffeelöffel dazu bzw. bei Kompotten mit großen Früchten (z. B. Pfirsichen) einen Dessertlöffel.
Puddings	Dessertteller	Dessertteller	Dessertgabel, Dessertlöffel	Außerhalb eines Menüs wird ein Kaffeelöffel dazugegeben.
Eis oder Eiscoupes	Dessertteller oder: Eisglas (Eisschale – Coupeschale oder Eisbecher), Serviette, Unterteller (Dessertteller)	Eisglas (Eisschale – Coupeschale oder Eisbecher), Serviette, Unterteller (Dessertteller)	Eislöffel (mit langem Griff für Eisbecher, mit kurzem für Eisschalen)	
Torten, Schnitten, Rouladen	Dessertteller oder: Tortenplatte bzw. Königskuchenplatte, Spitzenpapier, Tortenmesser, Tortenheber	Dessertteller oder Glasteller, Serviette, Unterteller (Dessertteller) oder: Vitrine, Tortenmesser, Tortenheber	Dessertgabel, Dessertlöffel (im Haushalt eventuell Kuchengabel und Kaffeelöffel) Dessertteller, Dessertgabel, Dessertlöffel	Bei Kaffeejausen im Haushalt, Kaffeehaus-, Garten- und Terrassenservice wird eine Kuchengabel serviert.
Kuchen und Feingebäck	Dessertteller oder: Kuchenplatte bzw. Königskuchenplatte, Gebäckzange	Dessertteller oder Glasteller, Serviette, Unterteller (Dessertteller) oder: Vitrine, Gebäckzange	Kuchengabel Dessertteller, Kuchengabel	

Speise	Anrichten zu Hause	Anrichten in der Gastronomie	Teller und Besteck zum Essen	Anmerkungen
Bäckereien, Petits fours, Konfekt	Kuchenplatte oder Etagere oder Schalensatz, eventuell Gebäckzange	Runde Platten oder Etagere, Gebäckzange	Dessertteller	Sie werden mit der Gebäckzange vorgelegt.
Salzgebäck, Salzmandeln usw.	Kabaretts oder Kabarettschüssel oder Schalensatz	Kleine Glas-, Porzellan- oder Metallschüssel, Serviette, Unterteller (Dessertteller)		In der Gastronomie wird Salzgebäck nur in der Bar und bei Stehempfängen gereicht.
Sandwiches, Canapés	Sandwichplatte oder runde Platte, Spitzenpapier	Sandwichplatte oder runde Platte oder Ausstellungsplatte	Dessertteller, Serviette	Sandwiches sind doppelt belegt. In Österreich werden belegte Weißbrotscheiben oft fälschlich als Sandwiches bezeichnet.
Belegte Brote	Dessertteller oder: Sandwichplatte	Dessertteller (eventuell Speiseteller)	Dessertgabel, Dessertmesser (eventuell große Gabel, großes Messer) Dessertteller, Dessertgabel, Dessertmesser	
Butter (für das Kuvert)	Brotteller oder: Butterteller, Buttervorlegemesser	Brotteller oder: in Portionspackungen auf Butter-, Brot- oder Dessertteller oder: kleine Schüssel auf Eis	Butter- oder Dessertmesser Brotteller, Butter- oder Dessertmesser	Die Butter wird im Haushalt in Scheiben oder Röllchen angerichtet, in der Gastronomie auch in Portionspackungen.
Brot und Gebäck	Brotschale oder Brotkorb, in eine Stoffserviette eingeschlagen	Brotschale oder Brotkorb, in eine Stoffserviette eingeschlagen.		

Servieren

Im Haushalt werden, wie bereits erwähnt, die Speisen meist von der Hausfrau serviert, während der Hausherr das Getränkeservice durchführt. Gibt es Hausangestellte oder z. B. beim Catering (=sogenanntes Partyservice, das heute schon viele gastronomische Betriebe durchführen) gemietetes Servierpersonal, servieren natürlich diese.

Es wird im Uhrzeigersinn serviert. Im Haushalt und beim À-la-carte-Service in der Gastronomie richtet sich die Reihenfolge beim Servieren nach dem Geschlecht, dem Alter und der gesellschaftlichen Stellung der Gäste. Zuerst wird immer den Damen serviert, dann erst den Herren.
Das Service muß möglichst geräuschlos und unauffällig, flink und aufmerksam durchgeführt werden.
Fehler eines Gastes in der Verwendung der vorbereiteten Bestecke und Gläser müssen vom Servierenden bemerkt und ausgeglichen werden.

Als Grundsatz für das Service gilt: Die linke Hand trägt, die rechte Hand arbeitet.

Vorlegegriffe

Zum Vorlegen von Speisen, die von Platten angerichtet werden, wendet man in der Gastronomie verschiedene Vorlegegriffe an.
Die Handhabung des Vorlegebestecks, das aus einer großen Gabel und einem großen Löffel besteht, ist etwas schwierig und muß daher vor der Anwendung geübt werden.

Der **normale Vorlegegriff** dient zum Greifen und Fixieren von Speisen aller Art, z. B. Fleischstücken, die von der Platte auf den Teller des Gastes gelegt werden.

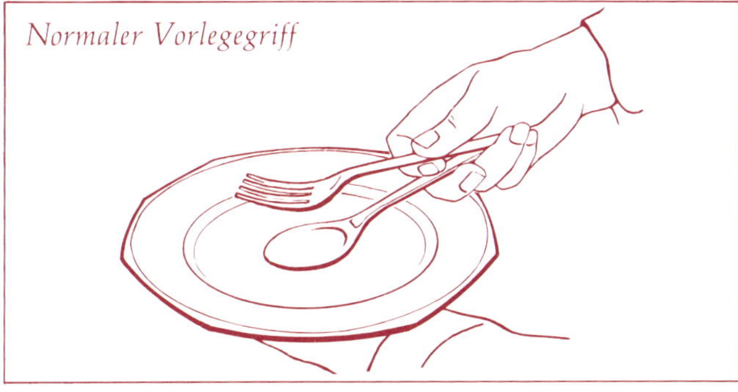

Normaler Vorlegegriff

Der **flache Vorlegegriff** wird zum Heben von zerbrechlichen Stücken, wie z. B. Fischfilets, Beefsteak mit Ei, verwendet. Löffel und Gabel werden so in die Hand genommen, daß sie eine flache Ebene bzw. eine Schaufel bilden. Die Speise wird von unten vorsichtig angehoben, ohne daß die Oberfläche zerstört wird.

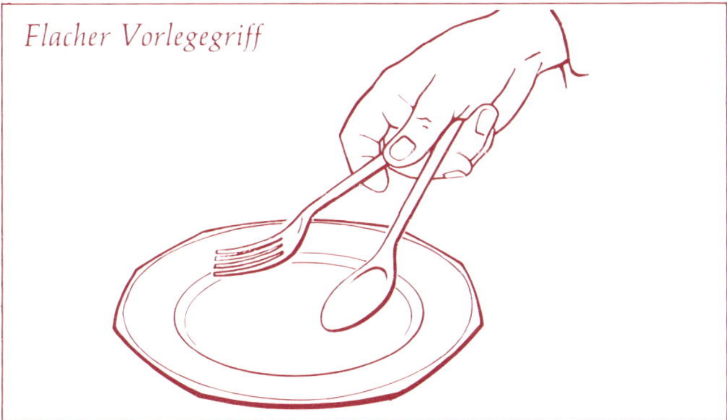

Flacher Vorlegegriff

Der **Zangengriff** wird zum Heben von Knödeln sowie Tortenstücken oder anderen Mehlspeisen angewendet.

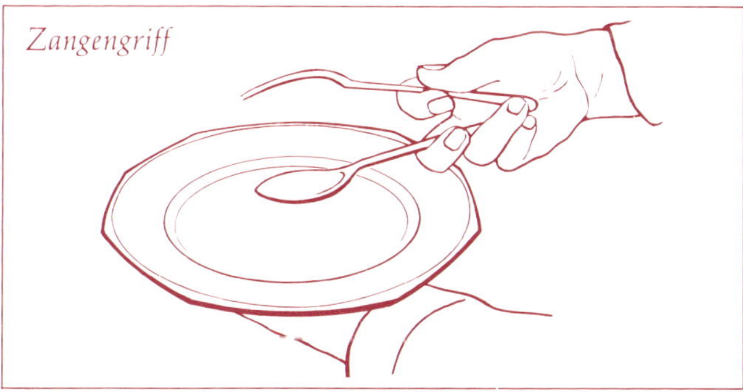

Zangengriff

Das **Schöpfen** mit dem Vorlegelöffel wird dann angewendet, wenn sich mit dem Fleisch gleichzeitig Saft, Sauce oder kleine Garnituren, z. B. Erbsen, auf einer Platte befinden, die sich mit dem normalen Vorlegegriff nur schwer servieren lassen.
Man hält das Vorlegebesteck wie beim normalen Vorlegegriff, die Gabel wird zur Seite geschwenkt und mit dem Löffel allein Saft oder Garnitur aufgenommen.

Die Speisen können unterschiedlich serviert werden. In der Gastronomie hängt die Servierart von der Art des Betriebes und der Veranstaltung ab.

Servierart „Einstellen"

Einstellen bedeutet, daß Teller direkt vor dem Gast plaziert oder Platten, Schüsseln usw. auf den Tisch gestellt werden. Teller sind ein bis zwei Zentimeter vom Tischrand einzustellen.

Das Einstellen ist die einfachste Servierart, die zu allen Anlässen angewendet werden kann.
Grundsätzlich wird von rechts mit der rechten Hand eingestellt, nämlich leere Teller, alle auf Tellern angerichteten Speisen, Suppen in der Tasse, Fingerschalen, Abfallteller, Kompotte als Beilage, Saucieren, Gläser, Krüge, Tassen, Kannen mit Heißgetränken, Kaffeehaustragtassen.
Platten, auf denen Einzelportionen angerichtet werden, stellt man von der rechten Seite mit der rechten Hand oberhalb des Gedeckes ein, und zwar so, daß der Vorleger zum Gast weist.
Größere Platten mit mehreren Portionen werden mit beiden Händen in der Mitte des Tisches eingestellt.
Platten mit warmen Speisen stellt man auf einen Rechaud.
Krüge, Kannen und Tassen werden so eingestellt, daß der Henkel nach schräg rechts zeigt.
Da der Servierende nicht über das Gedeck des Gastes greifen darf, werden Teller, die links zu stehen kommen, wie z. B. Brot- und Salatteller, von links mit der rechten Hand eingestellt.

Beim Einstellen ist besonders darauf zu achten, daß alles, was man in der linken Hand trägt, in entsprechender Entfernung hinter dem Gast und vor allem gerade gehalten wird.
Beim Servieren darf der Daumen nur wenig über den Tellerrand (Tellerfahne) zeigen.

Servierart „Einreichen"

Einreichen heißt, daß dem Gast die Speisen auf einer Platte von links angeboten werden und sich dieser selbst bedient.
Diese Servierart wird vor allem im Haushalt prakti-

Servieren

ziert. In der Gastronomie wird sie nur noch in Privatpensionen und bei offiziellen Staatsbanketten angewendet.

Zuerst werden die vorgewärmten Teller von rechts eingestellt. Beilagen, Saft und Saucen kommen in Schüsseln bzw. Saucieren auf den Tisch und sind mit dem entsprechenden Vorlegebesteck bestückt.
Die Handfläche und der Unterarm der linken Hand werden mit einem Serviertuch geschützt. Dann nimmt man die sorgfältig angerichtete Speisenplatte auf, und zwar so, daß das oben liegende Stück dem Gast zugekehrt ist. Die Speisenplatte wird nun auf den linken abgewinkelten Unterarm und die flache Hand gestützt. (Die Hausfrau kann die Platte auch mit beiden Händen nehmen und dem Gast einreichen.)
Auf die dem Gast zugewendete Seite der Platte wird der Vorleger geschlossen (die Gabel liegt im Löffel), mit der Wölbung nach oben, gelegt.
Man stellt sich links hinter den Gast, legt den rechten Arm auf den Rücken und tritt mit dem linken Fuß einen Schritt vor. Das Gewicht des Körpers lastet dabei auf dem vorgestellten linken Fuß.
Nun beugt man sich so weit vor, daß die Platte etwas über den Rand des Speisetellers reicht. Die Platte soll dabei den Teller, der Handrücken die Tischplatte nicht berühren.
Der Gast nimmt nun das Vorlegebesteck, und zwar mit der rechten Hand den Löffel und mit der linken die Gabel. Mit dem Löffel fährt man z. B. unter das gewählte Fleischstück (es sollte möglichst das nächstliegende sein) und drückt mit der Gabel oben darauf. Nun hebt man die gewünschte Portion auf den Teller und legt den Vorleger auf die Platte zurück. Man nimmt nur so viel auf den Teller, als man auch essen kann. Jetzt geht der Servierende mit der Platte langsam in die Höhe. Bevor er sich zum nächsten Gast begibt, schließt er den Vorleger und legt ihn so, daß der nächste Gast sich wieder bequem bedienen kann.

Eingereicht kann nur dann werden, wenn die Gäste nicht zu eng beieinander sitzen. Es muß mindestens 30 bis 40 Zentimeter Abstand zwischen den einzelnen Gästen sein. Es soll maximal sechs Gästen von einer Platte serviert werden, denn hantieren diese zu langsam, kühlen die Speisen zu sehr aus.

Servierart „Vorlegen"

Vorlegen bedeutet, daß die Speisen wie beim Einreichen auf Platten von links angeboten, dann aber vom Servierpersonal mittels Vorlegers auf den Teller des Gastes gelegt werden.
Im Haushalt wird meist nur dann vorgelegt, wenn Servierpersonal zur Verfügung steht. Die Handhabung des Vorlegers erfordert viel Übung. In der Gastronomie wird vorgelegt, wenn drei oder mehrere Personen dieselben Speisen bestellt haben und diese auf einer Platte angerichtet werden, und bei Banketten.

Der Servierende tritt von links hinter den Gast und beugt sich mit der Platte nach vor, bis diese den Teller des Gastes leicht überschneidet. Jetzt nimmt er das Vorlegebesteck mit der rechten Hand im normalen Vorlegegriff, klemmt das nächstliegende Speisenstück ein und hebt es auf den Teller.
Wird im Haushalt nur von einer Person vorgelegt, müssen die Beilagen entweder auf der Platte mit dem Fleisch angerichtet sein, oder es werden die Beilagen in Schüsseln von rechts beim ersten Gast eingestellt und von den Gästen weitergereicht. Das Fleisch legt man von links vor.
In der Gastronomie werden die Beilagen von einem nachfolgenden Kellner vorgelegt, und zwar zuerst Sättigungsbeilagen und dann Gemüsebeilagen. Zum Schluß folgt die Sauce.
Salate und Kompotte werden auch bei dieser Servierart angerichtet und, bevor mit dem Vorlegen begonnen wird, beim Gast eingestellt.

Bei diesem Service ist es notwendig, rasch zu servieren, damit die Speisen nicht auskühlen. Es dürfen nie mehr als acht bis zehn Portionen auf einer Platte angerichtet sein. Fleisch und Beilagen müssen unmittelbar hintereinander serviert werden. Dabei ist zu beachten, daß der Gast nicht „in die Zange genommen wird", d. h., der Servierende, der die Beilage vorlegt, muß immer so lange warten, bis der erste Servierende beim übernächsten Gast ist.

Servierart „Anrichten"

Anrichten heißt, daß Platten, die in der Küche besonders dekorativ vorbereitet werden, zuerst den Gästen präsentiert und die Speisen anschließend auf einem

Servierwagen oder Guéridon auf Teller gegeben werden. Deshalb nennt man dieses Service auch Guéridonservice. Es gilt als besonders vornehm.

Im Haushalt wird der Servierwagen, bevor die Gäste kommen, vorbereitet, indem man ihn mit einem kleinen weißen Tuch überdeckt, eine Wärmeplatte (Rechaud) daraufstellt (am besten links oben) und das Vorlegebesteck an die rechte untere Seite des Tisches legt. In der Mitte des Tisches muß genügend Platz für einen Teller sein. Dann wird der Servierwagen an die Schmalseite des Eßtisches bzw., wenn dies nicht möglich ist, unmittelbar neben dem Tisch plaziert, und zwar so, daß alle Gäste beim Anrichten zusehen können.

In der Gastronomie wird der Guéridon mit einem Guéridontuch gedeckt und an den Tisch des Gastes gestellt.

Die Speisen kommen, auf Platten, in Schüsseln oder Terrinen angerichtet, aus der Küche, und die Platten werden zunächst den Gästen präsentiert.
Die Platte mit dem Fleisch kommt auf den Rechaud, die Beilagen stehen daneben. Nun stellt man die vorgewärmten Fleischteller gestapelt auf den freien Platz in der Mitte des Beistelltisches. Man verwendet immer vorgewärmte Teller, weil ansonsten die Speisen zu rasch auskühlen.

Die Hausfrau nimmt das Vorlegebesteck, wobei der Löffel in der rechten und die Gabel in der linken Hand gehalten wird. Mit Gabel und Löffel wird das Fleisch auf den unteren Teil des Tellers gelegt, wobei keine Tropfstraße von der Platte zum Teller entstehen soll. Den Saft zieht man über das Fleisch (Ausnahme: rosa gebratenes Fleisch), die Sauce gibt man daneben. Kalte Saucen werden wie Beilagen im oberen Bereich des Tellers angerichtet. Nur beim Tafelspitz kann man eine Ausnahme machen und, nachdem man den Gast gefragt hat, kalte Saucen (z. B. Schnittlauchsauce, Essigkren) auch über das Fleisch ziehen.
Die Hausfrau fragt nun die Gäste einzeln, wieviel von den Beilagen sie möchten. Es ist höflicher, etwas nachzureichen, als den Teller zu überfüllen. Mit dem passenden Löffel werden mit der rechten Hand die Beilagen in den oberen Bereich des Fleischtellers gelegt.
Die Teller werden den Gästen von rechts eingestellt. Zuerst bekommen die Damen. Zum Schluß bedient sich die Hausfrau selbst. Der Rest des Fleisches und der Beilagen wird warm gehalten.
Kalte Saucen, Salate, Kompotte als Beilagen werden bei dieser Servierart im Haushalt immer auf den

Eßtisch gestellt. Die Gäste nehmen sich selber und reichen Schüsseln und Saucieren dann weiter.

In der Gastronomie ist es ebenfalls vorteilhaft, die Saucen à part, d. h. separat, zu servieren. Der Teller mit der angerichteten Speise wird von rechts eingestellt und die Sauce in der Sauciere von links mit der linken Hand angeboten, sodaß sich der Gast selbst bedienen kann.
Der Kellner richtet höchstens zwei Drittel der Speise auf dem Teller an, der Rest wird auf einem Rechaud warm gestellt und später vorgelegt oder auf einem neuen, warmen Fleischteller angerichtet und eingestellt. In diesem Fall darf der leere Teller ausnahmsweise von links mit der linken Hand ausgehoben und der volle Teller von rechts eingestellt werden (= Tellertausch).
Häufig arbeiten bei dieser Servierart zwei Personen, der Kellner richtet an, und ein Commis stellt die gefüllten Teller ein. Den letzten Teller stellt der Kellner selbst ein, überzeugt sich mit einem kurzen Blick, daß am Tisch nichts fehlt und wünscht den Gästen guten Appetit.
Angerichtet wird auch beim Service von der Voiture, vom Hors-d'œuvre-Wagen, am Buffet, beim Tranchieren, Filetieren, Marinieren und Flambieren von Speisen sowie dann, wenn am Tisch zu wenig Platz zum Einstellen der Speisen vorhanden ist.

Servierart „Anbieten"

Angeboten werden alle Speisen und Getränke, die der Gast stehend zu sich nimmt und die kein Besteck erfordern, vor allem bei Cocktailpartys und Stehempfängen.

Den Gästen werden von der Hausfrau bzw. in der Gastronomie vom Servierpersonal Brötchen, Canapés und kleine warme Gerichte mit Sticks (z. B. kleine Fleischbällchen, Steaks usw.) auf Platten gereicht. Der Gast wählt aus und bedient sich selbst. Dazu werden Servietten angeboten.

Servieren

Die Getränke sind ebenfalls sortiert in Gläsern auf Tabletts mit einer Stoffserviette bereitgestellt und werden vom Hausherrn angeboten. Die Gäste nehmen sich die Drinks.
Angeboten werden außerdem Rauchwaren.

Abservieren

Abservieren kann man erst, wenn alle Personen am Tisch mit dem jeweiligen Gang fertig sind.
Die Teller werden von rechts mit der rechten Hand abserviert. Es wird zuerst der Teller vor dem Gast, dann der Salat- bzw. der Brotteller abserviert, und zum Schluß werden aus der Mitte die Platten, Schüsseln, Abfallteller, Fingerschalen usw. ausgehoben.
Teller werden immer gleichzeitig mit dem am Teller liegenden Besteck vom Tisch genommen.
Beim Abservieren nimmt die Hausfrau entweder nur zwei Teller, die sie auf einem Tablett auf der Anrichte stapelt, oder sie nimmt zwei Teller im Obergriff, den dritten Teller mit der rechten Hand und geht so in die Küche.
Die Hausfrau läßt sich beim Abservieren nicht von ihren Gästen helfen.

Anders sieht das Abservieren in der Gastronomie aus. Hier wird der Teller mit dem Besteck mit der rechten Hand abserviert, hinter dem Gast der Teller in die linke Hand genommen und das Besteck geordnet, d. h., die Gabel liegt gerade in Verlängerung des Armes, und das Messer wird quer daruntergeschoben. Dann geht man im Uhrzeigersinn zum nächsten Gast und wiederholt den Vorgang. Die abservierten Teller werden im Untergriff getragen. Nach dem Aufnehmen des letzten Tellers wird der Teller mit dem Besteck auf den Stapel gestellt, und dieser kann mit beiden Händen hinausgetragen werden.
Sind nur wenige Gäste am Tisch, können Speise- und Salat-(oder Brot-)Teller auch in einem Arbeitsgang abserviert werden.

Wie isst man richtig?

Wenn nun der erste Gang serviert ist, beginnt man, wie bereits erwähnt, mit dem äußersten Besteck (vom Teller aus gesehen) zu essen und verwendet für die nächsten Gänge das Besteck in der Reihenfolge, in der es aufgedeckt ist.
Bei manchen Speisen ergeben sich beim Essen Besonderheiten, die im folgenden kurz beschrieben werden:

- Bei Vorspeisencocktails nimmt man mit Hilfe des Kaffeelöffels die Stücke auf die Dessertgabel und führt diese zum Mund. Ebenso ißt man warme Vorspeisen aus Näpfchen, Portionsterrinen usw.
  Aus Muschelschalen kann man auch mit einer Austern- oder Dessertgabel allein essen.
- Avocados als Vorspeise (=halbiert, entsteint) ißt man mit einem Kaffeelöffel. Mit der linken Hand hält man die Frucht an der Schale fest und sticht mit dem Kaffeelöffel das Fruchtfleisch in kleinen Stücken aus.
  Bei besonders vornehmem Service wird das Fruchtfleisch bereits in der Küche in kleinen Stükken ausgestochen (z. B. mit dem Parisienneausstecher) und in die leere Schale zurückgelegt. Man löffelt das Fruchtfleisch ebenfalls mit dem Kaffeelöffel aus.
  Dasselbe gilt für Avocados mit Shrimps, Hühnerfleisch oder Joghurt mit Kräutern.
- Kalte Suppen und Kaltschalen, die man mit einer Suprême-Schale serviert, werden mit dieser vor dem Gast eingestellt.
- Werden Suppen in Suppentassen serviert, legt man den Löffel nach dem Essen auf die Untertasse.
- Consommés und Spezialsuppen ohne Einlagen dürfen auch getrunken werden.
- Bei Suppen à la Bocuse (mit Blätterteig überbackene Suppen) hebt man mit dem Löffel die Teighaube vorsichtig ab. Läßt sich diese nicht so leicht lösen, kann man den Blätterteig mit dem Messer am Rand der Suppentasse einschneiden. Die abgehobene Teigkruste wird auf die Untertasse gelegt und nicht gegessen. Eine andere Möglichkeit wäre, die Teigkruste mit dem Löffel einzudrücken und mit der Suppe zu essen.
- Bei Suppentöpfen, die große Fleischeinlagen enthalten, gibt man das Fleischstück und Gemüse sowie die Suppe mit dem Schöpfer in den Suppenteller und zerteilt mit Gabel und Messer das Fleisch. Knochen, die man beim Zerteilen herausnimmt, kommen auf den Abfallteller. Mit dem Löffel ißt man anschließend die Suppe mit der zerkleinerten Einlage.

Auch Fischsuppen mit nicht ausgelösten Fischstücken (z. B. Bouillabaisse) werden so gegessen. Für diese deckt man allerdings statt eines großen Bestecks ein Fischbesteck ein.

- Teigwarengerichte ißt man nur mit der Gabel. Dies gilt auch für Spaghetti, die in Italien grundsätzlich nur mit der Gabel gegessen werden. Im deutschsprachigen Raum darf man dazu auch einen großen Löffel zu Hilfe nehmen, wobei man richtigerweise die Gabel links und den Löffel rechts hält. Mit der linken Hand dreht man die aufgestellte Gabel und wickelt eine geringe Menge Spaghetti auf. Es hat sich jedoch eingebürgert, daß die Gabel rechts und der Löffel links gehalten wird, wenn man nicht so geübt ist.
- Eiergerichte kann man entweder nur mit der Gabel oder mit Gabel und Messer essen.
- Fisch wird geteilt, nicht geschnitten. Dies gilt auch dann, wenn ein Messer aufgedeckt wird. Warme ausgelöste Fischfilets ißt man nur mit der Gabel.
- Werden Portionsfische, z. B. Forellen, nur eingestellt, muß man sie selbst filetieren. Man legt den Fisch auf den Teller, am besten quer zur filetierenden Person. Zuerst werden die Flossen entfernt und auf einen Abfallteller gelegt. Durch das Entfernen der Rückenflosse bildet sich ein Riß in der Haut, dieser wird mit dem Fischmesser bis zum Kopf und zum Schwanzende erweitert. Bei gekochten Fischen zieht man nun die Haut vom Rücken zum Bauch ab. Die abgezogenen Hautstücke werden auf den Abfallteller gelegt. Bei gebratenen oder gegrillten Fischen wird sie nicht abgezogen.
  Das Filet teilt sich in ein Rücken- und ein Bauchfilet. Bei enthäuteten Fischen ist die Trennlinie als ein etwas dunklerer Strich leicht erkennbar. Bei nicht enthäuteten Fischen wird in der Mitte des Filets die Haut mit dem Fischmesser aufgeritzt. Dann wird mit dem Fischmesser entlang der Trennlinie leicht angedrückt, die Filets teilen sich und können von der Hauptgräte abgelöst werden.
  Das gesamte Grätenstück ist nun freigelegt und kann mit der Fischgabel vom Schwanzende zum Kopf vorsichtig abgezogen werden. Somit liegt das untere Filet ebenfalls frei.
  Für Feinschmecker befindet sich im Kopf von torpedoförmigen Fischen, z. B. der Forelle, eine Delikatesse, nämlich die Kiemenwange. Mit der Spitze des Fischmessers drückt man zwischen den Kiemen und dem Auge ein, das Fleisch wird sichtbar und kann ausgeschält werden.
  Der Kopf und die restlichen an den Filets haftenden Gräten werden auf den Abfallteller gelegt.
- Grillspieße werden so abgelöst, daß man mit der Gabel den Spieß fixiert und mit dem Messerrücken das Fleisch gefühlvoll vom Spieß schiebt. Der abgelöste Spieß wird auf den Tellerrand oder, falls ein Abfallteller vorhanden ist, auf diesen gelegt.
- Die Keule vom Backhuhn darf man, wenn sie mit einer Papierserviette (Manschette) überstülpt ist, mit den Händen essen. Diese werden anschließend in der Fingerschale gereinigt.
- Saucen tunkt man am besten mit den gereichten Beilagen, etwa Kartoffeln, die man etwas zerdrückt, auf. Bei ausgesprochenen Saucengerichten, z. B. Gulasch, darf man die Sauce auch mit einem kleinen Stück Brot oder Semmel, das auf die Gabel gespießt wird, auftunken.
- Kartoffeln und Knödel werden niemals geschnitten, sondern mit der Gabel, eventuell unter Zuhilfenahme des Messers, geteilt.
- Kartoffeln in Folie können auf zweierlei Art gegessen werden. Entweder löst man mit dem Besteck die Folie von der Kartoffel (die Folie wird gefaltet), teilt und ißt diese, oder wenn für die Folienkartoffeln ein kleiner Löffel eingedeckt wurde, hält man mit der linken Hand die Kartoffel und löffelt die oben abgekappte Kartoffel aus. Die Kartoffelschale wird nicht gegessen.
- Gekochte oder gegrillte Maiskolben werden so serviert, daß in den jeweiligen Enden entweder zwei Maiskolbenhalter stecken oder zwei Gabeln fest eingestochen wurden. Man hält den Maiskolben und nagt die Körner herunter.
  Maiskolben können auch mit zwei Papierservietten gehalten werden. Auf jeden Fall ist es notwendig, daß man eine Fingerschale verwendet.
- Salate ißt man mit der Gabel. Sind die Blätter sehr groß, so werden sie mit Gabel und Messer zerteilt.
- Werden Süßspeisen mit Dessertbesteck (Dessertgabel, Dessertlöffel) serviert, sticht man mit Hilfe des Dessertlöffels die Stücke herunter, nimmt diese auf die Dessertgabel und führt sie zum Mund.
- Obst ißt man grundsätzlich mit dem Obstbesteck. Kirschen, Zwetschken, Weintrauben u. ä. werden

mit der Hand gegessen. Befindet sich eine ganze Traube in einem Obstkorb, schneidet man mit der Traubenschere den gewünschten Teil herunter und zupft von diesem mit der Hand die Beeren ab. Meist kommen große Trauben aber bereits geteilt auf den Tisch. Stachelbeeren ißt man mit der Hand.

Alle anderen Beeren (z. B. Erdbeeren, Heidelbeeren, Himbeeren usw.) ißt man mit einer kleinen Gabel und einem Kaffeelöffel.

Bananen schält man mit der Hand, legt die Frucht auf den Teller und ißt sie mit dem Obstbesteck.

Bei Orangen wird die Schale mit dem Obstfiletiermesser von oben nach unten eingeschnitten und abgezogen. Auch die weiße Haut unter der Schale entfernt man mit dem Messer. Anschließend kann die Frucht mit dem Besteck oder mit der Hand gegessen werden.

Grapefruits kommen meist schon halbiert zu Tisch und werden mit einem Grapefruitbesteck oder mit Obstmesser und Kaffeelöffel gegessen. Man schneidet die Fruchtsegmente mit dem Grapefruit- oder Obstmesser aus und ißt sie anschließend mit dem Grapefruit- oder Kaffeelöffel.

Kiwi ißt man mit dem Obstbesteck. Man kappt zuerst die Enden ab, schält dann die Frucht und schneidet sie in Scheiben. Eine andere Möglichkeit ist, daß man sie halbiert in Eierbechern serviert und mit einem Kaffeelöffel ißt.

Wassermelonen werden zuerst in Segmente geschnitten und so zu Tisch gebracht. Diese schneidet man mit dem Messer ein und löst an der Schale entlang das Fruchtfleisch. Mit Gabel und Messer entfernt man die Kerne und ißt das Fleisch.

Zucker- und Honigmelonen werden bereits in der Küche entkernt, dann zu Tisch gebracht und mit dem Obstbesteck gegessen.

Das Fleisch von Melonen kann auch in der Küche mit dem Parisienneausstecher ausgestochen und in die Schale zurückgelegt werden.

Alle anderen großen Obstarten, z. B. Ananas, kommen meist filetiert zu Tisch und werden mit dem Obstbesteck gegessen. Bei allen Obstarten, die man mit der Hand ißt, werden Fingerschalen verwendet.

- Trockene Kuchen, Feingebäck, Bäckereien und Petits fours, Konfekt, Salzgebäck, kleine Sandwiches und Canapés werden mit der Hand gegessen.
- Belegte Brote ißt man mit Gabel und Messer.
- Von Brot, Gebäck und Toast bricht man mundgerechte Stücke ab, bestreicht diese eventuell mit Butter und führt sie zum Mund.
  Schwarzbrot kann zur Gänze bestrichen werden, es wird aber dann mit dem Messer in mundgerechte Stücke geteilt und gegessen.
- Bei weichen Eiern wird die Kappe mit dem Löffel aufgeklopft und mit der Hand die Schale entfernt. Man kann sie auch mit der Eierkappzange oder dem Messer kappen.
- Beefsteak tartare wird mit dem Dessertmesser auf Toaststücke (Brot, Baguette, Bierweckerln usw.) gestrichen und mit der Hand gegessen.
- Abfallteller werden für alle Gerichte, bei denen viele Knochen oder Gräten anfallen (z. B. Geflügel, Portionsfische), eingestellt, aber auch für Austern usw. Es wird dafür ein Dessertteller verwendet.
- Fingerschalen werden immer dann verwendet, wenn etwas mit der Hand gegessen wird (Ausnahme: Kuchen, Feingebäck, Bäckereien, Petits fours, Konfekt, Salzgebäck, Sandwiches, Canapés).
  Die Fingerschale wird mit lauwarmem Wasser halb gefüllt. Zu Speisen, bei denen die Finger fettig werden, gibt man eine Zitronenscheibe dazu. Bei Glas- und Porzellanschalen steckt man die Zitronenscheibe an den Rand, bei Metallschalen legt man sie in das Wasser. Wird die Fingerschale hingegen zu Obst gereicht, gibt man kaltes Wasser in die Schale und statt einer Zitronenscheibe Rosenblätter.
  Die Fingerschale steht auf einem Dessertteller mit Stoffserviette. Diese ist je einmal der Länge und Breite nach zusammengelegt. Die Fingerschale wird so in die Serviette hineingestellt, daß unterhalb der Schale nur eine Lage und darüber drei Lagen Stoff sind.

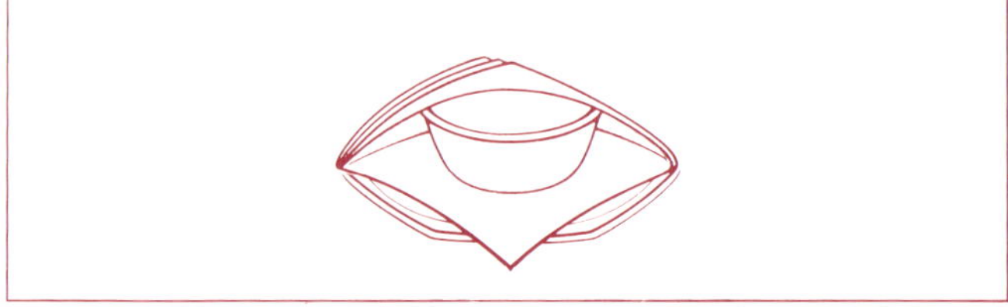

Man taucht die Finger, mit denen man gegessen hat, kurz in die Fingerschale und tupft sie anschließend an der Serviette ab.

Getränke und Getränkeservice

Im allgemeinen beginnt man eine Mahlzeit mit einem Aperitif, setzt dann bei den einzelnen Gängen mit Bier, Wein, Sekt oder Wasser fort (wobei bei sehr vornehmen Veranstaltungen zu jedem Gang das passende Getränk serviert wird) und serviert zum Abschluß einer Speisenfolge Mokka (Kaffee) und/oder einen Digestif. Das zu einer Speise gereichte Getränk sollte den Geschmack des Gerichtes harmonisch abrunden, ergänzen und das Gericht bekömmlicher machen. Deshalb sind beide sorgfältig aufeinander abzustimmen.
Getränke wie beispielsweise Fruchtsäfte und Limonaden sind im Geschmack so intensiv, daß sie jede Speise übertönen. Sie sollten deshalb nur als Durstlöscher zwischendurch getrunken werden (Ausnahme: Kinder und Jugendliche). Vegetarische und Vollwertrestaurants bieten ihren Gästen allerdings viele frisch gepreßte Frucht- und Gemüsesäfte an, die genügend Säure enthalten und deshalb mit den spezifischen Speisen, die angeboten werden, harmonieren.

Das Getränkeservice ist im allgemeinen Sache des Hausherrn. Die Getränke werden in derselben Reihenfolge eingeschenkt, wie auch das Essen serviert wird, nämlich nach Geschlecht, Rang und Alter. Zuerst wird immer den Damen serviert, dann erst den Herren.

Vorratshaltung und Einkauf der Getränke

Während die Lagerung von alkoholfreien Getränken und von Bier relativ einfach ist (Keller, Kühlschrank) und diese auch sofort nach dem Einkauf getrunken werden können, ist es günstig, von Wein einen gewissen Vorrat auf Lager zu haben. Frisch eingekaufter bzw. transportierter Wein ist „unruhig". Er sollte daher nach Möglichkeit einige Wochen, mindestens aber 14 Tage, ruhig gelagert werden, bevor er getrunken wird. Aus diesem Grund ist es vorteilhaft, sich einen kleinen privaten Weinkeller anzulegen.

Der Weinkeller

Zu einem kultivierten Haushalt gehört ein gepflegtes Weinsortiment. Um dieses richtig lagern zu können, ist es zunächst notwendig, daß man über einen geeigneten Raum verfügt. Er soll kühl (etwa 10 °C), dunkel, nicht zu trocken, keinen schnellen Temperaturschwankungen unterworfen und keinen Erschütterungen ausgesetzt sein.

Wein sollte man liegend, damit der Kork immer feucht ist, mit dem Etikett nach oben, lagern. Trocknet der Kork aus, kommt Luftsauerstoff dazu, und der Wein hält nicht lange.

Der Weinkeller hat den Zweck, daß der Haushalt immer die passenden Weine vorrätig hat und daß bestimmte Weine, die eine längere Reifungsdauer haben, bis zu ihrem Ausbau richtig gelagert werden.

Es ist eine weitverbreitete Meinung, daß Wein durch Lagerung auf jeden Fall besser wird. Wenn ein Wein seine Reife erreicht hat, gehört er getrunken, weil er sonst abbaut, d. h., säurereicher Wein baut Säure ab, herber Wein die Gerbstoffe, bei dunklen Rotweinen kommt es zu einem Farbverlust usw. Der Zeitpunkt der Reife und somit die Haltbarkeit des Weines ist vor allem von folgenden Faktoren abhängig:

- Weinsorte: Rotweine halten länger als Weiß- und Roséweine.
- Reifungsperiode der Rebsorten: Spätreifende Trauben (z. B. Riesling, Traminer, Blauer Spätburgunder, Cabernet-Sauvignon) weisen im Durchschnitt eine längere Reifungsdauer auf.

- Qualität des Weines: Qualitäts- und Prädikatsweine sind länger lagerfähig als einfache Tisch- und Konsumweine. Die Lagerfähigkeit ist umso größer, je höher das sogenannte „Mostgewicht" (=Zuckergehalt des Mostes) ist.
- Behandlung der Weine im Preßhaus, Gär- und Lagerkeller.
- Sortencharakteristik: Weine, die als Sortencharakteristik Frische, Säurereichtum und Spritzigkeit aufweisen, sollten in den ersten zwei Jahren getrunken werden, da nach längerer Lagerung dieser Sortencharakter verlorengeht und der Wein einen nicht gewünschten Altersgeschmack bekommt.

Am besten informiert man sich beim Weinkauf über die Lagerfähigkeit des gekauften Produktes.

Häufig werden auch Raritäten, Jubiläumsjahrgänge usw. als Sammlerstücke im Weinkeller aufbewahrt. Man sollte sie aber nicht zu lange liegen lassen, weil die Gefahr der Überlagerung besteht und die Weine dann nicht mehr genießbar sind.

Der Weinkeller wird am besten mit sortenreinen Lagenweinen bestückt. Es lohnt sich nicht, den Keller vor allem mit mittelmäßigen, kleinen Weinen zu füllen, da Qualitätssteigerungen nicht zu erwarten sind. Verschnitte oder Konsumweine gehören rasch getrunken und nicht gelagert (Ausnahmen: Verschnittweine aus Bordeaux und dem Chiantigebiet).

Die Bestückung eines Weinkellers wird sich etwa folgendermaßen zusammensetzen:

- 50 bis 60 Prozent heimische Produkte aus unterschiedlichen Regionen und Gebieten, nach Sorten, Jahrgängen, Prädikaten geordnet.
- 40 bis 50 Prozent ausländische Weine, wobei die größten Weinländer Europas, also Frankreich, Italien, BRD, Schweiz, Spanien usw., vertreten sein sollen.

Um den Überblick in seinem Sortiment nicht zu verlieren, wird der Weinliebhaber ein Kellerbuch anlegen, in dem er die Neuzugänge, Entnahmen und Geschmackserfahrungen vermerkt.
Ein Weinkeller soll leben. Daher ist es günstig, gleich zu ergänzen, was entnommen wurde.

Einkauf von Wein

Am besten kauft man Weine, wenn sie jung sind. Besonders gilt das für Weißweine, sie gehören im allgemeinen jung getrunken. Aber auch lagerfähige, langsam ausbauende Weine sollten gekauft werden, wenn sie erstmals angeboten werden und ihre Konsumreife noch nicht erreicht haben. Diese Weine ersteht man dann nicht nur billiger, sondern die Auswahl ist auch größer. Außerdem hat man, wenn man einen guten Weinkeller besitzt, die Gewähr, daß die Flaschen bei günstigen Bedingungen heranreifen.
Gute Einkaufsmöglichkeiten sind u. a. Subskriptionsangebote, bei denen der Wein bereits gekauft wird, bevor er auf den Markt kommt.
Im allgemeinen wird man von einem Wein mindestens zwölf Flaschen erstehen, von sehr teuren Weinen drei bis sechs Stück.
In bezug auf Jahrgangsweine ist eine gewisse Vorsicht am Platz. Es gibt zwar große Jahrgänge, in denen der Wein überdurchschnittlich gut ausgefallen ist, die Qualität kann aber je nach Gebiet und Gegend sehr unterschiedlich sein. Um zu einem wirklich großen Jahrgangswein zu kommen, benötigt man genaue Kenntnisse und Informationen.

Weinkauf ist Vertrauenssache. Man sollte sich daher einen seriösen Lieferanten suchen, der die nötige fachmännische Beratung geben kann. Bilden Sie sich jedoch auch Ihr eigenes Urteil, denn der Wein, den Sie wählen, muß Ihnen zusagen und Ihren Anforderungen entsprechen. Über Weine gibt es genügend Fachliteratur, von der man sich Wissen aneignen kann.

Einige Informationen über den Wein kann man auch vom Etikett ablesen. Für die Bezeichnungen, die daraufstehen dürfen, gibt es in den meisten Weinländern gesetzliche Bestimmungen.

Österreich

Jeder in Flaschen abgefüllte Wein muß auf dem Etikett die Herkunft, die Qualitätsstufe, den Abgeber (Abfüller oder Erzeuger) sowie Alkohol- und Zuckergehalt angegeben haben. Je ausführlicher die Informationen auf dem Etikett sind, desto höher ist die Qualität des Weines.

Jahrgang: Er ist auf der Halsschleife angegeben. Der Wein muß zu 100 Prozent aus dem angegebenen Jahr stammen.

Name des Weines: Er sagt meist nichts über die Qualität des Weines aus, da es sich häufig um Phantasiebezeichnungen handelt. Manche dieser Namen sind aber schon so berühmt, daß sie einer Markenbezeichnung gleichzusetzen sind.

Sortenbezeichnung (Rebsorten): Der Wein muß zu 100 Prozent aus der angegebenen Rebsorte stammen. In Österreich werden etwa 30 Rebsorten angebaut, wobei das Gesetz vorschreibt, welche Rebsorten für Qualitätsweine verwendet werden dürfen. Die Weißweinreben sind: Grüner, Roter und Frühroter Veltliner, Rheinriesling, Welschriesling, Müller-Thurgau, Muskat-Silvaner, Muskateller, Muskat-Ottonel, Goldburger, Weißer Burgunder, Ruländer, Rotgipfler, Zierfandler, Bouvier, Traminer, Silvaner, Neuburger, Jubiläumsrebe. Die Rotweinreben sind Blaufränkisch, Blauburger, Blauer Zweigelt, Blauer Burgunder, Blauer Wildbacher, Blauer Portugieser, St. Laurent.

Weingüteklasse: In Österreich unterscheidet man vier Qualitätskategorien, die nach dem Zuckergehalt des Mostes eingeteilt werden. Dieser wird mit der Klosterneuburger Mostwaage (KMW) gemessen.

- Tafel- oder Tischwein: Mindestmostgewicht 13 °KMW.
- Landwein: Unter dieser Bezeichnung darf Tafelwein verkauft werden, wenn die Trauben für diesen Wein aus einer Weinbauregion stammen und der Wein die für die Herkunft typischen Eigenschaften aufweist. Der Gehalt an unvergorenem Zucker darf höchstens sechs Gramm pro Liter betragen.
- Qualitätsweine: Mindestmostgewicht 15 °KMW. Außerdem dürfen nur Qualitätsrebsorten verwendet werden, und die Trauben dürfen nur aus einem Weinbaugebiet stammen. Der Wein muß staatlich geprüft sein und auf dem Etikett die Bezeichnung „Qualitätswein mit staatlicher Prüfnummer“ tragen.
- Weine mit der Bezeichnung „Kabinett“ müssen darüber hinaus ein Mostgewicht von mindestens 17 und höchstens 19 °KMW haben. Der Gehalt an unvergorenem Zucker im Wein darf höchstens neun Gramm je Liter betragen.
- Prädikatsweine oder Qualitätsweine besonderer Reife und Leseart: Das sind Spitzenweine, die nicht aufgebessert werden dürfen.

Prädikat	Mindestmostgewicht	Voraussetzungen
Spätlese	19 °KMW	Aus gesunden, vollreifen Trauben, die erst nach der Hauptlese geerntet werden.
Auslese	21 °KMW	Fehlerhafte, kranke und unreife Trauben werden ausgesondert.
Beerenauslese	25 °KMW	Aus überreifen, edelfaulen Trauben (Edelfäule = Botrytis cinerea).
Ausbruch	27 °KMW	Aus überreifen, edelfaulen, auf natürliche Art eingetrockneten Beeren, eventuell unter Zusatz von frisch gepreßtem Traubenmost oder von Weinen derselben Art und Lage bereitet, die einer Spätlese, Auslese oder Beerenauslese entsprechen.
Trockenbeerenauslese	30 °KMW	Aus edelfaulen, rosinenartig geschrumpften Beeren mit intensivem Botrytis-Geschmack.
Eiswein	25 °KMW	Aus gefrorenen Trauben.

Herkunft: Als geografische Herkunftsbezeichnung dürfen folgende Ausdrücke verwendet werden:

- „Österreichischer Wein“: Der Wein muß zu 100 Prozent aus Österreich kommen. Darüber hinaus dürfen die Bezeichnungen der Weinbauregion, des Weinbaugebietes, der Großlage, der Gemeinde und der Riede oder Flur verwendet werden.
- Weinbauregion: Die Weine müssen zu 100 Prozent aus der Weinbauregion stammen. In Österreich gibt es vier Weinbauregionen, die mit den Bundes-

Getränke und Getränkeservice

ländern Burgenland, Niederösterreich, Steiermark und Wien identisch sind.

- Weinbaugebiet: Die Weine sind zu 100 Prozent aus dem bezeichneten Weinbaugebiet. Die österreichischen Weinbauregionen sind in insgesamt 13 Weinbaugebiete unterteilt, nämlich in der Weinbauregion Burgenland: Neusiedler See, Neusiedler-See-Hügelland, Mittelburgenland und Südburgenland, in der Weinbauregion Niederösterreich: Thermenregion, Kamptal-Donauland, Donauland-Carnuntum, Wachau und Weinviertel, in der Weinbauregion Steiermark: Südsteiermark, Weststeiermark und Südoststeiermark und in Wien, das zugleich Weinbauregion und Weinbaugebiet ist.
- Großlage: Der Wein ist zu 100 Prozent aus der bezeichneten Großlage. Großlagen sind Weinbauflächen innerhalb eines Weinbaugebietes, die die Hervorbringung gleichartiger und gleichwertiger Weine erwarten lassen. Sie werden vom Bundesministerium für Land- und Forstwirtschaft zusammengefaßt.
- Weinbaugemeinde (Gemeindeteil): Der Wein muß zu 100 Prozent aus dem Gemeindebereich stammen.
- Ried/Flur in Verbindung mit dem Namen der Gemeinde, in der die Ried oder Weinbauflur liegt: Der Wein muß zu 100 Prozent aus der bezeichneten Ried oder Weinbauflur kommen. Eine Ried ist ein in sich geschlossenes Weingartengebiet in einer Gemeinde, das auf Grund seiner Lage, seiner geologischen und klimatischen Voraussetzungen geeignet ist, gleichartige Weine hervorzubringen.
- Herkunftsland: Bei ausländischen Weinen. Mindestens zwei Drittel des Weines müssen aus dem betreffenden Land sein.
- Verschnitte von inländischen mit ausländischen Weinen: Diese sind als solche zu kennzeichnen.
- „Ausländischer Wein": Alle übrigen ausländischen Weine tragen diese Bezeichnung.

Amtliche Prüfnummer: Sie ist zur Kennzeichnung österreichischer Qualitäts- und Prädikatsweine. Zu ihrer Erlangung muß der betreffende Wein verschiedenen Untersuchungen unterzogen werden.

Alkoholgehalt: Der Alkoholgehalt des Weines ist in Volumprozenten (Vol.-%) anzugeben.

Restzuckergehalt: Darunter versteht man den Gehalt an unvergorenem Zucker im Wein. Folgende Bezeichnungen werden verwendet:

- „Trocken" oder „Für Diabetiker geeignet": Diese Weine dürfen maximal vier Gramm Zucker pro Liter enthalten.
- „Halbtrocken": Höchstens neun Gramm Restzucker je Liter sind zulässig.
- „Süß": Der Restzuckergehalt ist höher als neun Gramm.

Abgeber, Abfüller oder Erzeuger: Name und Standort des Weinhändlers, des Abfüllers oder, mit seiner Zustimmung, des Erzeugers sind anzugeben.

Sonstige Bezeichnungsvorschriften und Hinweise:

- „Erzeugerabfüllung", „Hauerabfüllung", „Gutsabfüllung": Diese Bezeichnungen dürfen nur für Weine verwendet werden, die ausschließlich von den bezeichneten Weinbaubetrieben erzeugt wurden.
- „Bergwein": Das ist Wein, der ausschließlich aus Weingärten in Terrassen- oder Steillagen mit einer Hangneigung von mehr als 26 Prozent gewonnen wurde.
- „Nur echt mit Korkbrand": Auf dem Korken ist der Name des Abgebers, Abfüllers oder Erzeugers eingebrannt.
- „Heuriger": So heißt österreichischer Wein bis zum 31. Dezember des auf das Erntejahr folgenden Jahres.
- „Schilcher": Das ist hellroter steirischer Wein aus der Blauen-Wildbacher-Rebe.

Verbotene Weinbezeichnungen sind „Natur", „echt", „rein", „naturbelassen", „biologisch", „ökologisch", „Gesundheitswein", „Stärkungswein", „Blutwein" usw.

Deutschland

Auf dem Etikett müssen Anbaugebiet, Güteklasse, Prüfungsnummer (nur bei Qualitätsweinen bestimmter Anbaugebiete), Nennvolumen und Abfüller bzw. Erzeuger angegeben sein.

Name des Weines: Es handelt sich meist um Phantasiebezeichnungen, die allerdings sehr berühmt sein können und einem Markennamen gleichzusetzen sind.

Jahrgang: Es ist jener Jahrgang anzugeben, von dem der bezeichnete Wein 85 Prozent enthält.

Rebsorte: Mindestens 85 Prozent des Weines müssen aus der bezeichneten Rebsorte stammen. Die hauptsächlich gebauten Weißweinrebsorten in Deutschland sind Rheinriesling, Müller-Thurgau, Silvaner, Weißer Burgunder, Roter Traminer, Gewürztraminer, Ruländer, Gutedel, Furmint (Mosler) und Scheu-Rebe, die Rotweinreben Blauer Spätburgunder, Trollinger (=Vernatsch), Limberger (=Blaufränkisch) und Blauer Portugieser.

Weingüteklasse: Das Deutsche Weingesetz klassifiziert den Wein nach dem Zuckergehalt des Mostes, der in Öchsle-Graden gemessen wird:

- Deutsche Tafelweine: Mindestmostgewicht 44 °Öchsle. Sie müssen ausschließlich von deutschen Trauben stammen und unterliegen keinem amtlichen Prüfungsverfahren. Sie tragen bestimmte Herkunftsbezeichnungen, die im Gesetz genau angegeben sind (siehe Herkunftsbezeichnungen).
- Deutsche Landweine: Der Alkoholgehalt muß mindestens um 0,5 Vol.-% höher sein als bei Tafelweinen. Er darf nur halbtrocken oder trocken erzeugt werden. Für Landweine gelten andere Herkunftsbezeichnungen als für Tafelweine (siehe Herkunftsbezeichnungen).
- Qualitätsweine bestimmter Anbaugebiete (Q.-b.-A.-Weine): Mindestmostgewicht 57 °Öchsle. Sie unterliegen einer chemischen Analyse und einer organoleptischen Überprüfung (Verkostung). Q.-b.-A.-Weine müssen aus den elf „bestimmten Anbaugebieten" stammen (siehe Anbaugebiete).
- Qualitätsweine mit Prädikat: Sie müssen die Voraussetzungen der Q.-b.-A.-Weine haben und dürfen darüber hinaus nicht verbessert sein. Sie bekommen nach der Prüfung eine amtliche Kontrollnummer und eines der folgenden Prädikate zugesprochen:

Prädikat	Mindestmostgewicht
Kabinett	73 °Ö
Spätlese	85 °Ö
Auslese	95 °Ö
Beerenauslese	125 °Ö
Trockenbeerenauslese	150 °Ö

Bei Eiswein (=Wein aus gefrorenen Trauben) ist das Mostgewicht durch den Zusatz des entsprechenden Prädikats angegeben, z. B. Beerenauslese-Eiswein.

Herkunftsbezeichnungen:

- „Deutscher Wein": Er ist zu 100 Prozent aus Deutschland.
- Weinbaugebiete und -untergebiete:
  Für Tafelweine wurden vier Großweinbaugebiete mit Untergebieten festgelegt: Rhein-Mosel (mit den Untergebieten Rhein und Mosel), Bayern (mit den Untergebieten Main, Donau und Lindau), Neckar und Oberrhein (mit den Untergebieten Römertor und Burgengau).
  Für Landweine gelten folgende Bereichsbezeichnungen: Ahrtaler Landwein, Starkenburger Landwein, Rheinburger Landwein, Landwein der Mosel, Landwein der Saar, Nahegauer Landwein, Altrheingauer Landwein, rheinischer Landwein, Pfälzer Landwein, fränkischer Landwein, Regensburger Landwein, bayerischer Bodensee-Landwein, schwäbischer Landwein.
  Für Qualitätsweine wurden elf „bestimmte Anbaugebiete" festgelegt: Ahr, Mosel-Saar-Ruwer, Mittelrhein, Rheingau, Nahe, Rheinhessen, Rheinpfalz, Franken, Hessische Bergstraße, Württemberg, Baden.
- Lage/Bereich: Mindestens 75 Prozent des Weines müssen aus der bezeichneten Lage oder dem Bereich stammen.
  Lagen- und Bereichsbezeichnungen gibt es allerdings nur bei Q.-b.-A.-Weinen (=Qualitätsweine bestimmter Anbaugebiete). Es gibt in den „bestimmten Anbaugebieten" 31 Bereiche, die sich in 130 Großlagen und etwa 2.600 Einzellagen gliedern.
- Gemeinde und Ortsteil: Es müssen 75 Prozent des Weines aus dem bezeichneten Ort kommen (ebenfalls nur bei Q.-b.-A.-Weinen).

Prüfungsnummer: Diese Kontrollnummer erhalten nur Qualitätsweine.

Nennvolumen e: Vom Gesetz wird vorgeschrieben, daß der Inhalt einer Flasche mit dem Zusatz „e" (=Europa) auf dem Etikett angegeben ist. Diese Vorschrift ist eine EG-Bestimmung, die 1977 von Deutschland für die Bezeichnung und Aufmachung von Weinen übernommen wurde.

Alkoholgehalt: Nach den EG-Bestimmungen ist auf dem Etikett der Alkoholgehalt in Volumprozenten (Vol.-%) anzugeben.

Geschmacksrichtung: Zulässig sind die Bezeichnungen:

- „Trocken": höchstens 4 Gramm Restzucker pro Liter Wein.
- „Halbtrocken": höchstens 18 Gramm Restzucker pro Liter Wein.
- „Lieblich": keine Grenzwerte.
- „Süß": keine Grenzwerte.

Abfüller/Erzeuger: Name und Adresse des Abfüllers oder des Erzeugers.

Hinweise auf qualitativ gute Weine gibt es auch durch die deutschen Weingütesiegel. Sie werden in den Farben Gelb (für trockene Weine), Grün (für halbtrockene Weine) und Rot (für liebliche Weine) vergeben. Daneben gibt es auch noch regionale Weingütesiegel, z. B. das Badische Weingütesiegel.

Schweiz

Anders als in der BRD oder in Österreich sind die Bezeichnungsvorschriften in der Schweiz. Auf den Etiketten Schweizer Weine wird man folgende Ausdrücke finden:

- Roter Wein: Wein aus roten oder blauen Trauben, dessen rote Farbe ausschließlich aus seinen Beeren stammt. Die am meisten angebauten Rotweinreben sind Pinot noir (Blauer Burgunder), Gamay und Merlot.
- Weißer Wein: Wein aus weißen Trauben oder aus vollständig süß gekelterten blauen oder roten Trauben. Die wichtigsten Weißweinreben sind Chasselas (Gutedel), Johannisberg (Grüner Silvaner), Müller-Thurgau, Klevner (Ruländer), Räuschling und Gewürztraminer.
- Süßdruck (Süßabdruck, Rosé): Das ist hellroter Wein aus blauen oder roten Trauben, der nicht oder nur kurze Zeit an den Trestern gegoren hat. Die Bezeichnung „Süßdruck" darf nur zusammen mit der Herkunftsbezeichnung verwendet werden.
- Œil de Perdrix: Süßdruck, der ausschließlich aus Schweizer Blauburgundertrauben hergestellt werden darf.
- Schillerwein: Wein, der durch gemeinsames Keltern eines Gemisches von blauen und weißen Trauben aus gemischtem Satz gewonnen wurde. Das blaue Gewächs muß dabei überwiegen.
- Hybridenwein (Americano): Wein aus Trauben von amerikanischen Rebsorten.
- Tischwein: Verschnitte von Hybridenwein mit 50 Prozent Wein gleicher Farbe aus europäischen Reben kann als Tischwein bezeichnet werden. Hinweise auf besondere Qualität oder auf einen Jahrgang sind bei Tischweinen verboten.
- Dôle: Rotwein aus Wallis, der aus der Rebsorte Pinot noir (Blauer Burgunder) oder einer Mischung aus Pinot noir und Gamay gewonnen wird. Jeweils im Herbst wird die untere Qualitätsgrenze für Weine, die diese Bezeichnung führen dürfen, festgelegt.
- Salvagnin: Waadtländer Rotweine aus den Rebsorten Pinot noir und/oder Gamay. Eine Degustationskommission beurteilt die Weine, die nach dem internationalen Bewertungsschema für Weine (siehe Seite 208) mindestens 17 Punkte (von 20 möglichen) erreichen müssen.
- Dorin: Waadtländer Weißweine aus der Rebsorte Chasselas (Gutedel).
- Terravin: Das sind Spitzen-Dorins, die von einer Degustationskommission mindestens 18 Punkte bekommen müssen.
- Perlan: Genfer Weißweine aus der Rebsorte Chasselas.
- VITI (Vini Ticinesi): Weine aus dem Tessin. VITI steht immer mit der Sortenbezeichnung (z. B. Merlot VITI). Diese Qualitätsbezeichnung wird ebenfalls von einem Degustationskomitee vergeben.
- Winzerwy: Spitzenweine aller Traubensorten aus der Ostschweiz. Diese Weine unterstehen sehr strengen Produktionsvorschriften und dürfen nicht verschnitten werden. Bei der Prüfung durch eine Degustationskommission müssen sie 18 Punkte erreichen.
- Anbaugebiet: Die Schweiz gliedert sich in drei Weinbaugebiete, nämlich die Westschweiz (französische Schweiz) mit Neuenburg (Neuchâtel), Bern, Waadtland (Vaud), Genf (Genève) und Wallis (Valais), die Ostschweiz (deutsche Schweiz) mit Zürich, Schaffhausen, Thurgau, St. Gallen, Grau-

bünden, Aargau und Basel sowie die Südschweiz (italienische Schweiz), das ist das Tessin.

- Abfüller/Erzeuger: Name und Adresse des Abfüllers oder des Weinerzeugers.

FRANKREICH

Frankreich, das Weinland Europas schlechthin, ist, was die Etikettensprache anbelangt, etwas komplizierter, da die meisten Vorschriften in den einzelnen Weinbaugebieten unterschiedlich geregelt sind.

Weingüteklasse: Landesweit gilt in Frankreich nur die Regelung der Weingüteklassen:

- Appellation d'origine controlée (A.-C.- oder A.-O.-C.-Weine): Weine mit „kontrollierter Herkunftsbezeichnung" stellen die höchste Qualitätsstufe dar. Sie unterliegen einer besonders strengen Kontrolle der Rebsorten, des Schnitts, des Höchstertrages je Hektar, des Mindestalkoholgehalts und des Weinbereitungsverfahrens und dürfen nur in streng abgegrenzten Gebieten gebaut werden.
  Das Wort „origine" wird auf dem Flaschenetikett durch das Anbaugebiet, den Bereich, die Gemeinde, den Ort oder die Lage ersetzt, wobei die Qualität des bezeichneten Weines umso höher ist, je kleiner das kontrollierte Anbaugebiet ist.
  A.-C.-Weine werden genauen Untersuchungen (Laboranalysen, organoleptischen Untersuchungen) unterworfen. Die Ernte von A.-C.-Weinen muß der zuständigen Gemeindeverwaltung gemeldet werden. Die meisten A.-C.-Weine kommen aus Bordeaux, Burgund, dem Elsaß und der Champagne.
- Vins de qualité supérieure (V.-D.-Q.-S.-Weine): Die Weine „höherer Qualität aus begrenzten Anbaugebieten" liegen eine Qualitätsstufe unter den A.-C.-Weinen. Auch diese Weine unterliegen strengen Kontrollen und sind durch ein rechteckiges Gütezeichen gekennzeichnet. Fast die Hälfte aller V.-D.-Q.-S.-Weine kommen aus dem Midi sowie aus Sud-Ouest und aus dem Rhonetal.
- Vins de pays (Landweine): Auf dem Etikett ist die Herkunftsregion (Departement oder Produktionszone) angegeben, es darf jedoch keine der für die Qualitätsweine festgelegten Herkunftsbezeichnungen verwendet werden. Landwein darf nicht mit Weinen anderer als der bezeichneten Region verschnitten werden. Der Mindestalkoholgehalt ist festgelegt. Die meisten Landweine stammen aus Languedoc-Roussillon, aus der Provence und von der Côte d'Azur.
- Vins de table (Tafelweine): Sie tragen keine innerfranzösischen Herkunftsbezeichnungen, aber der Alkoholgehalt muß auf dem Flaschenetikett angegeben sein. Sie sind meist der Verschnitt aus Weinen verschiedener französischer Anbaugebiete.

Weinbaugebiete: In Frankreich sind folgende Weinbauregionen festgelegt:

- Bordeaux: Mit den wichtigsten Weinbaugebieten Médoc, Graves, Sauternes, Barsac, Entre-deux-mers, St. Émilion, Pomerol, Bourg und Blaye. Fast jedes dieser Gebiete hat eine eigene Klassifizierung, von denen jene aus Médoc am berühmtesten ist, denn von hier kommen die teuersten Weine der Welt, z. B. Château Lafite-Rothschild, Château Mouton-Rothschild, Château Latour, Château Margaux, Château Haut Brion.
  Neben der Klassifizierung findet man auf den Etiketten der Bordeaux-Weine folgende Aufschriften:
  Château – Schloßweingut
  Mise en bouteilles au château – Schloßabfüllung
  Grand vin – Bezeichnung ohne qualitative Bedeutung
  Négociant – Händler
- Sud-Ouest (Südwesten): Hier wird der Armagnac erzeugt.
- Languedoc-Roussillon (Midi): Von dieser Region kommen vor allem Land- und Tafelweine.
- Provence: Sie ist bekannt für ihre Roséweine.
- Côtes du Rhône: Die berühmtesten Weine sind Châteauneuf-du-Pape und Hermitage.
- Bourgogne (Burgund): mit den Weinbaugebieten Chablis, Côte d'Or (Côte de Nuit und Côte de Beaune), Côte Chalonnaise, Mâconnais und Beaujolais.
  Die Klassifizierung der Burgunder Weine ist nicht so exakt wie die der Bordeaux-Weine. Man findet auf den Etiketten folgende Bezeichnungen:
  Ortsnamen – die edelsten und teuersten Weine sind nur mit den Ortsnamen bezeichnet, aus denen sie stammen, z. B. Richbourg, Musigny, Meursault, Montrachet.

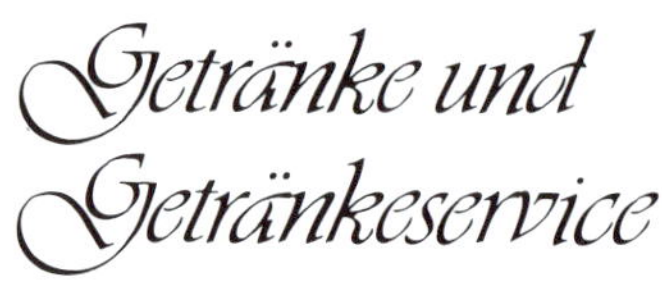

Grand cru bzw. Tête de cuvé – Spitzenlage
Climat – Einzellage (Ried)
Monopol – Weinberg, in einem Besitz befindlich
Récolte – Jahrgang
Mise en domaine – Weingutabfüllung
Mise dans nos caves – Kellereiabfüllung
Eleveur – Händler

- Savoie (Savoyen): Die Weine aus Savoyen haben nur regionale Bedeutung.
- Franche Comté (Juragebiet): Eine Eigenheit der Region sind die „gelben" und „grauen" Weine.
- Alsace (Elsaß): Der bekannteste Wein ist der Edelzwicker.
- Val de Loire (Loiregebiet): mit den Weinbaugebieten Pays Nantais, Anjou-Saumur, Coteaux de Touraine, Pouilly und Sancerre.
- Champagne: Das ist das Champagnergebiet.
- Charente: Das ist das Cognacgebiet.
- Centre (Zentralgebiet)
- Corse (Korsika)

ITALIEN

Auf den Etiketten italienischer Weine findet man folgende Bezeichnungen:

Name des Weines: Diese Namen sind oft sehr berühmt.

Weingüteklasse: Das italienische Weingesetz legt drei Qualitätsstufen fest:

- Denominazione semplice (D. S.) oder Denominazione origine semplice (D. O. S.): Das ist die niedrigste Qualitätsstufe und entspricht etwa dem deutschen oder österreichischen Tafelwein. Es sind keine Qualitätsmerkmale festgelegt, denen der Wein entsprechen müßte.
- Denominazione di origine controllata (D. O. C.): Das bedeutet „kontrollierte Ursprungsbezeichnung". Diese Weine müssen bestimmte Qualifikationen, z. B. vorgeschriebene Rebsorte, genaue Begrenzung des Anbaugebietes, Höchsterträge pro Hektar, Mindestalkoholgehalt und bestimmte Weinbereitungsmethoden, erfüllen. Sie sind einer Prüfung unterworfen.
- Denominazione di origine controllata e garantia (D. O. C. G.): Das ist die höchste Qualitätsstufe. Diese Weine werden mit einem staatlichen Siegel verschlossen. Neben den Bestimmungen, die für D.-O.-C.-Weine gelten, müssen noch weitere erfüllt werden, z. B. erstklassige Lage, Abfüllung vom Erzeuger.

Bezeichnung der Farbe des Weines:
Vino bianco – Weißwein
Vino rosato (rosatello) – Roséwein
Vino rosso – Rotwein
Vino nero – dunkelroter Wein

Bezeichnung der Geschmacksrichtung:
Secco – trocken
Amaro – bitter
Amabile – halbsüß
Dolce – süß

Sonstige Weinbaubezeichnungen:

- Classico: Diese Bezeichnung bedeutet, daß der Wein aus den besten Lagen des Weinbaugebietes stammt.
- Riserva: Als solcher bezeichneter Wein ist über einen längeren Zeitraum (meist drei Jahre) gelagert.
- Spumante: schäumend, mit Kohlensäuregehalt.

Alkoholgehalt: Bei Qualitätsweinen (D. O. C.) ist der Alkoholgehalt in Volumprozenten (Vol.-%) angegeben.

Nennvolumen e: Nach den EG-Bestimmungen muß der Flascheninhalt, mit einem „e" (= Europa) dahinter, angegeben sein.

Abfüller/Erzeuger: Name und Adresse des Abfüllers oder des Erzeugers stehen ebenfalls auf dem Etikett.

DIE HAUSBAR

Eine Hausbar ist aus einem modernen Haushalt nicht mehr wegzudenken. Sie kann in verschiedenen Formen eingerichtet sein, entweder in Schränken, Schrankwänden, Kästen oder Truhen eingebaut, in Form einer Bartheke oder als fahrbarer Barwagen. Es genügt aber auch für besondere Anlässe ein hübsch gedeckter kleiner Tisch in einer Ecke des Wohnzimmers, auf dem alle Barutensilien, Flaschen und Gläser, die benötigt werden, aufgebaut sind.

Die Hausbar wird meistens bei kurzen oder unerwarteten Besuchen, für Aperitifs und Digestifs, beim gemütlichen Beisammensitzen am Abend und bei Cocktailpartys benützt. Ihre wichtigste Funktion erfüllt sie aber in der Vorratshaltung von Spirituosen und sonstigen alkoholischen Getränken.

Barstock

Darunter versteht man das Sortiment an Getränken, das in der Bar vorhanden ist. Der Grundstock, der unbedingt benötigt wird, besteht aus folgenden Weinen und Spirituosen:

Hellem, trockenem Wermut (extra dry)
Hellem, süßem Wermut (bianco)
Dunklem Wermut (rosso)
Campari
Weinbrand oder Cognac
Blended Scotch Whisky (schottischem Whisky)
Gin
Weißem Rum
Cointreau oder Curaçao triple sec

Aus diesen Getränken können schon sehr viele Cocktails und Drinks gemixt werden.

Darüber hinaus wäre empfehlenswert:

Sherry (eventuell trockener und halbsüßer)
Portwein
American Whiskey
Canadian Whisky
Wodka
Klarer Schnaps (Obstler)
Kirschwasser
Zwetschkenwasser (Slibowitz)
Apricot Brandy (Barack)
Himbeergeist
Grand Marnier
Kirschlikör
Sonstige Liköre je nach Geschmack (z. B. Bénédictine, Kaffeelikör, Crème de Cacao, Crème de Menthe, Crème de Cassis usw.)
Magenbitter

Spirituosen und Weine, die gekühlt serviert werden, sollten rechtzeitig in den Kühlschrank gestellt werden. Besitzt man eine Bartheke, ist es am günstigsten, man läßt sich in diese einen kleinen Barkühlschrank einbauen.

Neben den Getränken benötigt man noch weitere Zutaten, bevor man mit dem Mixen beginnen kann, z. B. Zitronen-, Orangen-, Grapefruit-, Ananas-, Tomatensaft, Grenadine-Sirup (oder ersatzweise

Himbeersaft), Angostura- und Orangenbitter, Maraschino, einige frische Eier, Obers, Milch und Feinkristall- oder Läuterzucker (= ½ Zucker, ½ Wasser kurz aufkochen lassen und abkühlen) sowie sehr viel Eis. Zum Auffüllen von Longdrinks sollte man Sodawasser, Mineralwasser, Tonic water, Bitter lemon, Ginger ale, Cola (je nach Art des Drinks) zu Hause haben.
Für die Garnituren braucht man Zitronen- oder Orangenscheiben, Cocktailkirschen, Oliven, Perlzwiebeln usw., an Gewürzen Salz, Pfeffer, Worcestershiresauce, Tabascosauce etc.

Grundausstattung an Gläsern und Bargeräten

An Gläsern benötigt man für Bargetränke, wie bereits erwähnt, große und kleine Tumbler, Schnapsgläser, Cognac- oder Weinbrandschwenker, Cocktail- und Likörschalen, Südwein- und Sektgläser.

Die wichtigsten Bargeräte sind außerdem Shaker, Mixglas, Barmaß (notfalls kann ein geeichtes Schnapsglas verwendet werden), Barsieb, Barlöffel, Eisschaufel, Korkenzieher, Sticks (Cocktailstäbchen) und Trinkhalme. Bargeräte werden häufig im Set angeboten, das meist auch noch eine Zitronenpresse, Bargabel und ein Barmesser enthält.

Tips für das Mixen

Wenn Sie eine Cocktailparty veranstalten oder ganz einfach für Freunde ein paar Cocktails mixen möchten, überlegen Sie im vorhinein genau, was Sie anbieten. Am beliebtesten sind heute Longdrinks mit wenig Alkohol und hübschen Garnituren. Anregungen dazu finden Sie in der einschlägigen Fachliteratur.
Haben Sie wenig Erfahrung beim Mixen, ist es günstig, die Drinks schon vorher im Familienkreis auszuprobieren.

Für die Zubereitung von Drinks gibt es drei verschiedene Möglichkeiten: im Shaker, im Rührglas oder direkt im Gästeglas. Die Zubereitungsart ist von der

Getränke und Getränkeservice

Konsistenz der Ingredienzien abhängig. Im Shaker werden Drinks mit schwer vermengbaren Zutaten, wie Milch, Obers, Likören, Eiern, zubereitet. Im Rührglas mischt man klare, leicht vermengbare Drinks mit dem Barlöffel. Direkt im Gästeglas werden Bargetränke wie Highballs, Collinses, Slings, Fancy drinks, Pick-me-ups und Champagnercocktails durch leichtes Umrühren zubereitet.
Der Shaker und das Rührglas sollten immer zur Hälfte mit Eis gefüllt sein, damit die Drinks die richtige Temperatur erhalten. Beim Herausgießen in das Glas werden die Eisstücke mit dem Barsieb zurückgehalten.
Messen Sie alle Ingredienzien sorgfältig ab. Nur so können Sie sicher sein, daß die Drinks Ihrer Gäste von gleichmäßiger Qualität sind.

Die Garnituren sind wichtig für die attraktive Aufmachung eines Cocktails und werden häufig, auf Sticks gespießt, in den Drink gegeben.
Viele Leute wissen aber dann mit solchen Garnituren nichts anzufangen. Deshalb einige Richtlinien:

- Aufgespießte Oliven werden gegessen, ebenso Cocktailkirschen.
- Perlzwiebeln können ebenfalls gegessen werden, dies ist jedoch eine Geschmackssache.
- Garnituren mit ungeschälten Zitrusfrüchten werden aus dem Glas genommen und abgelegt. Es steht entweder ein Ablageteller bereit, oder die Cocktails werden auf einem kleinen Unterteller (mit Papierserviette oder Klapperdeckchen bzw. Gläserschuh) serviert und die Garnituren auf diesem abgelegt.

Zu Cocktails kann man verschiedenes Knabbergebäck servieren, wie Erdnüsse, Salzmandeln, Käsestangerln, Pommes chips usw., in kleinen Schüsseln.

Aperitifs

Aperitifs sind appetitanregende Getränke, die vor dem Essen eingenommen werden.
Als Aperitif können sehr unterschiedliche Getränke gereicht werden:

Aperitifweine: Das sind herbe Weine mit einem relativ hohen Alkoholgehalt, z. B. die trockenen Sorten von Sherry, weißer Portwein (=Dessert-, Süd- oder Süßweine), seit neuestem aber auch halbtrockene Ausbruchweine, Beeren- und Trockenbeerenauslesen (=Prädikatsweine).

- Der Sherry kommt aus der spanischen Provinz Andalusien. Er wird hauptsächlich aus der Palaminotraube gekeltert und mit Weinbrand versetzt. Als Aperitif eignen sich, wie bereits erwähnt, vor allem die trockenen Sorten.
  Fino: Er ist hell, klar und sehr trocken.
  Amontillado: Er ist kräftiger und dunkler in der Farbe als der Fino.
  Manzanilla: Das ist ein vorzüglicher Aperitifwein mit einem salzig-herben Geschmack.
  Sherry wird leicht gekühlt (10 bis 12 °C) entweder im Sherryglas oder im Südweinglas (Dessertweinglas) gereicht.
  Bekannte Sherrymarken sind Sandeman, Tio Pepe, Harveys, Dos Cortados usw.
- Portweine werden im oberen Tal des Douro (Portugal) gekeltert und bestehen aus fünf Teilen angegorenem Most und einem Teil Weinbrand. Nur eine Sorte wird im deutschsprachigen Raum als Aperitif getrunken, nämlich der White Port (weißer Portwein), der aus weißen Trauben hergestellt ist und einen trockenen, zart-herben Geschmack hat. Er wird leicht gekühlt (10 bis 12 °C) im Portweinglas oder im Südweinglas serviert.
  Bekannte Portweinmarken sind Croft, Dow, Sandeman, Cockburn, Kopke usw.
- Ausbruchweine, Beeren- und Trockenbeerenauslesen sind klassische Weine zum Dessert. In jüngster Zeit werden sie, einem neuen Trend folgend, in der BRD und in Österreich auch halbtrocken vergoren. Diese kräftigen Weine werden als Aperitif leicht gekühlt (10 bis 12 °C) im Südweinglas serviert.

Wermutweine: Das sind die bekanntesten Aperitifs. Unter Wermut versteht man Weine, die mit Branntwein, Zucker und verschiedenen Kräutern, z. B. Wermutkraut, Wacholder, Ysop, Zimt, Nelken, Koriander, Melisse, Salbei, Kamille, sowie Orangen- und Zitro-

nenschalen versetzt werden. Die genaue Zusammensetzung ist ein Geheimnis der Hersteller.
Wermut kommt ursprünglich aus Italien (dunkler, süßer Wermut) und aus Frankreich (heller, trockener Wermut). Heute unterscheidet man:
Secco (extra dry): hellgelbe Farbe, sehr trockener Geschmack
Bianco: dunkleres Gelb, süßer Geschmack
Rosé: roséfarben, halbsüß im Geschmack
Rosso: rotbraune Farbe, süßer Geschmack
Amaro: dunkles Rotbraun, bitter-süßer Geschmack

Wermut wird mit einer Temperatur von 6 bis 8 °C im Südweinglas, in Italien mit etwa 8 °C im kleinen Tumbler serviert. Ebenso kann er „on the rocks" (mit Eiswürfeln) oder mit Soda aufgespritzt im kleinen Tumbler gereicht werden. Auch für Aperitifcocktails wird Wermut häufig verwendet.
Die bekanntesten Wermutmarken sind Martini, Cinzano, Stock, Gancia, Punt e Mès aus Italien und Noilly Prat aus Frankreich (gilt als der trockenste Wermut).

Quinquinas: Das sind ebenfalls versetzte Weine, die aus einer Mischung von Traubensaft, Branntwein, Chinarinde, aromatisierten Weinen und Aromapflanzen bestehen. Sie kommen vor allem aus Frankreich. Die bekanntesten Marken sind St. Raphaël, Dubonnet (weiß und rot), Cynar, Bhyrr. St. Raphaël und Dubonnet werden gekühlt (8 bis 10 °C) im Südweinglas oder „on the rocks" (mit Eiswürfeln) im kleinen Tumbler serviert. Cynar und Bhyrr reicht man im mittleren Tumbler ebenfalls bei einer Temperatur von 8 bis 10 °C.

Bitters und Bitterliköre: In diese Gruppe fällt ein klassisches Aperitifgetränk aus Italien, der Campari. Er wird pur (mit etwa 8 °C), mit Soda oder mit Orangensaft im kleinen Tumbler serviert.
Campari-Soda: ⅖ eisgekühlter Campari, ⅗ eisgekühltes Soda.
Campari-Orange: ⅓ gekühlter Campari, ⅔ gekühlter Orangensaft (ohne Zitronenzeste servieren).

Auch der Bitterlikör Fernet-Branca kann, aufgespritzt mit eisgekühltem Soda (⅖ Fernet-Branca, ⅗ Soda), im kleinen Tumbler als Aperitif gereicht werden.

Cocktails: Oft werden als Aperitif auch sogenannte Before-dinner-Cocktails serviert, die sich vor allem in den USA großer Beliebtheit erfreuen. Sie sind trocken gehalten, häufig auf der Basis von Wermut mit Bitters, Branntweinen, Frucht- und Gemüsesäften. Ihr Alkoholgehalt ist relativ hoch. Sehr bekannt sind:

- Americano: 3 cl Wermut (rosso), 3 cl Campari, Eiswürfel in einen mittleren Tumbler, mit Soda auffüllen, mit einer Zitronenschale (am Glasrand) servieren.
- Apricot sour: 2 cl Zitronensaft, 5 cl Apricot Brandy im Shaker zubereiten, im kleinen Tumbler mit einer Kirsche und einer halben Orangenscheibe (am Stick) servieren.
- Bloody Mary: Salz, weißer Pfeffer, je ein Spritzer Worcestershiresauce und Tabascosauce, ½ Kaffeelöffel Zitronensaft in einem mittleren Tumbler vermengen, 4 cl Wodka und 2 Eiswürfel dazugeben, umrühren und mit ⅛ l Tomatensaft auffüllen. Mit einer Zitronenspalte servieren.
- Daiquiri: 2 cl Zitronensaft, 1 cl Läuterzucker, 3 cl weißen Bacardi-Rum im Shaker zubereiten und im Cocktailglas oder in der Cocktailschale servieren.
- Manhattan: 1 Spritzer Angostura-Bitter, 2 cl Wermut (rosso), 4 cl Canadian Whisky im Rührglas zubereiten und im Cocktailglas mit Kirsche servieren.
- Martini dry: 2 cl Wermut (extra dry), z. B. Noilly Prat, 4 cl dry Gin im Rührglas zubereiten und im Cocktailglas mit Olive servieren.
- Martini sweet: 2 cl Wermut (rosso), 4 cl Gin im Rührglas zubereiten und im Cocktailglas servieren.
- Rob roy: 1 Spritzer Angostura-Bitter, 2 cl Wermut (rosso), 4 cl Blended Scotch Whisky im Rührglas zubereiten und im Cocktailglas mit Kirsche (auf einem Stick) servieren.
- Screw driver: 4 cl Wodka in einem kleinen Tumbler, Eisstücke dazu, mit frisch gepreßtem Orangensaft auffüllen (maximal ⅛ l) und umrühren.
- Vodkatini: 2 cl Wermut (extra dry), 4 cl Wodka im Rührglas zubereiten und im Cocktailglas mit einem Stück Zitronenschale servieren.

Wein, Sekt, Champagner und Sekt- oder Champagnercocktails: Trockene Weine, Sekte und Champagner (nature, brut, extra sec, extra dry) eignen sich, pur oder gemischt mit Fruchtsäften und Likören, ausgezeichnet als Aperitif.

Getränke und Getränkeservice

Bekannt sind vor allem:

- Kir: 1 cl Crème de Cassis in ein Weinglas geben, mit trockenem Wein, z. B. Chablis, weißem Burgunder, auffüllen.
- Kir royal: 1 cl Crème de Cassis (Johannisbeerlikör) in ein Sektglas geben, mit trockenem Sekt oder Champagner auffüllen.
- Sekt-Orange: 6 cl frischgepreßten Orangensaft in ein Sektglas geben, mit Sekt oder Champagner auffüllen.
- Champagnercocktail: 1 Stück Würfelzucker, 2 bis 3 Spritzer Angostura-Bitter, 1 cl Weinbrand in eine Sektflöte geben und mit Champagner auffüllen. Mit einer Orangenspirale servieren.
- Kiwi- oder Holunder-Kir: 1 cl Kiwi- oder Holunderlikör in ein Sektglas geben, mit Sekt oder Champagner auffüllen.

Diese Getränke werden gut gekühlt (6 bis 8 °C) serviert.

Bowlen: In der heißen Jahreszeit sind auch trocken gehaltene Bowlen ein sehr beliebter Aperitif.

- Früchtebowlen: Frische, einwandfreie Früchte der Saison (z. B. Erdbeeren, Pfirsiche) werden kleingeschnitten und mit etwas Zucker und passenden Spirituosen (z. B. Weinbrand, Rum oder Fruchtlikören, die zu den jeweiligen Früchten passen) in einer Bowleschüssel angesetzt. Man läßt sie einige Stunden ziehen. Vor dem Service werden sie mit leichtem, trockenem Weißwein und/oder trockenem Sekt (oder Champagner) aufgefüllt. Man gießt die eisgekühlte Bowle (2 bis 4 °C) mit einem Schöpfer in Bowlegläser, die man entweder auf einen Gläseruntersatz oder einen Unterteller (Untertasse) mit Papierserviette oder Klapperdeckchen stellt. Dazu gibt man eine Bowlegabel oder einen Kaffeelöffel.

  In die Bowle darf man niemals Eiswürfel hineingeben, da sie sonst verwässert wird.
- Kalte Ente: Eine Zitrone oder Orange wird spiralenförmig geschält, die Schale in einen Weinkrug gehängt, darüber eine Flasche trockener, spritziger Weißwein und eine halbe Flasche halbsüßer oder trockener Sekt gegossen. Nach einiger Zeit wird die Schale entfernt und die Kalte Ente eisgekühlt (2 bis 4 °C) in Weißweingläsern serviert.
- Sangria: Das ist ein spanisches Nationalgetränk, das in den letzten Jahren auch bei uns immer beliebter wurde. Geschälte Orangen und Zitronen (in manchen Gegenden werden zusätzlich noch andere Früchte genommen) werden in Würfel oder Scheiben geschnitten und mit weißem Rum sowie etwas dunklem Rum und Läuterzucker kalt angesetzt. Man gießt diesen Ansatz mit mildem oder säuerlichem Rotwein auf und serviert die Sangria eisgekühlt (2 bis 4 °C) mit viel Eis im großen Tumbler.

Branntweine und Weinbrände: In vielen Gegenden ist es üblich, vor dem Essen klare Schnäpse oder Branntweine zu reichen.

Wodka, Doornkaat, Aquavit, Korn, Gin, Genever werden eisgekühlt (=bei Branntweinen unter 0 °C) in den für sie typischen eisgekühlten Gläsern (z. B. Wodka-, Doornkaat-, Aquavitglas) oder im Schnapsglas (Stamper, Stamperl), bei rustikalen Veranstaltungen auch in Schnapskrügerln serviert. Sehr beliebt sind auch Getränke wie Wodka-Feige (Wodka mit einer grünen Feige) oder Wodka-Kirsch (Wodka mit einer Cocktailkirsche), die eisgekühlt im Cocktailglas mit der Feige oder Kirsche am Stick serviert werden, sowie Gin-Tonic im kleinen Tumbler (2 cl Gin mit Tonic water auffüllen).

Auch Obstbranntweine, z. B. Marillenbrand (Barack), Slibowitz, Kirschwasser, und Tresterbranntweine, wie Grappa, werden als Aperitif angeboten. Man serviert sie stark gekühlt (zirka 4 °C) im Schnapsglas oder in der Likörschale bzw., falls vorhanden, in den für das Getränk typischen Gläsern (z. B. Barackgläsern).

Liebhaber von Whisky trinken diesen auch als Aperitif, und zwar Blended Scotch Whisky oder Bourbon Whiskey pur (gekühlt mit 8 bis 10 °C), „on the rocks" (mit Eiswürfeln) oder mit Wasser, serviert im Oldfashioned-Glas.

Auch junger Weinbrand, Cognac oder Calvados sowie Winzerbrand können gekühlt (8 bis 10 °C) vor dem Essen als Aperitif angeboten werden. Diese Getränke sind beispielsweise in Frankreich und Deutschland sehr beliebt.

Alkoholfreie Aperitifs: Selbstverständlich können auch alkoholfreie Getränke als Aperitif dienen. Geeignet sind dafür in erster Linie Getränke, die nicht zu süß sind.

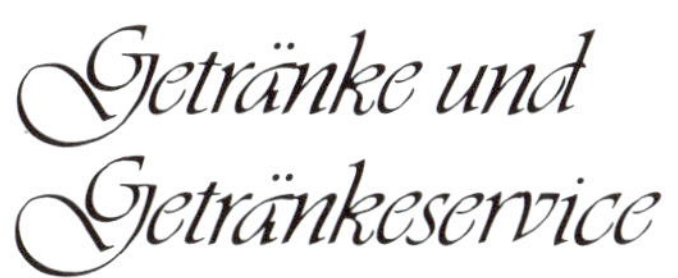

- Frucht- und Gemüsesäfte: Appetitanregend wirken alle Säfte mit einem hohen Säuregehalt, z. B. frischgepreßter Orangen-, Grapefruit- oder Tomatensaft, sowie Mischgemüsesäfte in der Konserve wie „V 8".
- Chininhaltige Limonaden: Sie sind zartbitter im Geschmack und wirken durch den Chiningehalt anregend und erfrischend. Bekannt sind sie als Indian tonic water, Bitter lemon, Bitter orange, Bitter grapefruit usw.

Alkoholfreie Aperitifs werden gekühlt (8 bis 10 °C) in mittleren oder hohen Tumblern serviert. Man kann auch Eiswürfel dazugeben.

Service von Aperitifs

Aperitifs werden, wenn mehr als sechs Personen erwartet werden, schon bevor die Gäste kommen, zubereitet und auf einem Tablett mit weißer Stoffserviette bereitgestellt. Es werden meist zwei bis drei verschiedene Aperitifs zur Auswahl angeboten.
Bei weniger als sechs Personen kann man Flaschen und Gläser auf einem Servier- oder Barwagen oder, wenn man eine eigene kleine Hausbar mit Barhockern hat, auf dieser alles vorbereiten und die Getränke individuell nach Wunsch der Gäste zubereiten. Man sollte aber auch in diesem Fall zwei oder drei Getränke vorschlagen.

Bei Veranstaltungen (siehe Seite 232) wird ein kleiner Tisch buffetartig vorbereitet, auf dem alle Flaschen, Gläser und sonstigen Gegenstände, die für die Zubereitung der Aperitifs notwendig sind, aufgebaut werden. Hier ist eine oder mehrere Personen des Service (je nach Größe der Veranstaltung) mit dem Vorbereiten der Getränke beschäftigt, während andere die Gläser auf Tabletts (mit Stoffserviette) stellen und den Gästen im Stehen die Getränke anbieten. Es ist darauf zu achten, daß auf jedem Tablett eine Auswahl aller angebotenen Aperitifs zu finden ist und die Tabletts nachbestückt werden.

Bier

Bier ist ein Getränk, das im deutschsprachigen Raum einen besonderen Stellenwert genießt und deshalb zu fast allen Speisen getrunken wird.
Die Palette der Biere, die in den einzelnen Ländern angeboten werden, ist sehr groß.

In vielen Ländern Europas, besonders in nördlicheren, trinkt man zum Bier gerne einen klaren eisgekühlten Schnaps (z. B. Doornkaat, Aquavit, Obstler).

Voraussetzungen für ein gepflegtes Bierservice sind ruhige und kühle Lagerung (am besten im Keller bei einer Temperatur von 7 bis 10 °C), Schutz vor direkter Sonnenbestrahlung und peinlichste Sauberkeit bei allen Geräten, die mit dem Bier in Berührung kommen, seien es die Utensilien zum Anzapfen von offenem Bier oder die Gläser.
Wichtig bei den Biergläsern ist vor allem, daß sie keine Reste von Spülmitteln enthalten und vollkommen fettfrei sind. In ein Bierglas sollte man daher niemals Milch oder Milchmischgetränke geben. Ein feiner Fettfilm im Glas verhindert die Schaumbildung.
Die ideale Trinktemperatur für Bier liegt zwischen 7 und 10 °C, wobei es im Sommer eher kühler (7 °C) und im Winter etwas wärmer (10 °C) getrunken wird.

Service von Bier

Bier kann offen (aus dem Faß oder Container) oder in Flaschen serviert werden.

Offene Bierausschank ist im Haushalt meist nur bei Grillpartys und sonstigen eher rustikalen Veranstaltungen, die im Freien oder im Kellerstüberl stattfinden, üblich. Für solche Gelegenheiten kann man bei jeder Brauerei sogenannte Partyfässer bestellen. Diese Fässer werden in unterschiedlicher Größe angeboten (zwischen 5 und 15 Liter). Das Anschlagzubehör kann man sich bei der Brauerei ausborgen.
Das gekühlte Faß stellt man auf einen stabilen Tisch oder Schemel, und nachdem es angeschlagen wurde, bedienen sich die Gäste meistens selbst, oder es zapft der Hausherr das Bier ab. Es ist ratsam, das Faß schon vor Eintreffen der Gäste anzuschlagen und betriebsbereit zu machen.

Immer beliebter wurden in letzter Zeit auch sogenannte Dosenfässer. Das sind Bierdosen mit 5 bis

Getränke und Getränkeservice

10 Liter Inhalt, die man in eine Faßimitation stellt. Diese ist innen mit Styropor ausgekleidet, damit sich die Temperatur der gekühlten Dose lange hält. Mit einer speziellen Anschlagvorrichtung (Pipe, Stecher, Kohlensäurepatrone oder Luftpumpe, Klemme) wird die Dose in der Küche angeschlagen und dann im Eßzimmer oder auf der Hausbartheke aufgestellt.
Der Hausherr füllt die Gläser, stellt sie auf ein Tablett mit Stoffserviette und serviert sie den Gästen von rechts.

Im allgemeinen ist im Haushalt aber das Flaschenbierservice üblich.
Die Biergläser können sowohl am Tisch aufgedeckt als auch erst unmittelbar vor dem Bierservice eingestellt werden (rechts unterhalb der eingedeckten Gläser).
Die Flaschen, die man zuerst abwischt, können bereits in der Küche geöffnet werden. Günstiger ist es aber, man legt auf dem Servierwagen oder der Anrichte einen Flaschenöffner bereit (bei gepflegtem Service auf einem Teller mit Serviette) und öffnet hier die Flaschen. Dann geht man zum ersten Gast, nimmt von rechts mit der linken Hand das Bierglas, hält es schräg und läßt das Bier langsam an der Innenwand des Glases hinabfließen, bis dieses etwa zwei Drittel hoch gefüllt ist. Dann hält man das Glas gerade und gießt den Rest ein. Dadurch entsteht eine schöne Schaumkrone. Das Glas wird von rechts eingestellt, und zwar auf den Platz, wo es aufgedeckt oder eingestellt war.
Eine andere Möglichkeit ist, daß man die Bierflaschen und -gläser sowie den Flaschenöffner auf ein Tablett mit weißer Stoffserviette stellt, das Tablett zur Anrichte trägt, hier die Flaschen öffnet, die Gläser füllt und diese anschließend den Gästen serviert.
Gibt man zum Bier einen Schnaps, so stehen die eisgekühlten Gläser auf einem Tablett mit weißer Stoffserviette, der eisgekühlte Schnaps wird eingeschenkt und das Glas von rechts eingestellt.

Weißbier verlangt ein besonderes Service. Es wird langsam und vorsichtig in schräg gehaltene Weißbierstangen geleert, wobei man darauf achten muß, daß das Bier nicht überschäumt, da es sehr viel Kohlensäure enthält. Mit einer entkernten Zitronenscheibe, die man auf den Rand des Bierglases steckt, wird das Weißbier serviert.
Echte Weißbiertrinker geben häufig, bevor sie das Bier einschenken, einige Tropfen heißes Wasser in das Glas. Es soll auf diese Art ein Überschäumen verhindert werden.
In Berlin wird Weißbier oft mit einem Schuß Himbeersaft oder mit Waldmeister serviert.

Wein

Wein ist in allen europäischen Ländern das klassische Getränk zu einem gepflegten Essen. Er muß sorgfältig ausgewählt und auf die Speisen abgestimmt werden. Grundsätzlich unterscheidet man Stillweine, Schaumweine und Dessert-, Süd- oder Süßweine.

Stillweine sind Rot-, Weiß- und Roséweine.

- Rotweine: Das sind Weine aus roten oder blauen Trauben, wobei die Maische (=zerquetschte Trauben) vor dem Pressen etwas gärt und so die rote Farbe aus der Beerenschale gelöst wird.
  Rotwein wird eher zu dunklem Fleisch getrunken. Leichte bis mittelschwere Rotweine werden mit einer Temperatur von 14 bis 16 °C serviert, schwere Rotweine mit 16 bis 18 °C (=Zimmertemperatur). Leichte Weine kann man aus Rotweingläsern mit gerader Kelchform trinken, für gehaltvollere Weine bevorzugt man tulpen- und apfelförmige Kelche, wobei schwere Rotweine zu ihrer Entfaltung einen großen, apfelförmigen Kelch (=Ballonglas) benötigen.
- Weißweine: Diese Weine sind aus weißen Trauben oder aus vollständig süß gekelterten (nicht angegärten) roten oder blauen Trauben.
  Junge, frische Weißweine serviert man etwa mit einer Temperatur von 8 bis 11 °C, französische Weißweine eher kühler (6 bis 8 °C), edle, gehaltvolle Weißweine (z. B. Spätlesen) mit zirka 11 bis 13 °C, Beerenauslesen, Ausbruchsweine, Eisweine und Trockenbeerenauslesen mit 13 bis 15 °C. Junge Weißweine trinkt man aus Gläsern mit ausgestellter oder gerader Kelchform, schwerere Weißweine werden eher in tulpen- oder apfelförmigen Gläsern serviert.

- Roséweine: Das sind hellrote Weine aus roten oder blauen Trauben, wobei die Maische nicht oder nur kurze Zeit angegoren wurde, sodaß geringe Mengen roten Farbstoffes gelöst wurden.
  Er vereinigt in sich viel vom Charakter der weißen und der roten Weine und paßt sowohl zu hellem als auch zu dunklem Fleisch.
  Roséweine werden aus Roséwein- oder Weißweingläsern mit ausgestellter oder gerader Kelchform getrunken. Die Trinktemperatur liegt bei 8 bis 11 °C, französische Roséweine trinkt man kühler (6 bis 8 °C).

Um bestimmte Geschmackscharakteristika bei Weinen beschreiben zu können, wurden im Laufe der Zeit Ausdrücke entwickelt, die es dem Weinkenner und -liebhaber ermöglichen, den Geschmack eines Weines exakt zu definieren. Diese Ausdrücke finden Sie auch auf Getränkekarten und helfen Ihnen, den richtigen Wein zu den von Ihnen ausgewählten Speisen zu bestellen. In der Folge finden Sie eine Auswahl der bekanntesten Weinfachausdrücke.

Aroma: Duft des Weines bzw. der leicht flüchtigen Bestandteile des Weines, die durch die Nase wahrgenommen werden. Das Aroma ist je nach Sorte, Boden, Reife und Temperatur verschieden.
Ausgebaut: Der Wein ist vollkommen entwickelt.
Ausgeglichen: Die Bestandteile des Weines stehen zueinander im richtigen Verhältnis.
Blank: Wein ohne Trübung.
Blume: Aroma.
Blumig: bukettreich.
Bukett: Aroma, Blume. Man unterscheidet Sorten-, Lager-, Alters- und Edelfäulebukett.
Charakter: bestimmte Art des Weines. Er hängt von Sorte, Lage, Klima und Weinbehandlung ab.
Dezent: fein, zart.
Duftig: elegante, leichte Blume.
Edel: eleganter, großer Wein.
Edelfirnig: Wein mit Altersgeschmack.
Edelsüß: Wein mit sehr viel Restsüße (Spät- oder Auslesen).
Elegant: vollkommen harmonischer, meist leichterer, spritziger und nicht zu milder Wein.
Extraktreich: voller Wein durch einen hohen Extraktgehalt. Dieser besteht aus Mineralsalzen, Glyzerin, Zucker und Säuren, die im Wein gelöst sind.
Fein: elegant.
Feurig: Wein, dessen Alkoholgehalt hoch ist, der aber trotzdem harmonisch im Geschmack ist. Bei Rotweinen ist feurig auch eine Farbbezeichnung.

Frisch: junger Wein mit hohem Kohlensäuregehalt.
Fruchtig: Wein, der im Geschmack an die Sorte erinnert.
Fülle: körperreicher, vollmundiger Wein.
Gehaltvoll: körperreicher, voller Wein.
Gerbstoffreich: hauptsächlich bei Rotweinen. Wein mit hohem Tanningehalt, herber Wein.
Glatt: harmonisch.
Halbsüß (halbtrocken): Geschmacksrichtung, die zwischen trocken und lieblich liegt und weniger als 9 Gramm (Österreich) bzw. 18 Gramm (BRD) Restzucker (= Zucker, der nicht vergoren ist) pro Liter Wein enthält.
Harmonisch: ausgeglichen.
Herb: Das ist ursprünglich der zusammenziehende Geschmack, der durch einen hohen Gerbstoffgehalt entsteht.
Heute wird der Ausdruck auch fälschlich für „trokken“ verwendet.
Kernig: körperreicher Wein mit entsprechender Säure.
Klar: blank.
Körperreich (mit Körper): extraktreich, voll.
Kräftig: Wein mit starkem Bukett, vollmundiger Wein.
Lagerbukett: Bei langer Lagerung von Weinen im Faß entsteht ein charakteristisches Bukett.
Lebendig: spritzig. Der Wein hat Leben.
Lieblich: Geschmackskategorie bei Wein zwischen halbtrocken und süß (BRD). Restzuckergehalt zwischen 18 und 40 Gramm pro Liter.
Mild: säurearm.
Mollig: voller, runder Wein.
Moussierend: stark kohlensäurehaltig.
Pikant: fruchtig, blumig, mit etwas Säure.
Perlend: spritziger, kohlensäurehaltiger Wein.
Pfeffrig: eigenartiger, pfeffriger Geschmack, der oft bei hochwertigem Grünem Veltliner auftritt.
Prickelnd: kohlensäurehaltiger Wein, der spürbar auf der Zunge prickelt.
Rassig: temperamentvoller, säurereicher Wein.
Reintönig: Wein ohne irgendeinen Nebengeschmack.
Resch: säurereicher Wein ohne Zuckerrest.

Getränke und Getränkeservice

Rund: voller, abgerundeter Geschmack.
Samtig: milder Rotwein mit geringem Gerbstoffgehalt.
Schwer: alkoholreicher Wein mit hohem Extraktgehalt.
Sortenbukett: Im Wein ist die Sorte typisch zu erkennen.
Spiegelblank: ganz klar, ohne Makel.
Spritzig: Der Wein entwickelt kleine Kohlensäurebläschen. Nur bei jungem Wein.
Süffig: harmonischer, leichter Wein, der immer wieder zum Trinken anregt.
Süß: Weine, die einen sehr hohen Zuckerrest besitzen.
Tanningehalt: Gerbstoffgehalt, hauptsächlich bei Rotwein.
Trocken: Der Zucker im Traubenmost wurde zur Gänze oder fast gänzlich vergoren (höchstens vier Gramm Restzucker pro Liter). Dadurch läßt der Wein einen sperrigen Geschmack zurück.
Vollmundig: körperreicher, angenehmer Wein mit geringem Säuregehalt.
Weich: säurearmer Wein.
Würzig: intensiv fruchtig, aromatisch.
Wuchtig: kräftiger, voller, schwerer Wein.
Zart: nicht sehr kräftiger, aber feiner, eleganter Wein.
Zuckerrest: Im Wein ist ein mehr oder weniger großer Rest unvergorenen Zuckers.

Schaumweine sind alle kohlensäurehaltigen Weiß-, Rosé- und Rotweine, deren Kohlensäuregehalt durch eine zweite Gärung natürlich entstanden ist. Zu den Schaumweinen zählen:

- Champagner: Das ist ein moussierender Weißwein, der nur aus einem gesetzlich geschützten Gebiet, der Champagne in Nordfrankreich, stammen darf. Champagner wird nach einem besonderen Verfahren erzeugt (=Méthode champenoise) und kommt in verschiedenen Geschmacksrichtungen auf den Markt, z. B. nature, brut (das sind die trockensten Sorten), extra sec (extra trocken), sec (trocken), demi sec (halbsüß), doux (süß).
  Etwa 30 Champagnerfirmen besitzen Weltruf, von denen die bekanntesten Moët & Chandon (Dom Perignon), Laurent Perrier, Taittinger, Pommery & Greno, Louis Roederer, Veuve Clicquot-Ponsardin, Charles Heidsieck, G. H. Mumm & Co usw. sind.
- Naturschaumweine (Asti spumanti): Der einzige Naturschaumwein der Welt kommt aus Piemont in Norditalien. Bei der Erzeugung wird die Gärung durch Kälte gestoppt. Dadurch bleibt eine Restsüße erhalten. Naturschaumweine gibt es weiß oder rot.
- Sekt: So heißen alle Schaumweinerzeugnisse aus der BRD, Österreich und der Schweiz. Die Qualität eines Sektes ist in erster Linie vom Herstellungsverfahren abhängig, wobei die besten Sekte nach der Champagnermethode erzeugt werden.
  Die bekanntesten Sektmarken sind Schlumberger, Hochriegl, Fürst Starhemberg, Henkell, Kupferberg, Deinhard Lila, MM (Matheus Müller), Söhnlein, Krimsekt.

Schaumweine werden in Schaumweingläsern mit einer Temperatur von 6 bis 8 °C serviert.

Dessert-, Süd- oder Süßweine haben im allgemeinen einen höheren Zucker- und Alkoholgehalt als Stillweine. Sie werden nach besonderen Verfahren hergestellt und erhalten durch die Verwendung bestimmter Zusätze (z. B. Traubensaft, Most und Mostkonzentrate, Wein, Rosinen, Zucker und Alkohol in Form von Weinbränden und Branntweinen) eine besondere Eigenart. Solche Weine sind beispielsweise:

- Sherry: Während die trockenen Sherrysorten vorzugsweise als Aperitif getrunken werden (siehe Seite 124), sind die halbsüßen und süßen Sorten vor allem als Dessertwein bekannt.
  Oloroso – er ist halbsüß (medium), sehr aromatisch, hat eine goldgelbe Farbe und einen schweren Körper. Der Oloroso wird leicht gekühlt (etwa 10 bis 14 °C) im Sherry- oder Südweinglas serviert.
  Cream oder Milk – das ist eine Oloroso-Auslese mit vollem, kräftigem Körper und dunkler Farbe. Er ist sehr süß. Serviert wird er ungekühlt, eventuell etwas gekühlt (14 bis 16 °C) im Sherry- oder Südweinglas. Der Cream wird nicht nur zum Dessert, sondern auch als Digestif getrunken.
- Portwein: Die meisten Portweine werden zum Dessert gereicht. Man unterscheidet:
  Vintage Port – das ist ein Jahrgangsportwein, unverschnitten und der beste und teuerste Portwein, den es gibt. Er ist schwer, fettig und bildet ein Depot. Deshalb muß er immer vor dem Servieren in eine Karaffe umgefüllt (=dekantiert) werden.

Late Bottled Vintage – er ist dem Vintage Port sehr ähnlich, ist aber leichter als dieser.

Crusted Port – er hat eine gute Qualität, ist aber aus mehreren Jahrgängen verschnitten.

Vintage Character – das ist eine Spielart des Crusted Port.

Tawny Port – er ist leichter als die anderen Portweine und in Mitteleuropa sehr beliebt. Durch lange Lagerung in Holzfässern bekommt er eine trübbraune Farbe.

Ruby Port – seine Farbe ist dunkler, der Geschmack herber als beim Tawny Port. Er ist wesentlich kürzer in Holzfässern gelagert.

Die genannten Portweine werden alle im Portwein- oder Südweinglas mit einer Temperatur von 16 bis 18 °C (=Zimmertemperatur) serviert.

- Madeira: Er hat einen charakteristischen Karamelgeschmack und darf nur aus Weinen der portugiesischen Insel Madeira erzeugt werden. Madeira wird in verschiedenen Geschmacksrichtungen, z. B. süß, halbsüß, erzeugt.
- Samos: Das ist ein weißer Dessertwein von der gleichnamigen griechischen Insel.
- Mavrodaphne: Er kommt vom Peloponnes und ist ein schwerer, roter Dessertwein.
- Marsala: Er wird im Nordwesten Siziliens erzeugt, ist sehr süß und in der Farbe dunkelrot bis braun.
- Malaga: Dieser Dessertwein wird rund um die Stadt Malaga im Süden Andalusiens (Spanien) erzeugt. Er ist braun und sehr süß.
- Tokajer: Er ist vor allem als Dessertwein bekannt, obwohl er auch als normaler Weißwein hergestellt wird. Im Handel erhältlich ist der Tokaji aszú, der in verschiedenen Qualitätsstufen (zweibuttig bis sechsbuttig) erhältlich ist.
- Refošco: Das ist ein dunkelroter Süßwein aus Dalmatien (Jugoslawien).
- Prošek: Er ist bernsteinfarben und stammt ebenfalls aus Dalmatien.

Dessert-, Süd- oder Süßweine kommen im allgemeinen ungekühlt (16 bis 18 °C), eventuell aber auch gekühlt, und zwar süße Weine mit 14 bis 16 °C, halbsüße mit 10 bis 14 °C, im Südweinglas zum Service.

Service von Wein

Der gewählte Wein wird aus dem Weinkeller geholt, wobei zu beachten ist, daß man die Flasche flach und ruhig trägt, damit der Wein nicht wieder „unruhig" wird und seine charakteristischen Merkmale gestört

werden. Bei alten Rotweinen ist außerdem darauf zu achten, daß der im Lauf der Zeit sich bildende Bodensatz (=Depot) nicht aufgewühlt wird.

Service von offenem Wein

Wenn man aus Zwei-Liter-Flaschen bei Tisch servieren will, darf man das niemals aus der Flasche selbst tun, sondern man füllt den Wein in einen Weinkrug, und von diesem wird er den Gästen von der rechten Seite in das Weinglas eingeschenkt.

Offene Weine werden bei Tisch nicht vorgekostet. Wenn der Wein allerdings schon lange vorrätig ist, sollte ihn der Gastgeber alleine in der Küche probieren, ob er noch in Ordnung ist. Erst dann wird er serviert.

Der Hausherr gibt vor dem Service die Weinmarke, -sorte und die Gegend bekannt, aus der der Wein kommt.

Nach einer gewissen Zeit, d. h. nach öfterem Nachschenken, sollten die Gläser gewechselt werden, um eine gleichbleibende Qualität des Weines zu gewährleisten. Wenn aus Gläsern längere Zeit getrunken wird, bildet sich durch das Berühren mit den Lippen ein feiner Fettfilm, der den Geschmack des Weines beeinträchtigt. Es sollte also immer eine Garnitur Gläser als Nachschub bereitstehen.

Weissweinservice (Flaschenwein)

Wenn man einen guten Weinkeller hat, kann man den Weißwein kellerkalt servieren. Ist der Wein aber zu warm, wird man die Flasche am Tag vor dem Verbrauch in den Kühlschrank legen und die Temperatur überprüfen. Sie sollte, wie bereits erwähnt, zwischen 8 und 11 °C betragen. Tagelanges Stehenlassen im Kühlschrank schadet der Qualität des Weines.

Auf keinen Fall darf man den Wein für kurze Zeit in den Tiefkühlschrank oder ins Tiefkühlfach des Kühlschrankes geben, um ihn auf die richtige Temperatur zu bringen, da der Geschmack sehr darunter leidet.

Ein ideales Kühlmittel für Wein ist fließendes Wasser. Man legt die Flasche ein paar Minuten unter den Wasserhahn und läßt kaltes Wasser darüberlaufen.

Getränke und Getränkeservice

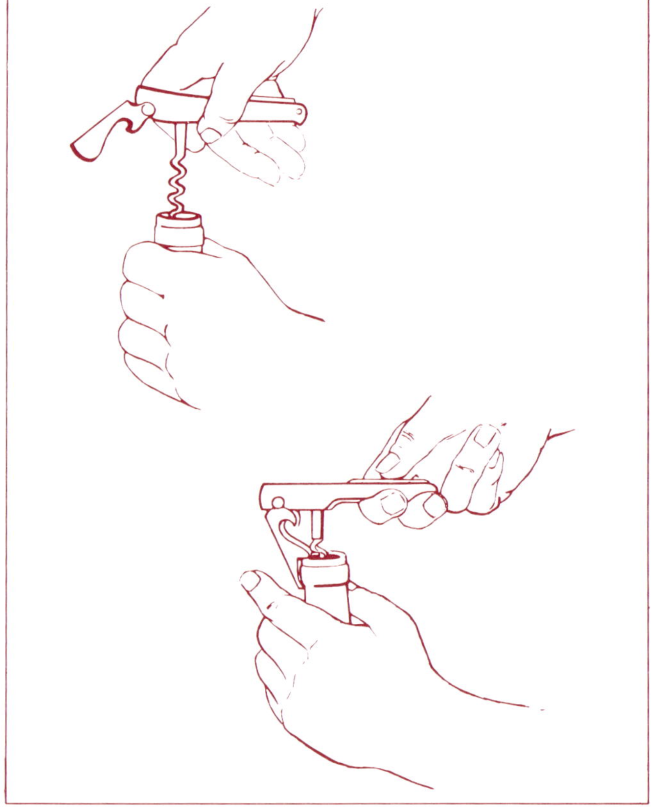

Für das Service von jungen, spritzigen Weißweinen bereitet man einen Weinkühler mit Wasser und Eis vor, einen Unterteller mit Stoffserviette, ferner eine Stoffserviette (= Weinserviette), Papierservietten und einen Hebekorkenzieher, der bei besonders gepflegtem Service auf einem Dessertteller mit Stoffserviette liegt. Hat der Korkenzieher kein Messer, so muß auch ein kleines Messer bereitgelegt werden.

Der Weißwein wird im Weinkühler, der auf einem Speiseteller mit Stoffserviette steht, zum Servierwagen oder zur Anrichte getragen. Er wird den Gästen präsentiert, indem der Hausherr die Weinmarke, die Herkunft und den Geschmack bekanntgibt.

Man nimmt die Flasche aus dem Kühler, stellt sie auf die schmalgefaltete Stoffserviette (zweimal der Länge nach gefaltet) und schneidet mit dem Messer die Kapsel zirka einen halben Zentimeter unter dem oberen Rand ab. Wenn der Kork mit etwas Schimmelpilz versehen sein sollte, wischt man diesen mit einer Papierserviette ab. Der Hebekorkenzieher ist in der Mitte des Korkens anzusetzen. Er darf nicht zu weit hineingedreht werden, denn wenn er den Korken durchstößt, fallen kleine Stücke davon in den Wein.

Der Korken wird mit Hebelwirkung herausgezogen, wobei die linke Hand als Stütze den Hebel am Flaschenhals einsetzt und gegen den Flaschenrand drückt, um ein Abgleiten zu vermeiden. Mit der rechten Hand wird der Korken herausgezogen.

Man reinigt nun den Flaschenmund nochmals mit der Weinserviette.

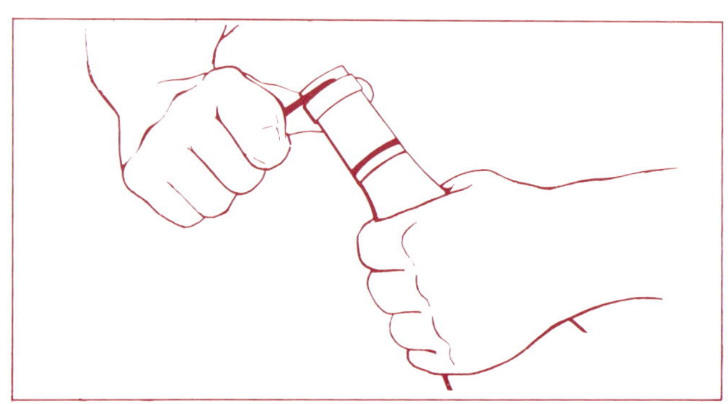

Anschließend legt man die schmalgefaltete Weinserviette auf den Tisch, stellt die Flasche darauf und schlägt die Enden der Weinserviette so hoch, daß die Gäste das Etikett sehen können.

Von rechts schenkt sich nun der Hausherr selbst einen Probeschluck ein und kostet den Wein. Dieser Vorgang ist eine Art Zeremonie, bei der festgestellt wird, ob der Wein in Ordnung ist und keine Fehler, wie falsche Temperatur, Korkgeschmack usw., aufweist. Gerade bei teuren Getränken gibt es oft eine Überlagerung, wodurch der Wein nicht mehr genießbar ist.

Bei Damenrunden übernimmt die Hausfrau den Vorgang des Vorkostens.

Ist der Wein in Ordnung, werden die Gläser der Gäste etwa zu drei Vierteln gefüllt. Zum Schluß bedient sich der Gastgeber selbst. Sollte dann noch Wein in der Flasche sein, wird diese in den Weinkühler zurückgestellt und die Serviette darübergelegt. Der Korken wird nicht mehr auf die Flasche gegeben.

Ist kein Weinkühler vorhanden, kann die angebrochene Weinflasche auch in den Kühlschrank gestellt werden. Nachgeschenkt wird dann, wenn die Gläser leer oder zumindest fast leer sind. Etwa nach dem vierten oder fünften Nachschenken desselben Weines sollte man die Gläser wechseln.

Wechselt man die Weinsorte, werden selbstverständlich auch neue Gläser eingestellt.

Rotweinservice

Hausbar

Bei gehaltvollen Weißweinen ist es günstiger, keinen Weinkühler zu verwenden, da der Wein darin zu kalt wird. Der Wein wird auf einem Unterteller (Dessertteller) oder einem kleinen Serviertablett mit Stoffserviette oder mit einem Flaschenuntersatz zum Servierwagen bzw. zur Anrichte getragen und geöffnet. Beim Einschenken hält man die Flasche in der rechten und die Stoffserviette in der linken Hand und kann so nach jedem Einschenken den Tropfen mit der Serviette abtupfen.
Auf diese Art und Weise serviert man auch Prädikatsweine.

Für Weißweine gibt es heute schon ganz spezielle Kühler, die, auf die entsprechende Temperatur vorgekühlt, diese einige Stunden halten, sodaß der Wein mit der genau richtigen Temperatur bei Tisch aufbewahrt werden kann.

Rotweinservice (Flaschenwein)

Da Rotweine wärmer als Weißweine serviert werden, müssen diese, wenn sie aus dem Keller geholt werden, zeitgerecht in einen Raum, der die richtige Temperatur aufweist, gelegt oder gestellt werden **(=Chambrieren).**
Sehr alte Rotweine, die zur Entfaltung ihres Buketts viel Sauerstoff benötigen, sollten schon am Vortag geöffnet und in einem Raum mit entsprechender Temperatur aufgestellt werden.
Für das Service von Rotwein benötigt man einen Flaschenuntersatz oder Unterteller (Dessertteller) mit Papierserviette oder ein Serviertablett mit Papierserviette, ferner Papierservietten und einen Hebekorkenzieher (eventuell auf Dessertteller mit Stoffserviette) sowie ein kleines Messer, wenn sich keines am Korkenzieher befindet.
Die Rotweinflasche, versehen mit einer sogenannten Krawatte (=Schleife aus einer Papierserviette um den Flaschenhals), wird mit einem Flaschenuntersatz oder auf einem Unterteller oder Serviertablett zum Servierwagen oder zur Anrichte getragen.
Der Wein wird ebenso wie Weißwein geöffnet, bleibt aber dabei auf dem Untersatz stehen und wird nicht in die Weinserviette eingeschlagen.

Der Gastgeber schenkt sich wieder eine Probeschluck ein, kostet und füllt dann die Gläser zu etwa zwei Dritteln, bei sehr großen Formen sogar nur zu einem Drittel.

Alte Rotweine bilden durch ihre lange Lagerung häufig einen Bodensatz, das sogenannte Depot. Solche Rotweine mit Depotablagerungen verlangen ein besonderes Service. Sie werden **dekantiert,** d. h. von der Originalflasche in eine Dekantierkaraffe oder einen Dekantierkrug umgefüllt.
Für dieses Service benötigt man außerdem eine Stoffserviette, eine Kerze, Zünder, ein kleines Messer und einen Spindelkorkenzieher.
Man legt die Flasche vorsichtig, um das Depot nicht aufzurütteln, in einen Dekantierkorb mit Stoffserviette. Das Etikett liegt oben und wird von Kellerstaub und Schimmel befreit. Man beläßt diesen aber auf der Flasche selbst.
Zuerst wird mit einem Messer die Kapsel abgeschnitten. Die Flasche darf dabei nicht gedreht werden. Dann wird mit einer Papierserviette vorsichtig der Schimmel vom Korken abgewischt.
Zum Öffnen dieser Flaschen benötigt man einen eigenen Korkenzieher, den Spindelkorkenzieher. Mit diesem entfernt man vorsichtig den Korken. Dabei setzt man den Korkenzieher in der Mitte des Korkens an und hält ihn mit der linken Hand zum Flaschenhals. Mit der rechten Hand dreht man die Spindel hinein. Man dreht langsam (es darf kein Sog entstehen), bis der Korken herausgeht. Ein Durchstoßen ist mit dem Spindelkorkenzieher unmöglich.

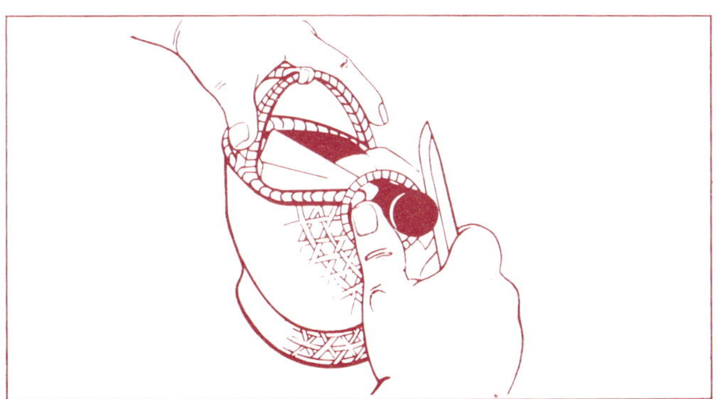

Getränke und Getränkeservice

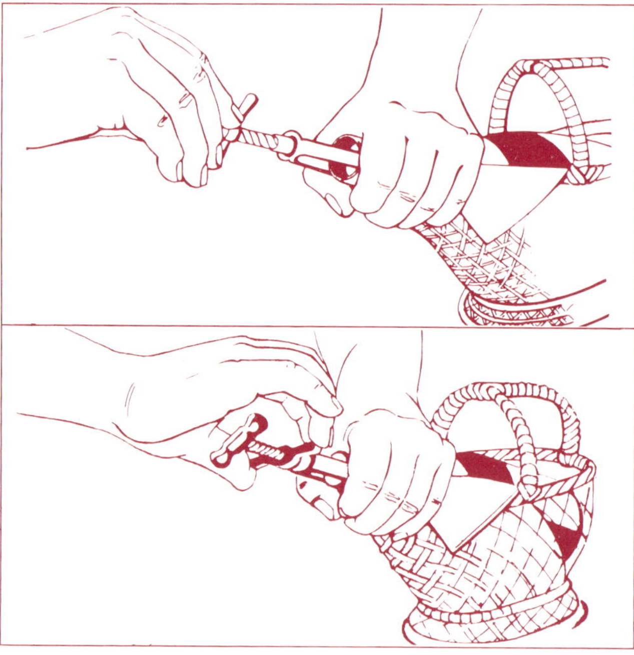

Nach dem Öffnen der Flasche schenkt sich der Hausherr (mit der Flasche im Dekantierkorb) einen Probeschluck ein und kostet. Dann wird eine Kerze angezündet, mit der linken Hand die Dekantierkaraffe ergriffen, mit der rechten der Dekantierkorb, und zwar so, daß der Flaschenhals über der Kerzenflamme ist. Man leert den Wein vorsichtig in die Karaffe, wobei er an der Innenseite der Karaffe entlangfließen soll. Je mehr Sauerstoff mit dem Wein in Berührung kommt, desto besser können sich die Enzyme entwickeln, und das Bukett kann sich voll entfalten. Durch die Flamme der Kerze erkennt man, wenn sich der Wein zu trüben beginnt und das Depot sichtbar wird. Dieses bleibt in der Flasche.

Anschließend wird der Wein, wie oben beschrieben, serviert. Man verwendet für solche Weine besonders große Gläser, am besten mit apfelförmigem Kelch (=Ballongläser).

Alte Bordeaux- und Burgunderweine, italienische Rotweine und Riojaweine aus Spanien werden, auch wenn sie kein Depot gebildet haben, im Rotweinkorb serviert.

Man nimmt mit der linken Hand das Glas und schenkt den Rotwein ein.

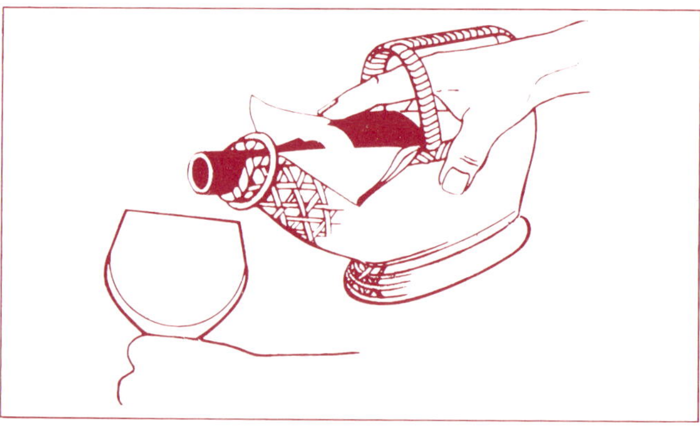

Süd-, Süss- und Dessertweinservice

Werden diese Weine innerhalb eines Menüs getrunken, können die Gläser bereits am Tisch aufgedeckt sein oder erst unmittelbar vor dem Service von rechts eingestellt werden, und zwar rechts unterhalb der bereits aufgedeckten Gläser. Der Wein kommt in Flaschen oder Karaffen (z. B. Portwein, Sherry) zum Tisch. Die Flaschen werden wie Weißweinflaschen geöffnet, und der Wein wird in die Gläser von rechts eingeschenkt.

Wird Süd-, Süß- oder Dessertwein am Nachmittag innerhalb einer Kaffeejause angeboten, können die Gläser auch auf einem Tablett mit weißer Stoffserviette stehen, das man auf den Servierwagen oder die Anrichte stellt. Der Wein wird eingeschenkt und die Gläser rechts oberhalb der Kaffeetasse eingestellt.

Schaumweinservice

Sekt oder Champagner wird am besten einige Stunden vor dem Service in den Kühlschrank gestellt.

Ist der Sekt nicht kalt genug, muß er in der Küche **frappiert** werden. Dazu stellt man die Sektflasche auf einen Eiswürfel am Boden des Sektkühlers, füllt diesen zehn Zentimeter hoch mit Eis, streut eine Handvoll Salz darüber und wiederholt den Vorgang so lange, bis der Sektkühler voll ist. Anschließend wird etwa ein halber Liter Wasser darübergeleert, es bildet sich eine Sole. Dann erfaßt man mit beiden Händen den Flaschenhals und dreht ihn ein paarmal nach rechts und dann nach links, und zwar so lange, bis sich an der Außenwand des Sektkühlers eine dünne Eisschicht gebildet hat.

Man nimmt die Flasche heraus und serviert sie.

Um den Sekt möglichst kühl halten zu können, bereitet man für den Sektkühler kleingestoßenes Eis vor, mit dem der Kühler zweidrittel- bis dreiviertelhoch gefüllt wird. Gestoßenes Eis kann man im Haushalt so vorbereiten, daß man Eiswürfel in ein Tuch gibt und

diese mit dem Fleischklopfer zertrümmert. Außerdem benötigt man für das Service noch eine Stoffserviette. Den Sektkühler mit der Sektflasche stellt man auf einen Speiseteller mit Stoffserviette. Der Sekt wird vom Gastgeber wie Weißwein präsentiert.
Zum Öffnen steht der Sekt im Kühler. Die Kapsel wird entfernt und die Agraffe (=Drahtkorb) am Korken aufgedreht. Dann nimmt man die Flasche in die rechte Hand. Mit der linken Hand erfaßt man mit der schmalgefalteten (der Länge nach zweimal gefalteten) Stoffserviette Agraffe und Korken, wobei man den Daumen als Sicherung auf den Korkenkopf drückt, um ein Wegspringen zu verhindern. Die Flasche wird gedreht (nicht der Korken) und so der Korken gelöst. Spürt man den Druck des Korkens, so übt man einige Sekunden einen Gegendruck aus. Man entfernt ihn langsam und ohne Knall.
Anschließend wird die Flasche auf die gefaltete Stoffserviette gestellt und die Enden so hochgeschlagen, daß das Etikett sichtbar bleibt.
Der Sekt wird anschließend von rechts in die Sektgläser eingeschenkt (zuerst der Probeschluck). Wird er in Sektflöten, -tulpen oder -becher gefüllt, so ist es notwendig, das Glas mit der linken Hand zu ergreifen, schräg zu halten und dann einzugießen. Dadurch werden ein Überschäumen und größerer Kohlensäureverlust vermieden. Sektgläser, besonders größere wie z. B. Sektschalen, sollten nur etwa halb gefüllt werden, dafür muß man aber regelmäßig nachschenken. Auf diese Weise bleibt das Getränk kühl.
Die Flasche mit dem restlichen Schaumwein stellt man in den Sektkühler und legt die Serviette um den Flaschenhals.

Alkoholfreie Getränke

Ein Gourmet wird zum Essen stets auch ein kohlensäurefreies Mineralwasser trinken. Das hat folgende Gründe:

- Wasser reinigt, wenn es zwischen den verschiedenen Gängen getrunken wird, Zunge und Gaumen und macht sie für neue Genüsse aufnahmefähig.
- Zu manchen Speisen (z. B. Salaten, Suppen) paßt nur Wasser.
- Wasser hilft verdauen und setzt außerdem die Prozente des Alkohols, die man mit dem Wein zu sich nimmt, herab.

Es ist daher eine durchaus vernünftige Sitte, wenn oft auch in einfachsten französischen Restaurants immer Wasser auf den Tisch des Gastes kommt.

Mineral- und Tafelwasser, Frucht- und Gemüsesäfte sowie Limonaden werden gekühlt, etwa mit einer Temperatur von 8 bis 10 °C, serviert.

Service von alkoholfreien Getränken

Im Haushalt bietet man alkoholfreie Getränke im allgemeinen offen, d. h. nicht in Portionsflaschen, an. Daher werden alle Säfte und sonstigen nicht kohlensäurehaltigen Getränke im Krug mit Unterteller und Serviette serviert und bei Tisch den Gästen von rechts eingeschenkt. Dann stellt man den Krug entweder auf den Servierwagen oder auf den Tisch.

Kohlensäurehaltige Getränke werden direkt aus der Flasche eingeschenkt, denn durch Umleeren in einen Krug ginge zu viel Kohlensäure verloren, und das Getränk würde schal schmecken.

Korrespondierende Getränke

Wie bereits erwähnt, müssen Speisen und Getränke sehr sorgfältig aufeinander abgestimmt werden, um ein harmonisches Ganzes zu erreichen. Bei einfacheren Essen wird meist nur ein Getränk während des ganzen Menüs getrunken, während bei festlichen Essen und besonders bei Degustationsmenüs zu jedem Gang das passende Getränk serviert wird.

Es gibt zwei Getränke, die grundsätzlich zu jeder Speise passen, das ist Wasser und trockener Sekt oder Champagner. Wein und Bier müssen sehr sorgfältig auf das jeweilige Gericht abgestimmt werden.

Grundsätzlich trinkt man:

- Bier vor Wein (niemals umgekehrt)
- leichte Weine vor schweren Weinen

Getränke und Getränkeservice

- ○ kräftige Weine zu kräftigen Speisen
- ○ kleine Weine zu einfachen Speisen
- ○ große Weine zu besonderen Speisen
- ○ resche, trockene Weine vor milden, lieblichen, süßlichen Weinen
- ○ frische Weine vor den chambrierten
- ○ einfache Weine vor qualitativ besseren (aufsteigende Qualitätsreihenfolge)
- ○ Weißwein vor Roséwein, Roséwein vor Rotwein
- ○ Weißwein zu hellem Fleisch[1]
- ○ Rotwein zu dunklem Fleisch[1]

Speise	Korrespondierende Getränke
Kalte Vorspeisen	Bier, leichte, trockene, junge Weißweine, z. B. Grüner Veltliner, Rheinriesling, Chablis, Meursault, leichte Moselweine, trockene Roséweine und Schilcher, trockener Sekt.
Delikateßvorspeisen	Siehe Seite 187.
Suppen	Im allgemeinen kein Getränk, eventuell säurearme, trockene italienische Weißweine, wie Soave, Frascati, Tokay di Friuli.
Spezialsuppen	Trockener Sherry oder Portwein.
Kräftige Suppen	Bier.
Fischsuppen	Sehr trockene Weiß- oder Roséweine, z. B. Grüner Veltliner.
Warme Vorspeisen	Etwas gehaltvollere, kräftigere, eventuell sogar würzige Weißweine, z. B. Weißer Burgunder, Ruländer (Klevner), Welschriesling, Müller-Thurgau, Bouvier, Traminer, Muscadet, Barsac, Merlot, Médoc-Weine, Rhein- und Moselweine.
Vorspeisen mit dunklem Fleisch	Leichtere Rotweine wie Blauer Portugieser, Blauer Zweigelt, Südtiroler (Kalterer See, Vernatsch, St. Magdalena), leichte italienische Rotweine (Bardolino, Valpolicella, Sassella), leichte französische Rotweine (Beaujolais Village).
Eiergerichte	Leichte, milde Rotweine, z. B. Blauer Portugieser, Blauer Zweigelt, Kalterer See, Lagrein-Kretzer, oder Weißweine, z. B. Gewürztraminer, Muskat-Ottonel, Neuburger, Rotgipfler, Zierfandler.
Teigwarengerichte	Leichte, milde, vor allem italienische Rotweine, z. B. Chianti, Bardolino, Valpolicella, Kalterer See, Lagrein-Kretzer sowie Blauer Zweigelt, Blauer Portugieser.
Fischgerichte	Trockene Wachauer, Langenloiser oder steirische Weine, z. B. Grüner Veltliner, Rheinriesling, trockene weiße Bordeaux-Weine, z. B. Graves, weiße Burgunderweine, z. B. Pouilly-Fuisse, Chablis, Musigny, Montrachet, weiße Loire-Weine, z. B. Sancerre, Elsässer Riesling und Silvaner, Soave, Rhein-, Mosel-, Frankenweine, aber auch Sherry Manzanilla.
Fette Fische (Karpfen, Aal, Makrele, Kabeljau)	Gehaltvolle Weißweine, wie Weißer Burgunder, Muskat-Silvaner (Sauvignon blanc), Gutedel, Ruländer, Sauternes.
Seefische mit Saucen oder Obersbindung	Milde, würzige Weißweine wie Gumpoldskirchner, Vöslauer, Burgenländer Weine, Elsässer Gewürztraminer, weiße Burgunderweine der Côte d'Or.
Helles Geflügel (Taube, Huhn)	Milde, würzige Weißweine wie Rotgipfler, Zierfandler, Traminer, Muskat-Ottonel, weiße Burgunderweine, Rheinweine, Frascati, eventuell auch leichte Rotweine, z. B. Südtiroler Weine oder Blauer Portugieser, Blauer Zweigelt.
Dunkles Geflügel (Ente, Gans)	Besonders kräftige Rotweine wie St. Laurent, Blauer Burgunder, große Bordeaux- und Burgunderweine.
Leichte Innereien (Hirn, Bries)	Bier, leichte, süffige Weißweine, z. B. Grüner Veltliner, Welschriesling.
Schwere Innereien (Nieren, Leber, Herz)	Mittelschwere Rotweine, wie Blaufränkisch, Blauer Zweigelt.
Kalbfleisch	Leichte, trockene bis kräftige, gehaltvolle Weißweine, z. B. Rheinriesling, Neuburger, Müller-Thurgau, Zierfandler, Weißer Burgunder, Rhein- und Moselweine. Leichte Weine bevorzugt man eher bei gedünstetem, gehaltvollere Weine bei gebratenem und gegrilltem Kalbfleisch.
Schweinefleisch	Frisch-fruchtige bis kräftige Weißweine, z. B. Rheinriesling, Neuburger, Müller-Thurgau, Weißer Burgunder. Leichte, süffige bis mittelschwere Rotweine, wie Blauer Portugieser, Blauer Zweigelt, Beaujolais, Merlot, Kalterer See, Chianti. Rotweine werden eher zu gebackenem, gebratenem und gegrilltem Schweinefleisch gereicht.

[1] Dieser Grundsatz gilt heute nur noch zum Teil und kann deshalb nur als ungefähre Richtlinie angesehen werden.

Speise	Korrespondierende Getränke
Rindfleisch	Gehaltvolle, mittelschwere Weißweine, z. B. Neuburger, Müller-Thurgau, Ruländer, Muskat-Silvaner (Sauvignon blanc) zu gekochtem Rindfleisch. Mittelschwere bis kräftige, gerbstoffreiche Rotweine, wie Blaufränkisch, St. Laurent, Blauer Burgunder, rote Bordeaux- und Burgunderweine, rote Côtes-du-Rhône-Weine, Crus du Beaujolais, Chianti, Torgiano, rote Piemonteser Weine, Erlauer Stierblut (Ungarn), rote Rioja-Weine (Spanien) zu gebratenem und gegrilltem Rindfleisch.
Kräftige Gerichte (Gulasch, Schweinshaxe, Würste, Currygerichte)	Bier.
Kalte Platten, Brettljause, Rohschinken	Einfache Tafel- und Landweine, spritzige, resche Weißweine, z. B. Grüner Veltliner.
Wurstsalate, saure Salate	Bier.
Geflügel-, Muschel-, Fleischsalate mit Mayonnaise, Käsesalate	Roséweine, würzige Weißweine, z. B. Müller-Thurgau, Muskat-Silvaner (Sauvignon blanc).
Lamm	Leichte Rotweine, z. B. Blauer Portugieser, Blauer Zweigelt, leichte Südtiroler Weine, Beaujolais Village oder leichte, trockene Weißweine, wie Grüner Veltliner, Riesling, Neuburger.
Hammel	Gehaltvolle Rotweine, wie Chianti classico, Barolo, Châteauneuf-du-Pape, Pomerol.
Wild	Herbe, kräftige Rotweine, z. B. Blauer Burgunder, St. Laurent, Blaufränkisch, rote Burgunderweine, rote Côtes-du-Rhône-Weine (Châteauneuf-du-Pape, Hermitage), rote italienische Weine (Valpolicella, Chianti, Cabernet, Barolo, Barbaresco, Brunello di Montalcino, Montepulciano d'Abruzzo), rote Rioja-Weine (Spanien).
Wildgeflügel	Gehaltvolle Weißweine, wie Zierfandler, Rotgipfler, und herbe, kräftige, körperreiche Rotweine (wie beim Wild).
Warme Süßspeisen	Milde, liebliche Weißweine mit Restsüße, z. B. Muskateller, Elsässer Gewürztraminer, Sauternes, Traminer, Muskat-Ottonel. Dessertweine, z. B. Sherry, Port, Marsala, Madeira, Tokajer. Halbsüße und süße Sekte und Champagner.
Käse	Herbe Rotweine, z. B. Blaufränkisch, St. Laurent, Blauer Burgunder, Barolo, Châteauneuf-du-Pape, große rote Bordeaux- und Burgunderweine.

Getränke und Getränkeservice

Speise	Korrespondierende Getränke
Weichkäse	Leichte, resche Weißweine, z. B. Grüner Veltliner, Rheinriesling.
Kalte Süßspeisen, Obst	Prädikatsweine, z. B. Beeren- und Trockenbeerenauslesen, Ausbruch- und Eisweine, süße Dessertweine, z. B. Sherry, Portwein, Malaga, Madeira, Tokajer, sowie Sauternes.

Digestifs

Das sind Getränke, die nach einem umfangreichen Essen zur Verdauungsförderung getrunken werden. Häufig werden sie zum Mokka oder Kaffee gereicht. Als Digestif kann man servieren:

Liköre: Nicht alle Liköre sind süß, sie werden daher heute von Damen und Herren gleichermaßen getrunken. Man unterscheidet:
Kräuterliköre – z. B. Bénédictine, Chartreuse, Galliano
Gewürzliköre – z. B. Chinarinden-, Ingwer-, Kalmuslikör
Destillatsliköre (wasserklar) – z. B. Anis-, Kümmellikör
Bitterliköre – z. B. Fernet-Branca, alle Magenbitter
Fruchtsaftliköre – Kirsch-, Johannisbeer-, Orangenlikör
Fruchtaromaliköre – z. B. Curaçao triple sec, Grand Marnier, Cointreau
Kakao-, Kaffee-, Teeliköre – z. B. Crème de Cacao, Crème de Mokka, Kahlúa, Tia Maria, Tiffin
Emulsionsliköre – z. B. Eierlikör, Cremeliköre
Honigliköre – z. B. Drambuie, Bärenfang, Irish Mist, Glen Mist
Sonstige Liköre – z. B. Danziger Goldwasser

Sie werden folgendermaßen serviert:

eisgekühlt, 2 bis 4 °C:
Kümmellikör

Getränke und Getränkeservice

stark gekühlt, 6 bis 8 °C:

Chartreuse	Glen Mist
Irish Mist	Curaçao

gekühlt, 8 bis 10 °C:

Bitterliköre	Kaffeeliköre
Curaçao	Honigliköre
Emulsionsliköre	Sonstige Liköre
Kakaoliköre	

leicht gekühlt, 10 bis 14 °C:

Anislikör	Emulsionsliköre
Bénédictine	Fruchtsaftliköre
Drambuie	Grand Marnier

ungekühlt (Zimmertemperatur), 16 bis 18 °C:

Gewürzliköre	Cointreau
Grand Marnier	Teeliköre
Galliano	Chinarindenlikör

Liköre serviert man im Likörglas oder in der Likörschale.
Besonders edle Liköre, wie Cointreau, Grand Marnier, Curaçao, Chartreuse, Bénédictine usw., kann man auch im Schwenker anbieten.

Weinbrände: Das sind Destillate aus Wein. Die berühmtesten Weinbrände kommen aus Frankreich, nämlich Cognac und Armagnac, aber auch in Deutschland, Österreich, Italien, Griechenland, Spanien und Portugal werden hervorragende Weinbrände erzeugt.

- Cognac: Er stammt aus der Charente und ist gesetzlich geschützt, d. h., nur Weinbrand aus diesem genau definierten Gebiet darf Cognac genannt werden. Cognac wird nach einem besonderen Verfahren hergestellt (Cognac-Methode), zweimal gebrannt und mindestens ein Jahr in Eichenfässern gelagert. In Flaschen gefüllt reift er nicht mehr, daher sollte man Cognac in der Flasche nicht zu lange aufheben.

Die wichtigsten Cognacbezeichnungen sind:

Bezeichnung	Erklärung
Grand Fine Champagne	Cognac aus der Grande Champagne, der besten Gegend
Fine Champagne	Cognac aus der Grande oder der Petite Champagne (zweitbeste Gegend)
Napoléon	lang gelagerter Cognac
V. O.	very old
V. O. P.	very old pale
V. S. O. P.	very superior old pale
V. V. S. O. P.	very very superior old pale
X. O.	extremely old
V. X. O.	very extremely old

- Armagnac: Das ist der älteste französische Weinbrand und stammt aus dem Weinbaugebiet Armagnac im Südwesten Frankreichs, in der Nähe der Pyrenäen. Er ist nur aus weißen Trauben hergestellt, und der Maische werden verschiedene Kräuter beigefügt. Armagnac wird zum Unterschied von Cognac nur einmal gebrannt und anschließend ebenfalls in Eichenfässern gelagert.

Armagnacbezeichnungen	
*** (3 Sterne)	mindestens ein Jahr Faßlagerung
V. S. O. P.	mindestens vier Jahre Faßlagerung
Hors d'age	mindestens zehn Jahre Faßlagerung

- Weinbrand, Brandy: In Deutschland und Österreich wird ein Weindestillat als Weinbrand bezeichnet. Echte Weinbrände (zum Unterschied von Weinbrandverschnitt) werden ebenfalls nach der Cognacmethode hergestellt und ausschließlich aus Wein gebrannt. International wird Weinbrand als Brandy bezeichnet.
- Metaxa: Sehr bekannt ist auch der griechische Weinbrand, der unter dieser Firmenbezeichnung im Handel ist. Seine Qualitätsbezeichnungen werden in Sternen angegeben, wobei sieben Sterne die höchste Qualitätsstufe darstellen.

Alle Weinbrände von guter Qualität entfalten einen besonderen Duft, weshalb sie auch in Schwenkern serviert werden. Diese Gläser verjüngen sich nach oben, und somit bleibt das Aroma lange im Glas.
Für Cognac und Armagnac verwendet man die etwas größeren Cognacschwenker, für alle übrigen Weinbrände Weinbrandschwenker. Man schenkt etwa zwei, maximal drei Zentiliter (das ist etwa einen Finger hoch) ein.

Cognac, Armagnac und Weinbrand mit den Bezeichnungen V. S. O. P., V. V. S. O. P., X. O. usw. serviert man mit einer Temperatur von etwa 16 bis 18 °C (Zimmertemperatur). Drei-Sterne-Cognac kann man auch gekühlt (8 bis 10 °C) servieren.

Calvados: Er wird aus Apfelwein (Cidre) destilliert und ebenfalls in Eichenfässern gelagert und gereift.
Jungen Calvados serviert man gekühlt im Cognacschwenker (zirka 8 bis 10 °C). Gereifter Calvados wird von Feinschmeckern wie Cognac behandelt und serviert. Auch für Calvados gelten die Bezeichnungen V.O. oder V.S.O.P. Alten Calvados erkennt man überdies an der dunklen Farbe. Er wird im Cognacschwenker mit einer Temperatur von 14 bis 16°C serviert.

Tresterbrände: Sie werden aus dem Preßrückstand (bei der Weinerzeugung) destilliert. Der bekannteste Tresterbrand ist der italienische Grappa; in Frankreich heißt er Marc, in der Schweiz Träsch.
Man reicht sie entweder im Schnapsglas oder in der Likörschale. Sie schmecken nur, wenn sie kalt (4 bis 6 °C) getrunken werden.

Whisky: Bei Whisky unterscheidet man zunächst nach dessen Herkunft:

- Scotch Whisky (schottischer Whisky): Den Scotch teilt man in der Hauptsache in Pure Malt Whisky (reinen Malzwhisky) und Blended Scotch Whisky (Verschnitte aus verschiedenen Whiskys) ein.
  Lange gelagerte Malzwhiskys sind Edelprodukte besonderer Art. Man kann sie mit edlem Cognac vergleichen. Malzwhiskys serviert man im kleinen Tumbler mit einer Temperatur von 16 bis 18°C (Zimmertemperatur). Zum Verdünnen kann etwas Trinkwasser bereitgestellt werden. Edle Whiskys serviert man keinesfalls mit Eis oder Sodawasser. Blended Whiskys sind leichter und neutraler im Geschmack. Sie werden pur (gekühlt, mit zirka 8 bis 10 °C) oder mit Sodawasser im kleinen Tumbler oder „on the rocks" im Old-fashioned-Glas serviert.
- Irish Whiskey: Er ist milder und malziger als der Scotch. Man serviert ihn im kleinen Tumbler entweder pur mit zirka 16 bis 18 °C oder eventuell mit kaltem Sodawasser. Wird er „on the rocks" serviert, verwendet man ein Old-fashioned-Glas.
- American Whiskey: In den USA gibt es verschiedene Whiskeysorten. Der bekannteste ist der Bourbon Whiskey, der aus Kentucky kommt. Er ist dunkler in der Farbe als der Scotch. Außerdem gibt es noch den Tennessee- und den Rye Whiskey. Dieser kommt aus den Nordstaaten der USA und Kanada.
  American Whiskey wird im Old-fashioned-Glas oder kleinen Tumbler mit viel Eis serviert. Die Amerikaner lieben es, ihren Whiskey sehr kalt (4 bis 6 °C) und oft mit Limonaden aufgegossen (z. B. Cola, Ginger ale, Seven up) zu trinken.
- Canadian Whisky: Er ist der leichteste und geschmacksneutralste Whisky und wird entweder pur im kleinen Tumbler mit etwa 16 bis 18 °C oder „on the rocks", mit Limonaden vermischt (z. B. Seven up) im Old-fashioned-Glas serviert.

Service von Digestifs

Der Digestif wird meist auf dem Servierwagen oder der Anrichte mit den passenden Gläsern bereitgestellt. Im allgemeinen werden zwei Getränke vorbereitet, z. B. ein Likör und Cognac. Die Gläser stehen auf einem Serviertablett mit weißer Stoffserviette.
Der Hausherr fragt die Gäste, welchen Digestif sie wünschen. Er schenkt in die Gläser, die auf einem Tablett stehen, ein und stellt von rechts ein.
Alle Digestifs können auch während oder nach der Kaffeejause am Nachmittag oder auch, wenn unerwarteter Besuch kommt, aufgewartet werden.

Cognac kann auf eine besondere Art serviert werden, nämlich vorgewärmt. Man benötigt dazu einen Brenner für Cognac (siehe Seite 63) oder einfach eine Kerze.
Zunächst werden in den Schwenker einige Tropfen Cognac geträufelt. Dann wird dieser über der Kerzenflamme schräg gehalten und gedreht. Der Cognac erhitzt sich und kann, wenn man die Flamme in den Schwenker schlagen läßt, flambiert werden. Bei dieser Zeremonie entwickelt der Cognac einen einmaligen Duft. Nun wird der restliche Cognac eingegossen und dem Gast serviert.
Wird Cognac nicht vorgewärmt getrunken, hält man den Schwenker einige Augenblicke mit beiden Handflächen. Wertvolle Cognacs trinkt man niemals in einem Zug.

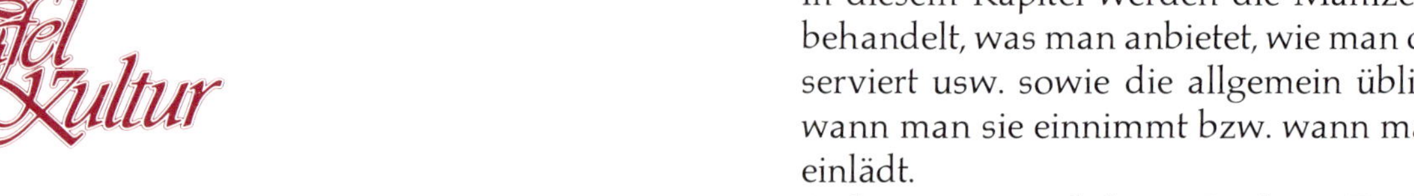

Die Mahlzeiten

Die Eßgewohnheiten in den einzelnen europäischen Ländern und den Vereinigten Staaten sind sehr unterschiedlich. Während beispielsweise im romanischen Raum (Italien, Frankreich usw.) das Frühstück eine eher untergeordnete Rolle spielt, bildet es in den anglo-amerikanischen Ländern (Großbritannien, Vereinigte Staaten) eine umfangreiche Mahlzeit.
Durch den intensiven Tourismus der letzten zwanzig Jahre wurden in den deutschsprachigen Ländern viele Eßgewohnheiten anderer Völker übernommen und unseren Gegebenheiten angepaßt. Man unterscheidet heute sechs Mahlzeiten, drei Haupt- und drei Nebenmahlzeiten. Hauptmahlzeiten sind: Frühstück, Mittagessen und Abendessen. Die Nebenmahlzeiten oder kleinen Mahlzeiten sind: Vormittagsjause, Nachmittagsjause und Spätmahlzeit oder Souper. Auch Kombinationen von Mahlzeiten wie z. B. Brunch (Frühstück und Mittagessen) sind möglich.
Die Hauptmahlzeiten sind natürlich umfangreicher im Angebot an Speisen und Getränken, während die Nebenmahlzeiten aus kleineren Gerichten mit speziellen korrespondierenden Getränken bestehen.
Wie die verschiedenen Mahlzeiten gehandhabt werden, ist in den einzelnen Haushalten von individuellen, beruflichen, familiären und gesellschaftlichen Faktoren abhängig.

Einladen kann man grundsätzlich zu allen Mahlzeiten, die Zusammensetzung des Gästekreises wird dabei aber sehr unterschiedlich sein.
Die Gastronomie muß der zunehmenden Internationalisierung des Gästekreises Rechnung tragen, indem sie Alternativen zu den traditionellen Mahlzeiten anbietet. Flexibilität ist hier besonders wichtig.

In diesem Kapitel werden die Mahlzeiten allgemein behandelt, was man anbietet, wie man deckt, wie man serviert usw. sowie die allgemein üblichen Zeiten – wann man sie einnimmt bzw. wann man Gäste dazu einlädt.
Im letzten Kapitel dieses Buches, „Die Feste im Laufe des Lebens", wird auf das Kapitel „Mahlzeiten" immer wieder verwiesen, wenn es nämlich darum geht, zu welcher dieser Mahlzeiten man bei besonderen Anlässen einladen kann.

Das Frühstück

In der Familie wird die erste Mahlzeit des Tages im engsten Kreis eingenommen. Die morgendlich-intime Atmosphäre des Heimes und die noch unbeschwerte Stimmung aller Teilnehmer geben dem Frühstück sein besonderes Gepräge. Diese Mahlzeit sollte auch im Alltag nicht vernachlässigt werden. Wirkliche Ruhe und Muße für ein ausgedehntes Frühstück wird man aber doch meist nur zum Wochenende, an Feiertagen und im Urlaub haben.
Einladungen zum Frühstück werden zwischen 9 und 10 Uhr vormittags angesetzt. Sie werden nur an nahestehende Personen ausgesprochen. Üblich sind sie oft vor gemeinsamen Ausflügen oder Unternehmungen sowie nach einem gemeinsam besuchten Ball oder nach einem feuchtfröhlichen Abend. Meist sind die Frühstücksgewohnheiten der Eingeladenen bekannt, sodaß die Wahl der Frühstücksart und die Zusammenstellung der Gerichte keine Schwierigkeiten bereiten.

In der Gastronomie wird das Frühstück im allgemeinen zwischen 6.30 und 10 Uhr, in Groß- und Luxusbetrieben bis Mittag angeboten.

Jede Nation hat besonders beim Frühstück, bedingt durch Klima und Lebensgewohnheiten, spezielle Eigenheiten und Geschmäcker. Daher zeigt heutzutage bereits die erste Mahlzeit des Tages große Vielfältigkeit und Individualität.

Kontinentales (komplettes) Frühstück

Das ist die einfachste Frühstücksform, die aber in vielen südeuropäischen Ländern anzutreffen ist.

Das kontinentale Frühstück besteht aus
- ○ Butter oder Diätmargarine
- ○ Marmelade nach Wahl (im Haushalt oft selbstgemacht)
- ○ Honig
- ○ Brot und Gebäck nach Wahl (Schwarz-, Weiß-, Grau-, Vollkorn-, Soja-, Sesam-, Sonnenblumen-, Knäckebrot, Toast, Semmeln bzw. Brötchen, Mohnweckerln, Salzstangerln, Grahamweckerln, Roggenbrötchen, Kipferln bzw. Hörnchen usw.), eventuell Feingebäck wie Brioche, Hefezopf etc.
- ○ einem Frühstücksgetränk nach Wahl (Kaffee, Tee, Schokolade, Kakao oder einem Instantgetränk bzw. heißer Milch)

Benötigtes Inventar und Gedeck

Der Tisch wird folgendermaßen gedeckt:
- ○ Helles, meist gemustertes Tischtuch (oder Sets, die direkt auf die Tischplatte gelegt werden)
- 1 Dessertteller
- 2 Dessert- oder Buttermesser: Falls solche im Haushalt nicht vorhanden sind, verwendet man ein großes Messer.
- 3 Untertasse: Sie wird so auf der rechten Seite plaziert, daß ihr oberer Rand entweder parallel zum Rand des Desserttellers ist oder die Mittelpunkte der beiden Teller parallel laufen.
- 4 Kaffeelöffel (eventuell Teelöffel): Er liegt rechts oben mit dem Griff nach rechts.
- 5 Kleine Serviette aus Stoff oder eventuell Papier: Sie wird einfach gefaltet (z. B. Dreieck, Tasche, Rolle, Stufe) und eventuell in einen Serviettenring gesteckt und liegt entweder links vom Teller oder auf dem Teller.
- ○ Salz- und Pfefferstreuer im Ständer oder auf der Menagenplatte
- ○ Kleiner Blumenschmuck in der passenden Vase
- ○ Stövchen oder Wärmehäubchen und Untersetzer für die Aufgußgetränke in Griffweite der Hausfrau auf dem Frühstückstisch oder am besten auf einem Servierwagen.
- ○ Wenn ein Toaster im Haushalt vorhanden ist, so ist es günstig, den Toast während der Mahlzeit zuzubereiten. Daher stellt man den Toaster in der Nähe der Hausfrau auf, und zwar am besten auf dem Servierwagen (nicht auf dem Frühstückstisch).

Unmittelbar bevor die Gäste kommen, werden aufgestellt:
- ○ Butterdose oder Butterteller mit Buttervorlegemesser (oder Dessertmesser)
- ○ Marmeladeschüssel mit Marmelade- oder Kaffeelöffel und Honigspender bzw. Marmelade- und Honigtiegel mit Löffel
- ○ Brotschale oder Brotkörbchen mit dem Gebäck, in eine Stoffserviette eingeschlagen (bzw. im Brotkörbcheneinsatz)
- ○ Eventuell Kuchenplatte mit Feingebäck und Gebäckzange
- ○ Zuckerdose mit Zuckerlöffel oder -zange, Süßstoffbehälter mit kleinem Löffel oder kleiner Zange
- ○ Milchkanne oder Oberskännchen
- ○ Brotteller mit Zitronenspalten bzw. Zitronensaftkännchen (oder Portionsoberskännchen) mit Zitronensaft

Beim Aufdecken ist darauf zu achten, daß jene Gegenstände auf dem Tisch, die von allen Personen beansprucht werden, wie z. B. Marmelade, Zucker usw., für alle leicht erreichbar sind.

Für das Service werden vorbereitet:
- ○ Tassen: Die Tassen für die Frühstücksgetränke (Kaffee-, Tee- oder Schokoladetassen bzw. Trinkbecher) werden im Haushalt häufig gleich aufgedeckt, außer man erwartet Gäste, von denen man nicht weiß, welches Getränk sie bevorzugen. Wünscht man Frühstücksgetränke sehr heiß, sollte man die Tassen im Rohr vorwärmen oder mit heißem Wasser ausspülen.
- ○ Kannen: Kaffee-, Tee-, Milchkannen für die Frühstücksgetränke werden ebenfalls heiß ausgespült. Milchkannen werden auch für Kakao und Schokolade verwendet. Serviert man Schwarztee, gibt man dazu eine Kanne mit heißem Wasser, damit der Tee allenfalls verdünnt werden kann.

Für Kaffee kann eventuell auch eine schöne Thermoskanne bereitgestellt werden.
- Brotschale oder Dessertteller mit Stoff-(Toast-)Serviette bzw. Toastständer, eventuell Gebäckzange für den Toast.

Die Frühstücksgetränke werden so weit vorbereitet (Kaffeemaschine vorbereiten, Kakao anrühren usw.), daß sie beim Eintreffen der Gäste nur noch fertiggestellt und in die Kannen gefüllt werden müssen. Tee muß immer frisch zubereitet werden.

Servierablauf

Zuerst werden die vorgewärmten Frühstückstassen eingestellt. Sie kommen so auf der Untertasse zu stehen, daß der Löffel parallel zum Henkel liegt.
Dann werden die Getränke serviert. Die Gäste und Familienmitglieder reichen der Hausfrau ihre Tassen (mit Untertassen). Diese gießt dann die gewünschte Menge ein und stellt anschließend die Kanne auf das Stövchen oder auf den Untersetzer und gibt das Wärmehäubchen über die Kanne.
Es können die Kannen aber auch am Tisch plaziert werden, und jeder bedient sich selbst nach seinen eigenen Wünschen.
Milch und Zucker nimmt sich jeder selbst, ebenso Butter, Marmelade, Honig und Brot, welche man auf den Dessertteller gibt.
Toast kommt entweder fertig auf den Tisch, oder er wird von der Hausfrau frisch zubereitet. Der Toast wird aus dem Toaster mit einer Gebäckzange entnommen.

Durchschnittlicher Verbrauch[1]

Ware	*Verbrauch in g, l, Stück etc. pro Person*
Butter, Marmelade, Honig	*jeweils 20 bis 40 g*
Brot, Gebäck, Toast, Feingebäck	*2 bis 4 Stück*
Kaffee, Tee, Kakao, Schokolade, Instantgetränke oder Milch	*¼ l*
Obers zum Kaffee oder Tee	*1/16 l*
Heiße Milch zum Kaffee	*⅛ l*
Zitrone zum Tee	*¼ bis ½ Stück*

[1] Diese Verbrauchswerte lassen sich nur schwer schätzen, da sie von verschiedenen Faktoren abhängig sind. Betrachten Sie die Werte daher nur als Richtlinie.

Erweitertes Frühstück

Es ist, wie der Name schon sagt, eine Erweiterung des kontinentalen Frühstücks. Wachsender Wohlstand und, in der Gastronomie, ein zunehmendes Maß an ausländischen Gästen haben dazu geführt, daß das Frühstücksangebot heute umfangreicher gestaltet wird.
Das erweiterte Frühstück ist im deutschsprachigen Raum am meisten verbreitet.

Es besteht aus
- dem kompletten Frühstück und
- einem Frucht- oder Gemüsesaft, wie Orangen-, Grapefruit-, Tomaten-, Karottensaft usw., am besten frisch gepreßt
- Wurst (z. B. Extrawurst und andere Brühwürste, eventuell Schinken oder Salami), Streichwürsten (Kalbsleber-, Schweinsleberpasteten), Käse (Gervais, Topfenkäse, Schnittkäse aller Art)

Auf Wunsch können zusätzlich auch ein weiches Ei oder Eier im Glas (siehe Wiener Frühstück, Seite 147) oder andere Eiergerichte serviert werden. Auch Obst, Kompotte, Zerealien usw. kann man separat bestellen (siehe amerikanisches Frühstück, Seite 150).

Benötigtes Inventar und Gedeck

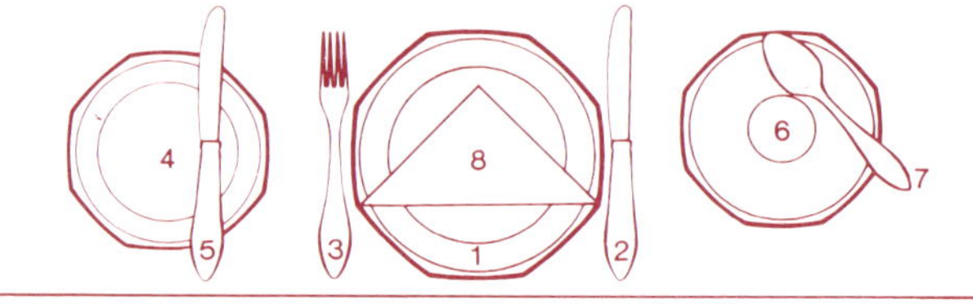

1 Dessertteller
2 Dessertmesser } Falls nicht vorhanden, nimmt
3 Dessertgabel } man ein großes Besteck.

4 Brotteller: Hat man im Haushalt keine Brotteller zur Verfügung, nimmt man Dessertteller oder größere Untertassen.
5 Dessert- oder Buttermesser mit der Schneide nach links
6 Untertasse
7 Kaffee-(Tee-)Löffel
8 Kleine Serviette

Unmittelbar bevor die Gäste kommen, werden wie beim kontinentalen Frühstück Butterdose, Marmeladeschüssel etc. aufgestellt.

Für das Service werden vorbereitet:
- Vorgewärmte Tassen
- Vorgewärmte Kannen für die Frühstücksgetränke
- Wassergläser oder Tumbler mit den frisch gepreßten Frucht- oder Gemüsesäften, auf ein Tablett mit weißer Stoffserviette gestellt
- Anrichteplatten (runde Platten) mit Wurst und/oder Käse und kleiner Vorlegegabel
- Brot- oder Dessertteller mit Streichwurst und Butter- oder Dessertmesser
- Eventuell Brotschale oder Dessertteller für Toast

Die Frühstücksgetränke werden unmittelbar nach dem Eintreffen der Gäste fertiggestellt und in die Kannen gefüllt.

Servierablauf

Zuerst werden die vorgewärmten Tassen auf die dafür vorbereiteten Untertassen eingestellt, dann die Frucht- oder Gemüsesäfte rechts über der Messerspitze.
Dann serviert man das gewählte Heißgetränk und eventuell Toast.
Man nimmt sich von den Wurstwaren und/oder vom Käse und legt beides auf den Dessertteller. Gegessen wird mit dem Dessertbesteck.
Butter, Marmelade und Honig werden auf den Brotteller gegeben und das jeweilige Gebäck mit dem Dessert- oder Buttermesser bestrichen.

Durchschnittlicher Verbrauch

Ware	*Verbrauch in g, l, Stück etc. pro Person*
Frucht- oder Gemüsesaft	*⅛ bis ¼ l*
Wurst, Streichwurst, Käse	*50 bis 100 g*
Butter, Marmelade, Honig	*jeweils 20 bis 40 g*
Brot, Gebäck, Toast, Feingebäck	*2 bis 4 Stück*
Kaffee, Tee, Kakao, Schokolade, Instantgetränk oder Milch	*¼ l*
Obers zum Kaffee oder Tee	*1/16 l*
Heiße Milch zum Kaffee	*⅛ l*
Zitrone zum Tee	*¼ bis ½ Stück*

Wiener Frühstück

Es zählt zu den erweiterten Frühstücksarten und wurde ursprünglich nur im Wiener Kaffeehaus serviert, wo es auch entstanden ist.

Zur Zeit der Donaumonarchie, als die Dienst- und Bürozeiten für höhere Beamte und Angestellte am Morgen relativ spät begannen, bürgerte sich die Sitte ein, vor Dienstbeginn ins Kaffeehaus zum Frühstükken und Zeitunglesen zu gehen. In dieser ruhigen, entspannten Atmosphäre bekam man Appetit auf ein ausgiebiges Frühstück, das bald unter der Bezeichnung „Wiener Frühstück" überall bekannt war.

Ein original Wiener Frühstück besteht aus
- einem weichgekochten Ei oder Eiern im Glas (=weichgekochte Eier, geschält und in einem hitzebeständigen Glas serviert)
- Butter
- Marillen- oder sonstiger Marmelade, oft hausgemacht
- Honig
- Gebäck (Kaisersemmel, Kipferl) oder Brot
- Filterkaffee mit heiß aufgeschlagener, schaumiger Milch (halb Kaffee, halb Milch = Melange)

Benötigtes Inventar und Gedeck

1 Dessertteller
2 Dessertmesser: Falls nicht vorhanden, nimmt man ein großes Messer.

3 Untertasse
4 Kaffeelöffel
5 Kleine Serviette aus Stoff oder eventuell Papier: Sie wird einfach gefaltet.
6 Eierbecher mit Eierlöffel: Er wird erst eingestellt, wenn die Gäste am Tisch Platz genommen haben.

Für das Service werden vorbereitet:

- Vorgewärmte Kaffeetassen
- Vorgewärmte Kaffee- und Milchkanne

Die Eier werden am besten erst dann gekocht, wenn die Gäste bereits eingetroffen sind. Wasser und Eieruhr oder Eierkocher sollten aber schon vorbereitet sein, ebenso die Eier, die man ansticht, damit sie im heißen Wasser nicht platzen.
Das Frühstücksgetränk wird wiederum unmittelbar nach dem Eintreffen der Gäste fertiggestellt und in die Kannen abgefüllt.

Servierablauf
Zuerst stellt man die vorgewärmten Tassen ein.
Dann serviert man die Eier von rechts. Eierbecher oder Eiereinschlagglas wird oberhalb der Messerspitze eingestellt.
Anschließend wird der Kaffee eingeschenkt, und jeder nimmt sich von Butter, Marmelade, Honig und Gebäck.

Gästen, die keinen Kaffee wollen, kann man selbstverständlich auch jedes andere Frühstücksgetränk servieren.

Durchschnittlicher Verbrauch

Ware	*Verbrauch in g, l, Stück etc. pro Person*
Weichgekochtes Ei in der Schale oder Eier im Glas	*1 Stück 2 Stück*
Butter, Marmelade, Honig	*jeweils 20 bis 40 g*
Brot und Gebäck	*2 bis 4 Stück*
Kaffee (oder sonstiges Frühstücksgetränk)	*¼ l*
Heiße aufgeschlagene Milch für den Kaffee	*⅛ bis ¼ l*

Englisches Frühstück

Das englische Frühstück ist sehr umfangreich und läuft wie eine Menüfolge ab. Man benötigt für dieses Frühstück daher sehr viel Zeit.

Der Engländer beginnt seinen Tag mit einer „early cup of tea". Darunter wird eine Tasse Tee mit Obers, Milch oder Zitrone verstanden, der einige Crackers (Salz- oder Süßkekse) beigelegt werden. Diese nimmt man gleich nach dem Aufstehen zu sich. Nach dem Ankleiden begibt man sich zum Frühstückstisch.

Das original englische Frühstück besteht aus

- Getreidegerichten (Zerealien): Hier stehen an erster Stelle Porridge (zart gesalzener Haferflockenbrei mit Obers oder Milch) und Semolina (Grießkoch – schottisches Traditionsgericht). Beides serviert man warm. Außerdem werden heute angeboten: Corn-flakes (Maisflocken), Sugar puffs (gemälzter Honigmais), Shredded wheat (Weizenflocken), Rice crispies (gemälzter, knuspriger Reis), Weetabix (in Scheiben gepreßte Vollkornweizenflocken), Al Brun flakes (Roggenflocken).
- Eiergerichten: Soft boiled eggs (weichgekochte Eier), Poached eggs (pochierte oder verlorene Eier), Scrambled eggs (Rühreier), Eggs turned over (umgedrehte Eier), Omelets (Eieromeletts Natur oder mit Champignons, Käse, Wurst usw.), Fried eggs with bacon or ham (Spiegeleier mit Speck oder Schinken).
- Fleischgerichten: Statt eines Eiergerichtes kann auch ein Fleischgericht serviert werden, allerdings ohne jede Beilage: Bacon (Frühstücksspeck), Ham (Schinken), Sausages (Würstchen), Veal chop (Kalbskotelett), Grilled cutlet of porc oder Porc chop (gegrilltes Schweinskotelett), Grilled mutton chop (Hammelkotelett), Steaks.

- Fischgerichten: Statt Eiern oder Fleisch kann auch ein Fischgericht, ebenfalls ohne Beilagen, gereicht werden: Grilled filet of sole (gegrilltes Seezungenfilet), Grilled kippered herring (gegrillter Brathering), Grilled steak of halibut (gegrilltes Heilbuttfilet), Grilled steak of turbot (gegrilltes Steinbuttsteak), Stockfish (Stockfisch), Smoked haddock (geräucherter Schellfisch).
- Kalten Gerichten: Schließlich können als Hauptgericht auch sogenannte „cold dishes" gereicht werden: Roastbeef, Corned beef, Assorted cold meal (sortierte kalte Platte), Käse usw.
- Tee mit Obers, Milch oder Zitrone: Für das Frühstück gibt es bei Tee eine eigene Frühstücksmischung (im Fachhandel erhältlich). Natürlich kann auch Kaffee oder ein anderes Frühstücksgetränk serviert werden.
- Toast, Butter oder Diätmargarine, Marmelade, Honig: Neben der normalen Butter wird häufig auch gesalzene Butter serviert.
  Unter „marmalade" versteht der Engländer nur Marmelade aus Zitrusfrüchten. Alle anderen Produkte werden als „jam" bezeichnet.

Nach dem Zweiten Weltkrieg wurde von den Amerikanern die Sitte übernommen, als ersten Gang Frucht- oder Gemüsesäfte bzw. frische Früchte oder Kompotte zu servieren (siehe amerikanisches Frühstück, Seite 150).

Benötigtes Inventar und Gedeck

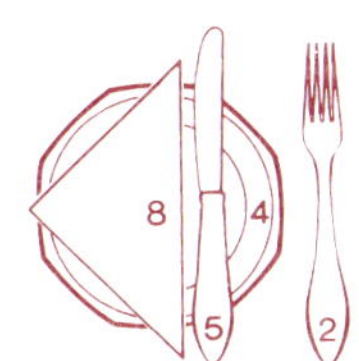

1 Großes Messer } für warme Hauptgerichte
2 Große Gabel }
Wird ein kaltes Gericht serviert, deckt man ein Dessertbesteck, für Fischgerichte ein Fischbesteck auf.
3 Großer Löffel für die Zerealien, wenn diese im Suppenteller serviert werden, bzw. Dessert- oder Bouillonlöffel für Oatmeal-Schüsseln.
4 Brot- oder Dessertteller
5 Butter- oder Dessertmesser
6 Untertasse
7 Tee-(Kaffee-)Löffel
8 Kleine Serviette

- Dessertteller: Er wird nur dann aufgedeckt, wenn kalte Gerichte serviert werden und diese auf Platten angerichtet sind.

Unmittelbar bevor die Gäste kommen, werden, wie beim kontinentalen Frühstück, Butterdose, Marmeladeschüssel etc. aufgestellt.
Auf den Rechaud stellt man die Tee-(oder Kaffee-)Tassen gestapelt zum Warmhalten.

Für das Service werden vorbereitet:
- Vorgewärmte Tee- (Kaffee- oder sonstige) Kannen und eine Kanne für heißes Wasser
- Suppenteller auf Speisetellern oder Oatmeal-Schüsseln auf Desserttellern mit Klapperdeckchen oder Papierserviette, in denen die fertigen warmen Getreidegerichte (z. B. Porridge) bzw. die trockenen Zerealien (z. B. Corn-flakes) angerichtet werden
- Milchkanne für die kalten Zerealien
- Speiseteller, auf denen die warmen Eier-, Fleisch- oder Fischgerichte angerichtet und warm gestellt werden, oder
- Anrichteplatte mit kleiner Vorlegegabel für kalte Gerichte, falls solche serviert werden
- Brotschale oder Dessertteller für Toast

Die Hauptgerichte werden am besten erst dann zubereitet, wenn die Gäste schon eingetroffen sind. Es sollen aber alle Vorbereitungen getroffen sein. Für Eiergerichte können Pfannen und Fett bereitgestellt werden, Eier, Gewürze und Milch beispielsweise schon gesprudelt, für Fleisch- und Fischgerichte alles brat- oder grillfertig vorbereitet sein.
Auch die Frühstücksgetränke werden wiederum so vorbereitet, daß sie nach dem Eintreffen der Gäste nur noch fertiggestellt und in die Kannen gefüllt werden müssen.

Servierablauf

Der Tee (bzw. Kaffee) wird zu den Tassen auf den Rechaud gestellt.
Dann werden die Getreidegerichte von rechts serviert und die Milchkanne auf den Tisch gestellt. Die trocke-

nen Zerealien bereiten sich die Gäste mit kalter Milch und Zucker selber zu. Nach dem Essen werden die Teller bzw. Schüsseln abserviert.

Anschließend stellt man das Hauptgericht ein.

Die Teller vom Hauptgericht werden abgeräumt und gleichzeitig die Dessertteller in die Mitte vor den Gast gestellt (im Haushalt wird dies der Gast häufig selbst tun), sodaß man sich Brot, Butter, Marmelade usw. auf den Teller nehmen kann. Eventuell vorhandene Platten werden abgeräumt.

Der Toast kommt entweder fertig auf den Tisch, oder er wird von der Hausfrau frisch zubereitet, wobei der Toaster auf dem Servierwagen steht. Der Toast wird mit der Gebäckzange herausgenommen.

Die auf dem Rechaud vorgewärmten Tassen werden eingestellt, und der Tee wird eingeschenkt. Auf Wunsch kann das Frühstücksgetränk natürlich auch schon zu Beginn des Frühstücks serviert werden.

Durchschnittlicher Verbrauch

Ware	*Verbrauch in g, l, Stück etc. pro Person*
Zerealien	*50 bis 70 g*
Milch für die Zerealien	*⅛ bis ¼ l*
Eier	*2 bis 3 Stück*
Speck bzw. Schinken zum Ei oder	*50 bis 70 g*
Fleisch oder	*100 bis 150 g*
Fisch oder	*100 bis 150 g*
Wurst, Käse	*50 bis 100 g*
Butter, Jam, Honig	*jeweils 20 bis 40 g*
Toast (oder sonstiges Gebäck)	*3 bis 4 Scheiben*
Tee (Kaffee oder sonstiges Frühstücksgetränk)	*¼ l*
Obers zum Tee (oder Kaffee)	*1/16 l*
Zitrone zum Tee	*¼ bis ½ Stück*

Amerikanisches Frühstück

Das amerikanische Frühstück ist das umfangreichste überhaupt.

Es besteht aus

- Eiswasser: Zum Auftakt jedes Frühstücks trinken die Amerikaner Eiswasser (=ein halber Krug Wasser, aufgefüllt mit Eiswürfeln).
- Frucht- oder Gemüsesäften: z. B. Orangen-, Grapefruit-, Ananas-, Pflaumen-, Tomaten-, Karotten-, Sauerkrautsaft usw., am besten frisch gepreßt.
- Frischen Früchten oder Kompotten: An frischen Früchten bevorzugt man Grapefruits (in Achtel geschnitten, mit Zucker und Kirschen), Melonen, Mangos, Bananen (in Scheiben geschnitten, mit Obers), Kiwisalat (in Scheiben geschnittene Kiwis mit Zuckersirup und Zitronensaft), Obstsalat, Pfirsiche, Beerenfrüchte (häufig mit Obers), Orangensalat, Weintrauben usw., an Kompotten Pflaumen-, Feigen-, Apfel-, Birnen-, Pfirsich-, Marillenkompott etc. sowie aufgeweichtes Dörrobst oder Mischkompotte.
- Getreidegerichten (Zerealien) wie beim englischen Frühstück. Porridge (Haferflockenbrei) wird in Amerika als „oatmeal" bezeichnet und Semolina (Grießkoch) als „cream of wheat".
- Eiergerichten: wie beim englischen Frühstück.
- Fleischgerichten: Sehr beliebt sind Steaks, meist durchgebraten, sowie Koteletts vom Kalb, Schwein oder Hammel.
- Fischgerichten: Sie sind in Amerika weniger beliebt als in England, aber auch auf der Speisenkarte zu finden.
- Kalten Gerichten: wie beim englischen Frühstück.
- Gemüse und Kartoffeln: z. B. Grilled tomatoes (gegrillte Tomaten), Sauted mushrooms (gebratene Champignons), Hashbrown potatoes (Röstkartoffeln), Sweet potatoes (Süßkartoffeln). Sie werden häufig mit anderen Gerichten kombiniert, z. B. pochierten Eiern mit Speck und Champignons, Hammelkotelett mit Röstkartoffeln und gegrillten Tomaten, Rühreiern mit Würstchen, Schinken und Tomate usw.
- Kaffee oder Tee mit Milch.
- Butter oder Diätmargarine, Marmelade, Honig, Sirupe: Das Angebot an Butter (z. B. gesalzene Butter), Marmelade, Honig und Sirupen (z. B. Ahornsirup) ist sehr umfangreich.
- Brot und Gebäck: Auch an Brot und Gebäck ist die Auswahl groß. Besonders beliebt sind Sweet rolls (Süßgebäck), Toasts, Pancakes (Pfannkuchen) und Waffels (=Waffeln aus einem festen Palatschinken-

oder Pfannkuchenteig, mit Honig gesüßt und in einer Waffelmaschine hellbraun gebacken).
Anstelle von Sweet rolls können in Europa auch Milch-, Kartoffelbrot, Brioche oder Croissants gereicht werden.

Benötigtes Inventar und Gedeck

Der Tisch wird wie für das englische Frühstück gedeckt, zusätzlich stellt man oberhalb der Messerspitze des großen Messers ein Wasserglas für das Eiswasser.

Unmittelbar bevor die Gäste kommen, werden wie beim kontinentalen Frühstück Butterdose, Marmeladeschüssel etc. aufgestellt. Zusätzlich kommt ein Wasserkrug mit Eiswasser auf den Tisch.
Auf den Rechaud stellt man wiederum die Frühstückstassen gestapelt zum Warmhalten.
Auf dem Servierwagen steht eventuell ein Toaster oder eine Waffelmaschine.

Für das Service werden vorbereitet:

- Wassergläser oder Tumbler mit den frisch gepreßten Frucht- oder Gemüsesäften, auf ein Tablett mit weißer Stoffserviette gestellt
- Vorgewärmte Kannen für die Frühstücksgetränke, Kanne für heißes Wasser
- Dessertteller mit frischen Früchten und Obstbesteck (Grapefruitbesteck) oder kleine Kompottschüsseln (z. B. mit Beeren) auf einer Untertassse mit Klapperdeckchen oder Papierserviette mit Kaffeelöffel, je nach Art der Früchte, oder
- kleine Kompottschüsseln mit Kompott auf Unterteller (Dessertteller) mit Klapperdeckchen oder Papierserviette und Kaffeelöffel
- Suppenteller auf Speisetellern oder Oatmeal-Schüsseln auf Desserttellern mit Klapperdeckchen oder Papierserviette für die Getreidegerichte
- Milchkanne für die kalten Getreidegerichte
- Speiseteller für die warmen Gerichte oder
- Anrichteplatte mit kleiner Vorlegegabel für kalte Speisen
- Brotschalen oder Dessertteller für Toast

Die Hauptgerichte werden wie beim englischen Frühstück so weit vorbereitet, daß sie beim Eintreffen der Gäste nur noch fertiggestellt werden müssen, ebenso die Frühstücksgetränke.

Servierablauf

Die Frühstücksgetränke werden auf den Rechaud zu den Tassen gestellt. Zuerst werden das Eiswasser und die Frucht- oder Gemüsesäfte serviert.

Als nächsten Gang stellt man – je nach Wunsch – die frischen Früchte auf Desserttellern oder, wenn sie bereits geschnitten sind, in kleinen Kompottschüsseln bzw. Kompotte in kleinen Kompottschüsseln ein.
Ist dieser Gang abserviert, kommen als nächstes die Zerealien zum Service, wobei sich die Gäste die kalten Zerealien wieder selbst zubereiten.
Anschließend serviert man das Hauptgericht aus Eiern, Fleisch, Fisch usw.
Nach dem Abservieren dieses Ganges stellt man den Brot- oder Dessertteller in die Mitte vor den Gast (dies könnte der Gast auch selbst tun), stellt die Frühstückstassen ein und schenkt die Frühstücksgetränke ein. Auf Wunsch der Gäste kann dies auch schon zu Beginn der Mahlzeiten geschehen.
Der Toast wird serviert, und jeder Gast nimmt sich Brot, Butter, Marmelade, Honig oder Sirup auf seinen Teller.

Durchschnittlicher Verbrauch

Ware	*Verbrauch in g, l, Stück etc. pro Person*
Frucht- oder Gemüsesaft	*1/8 bis 1/4 l*
Obst	*100 g*
Kompott	*1/8 l*
Zerealien	*50 bis 70 g*
Milch für die Zerealien	*1/8 bis 1/4 l*
Eier	*2 bis 3 Stück*
Speck bzw. Schinken zum Ei oder	*50 bis 70 g*
Fleisch oder	*100 bis 150 g*
Fisch oder	*100 bis 150 g*
Wurst, Käse	*50 bis 100 g*
Butter, Marmelade, Honig, Sirup	*jeweils 20 bis 40 g*
Brot, Gebäck, Toast usw.	*2 bis 4 Stück*

Ware	*Verbrauch in g, l, Stück etc. pro Person*
Kaffee, Tee, Kakao, Schokolade, Instantgetränk oder Milch	*¼ l*
Obers zum Kaffee oder Tee	*1/16 l*
Heiße Milch zum Kaffee	*⅛ l*
evtl. Zitrone zum Tee	*¼ bis ½ Stück*

Frühstücksbuffet

Das Frühstücksbuffet stellt eine erhebliche Erleichterung bei der Bewältigung eines umfangreichen Frühstücksangebotes dar. Es herrscht Selbstbedienung. Dadurch kann das Frühstück mit geringem Arbeitseinsatz beim Service für einen größeren Personenkreis relativ rasch abgewickelt werden.

In der Gastronomie ist das Servierpersonal nur für das Service von Heißgetränken, für etwaige zusätzliche Bestellungen und das Abräumen des benützten Geschirrs zuständig.

Das Angebot an Speisen und Getränken, das bei einem Frühstücksbuffet gereicht werden kann, ist sehr vielfältig:

- Frucht- oder Gemüsesäfte
- Frische Früchte und Kompotte
- Milchprodukte: kalte Milch, Sauermilch, Buttermilch, Molke, Kefir, alle Arten von Joghurt usw.
- Getreidegerichte: Müsli, Corn-flakes usw.
- Wurst und Wurstwaren: vorwiegend Extrawurst, Weißwurst, Schinkenwurst sowie Leberkäse, Leberpasteten, Streichwurst, Schinken (Preß- oder Beinschinken, Burgunderschinken, hauchfein geschnittener Rohschinken)
- Fleisch: kalter Braten vom Schwein, Kalb oder Rind, Selchfleisch usw.
- Käse: Topfen (Quark), Gervais, Schnittkäse wie Emmentaler, Tilsiter, Edamer, Butterkäse sowie Cremekäse, Schmelzkäse, Kräuterkäse usw.
- Gemüse: z. B. geschnittene Karotten, Paprika, Tomaten, Radieschen, Kohlrabi usw.
- Butter
- verschiedene Marmeladesorten und Honig
- Brot und Gebäck
- Frühstücksgetränke

Abgestimmt auf den Geschmack der Gäste, wird jede Hausfrau aus den angeführten Speisen ihr Frühstücksbuffet zusammenstellen.
In der Gastronomie wird man bemüht sein, das Angebot möglichst vielfältig zu halten, wobei der jeweilige Gästekreis und Preis, der verlangt werden kann, ausschlaggebend sind. Dem Gast wird das Angebot nicht mit Hilfe einer Karte übermittelt, sondern die Leistungsfähigkeit eines Betriebes sichtbar präsentiert.

Vorbereiten des Frühstücksbuffets

Zuerst wird der Buffettisch hergerichtet (siehe Seite 92). Anschließend wird aufgedeckt, und zwar in nachstehender Reihenfolge – von links nach rechts und im vorderen Drittel der Tische (jeweils mit Reserve):

- Gestülpte Wassergläser oder Tumbler
- Gestülpte Milchgläser oder -becher
- Gestapelte Unterteller mit Papierserviette für Joghurt, Kefir usw.
- Gestapelte kleine Kompottschüsseln
- Kaffeelöffel für Joghurt und Kompott (zwei pro Person), verkehrt ineinandergelegt
- Gestapelte Oatmeal-Schüsseln oder Suppenteller
- Dessert- oder Suppenlöffel (je nachdem, worin die Getreideprodukte angerichtet werden), verkehrt ineinandergelegt
- Gestapelte Unterteller mit Papierserviette
- Gestapelte Dessertteller: Man rechnet zwei Teller pro Person (für kalte Gerichte und Obst)
- Dessertgabeln und -messer für die kalten Gerichte

Benötigtes Inventar und Gedeck

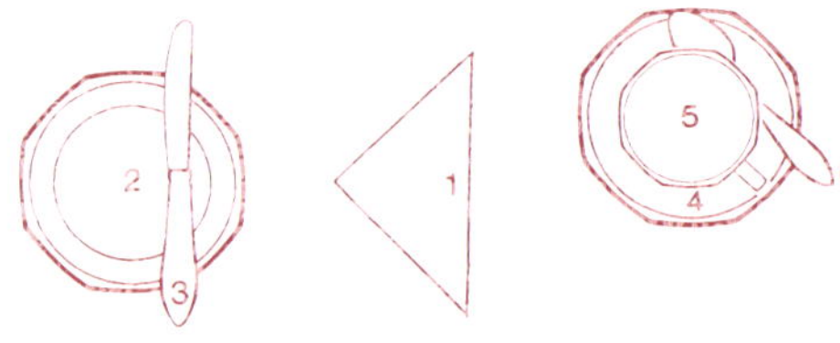

1 Kleine Serviette aus Stoff oder auch Papier: Sie wird einfach gefaltet (z. B. Dreieck, Tasche, Rolle, Stufe) oder eventuell in einen Serviettenring gesteckt

Wiener Frühstück

Sektfrühstück

Schlumberger
Schlumberger

Frühstücksbuffet

2 Dessertteller
3 Dessert- oder Buttermesser
4 Untertasse
5 Kaffee-, Tee- oder Schokoladetasse: Sie kann der Einfachheit halber bereits aufgedeckt, kann aber auch vorgewärmt und dann erst eingestellt werden.
6 Kaffee-(Tee-)Löffel

Unmittelbar bevor die Gäste kommen, werden aufgedeckt:

- Auf dem Buffet: Hinter den aufgebauten Gläsern Glaskannen mit Frucht- und Gemüsesäften sowie Milch, daneben Joghurt und sonstige Milchprodukte im Originalbecher (oder auch in großen Schüsseln angerichtet, dazu ein kleiner Schöpflöffel); Obstschüssel mit Obst; Kompottschüsseln mit Kompotten, Kompottvorlegelöffel; Beilagenschüsseln mit trockenen Zerealien, große Löffel; Anrichteplatten mit Wurstwaren, Fleisch und Käse, kleine Vorlegegabel; Salat- oder Beilagenschüsseln mit Gemüse, Gemüselöffel (oder großer Löffel) zum Vorlegen; Brotschalen oder -körbchen mit Brot und Gebäck in einer Stoffserviette; Brotschale oder Dessertteller mit Toast, in eine Stoffserviette eingeschlagen; Kuchenplatte mit Feingebäck, Gebäckzange.
- Auf dem Tisch: Zuckerdose, Süßstoffbehälter, Oberskännchen, Zitronensaftkännchen (wie beim kontinentalen Frühstück).
  Butter, Marmelade, Honig werden ebenfalls meist auf den Eßtisch gestellt. Häufig gilt dies auch für Brot und Toast.

Für das Service werden vorbereitet:

- Vorgewärmte Kannen für die Frühstücksgetränke

Bevor die Gäste kommen, werden die Frühstücksgetränke so vorbereitet, daß sie beim Eintreffen der Gäste nur noch fertiggestellt und in die Kannen gefüllt werden müssen.

Servierablauf

Die Gäste und Familienmitglieder begeben sich zum Buffet und bedienen sich.
Bei Tisch läßt sich die Hausfrau die Tassen (mit Untertassen) reichen und serviert das gewünschte Frühstücksgetränk.

Durchschnittlicher Verbrauch

Man bereitet im allgemeinen größere Mengen als für ein normales Frühstück vor, weil bei einem Buffet meist mehr gegessen wird.

Ware	*Verbrauch in g, l, Stück etc. pro Person*
Frucht- oder Gemüsesaft	*¼ l*
Obst	*100 bis 150 g*
Kompott	*¼ l*
Zerealien, Müsli	*70 bis 100 g*
Milch für die Zerealien	*¼ l*
Kaltes Fleisch, Wurst	*50 bis 100 g*
Käse	*50 bis 100 g*
Gemüse	*50 bis 70 g*
Butter, Marmelade, Honig	*jeweils 20 bis 40 g*
Brot, Gebäck, Toast usw.	*2 bis 4 Stück*
Kaffee, Tee, Kakao, Schokolade, Instantgetränk oder Milch	*¼ bis ⅜ l*
Obers zum Kaffee oder Tee	*⅛ l*
Heiße Milch zum Kaffee	*⅛ bis ¼ l*

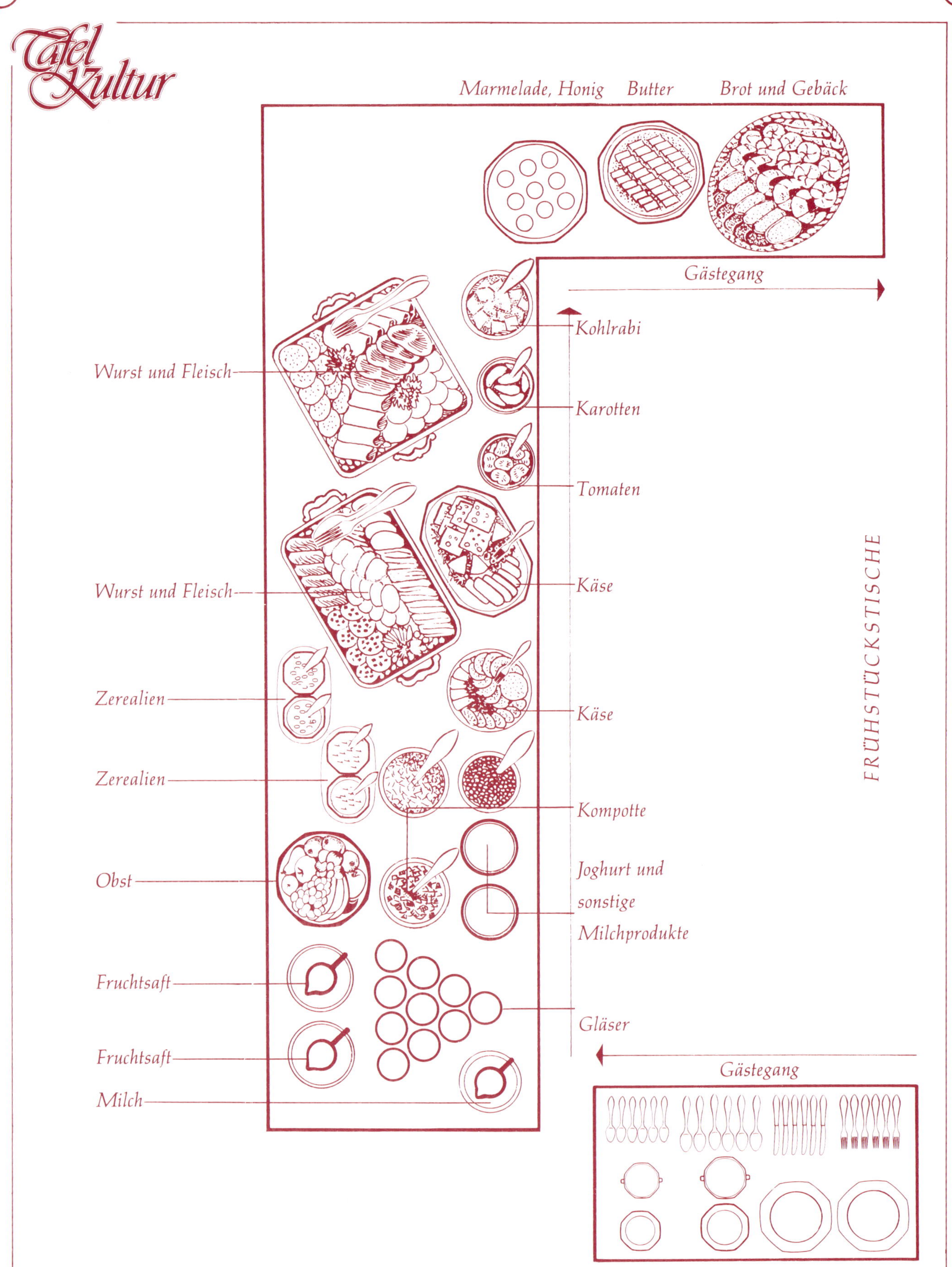
Tafel Kultur
Marmelade, Honig
Butter
Brot und Gebäck
Gästegang
Kohlrabi
Wurst und Fleisch
Karotten
Tomaten
Wurst und Fleisch
Käse
Zerealien
Käse
Zerealien
Kompotte
Obst
Joghurt und
sonstige
Milchprodukte
Fruchtsaft
Gläser
Fruchtsaft
Gästegang
Milch
FRÜHSTÜCKSTISCHE

Die Vormittagsjause

Die Vormittagsjause, auch zweites Frühstück genannt, wird meistens in der Zeit von 9 bis 12 Uhr eingenommen. Hinsichtlich der Zusammensetzung der Speisen sind bei der Vormittagsjause große regionale und anlaßbedingte Unterschiede. Die Vormittagsjause wird besonders in Ländern, die dem Frühstück keine so große Bedeutung beimessen, gepflegt, z. B. in Frankreich, wo das „dejeuner à la fourchette" eine große Tradition besitzt.

Gabelfrühstück

Das Gabelfrühstück wird vor allem von jenen Menschen, die zum Beispiel aus beruflichen Gründen entweder sehr zeitig oder sehr wenig frühstücken, eingenommen. Daher wird auch diese kleine Mahlzeit selten im Haushalt gegessen, sondern am Arbeitsplatz, im Gasthaus oder in der Schule.

Im Haushalt sind Einladungen zur Vormittagsjause eher ungebräuchlich, es sei denn, es hat bereits eine gemeinsame morgendliche Unternehmung stattgefunden, z. B. eine Jagd, ein Reit- oder Angelausflug oder eine Tennispartie. Jäger und Sportler bevorzugen meist sättigende und deftige Speisen.

Eine andere Möglichkeit ist die Einladung zu einem Frühschoppen, der besonders bei den Herren sehr beliebt ist. Auch diese Mahlzeit hat einen rustikalen, deftigen Charakter.

Im Haushalt kann gereicht werden:

- Speisen: Gulasch-, Bohnen-, Kartoffel-, Linsensuppe, Gulasch, Linseneintopf, Kartoffelgulasch, Beuschel, Bratwurst, Blutwurst, Würstel aller Art, kalter Aufschnitt mit Garnierung, belegte Brote, Essigwurst, Rindfleischsalat oder andere pikante Salate, dazu Brot und Gebäck, Brezeln usw.
- Getränke: Bier, Schnaps, Most, ein leichter Wein oder alkoholfreie Getränke, an kalten Tagen auch Tee mit Zitrone oder Rum (Obstler), Glühwein oder Grog.

Die Gastronomie bietet regional unterschiedliche Möglichkeiten für eine Jause an. In den Großstädten werden Jausengerichte hauptsächlich in Kaffeehäusern, Buffets, Selbstbedienungsbetrieben und kleinen Gasthäusern angeboten.

Kaffeehäuser offerieren ihren Gästen beispielsweise Gulasch- oder Bohnensuppen, Eieromeletts, Rühreier, Eier im Glas, Würstel mit Senf oder Kren, belegte Brote und Spezialtoasts. Außerdem ist ein Angebot an Mehlspeisen und Feingebäck aller Art vom Wiener Apfelstrudel bis zum mit Butter bestrichenen Briochekipferl erhältlich.

Dazu gibt es Kaffee, Tee, Flaschenbier, Wein (auch gespritzt) oder alkoholfreie Getränke vom frischen Fruchtsaft bis zu den gängigen Limonaden.

Buffets, kleine Gasthäuser und die sogenannten „Beiseln" (Kneipen) haben meist auf der Karte: Bratwürstel, Würstel mit Saft, Bockwurst, Münchner Weiße, geröstete Leber, Hirn mit Ei, kleines oder großes Gulasch, kleine kalte Gerichte wie Extrawurst, Preßkopf oder Haussülze in Essig und Öl, Leberaufstriche, dazu frisches Gebäck und offenes Bier, Wein oder alkoholfreie Getränke.

Immer beliebter werden in letzter Zeit auch Imbißstuben und Feinschmeckertreffs (oft mit Stehplätzen), die ihren Gästen Brötchenbuffets oder eine Vielfalt kleiner kalter Gerichte anbieten. Je nach Gästekreis haben sie ein einfaches oder exquisites Angebot. Die Speisenpalette reicht vom gefüllten garnierten Ei über raffiniert und phantasievoll belegte Weiß-, Schwarz- oder Spezialbrotscheiben bis zu Austern, Kaviar und Gänseleber.

Dazu trinkt man ein kleines Bier, ein Glas Wein oder Sekt (Champagner) oder alkoholfreie Getränke aller Art.

Landgasthäuser bieten regional unterschiedliche bodenständige kleine warme Speisen an, z. B. Wurzelfleisch, Verhacktes, Leberwürste, Lebersterz, Pußtawürstel, Münchner Weißwurst usw.

Benötigtes Inventar und Gedeck

Da die Speisen sehr unterschiedlich sind, gibt es kein spezielles Jausengedeck, es richtet sich nach dem Imbiß.

Der Tisch wird folgendermaßen gedeckt:

- Gemustertes, eher rustikales Tischtuch oder ebensolche Sets, die direkt auf den Tisch gelegt werden

- Für Suppen: Bouillon- oder Dessertlöffel bzw. großer Löffel
- Für kalte Gerichte: Dessertteller mit Dessertmesser und -gabel
- Für warme Gerichte: großes Besteck
- Kleine, einfach gefaltete Servietten. Sie werden z. B. in Form von Dreieck, Tasche, Rolle, Stufe gelegt oder in einen rustikalen Serviettenring gesteckt.
- Wasser-, Bier- oder Weingläser bzw. Tee- oder Groggläser (mit Teelöffeln), Glühweinbecher
- Salz- und Pfefferstreuer im Ständer oder auf der Menagenplatte
- Senfbehälter, Behälter für Ketchup, jeweils mit passendem Löffel
- Kleiner rustikaler Blumenschmuck in der Vase
- Aschenbecher
- Eventuell Stövchen

Unmittelbar bevor die Gäste kommen, werden aufgedeckt:

- Brotschale oder Brotkörbchen mit Stoffserviette
- Runde Platten mit den kalten Gerichten und kleiner Vorlegegabel. Kalter Aufschnitt wird unmittelbar vor dem Eintreffen der Gäste auf Platten angerichtet. Man kann sich auch vom Fleischhauer oder in Delikateßgeschäften die gewünschten Fleisch- und Wurstwaren auf mitgebrachen Platten oder Einwegplatten anrichten lassen. Diese stellt man in den Kühlschrank, bis die Gäste eintreffen.
- Für Heißgetränke: Zuckerdose mit Zuckerlöffel oder -zange, Süßstoffbehälter mit kleinem Löffel oder kleiner Zange, Milchkanne oder Oberskännchen, Brotteller mit Zitronenspalten bzw. Zitronensaftkännchen (oder Portionsoberskännchen) mit Zitronensaft, Rumkaraffe.

Für das Service werden vorbereitet:

- Für Suppen: vorgewärmte Suppentassen bzw. Suppenteller, Suppenterrine mit Untersatz oder dazupassendem Unterteller und Suppenschöpfer
- Für Ragoutgerichte: Ragoutschüssel oder Beilagenschüssel mit kleinem Schöpflöffel Ragoutgerichte können auch auf vorgewärmten Speisetellern angerichtet werden.
- Für warme Gerichte: vorgewärmte Speiseteller. Die Speisen werden darauf angerichtet serviert.
- Für Heißgetränke: vorgewärmte Teekanne oder heißer Glühweinkrug für Glühwein oder Grog
- Für Schnaps: eisgekühlte Schnapsgläser oder -krügerln auf kleinem Tablett (mit Stoffserviette)
- Flaschenöffner
- Kleine Schüsseln, Kabaretts oder Kabarettschalen bzw. Schalensatz für Salzgebäck

Suppen und Ragoutgerichte werden schon am Vortag zubereitet, sie schmecken aufgewärmt noch besser. Brat- und Brühwürste beispielsweise werden unmittelbar nach dem Eintreffen der Gäste in das Fett oder in das Wasser gelegt.
Die Getränke werden eingekühlt.
Glühwein oder Grog kann schon zubereitet sein, wenn die Gäste kommen. Tee wird erst dann aufgegossen.

Servierablauf

Werden Suppen in Suppenterrinen bzw. Ragouts in Ragoutschüsseln serviert, teilt die Hausfrau diese bei Tisch aus (siehe Seite 171).
Suppen in Suppentassen und die warmen Gerichte auf Speisetellern werden von der Hausfrau von rechts eingestellt.
Von den kalten Gerichten bedienen sich die Gäste selbst.
Das Service der kalten Getränke übernimmt der Gastgeber (Getränkeservice siehe Seite 124).
Heißgetränke werden von der Hausfrau serviert. Sie läßt sich die Gläser oder Becher reichen, gießt die Getränke ein und reicht sie den Gästen.

Durchschnittlicher Verbrauch

Ware	*Verbrauch in g, l, Stück etc. pro Person*
Suppe	*¼ l*
Gulasch, Eintopf, Ragoutgerichte	*¼ l (100 bis 150 g Fleisch)*
Würste bzw. Würstel	*1 Stück bzw. 1 Paar*
Aufschnitt	*150 bis 200 g*
Salate	*100 bis 150 g*
Bier	*1 bis 2 Gläser*
Schnäpse	*1 bis 2 Gläser*

Ware	*Verbrauch in g, l, Stück etc. pro Person*
Wein, Most	*1 bis 2 Gläser*
Mineralwasser oder sonstige alkoholfreie Getränke	*1 bis 2 Gläser*
Tee, Glühwein oder Grog	*¼ l*
Butter	*20 bis 40 g*
Brot und Gebäck	*2 bis 3 Stück*

Sektfrühstück (Sektempfang)

Soll eine Vormittagsjause einen festlichen Charakter bekommen, ist es angebracht, ein Sektfrühstück zu geben.
Die ideale Zeit dafür ist zwischen 10.30 und 12 Uhr.

Ein Sektfrühstück kann sowohl privaten als auch geschäftlichen oder offiziellen Charakter haben. Man kann es zu zweit einnehmen, z. B. zur Feier eines besonderen Datums (Verlobung, am Morgen nach der Hochzeit usw.), im Kreis der Familie und guter Freunde, z. B. vor besonderen Ereignissen (Hochzeit, Promotion usw.) oder auch in einem Unternehmen zur Feier eines Geburtstages oder Jubiläums, nach einem wichtigen Vertragsabschluß mit den Geschäftspartnern oder zur Präsentation eines neuen Produkts. In letzteren Fällen wird man einen gastronomischen Betrieb, der Catering betreibt, mit der Durchführung beauftragen oder den Sektempfang überhaupt dorthin verlegen.

Ein Sektfrühstück oder ein Sektempfang ist durch seine kurze Dauer meist ein Stehempfang. Für ältere Gäste müssen natürlich genügend Sitzplätze vorhanden sein. Findet er nur in einem kleinen Kreis statt, kann man die Gäste zu Tisch bitten.

Das Sektfrühstück besteht aus
- Speisen: kleinen Brötchen und Canapés, belegt mit Kaviar, Lachs, Hummer- oder Krabbenfleisch, Gänseleber, feinen, pikanten Salaten, exquisiten Schinkensorten und Wurstwaren, Cocktailhappen mit Sticks
- Getränken: trockenem Sekt oder Champagner, frischgepreßtem Orangensaft (oder anderen Fruchtsäften), Mineralwasser, eventuell Tonic water, Bier
- Knabbergebäck: z. B. Nüssen, Salzmandeln, Crackers, Soletti

Sektfrühstück als Stehempfang

Wird das Sektfrühstück für einen größeren Personenkreis vorbereitet, ist es zunächst wichtig, genügend Platz zu schaffen.
Der dafür vorgesehene Raum (meist Wohnzimmer) wird so umgestaltet, daß die konventionellen Sitzgruppen aufgelöst und Sitzmöglichkeiten locker gruppiert werden. Man stellt sie häufig an die Wand und dazwischen kleine Abstelltische (Servierwagen, Blumentischchen usw.).

Die Buffettische stellt man am günstigsten an einer Wand auf (siehe Seite 92) und legt Moltons sowie Buffettücher (Tischtücher) darüber.
Auf das Buffet stellt man (Grafik siehe Seite 162)
- Sekt- und Wassergläser oder kleine Tumbler
- einfach gefaltete Papierservietten (z. B. Dreieck), eventuell Stoffservietten

Auf die Abstelltische gibt man kleine Tischtücher oder große Stoffservietten, darauf werden Blumen, Aschenbecher und Salzgebäck in kleinen Schüsseln, Kabarettschalen oder in einem Schalensatz gestellt.
Auf einem der Abstelltische wird ein sogenanntes Zigarettentischchen vorbereitet. Am besten belegt man ein mittelgroßes Tablett mit einer passenden Stoffserviette, und auf diese kommen geöffnete Zigarettenschachteln und Zigarrenkistchen, Zigarrenabschneider, Zünder und Kerze. Auch geöffnete Zigaretten- und Zigarrendosen und Tischfeuerzeuge können verwendet werden. Wichtig ist, daß dieses Tablett auf einem gut sichtbaren Tischchen im Raum bereitgestellt wird.

Unmittelbar bevor die Gäste kommen, werden aufgedeckt:
- Orangensaft bzw. andere Fruchtsäfte in Krügen oder Karaffen
- Mineralwasser in Wasserkrügen oder Portionsflaschen (Konferenzflaschen)
- Trockener Sekt oder Champagner im Sektkübel, der mit Eis gefüllt ist, Stoffserviette, Dessertteller mit Serviette zum Ablegen der Sektkorken

- Brötchen und Canapés auf runden Platten oder auf Ausstellungsplatten. Man kann sie auch in einem Delikatessengeschäft oder einem gastronomischen Betrieb, der Catering betreibt, bestellen.
- Cocktailhappen können auf runden Platten oder Ausstellungsplatten gereicht werden, bzw. man steckt sie auf einen Krautkopf oder Brotlaib, der mit Alufolie überzogen ist. Diese Möglichkeit der Präsentation ist sehr originell, bei sehr vornehmen Veranstaltungen aber nicht üblich.

Servierablauf

Der Hausherr öffnet den Sekt und füllt die Gläser. Er ist auch für das Nachschenken verantwortlich.
Die Hausfrau bittet ihre Gäste, sich bei den Brötchen selbst zu bedienen.

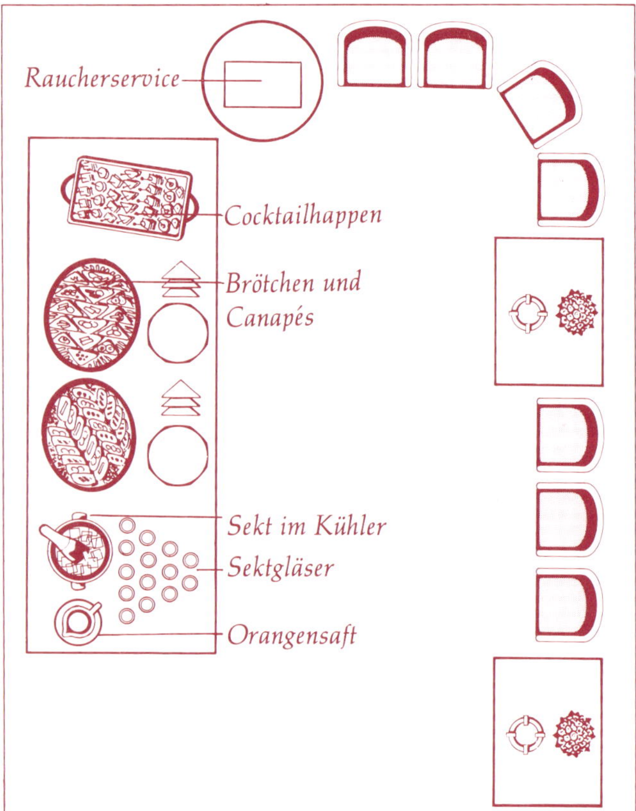

Sektfrühstück bei Tisch

In kleinem Kreis kann ein Sektfrühstück, wie erwähnt, bei Tisch stattfinden. In diesem Fall können den Gästen auch Delikatessen wie Kaviar, Austern, Muscheln, Lachs, Pasteten u. ä. serviert werden, für die meist ein spezielles Gedeck notwendig ist (siehe Seite 187).
Werden nur Brötchen, Canapés und Cocktailhappen serviert, sieht das Gedeck folgendermaßen aus:

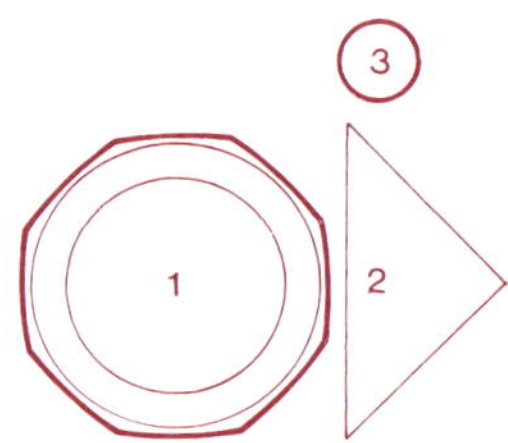

Der Tisch wird folgendermaßen gedeckt:
- Festliches Tischtuch in Weiß oder zarten Pastellfarben
- Über das Tischtuch eventuell Mitteldecke oder Tischläufer

1 Dessertteller
2 Schön gefaltete Mundserviette (z. B. in Form von Strauß, Bierstengel, Dreieck, Rolle, Stufe, Bischofs- oder Jakobinermütze), passend zum Tischtuch
3 Sektglas

- Kleines, elegantes Blumengesteck mit Blumen der Saison

Unmittelbar bevor die Gäste kommen, werden bereitgestellt:
- Auf der Anrichte: Platten mit kleinen Brötchen, Canapés und Cocktailhappen
- Auf dem Servierwagen: Orangensaft oder andere Fruchtsäfte im Glaskrug, Sekt oder Champagner in einem mit Eis gefüllten Sektkübel, Stoffserviette, Dessertteller mit Stoffserviette zum Ablegen des Sektkorkens, Mineralwasser im Wasserkrug

Zur Sicherheit sollten auch andere alkoholfreie Getränke, z. B. Tonic water, sowie Bier mit den entsprechenden Gläsern (auf Tabletts mit Stoffserviette) bereitgestellt werden.

Servierablauf

Der Hausherr versorgt die Gäste mit Sekt und sonstigen Getränken (Getränkeservice siehe Seite 124).
Die Hausfrau reicht die Platten ein (siehe Seite 109), oder wenn die Platten nicht zu groß sind, werden sie unter den Gästen weitergereicht, und jeder bedient sich selbst.

Durchschnittlicher Verbrauch

Ware	*Verbrauch in g, l, Stück etc. pro Person*
Sekt, Champagner	*2 bis 4 Gläser (eine 0,7-l-Flasche = ca. 6 bis 7 Gläser)*
Fruchtsaft	*⅛ bis ¼ l*
Mineralwasser	*⅛ bis ¼ l*
Brötchen und Sandwiches oder	*2 bis 4 Stück*
Canapés oder	*4 bis 6 Stück*
Cocktailhappen	*10 bis 15 Stück*
Kaviar	*20 g*
Lachs	*100 g*
Gänseleber	*20 g*
Ausgelöste Krebse	*1 bis 2 Stück*
Zigarren	*1 bis 2 Stück*
Zigaretten	*1 Packung für 3 bis 5 Personen*

Ein Sektfrühstück in einem gastronomischen Betrieb ist meist ein Stehempfang, der vom Gastgeber bestellt wird (siehe Veranstaltungen, Seite 260).
Für eine kleine Personenanzahl kann ein Sektfrühstück aber auch à la carte serviert werden. Man bestellt entweder Canapés und Brötchen und dazu Sekt oder Champagner oder diverse Delikatessen wie Kaviar, Gänseleber oder Hummer.

Diplomatenfrühstück

Diese Mahlzeit ist, wie der Name schon sagt, in diplomatischen Kreisen sehr beliebt und hat immer einen offiziellen Charakter, d. h., sie ist vor allem im Geschäftsleben und im öffentlichen Leben üblich.
Das Diplomatenfrühstück wird dann serviert, wenn es zum Mittagessen noch zu früh und zum Frühstück bereits zu spät ist.
Die Auswahl der Speisen ist meist sehr erlesen.

Zum Diplomatenfrühstück serviert man:

- Aperitifs: Werden Aperitifs angeboten, dann sind nicht so sehr alltägliche, sondern eher Before-dinner- bzw. Sekt- oder Champagnercocktails, z. B. Sekt-Orange, Kir royal, üblich (siehe Seite 125).
- Vorspeisen: z. B. Gänseleber, Gänseleberpasteten mit oder ohne Trüffeln, pochierte Wachteleier, Kaviar, frischer, geräucherter oder graved Lachs, Hummer, Langusten, Scampi, geräucherte oder marinierte Edelfische aller Art (Forellen, Stein- und Heilbutt), Muscheln wie Jakobsmuscheln, Austern, feine, pikante Salatkompositionen sowie besondere Schinkenarten und Wurstspezialitäten.
- Suppen: Sie sind in der Menüfolge eher selten. Kommen sie dennoch zum Service, dann handelt es sich vorwiegend um klare Spezialsuppen:
  Kalte, geklärte Kraftsuppen mit feinen Einlagen wie Trüffelschnitten, gehackten feinen Kräutern oder gewürfelten Tomaten, Kaltschalen aus Obst und kalte Suppen aus Gemüse.
  Heiße Suppen, wie z. B. klare Ochsenschwanzsuppe oder andere klare Suppen mit Sherry oder Portwein.
- Hauptspeisen: z. B. Kalbssteak, Tournedos, Geschnetzeltes, Hühnerbrüste, Hammel- oder Lammnüßchen, Rehmedaillons, Fasanbrüstchen, Gänselebermedaillons, Entenstopfleber, Bries in feinem Ragout.
  Auch Fischgerichte, wie Seezunge, Stein- oder Heilbutt, Lachssteaks, Meerwolf, oder Schal- und Krustentiere, z. B. Hummer, Langusten und Garnelen (Scampi), erfreuen sich größter Beliebtheit.
- Desserts: Zum Dessert werden Edelkäsesorten und kleine Süßspeisen (Petits fours) oder Obst angeboten. Ein Sorbet kann ebenfalls den Abschluß des Essens bilden.
- Getränke: Die Auswahl der Weine richtet sich nach dem Speisenangebot. Vorwiegend serviert man trockenen Chardonnay, Fruits de mer, Muscadet Graves, Rosé Côte de Provence, leichte Burgunder-, Bordeaux- sowie Moselweine. Auch Rheinriesling und Grüner Veltliner können zum Service gelangen sowie natürlich Sekt oder Champagner.
- Mokka und/oder Digestif: Als Abschluß gibt es meist einen Mokka, eventuell mit Petits fours, und dazu einen Digestif, wie z. B. Cognac, Weinbrand, Liköre (siehe Seite 141).

Aus dieser Auswahl können sowohl Einzelgerichte serviert als auch eine Speisenfolge zusammengestellt werden.

BENÖTIGTES INVENTAR UND GEDECK

Das Decken eines Diplomatenfrühstücks läßt sich nicht so einfach erklären, da die gewählten Speisen bzw. die Speisenfolge sehr unterschiedlich sein können.
Man wählt jedenfalls eine elegante Tischwäsche in Weiß oder zarten Pastellfarben, die Mundservietten aus Stoff werden schön gefaltet, z. B. in Form von Rollen, Stufen, eines einfachen Fächers, eines Straußes oder einer Lilie.

Häufig werden Delikatessen wie Austern, Gänseleber, Hummer, Kaviar, Muscheln usw. serviert. Für diese Spezialitäten werden auch spezielle Gedecke benötigt (Spezialgedecke siehe Seite 187).
Für alle anderen Speisen deckt man wie zum Abendessen (siehe Seite 182), allerdings meist ohne Platzteller.

SERVIERABLAUF

Auch der Servierablauf ist wie beim Abendessen, wobei meist keine so umfangreiche Speisenfolge zum Service gelangt.
Die häufigsten Servierarten sind Einreichen und Vorlegen, weshalb es am günstigsten ist, für ein Diplomatenfrühstück Servierpersonal zu engagieren.

DURCHSCHNITTLICHER VERBRAUCH

Ware	*Verbrauch in g, l, Stück etc. pro Person*
Aperitif	*1 Glas*
Vorspeisen, Pasteten, Cocktails	*100 g*
Suppen oder Spezialsuppen	*¼ bzw. ⅛ l*
Fleisch oder	*100 bis 150 g*
Fisch	*150 bis 200 g*
Beilagen	*50 bis 100 g*
Salat	*70 bis 100 g*
Dessert	*100 bis 120 g*
Petits fours, kleine Bäckereien	*3 bis 4 Stück*
Wein zur Vorspeise	*1 Glas*
Wein zur Hauptspeise	*1 bis 2 Gläser*
Wein zum Nachtisch	*1 bis 2 Gläser*
Mokka	*1/16 bis ⅛ l*
Obers zum Kaffee	*1/16 l*
Cognac, Likör	*1 Glas*

Wird in der Gastronomie ein Diplomatenfrühstück gegeben, so handelt es sich dabei um eine von einem Auftraggeber bestellte Veranstaltung (Bankette siehe Seite 232).

BRUNCH

Der Brunch kommt aus Amerika und ist ein Mittelding zwischen einem Frühstück („breakfast") und einem Mittagessen („lunch"). Er wird meist in Form eines Buffets angeboten und in der Zeit zwischen 11 und 14 Uhr eingenommen.

Diese Mahlzeit erfreut sich auch bei uns zunehmender Beliebtheit – sowohl im Haushalt als auch in der Gastronomie – und wird vor allem am Wochenende und an Feiertagen serviert. Sie entstand aus dem begreiflichen Wunsch der Hausfrau, am Sonntag nicht noch längere Zeit in der Küche zu verbringen als während der Woche, weil etwas besonders Gutes und möglichst ein ganzes Menü gekocht werden soll. Die Hausfrau (bzw. die Küche) wird entlastet, weil aus zwei Mahlzeiten eine geworden ist. Ein weiterer Vorteil des Brunches liegt darin, daß es jedem Familienmitglied ermöglicht wird, lange auszuschlafen, ohne das Frühstück zu versäumen.

Der Brunch ist besonders praktisch, wenn man einen Ausflug oder Badeaufenthalt vorhat. Zu dieser Mahlzeit können dann eventuell auch jene Freunde oder Bekannten eingeladen werden, mit denen man den Ausflug unternimmt.
Einladungen zum Brunch werden, wie die Einladung zum Frühstück, nur an gute Bekannte ausgesprochen.

In Amerika wird der Brunch in jedem Drugstore, in Brasserien, Hotels und Restaurants serviert. In Europa bieten vorwiegend amerikanisch organisierte Hotelbetriebe den Brunch zu einem fixen oder À-la-carte-Preis an.

Zum Brunch können serviert werden:

- Frucht- oder Gemüsesäfte (siehe auch amerikanisches Frühstück, Seite 150, und Frühstücksbuffet, Seite 152)
- Frisches Obst und Kompotte
- Milchprodukte
- Getreidegerichte (Zerealien)
- Eiergerichte: Sie sind beim Brunch eher selten.
- Fleisch- und Fischgerichte: Wesentlich häufiger ißt man zum Brunch ein kurz abgebratenes oder gegrilltes Fleisch-, Geflügel- oder Fischgericht mit schnell zubereiteten Beilagen, z. B. Gemüse, in Butter geschwenkt, gegrillten Tomaten, Pilzen, Kartoffeln, Salat.
  Sehr beliebt sind Steaks mit Gemüse oder Salat, Hamburger mit Spiegelei und Salat, Naturschnitzel, Koteletts, Grillwurst, Grillhuhn oder Truthahn, gegrilltes Schollenfilet mit passenden Beilagen.
  Im Haushalt wird natürlich nur ein Gericht serviert, während in der Gastronomie eine Auswahl von Speisen angeboten wird.
- Kalte Gerichte: Kalte Platten mit Extra-, Weiß-, Schinkenwurst, verschiedenen Arten von Schinken, Streichwürste, Corned beef, diverse Sorten von Schnittkäse usw. werden angeboten.
- Süßspeisen: Meist wird auch eine große Auswahl an Süßspeisen offeriert, z. B. Puddings, kalte Cremes, Topfen- oder Joghurtcreme mit Früchten, kleine, leicht verdauliche Mehlspeisen, wie Fruchttörtchen, Topfenschnitten, Rouladen usw.
- Frühstücksgetränke: Kaffee, Tee, Kakao, Schokolade, Instantgetränke, Milch. Darüber hinaus können für Hauptspeisen auch Mineralwasser oder andere alkoholfreie Getränke sowie Bier oder Wein bereitgestellt werden.
- Butter oder Diätmargarine, verschiedene Marmeladesorten, Honig
- Brot und Gebäck

Aus diesen Speisen wird die Hausfrau eine Auswahl – abgestimmt auf den Geschmack ihrer Gäste – treffen und das Buffet zusammenstellen.
Die Gastronomie wird sich bemühen, ihren Gästen ein möglichst breites Angebot zu offerieren.
Beim Brunch ist es nicht unbedingt notwendig, den üblichen Frühstücksgang einzuhalten, sondern jeder kann sich seine Speisenfolge je nach Geschmack zusammenstellen.

Vorbereiten des Brunchbuffets

Der Buffettisch wird aufgestellt und hergerichtet (siehe Seite 92). Anschließend deckt man in folgender Reihe von links nach rechts im vorderen Drittel der Tische (jeweils mit Reserve) auf:

- Gestülpte Wassergläser oder Tumbler
- Gestülpte Milchgläser oder -becher
- Gestapelte Unterteller mit Papierserviette für Joghurt, Kefir usw.
- Gestapelte kleine Kompottschüsseln
- Kaffeelöffel für Joghurt und Kompott (zwei pro Person), verkehrt ineinandergelegt
- Gestapelte Oatmeal-Schüsseln oder Suppenteller
- Dessert- oder Suppenlöffel (je nachdem, worin die Getreideprodukte angerichtet werden), verkehrt ineinandergelegt
- Gestapelte Dessertteller für kalte Gerichte und Obst (zwei pro Person)
- Dessertgabeln und -messer für die kalten Gerichte

Benötigtes Inventar und Gedeck

Der Tisch wird wie für das amerikanische Frühstück gedeckt.

Unmittelbar bevor die Gäste kommen, werden aufgestellt:

- Auf dem Buffet: hinter den aufgebauten Gläsern Glaskannen mit Frucht- und Gemüsesäften sowie Milch; daneben Joghurt und sonstige Milchprodukte im Originalbecher; Obstschüssel mit Obst; Kompottschüsseln mit Obstsalaten oder Kompotten und Kompottvorlegelöffel oder kleine Kompottschüsseln mit angerichtetem Obst, Obstsalaten und Kompotten auf Untertellern (Brot- oder Desserttellern) mit Klapperdeckchen oder Papierservietten; Beilagenschüsseln mit trockenen Zerealien und großen Löffeln; Anrichteplatten mit Wurstwaren und Käse, dazu kleine Vorlegegabel; Brotschale oder -körbchen mit Brot und Gebäck in einer Stoffserviette; Kuchen- oder Königskuchenplatte mit Mehlspeisen und Gebäckzange; Dessertteller mit Puddings; kleine Kompottschüsseln, Eis- oder Sektschalen mit kalten Cremes auf Brot- oder Desserttellern mit Klapperdeckchen oder Papierservietten.

- Auf dem Tisch: Butterdose, Marmeladeschüssel etc. wie beim kontinentalen Frühstück.

Für das Service werden hergerichtet:
- Vorgewärmte Kannen für die Frühstücksgetränke
- Vorgewärmte große Teller für die Hauptspeisen
- Wasser-, Bier- und Weingläser auf einem Tablett mit weißer Stoffserviette

Für die warmen Gerichte wird alles vorbereitet, z. B. für Fleischgerichte Pfannen, Fett, bratfertiges Fleisch, sodaß sie beim Eintreffen der Gäste nur noch fertiggestellt werden müssen.
Die Heißgetränke bereitet man ebenfalls so vor.
Kalte Getränke werden eingekühlt.

Servierablauf

Die Gäste bedienen sich zuerst beim Buffet.
Bei Tisch läßt sich die Hausfrau die Tassen (mit Untertassen) reichen und gießt das gewünschte Frühstücksgetränk ein.
Dann werden die warmen Hauptspeisen serviert. Sie sind auf dem Teller angerichtet und werden von rechts eingestellt. Der Zeitpunkt, zu dem sie serviert werden, ist individuell verschieden und kann von der Hausfrau bestimmt werden. Kalte Getränke serviert der Hausherr (Getränkeservice siehe Seite 124).

Durchschnittlicher Verbrauch

Ware	*Verbrauch in g, l, Stück etc. pro Person*
Frucht- oder Gemüsesaft	*¼ l*
Obst	*100 bis 150 g*
Obstsalat, Kompott	*¼ l*
Müsli, Zerealien	*70 bis 100 g*
Milch für die Zerealien	*¼ l*
Eiergerichte, Rühreier, Spiegeleier, pochierte Eier usw.	*2 bis 3 Stück*
Speck oder Schinken zu den Eiern	*50 bis 70 g*
Wurst, Schinken, Käse	*50 bis 100 g*
Fleisch-, Fischgerichte	*100 bis 150 g*
Beilagen	*50 bis 100 g*
Salat	*70 bis 100 g*
Dessert	*100 bis 120 g*
Butter, Marmelade, Honig	*jeweils 20 bis 40 g*
Brot, Gebäck	*2 bis 3 Stück*
Kaffee, Tee, Kakao, Schokolade, Instantgetränke oder Milch	*¼ l*
Obers zum Kaffee oder Tee	*1/16 l*
Heiße Milch zum Kaffee	*⅛ bis ¼ l*
Zitrone zum Tee	*¼ bis ½ Stück*
Mineralwasser	*1 bis 2 Gläser*
Bier	*1 bis 2 Gläser*
Wein	*1 bis 2 Gläser*

Frokost

Unter Frokost wird in den skandinavischen Ländern ein spätes Frühstück verstanden (fro = früh, kost = Mahlzeit), das etwa dem Brunch entspricht, aber von den Speisen her unterschiedlich ist.
Dieses Essen wird in der Zeit von 10 bis 12 Uhr serviert. Es erübrigt sich daher das Mittagessen.
Zur Frokost kann man sowohl Verwandte und Freunde als auch Geschäftspartner einladen.

Zur Frokost kann man servieren:
- Kalte Gerichte: z. B. Smörrebröd (verschiedene, reichhaltig belegte Weiß- oder Graubrotschnitten, die auch vielfach gestapelt werden können), marinierte Fische, Fischkonserven, Garnelen, graved Lachs, Steinbutt, garnierte, gefüllte Eier, pikante Salate aus Wurst, Fleisch, Fisch und Gemüse.
- Warme Speisen: Eiergerichte aller Art mit Salat, frischem Gemüse und Speck oder Schinken, dazu Weißbrot, Graubrot und Toast, sowie gegrillte Fischsteaks mit passenden Beilagen oder gegrillte Fleischgerichte.
- Getränke: Kaffee mit Milch oder Obers, Tee mit Zitrone oder kalter Milch bzw. Obers, Bier mit Aquavit oder Korn bzw. klarem Schnaps.

Die Hausfrau wird aus den genannten Speisen eine Auswahl treffen, die besonders auf ihren Gästekreis abgestimmt ist. Von den warmen Gerichten wird man natürlich nur eines wählen.

Eine Frokost kann als Buffet veranstaltet werden, oder die Speisen werden bei Tisch serviert.

Frokost mit Buffet

Zu Beginn stellt man das Buffet auf und deckt es (siehe Seite 92). Anschließend werden auf der linken Seite die gestapelten Dessertteller aufgestellt (eventuell zwei pro Person für Fleisch und Fisch).
Der Eßtisch steht möglichst in der Nähe des Buffets.

Der Tisch wird folgendermaßen gedeckt:

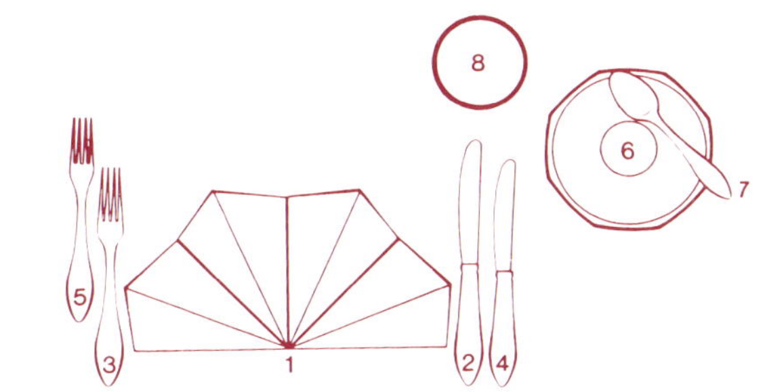

- ○ Buntes, eher rustikal gehaltenes Tischtuch (oder rustikale Sets, die direkt auf die Tischplatte gelegt werden)
- 1 Mundserviette aus Stoff oder Papier, z. B. in Form von Dreieck, Tasche, Rolle, Stufe, Bischofs- oder Jakobinermütze gefaltet oder eventuell in einen Serviettenring gesteckt
- 2 Großes Messer
- 3 Große Gabel
- 4 Dessertmesser
- 5 Dessertgabel

  (4, 5:) falls nicht vorhanden, deckt man ein großes Besteck, für Fisch ein Fischbesteck
- 6 Untertasse
- 7 Kaffee-(Tee-)Löffel
- 8 Bierglas
- ○ Salz- oder Pfefferstreuer im Ständer oder auf der Menagenplatte
- ○ Aschenbecher
- ○ Kleiner Blumenschmuck in der passenden Vase oder Gesteckschale
- ○ Stövchen oder Wärmehäubchen und Untersetzer für die Aufgußgetränke

Unmittelbar bevor die Gäste kommen, werden aufgestellt:

- ○ Auf dem Buffet: Anrichteplatten mit Smörrebröd (mit Tortenschaufel zum Vorlegen), kalten Fischgerichten (mit großer Gabel und großem Löffel) oder gefüllten Eiern (mit großem Löffel); Salat- oder Beilagenschüsseln mit pikanten Salaten, dazu Salatvorleger.
- ○ Auf dem Tisch: Zuckerdose, Süßstoffbehälter, Oberskännchen, Zitronensaftkännchen.

Für das Service werden vorbereitet:

- ○ Vorgewärmte Tassen für Kaffee oder Tee
- ○ Vorgewärmte Kaffee- oder Teekannen
- ○ Vorgewärmte große Teller für das Hauptgericht
- ○ Gekühlte Schnapsgläser, auf ein Tablett mit weißer Stoffserviette gestellt

Hauptgericht und Heißgetränke werden so weit vorbereitet, daß sie beim Eintreffen der Gäste nur noch fertiggestellt werden müssen.
Bier und Schnaps (Aquavit, Korn usw.) kühlt man ein (Getränkeservice siehe Seite 124).

Servierablauf

Zuerst werden die vorgewärmten Tassen eingestellt, die Gäste bedienen sich währenddessen am Buffet.
Die Hausfrau serviert anschließend Kaffee oder Tee. Sie läßt sich die Tassen reichen und gießt ein.
Werden kalte Getränke gewünscht, übernimmt der Hausherr das Service.
Nach den kalten Gerichten werden Dessertteller und Dessertbesteck abserviert, und die warmen Speisen werden, angerichtet auf großen Tellern, von rechts eingestellt.

Frokost ohne Buffet

Das Gedeck ist wie bei der Frokost mit Buffet, zusätzlich wird als Gedeckmittelpunkt ein Dessertteller aufgedeckt. Die Serviette kann auf den Teller oder links neben das Gedeck plaziert werden.

Unmittelbar bevor die Gäste kommen, werden die Platten und Schüsseln in die Mitte des Eßtisches oder auf den Servierwagen gestellt.
Alles andere wird für das Service bereitgestellt wie bei der Frokost mit Buffet.

Sind die Platten am Tisch eingestellt, bedienen sich die Gäste selbst. Stehen sie auf dem Servierwagen, reicht die Hausfrau die Platten ein oder, wenn diese nicht zu groß sind, können sie auch unter den Gästen weitergereicht werden, und jeder bedient sich selbst. Der übrige Servierablauf ist wie bei der Frokost mit Buffet.

Durchschnittlicher Verbrauch

Ware	*Verbrauch in g, l, Stück etc. pro Person*
Brötchen	*2 bis 3 Stück*
Pikante Salate	*100 g*
Kalter Fisch	*70 bis 100 g*
Gefüllte Eier	*1 bis 2 Stück*
Eier für Eiergerichte	*2 bis 3 Stück*
Speck und Schinken zu den Eiern	*50 bis 70 g*
Fischsteaks	*100 bis 150 g*
Fleischsteaks, Koteletts	*100 bis 150 g*
Beilagen	*50 bis 100 g*
Brot, Gebäck, Toast usw. als Beilage	*2 Stück*
Salat	*70 bis 100 g*
Kaffee, Tee	*¼ l*
Obers zum Kaffee oder Tee	*1/16 l*
Heiße Milch zum Kaffee	*⅛ l*
Zitrone zum Tee	*¼ bis ½ Stück*
Bier	*1 bis 2 Gläser*
Schnäpse	*1 bis 2 Gläser*

Das Mittagessen

Das Mittagessen ist in den deutschsprachigen Ländern die Hauptmahlzeit des Tages, die stets warm gereicht wird.
In Mittel- und Nordeuropa wird das Mittagessen relativ früh eingenommen, etwa zwischen 12 und 14 Uhr. In Südeuropa und im Orient hingegen beginnt es nicht vor 14 Uhr oder 14.30 Uhr.

Einladungen zum Mittagessen sind häufig. Sie beginnen zwischen 12.30 und 13.30 Uhr und enden nie später als um 15 Uhr.
Einladungen zum Mittagessen können sowohl im privaten als auch im beruflichen Kreis ausgesprochen werden. Dementsprechend unterschiedlich sind auch die angebotenen Speisen. Die Palette reicht von bodenständiger Hausmannskost bis zu raffinierten exotischen Gerichten.
Auch die Art und Weise, wie der Tisch gedeckt und dekoriert ist, kann sehr variieren. Er kann sowohl rustikal als auch elegant gestaltet sein. Der Mittagstisch ist aber sowohl von den Speisen als auch vom Gedeck her immer etwas schlichter als das Abendessen.

Im deutschsprachigen Raum besteht ein Mittagessen meist aus drei Gängen, nämlich kalter Vorspeise oder Suppe, Hauptgericht und Dessert.

Zum Mittagessen kann man servieren:

- Aperitifs: Mittags bietet man eher kleine Aperitifs, z. B. Sherry, Wermut, Campari-Orange usw. (siehe Seite 124).
- Kalte Vorspeisen: Für das Mittagessen wählt man, falls eine kalte Vorspeise gereicht wird, eher einfache aus. Man gibt z. B. garnierte, gefüllte Eier, Schinkenrolle, gefüllte Tomaten, verschiedene Cocktails, Rohkostsalate, Salat- und Gemüsevorspeisen, Melone mit Rohschinken, geräucherte Forelle mit Oberskren.
  In der heißen Jahreszeit sind auch kalte Suppen (z. B. Gazpacho, Vichysoise) und Kaltschalen (kalte Fruchtsuppen) sehr beliebt.
- Suppen: Statt einer kalten Vorspeise wird häufig eine Suppe serviert. Hier reicht die Palette von klaren Suppen mit Einlagen (in Österreich z. B. Nudeln, Grießnockerln, Frittaten, Schöberln, Milzschnitten, Leberreis oder Leberknödel, Lungenstrudel, Milzschnitten, Eierstich usw.) über Einmach- und Cremesuppen (z. B. Kalbseinmachsuppe, Spargelcremesuppe, Tomatensuppe), Püree-

suppen (Leber-, Hühner-, Erbsenpüreesuppe, Kartoffelsuppe usw.) bis zu Gemüsesuppen (z. B. Minestrone, Porree- oder Lauchsuppe).

- ○ Hauptgerichte: Beliebte Hauptgerichte im Haushalt sind Wiener Schnitzel, Naturschnitzel, Pariser Schnitzel, Rostbraten, Schweinebraten, Kalbsbraten, Rindsbraten, gerollte Braten, Tafelspitz, gefüllte Kalbsbrust, Koteletts, Back- und Brathuhn. Zu bestimmten Saisonen werden auch Wild-, Fisch- (z. B. gebratene oder blau gekochte Forelle, gebackener Karpfen, gegrillter Zander usw.) oder Truthahngerichte gerne serviert.
  Neben den Fleischspeisen können natürlich auch Gemüse- und Getreidegerichte als Hauptspeisen gegeben werden.
  In der Gastronomie findet man auch Innereien, gekochtes Selchfleisch, Beinfleisch, gefüllte Schweinsbrust, Paprikahuhn, Lungenbraten (Lendenbraten, Filet) oder Beiried in Rahmsauce, Kalbsnierenbraten häufig auf der Mittagskarte.
- ○ Beilagen: Zu den erwähnten Speisen serviert man an Beilagen alle Arten von Knödeln (Semmel-, Servietten-, Kartoffelknödel usw.), Kartoffeln (z. B. Petersilienkartoffeln, Pommes frites, Kartoffelpüree, Kartoffelkroketten), Reis, Teigwaren sowie Gemüse Natur oder gebunden und Salate aller Art.
- ○ Dessert: Hier gibt es eine große Auswahl an warmen Mehlspeisen (Kaiserschmarren, Marmelade- oder Topfenpalatschinken, Fruchtknödel, Topfennockerln, Aufläufe usw.), kalten Mehlspeisen (z. B. Apfel-, Topfenstrudel, alle Arten von Rouladen, Torten, Schnitten und Obstkuchen) sowie kalte Cremes (Joghurt- oder Topfencreme mit Früchten, Schokolademus etc.), Puddings (z. B. Reis- oder Grießpudding), Eis und Eiscoupes (Pfirsich Melba, Birne Helene etc.), Obstsalate und Kompotte.
- ○ Getränke: Zum Mittagessen trinkt man entweder leichten, aber gehaltvollen Wein (korrespondierende Getränke siehe Seite 139) oder Bier bzw. Mineralwasser.
- ○ Mokka oder Kaffee: Im Anschluß an das Menü wird ein Mokka (oder Espresso) bzw. ein Kaffee serviert.
- ○ Digestif: Statt eines Kaffees oder auch zu diesem kann ein Digestif angeboten werden, z. B. Cognac oder Weinbrand, Likör (siehe Seite 141).

Haushalt

Benötigtes Inventar und Gedeck

Im Haushalt wird, da das Menü bekannt ist, der Speisenfolge entsprechend aufgedeckt. Im folgenden werden zwei Menüs und Gedecke, die häufig anzutreffen sind, exemplarisch herausgegriffen. Weitere Möglichkeiten der Menüzusammenstellung und Arten des Anrichtens entnehmen Sie bitte den Seiten 94 und 101.

Variante 1

Suppe
Fleischhauptspeise
Süßspeise

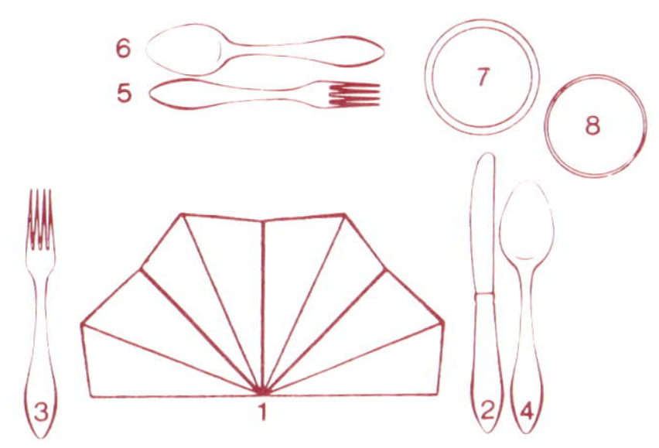

Der Tisch wird folgendermaßen gedeckt:

- ○ Zart gemustertes oder einfarbiges Tischtuch (oder Sets, die direkt auf die Tischplatte gelegt werden)
- ○ Eventuell Mitteldecke über das Tischtuch

1 Mundserviette aus Stoff oder eventuell Papier, häufig in Form einer dreifachen Stufe, eines Spitzes oder gestulpten Spitzes gefaltet. Wird ein Suppenteller verwendet, so wird statt der Serviette ein Speiseteller als Gedeckmittelpunkt aufgedeckt, auf den die Serviette gestellt werden kann, oder man plaziert sie links vom Gedeck.
2 Großes Messer
3 Große Gabel
4 Bouillon- oder Dessertlöffel für Suppen, die in der Suppentasse serviert werden, oder großer Löffel, wenn die Suppe im Suppenteller angerichtet wird
5 Dessertgabel } Falls nicht vorhanden, nimmt man
6 Dessertlöffel } Kuchengabel und Dessertlöffel.
7 Stielwasserglas für die nichtalkoholischen Getränke
8 Weinglas: je nach Menü Rot- oder Weißweinglas

- Blumen der Saison in einer passenden Vase oder kleinen Gesteckschale

Variante 2

Kalte Vorspeise
Fischhauptspeise
Süßspeise

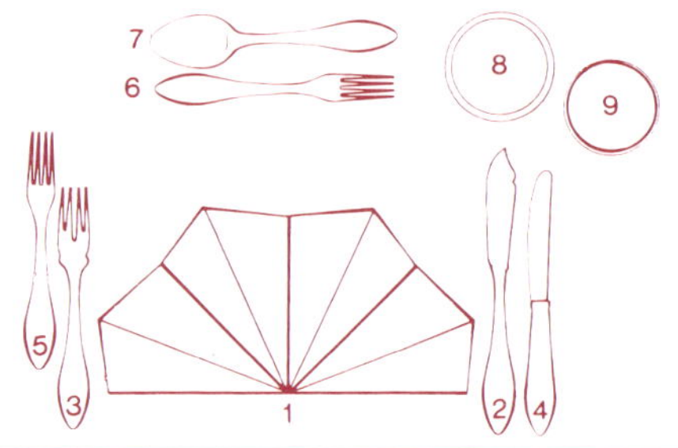

Der Tisch wird folgendermaßen gedeckt:
1 Mundserviette
2 Fischmesser
3 Fischgabel
4 Dessertmesser
5 Dessertgabel
6 Dessertgabel
7 Dessertlöffel
8 Stielwasserglas
9 Weißweinglas

Eine kalte Vorspeise kann bereits aufgedeckt sein, sie kann aber auch eingestellt werden, wenn die Gäste schon Platz genommen haben.

Für das Service werden vorbereitet:

- Salz- und Pfefferstreuer im Ständer oder auf der Menagenplatte (auf dem Servierwagen)
- Aperitifs in entsprechenden Gläsern auf einem Tablett mit Stoffserviette
- Für die Suppe: vorgewärmte Suppentassen oder Suppenteller
- Für das Hauptgericht: vorgewärmte Speise- oder Steakteller, Dessertteller oder kleine Salatschüsseln, Serviette, Unterteller (Dessertteller)
  Wird auf Platten angerichtet, benötigt man außerdem vorgewärmte Platten, Beilagenschüsseln und Saucieren, Salatschüsseln, passendes Vorlegebesteck, Rechaud zum Warmhalten (auf dem Servierwagen).
- Für den Nachtisch: vorgewärmte Vorspeisen- bzw. Speiseteller oder kalte Dessertteller oder Eisgläser oder kleine Kompottschüsseln, eventuell Staubzuckerstreuer je nach Art des Nachtisches. Kalte Süßspeisen können schon vor Beginn des Essens auf einem Tablett mit Stoffserviette auf die Anrichte gestellt werden.
- Für die Getränke: Biergläser auf einem Tablett mit weißer Stoffserviette, Flaschenöffner und Korkenzieher, Weinkühler mit Eis, Stoffserviette (für Weißwein), Flaschenuntersatz, Papierserviette (für Rotwein). Für Getränke, die offen serviert werden (häufig auch Wein), benötigt man Karaffen und Krüge.
- Für den Mokka: vorgewärmte Mokkatassen mit Mokkalöffeln, Zuckerdose mit Zuckerlöffel oder -zange, Süßstoffbehälter mit kleinem Löffel oder kleiner Zange, Oberskännchen, kleine Platte für Zuckerdose und Oberskännchen, eventuell Kuchenplatte und Gebäckzange. Auch das Mokkaservice und die Kuchenplatte können auf der Anrichte vorbereitet werden.
  In der Küche wird die vorgewärmte Mokkakanne bereitgestellt.
- Für den Digestif: Die Gläser stehen auf einem Tablett mit Stoffserviette auf der Anrichte. Die Getränke werden bei Bedarf aus der Hausbar geholt oder ebenfalls auf der Anrichte bereitgestellt.

Die Vorbereitungen in der Küche muß man so treffen, daß sie zeitgerecht abgeschlossen werden können. Man beginnt mit der Zubereitung jener Speisen, die am längsten dauern.
Günstig ist, wenn man verschiedene Speisen schon am Vortag oder während des Vormittags zubereiten kann, z. B. kalte Vorspeisen oder Süßspeisen.
Die Getränke müssen kalt gestellt werden.

Servierablauf

Wenn die Gäste Platz genommen haben, fragt der Hausherr nach den Getränkewünschen. Es ist dabei günstig, die Menüfolge bekanntzugeben und passende Getränke vorzuschlagen (korrespondierende Getränke siehe Seite 139).

Serviert man als ersten Gang eine kalte Vorspeise, so wird bereits zu dieser ein Getränk serviert, ansonsten erst zur Hauptspeise.
Der Hausherr ist auch während des Essens für das Nachschenken zuständig.
Die Hausfrau stellt die kalte Vorspeise oder die Suppe in Suppentassen (zu drei Vierteln gefüllt) von rechts ein.
Die kalte Vorspeise kann aber auch, wie bereits erwähnt, unmittelbar vor der Ankunft der Gäste am Tisch eingestellt werden.
Suppen können auch in der Suppenterrine serviert werden. Die Hausfrau stellt zuerst die vorgewärmten Suppenteller auf den bereits aufgedeckten Speiseteller. Den Suppentopf stellt sie in der Nähe ihres Platzes auf den Tisch. Sie läßt sich von den Gästen die Suppenteller (mit Unterteller) reichen, schöpft die Suppe ein und gibt den Teller zurück. Eine andere Möglichkeit wäre, daß sie die vorgewärmten Suppenteller gestapelt neben sich stehen hat, die Suppe mit dem Suppenschöpfer einfüllt und die Teller den Gästen reicht.
Die Menagen werden auf Wunsch eingestellt.
Nach dem Abservieren der Dessert- oder Suppenteller bzw. Suppentassen wird jedem Gast das auf Tellern angerichtete Hauptgericht von rechts eingestellt und der dazugehörende Salat von links bzw. Kompotte ebenfalls von rechts serviert.

Werden die Speisen auf Platten und in Schüsseln angerichtet, stellt man zuerst die vorgewärmten großen Teller von rechts ein, dann den Salat.
Die Platten und Schüsseln werden entweder
- auf einem Rechaud am Tisch eingestellt, und jeder Gast bedient sich selbst, oder
- die Hausfrau reicht die Platten und Schüsseln ein, oder
- sie kommen auf einem Rechaud auf den Servierwagen, und die Hausfrau richtet an.

Jeder kann sich nochmals bedienen oder nachreichen lassen.

Ist die Hauptspeise verzehrt, wird abserviert. Wenn kein Käse als Nachtisch vorgesehen ist, werden auch Salz- und Pfefferstreuer abgeräumt. Biergläser serviert man ebenfalls ab. Sind Brösel auf dem Tischtuch, entfernt man sie mit einer Serviette und einem Dessertteller (eventuell Tischbesen und -schaufel).
Das Dessert wird von rechts eingestellt. Ist dies eine Mehlspeise, sollten die Gäste gefragt werden, ob sie den Kaffee dazuserviert haben möchten. Wenn der Kaffee am Tisch steht, werden die restlichen Gläser abgeräumt. Ansonsten wird der Mokka oder Kaffee nach dem Dessert als Abschluß des Menüs gereicht. Den Mokka serviert man nach Möglichkeit in einem anderen Raum (z. B. Wohnzimmer). Ist dies nicht durchführbar, wird er bei Tisch serviert.
Im Wohnzimmer reicht man den Mokka oder Kaffee in einer gemütlichen Plauderecke. Werden die Tassen auf einen niedrigen Couchtisch gestellt, benötigt man für diesen kein Tischtuch, man kann eventuell Sets auflegen.
Auf den Tisch stellt man die Zuckerdose mit Zuckerlöffel oder -zange, den Süßstoffbehälter mit kleinem Löffel oder kleiner Zange, das Oberskännchen und ein Stövchen oder Wärmehäubchen und einen Untersetzer.

Der Mokka oder Kaffee kann auf zwei Arten serviert werden:
- Die vorbereiteten warmen Mokka- oder Kaffeetassen werden von der Hausfrau gefüllt und weitergereicht. Diese Art des Service ist eher im intimen Kreis üblich.
- Auf dem Servierwagen wird der Mokka in Tassen eingeschenkt, und diese werden von rechts beim Gast eingestellt.

Dazu oder statt des Mokkas serviert man manchmal auch einen Digestif (Getränkeservice siehe Seite 141). Es können Aschenbecher aufgestellt werden, falls jemand rauchen will.

Durchschnittlicher Verbrauch

Ware		*Verbrauch in g, l, Stück etc. pro Person*
Aperitif		*1 Glas*
Kalte Vorspeisen		*70 bis 100 g*
Kalte bzw. gebundene Suppen oder		*¼ l*
Spezialsuppen		*⅛ l*
Hauptgericht:	*Fleisch ohne Knochen*	*120 bis 150 g*
	Fleisch mit Knochen	*200 g*
	Fischfilet	*150 bis 200 g*
	Portionsfisch	*250 bis 300 g*

Tafel Kultur

Die Mahlzeiten

Ware	*Verbrauch in g, l, Stück etc. pro Person*
Beilagen	*100 bis 150 g*
Salate	*100 g*
Dessert	*100 bis 120 g*
Kaffee oder	*⅛ bis ¼ l*
Mokka	*⅛ l*
Obers zum Kaffee	*1/16 l*
Wein	*1 bis 2 Gläser*
Bier	*1 bis 2 Gläser*
Digestif	*1 Glas*
Mineralwasser oder eventuell alkoholfreie Getränke	*1 bis 2 Gläser*

Gastronomie

Benötigtes Inventar und Gedeck

Bei bestellten Menüs in Restaurants und Hotels (z. B. Pensionsgäste) sieht das Gedeck so aus wie im Haushalt, weil das Menü bekannt ist.
Wird allerdings zum Dessert eine Süßspeise oder Käse bzw. Obst zur Wahl angeboten, wird das Dessertbesteck folgendermaßen aufgedeckt:
Beim À-la-carte-Service wird ein sogenanntes Kuvert (=internationales Restaurantgedeck oder À-la-carte-Gedeck) gedeckt, das folgendermaßen aussieht:

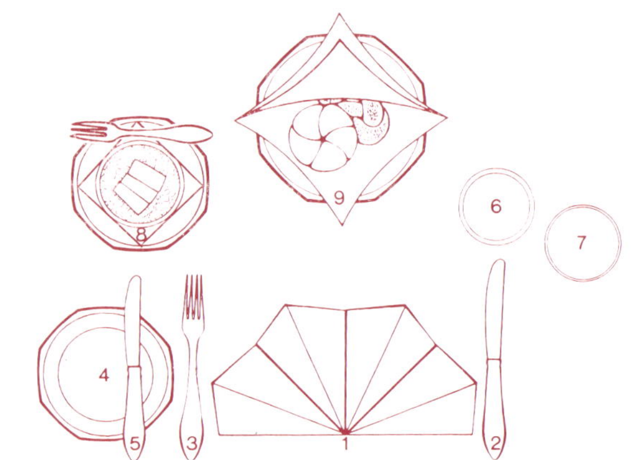

1 Mundserviette aus Stoff
2 Großes Messer
3 Große Gabel
4 Brotteller
5 Dessert- oder Buttermesser
6 Stielwasserglas
7 Weinglas
8 Butter (in Röllchen oder Scheiben bzw. Portionspackungen) in einer kleinen Schüssel auf Eis, Kuchengabel. Sie wird erst dann eingestellt, wenn die Gäste bereits bei Tisch sitzen. Die Butter kann auch, nachdem die Gäste Platz genommen haben, auf den Brotteller vorgelegt werden.
9 Brot und Gebäck in der Brotschale mit Stoffserviette. Es wird ebenfalls erst nach dem Platznehmen der Gäste eingestellt.
○ Salz- und Pfefferstreuer
○ Kleiner Blumenschmuck
○ Aschenbecher

Erst wenn der Gast bestellt hat und der Servierende die Speisenfolge kennt, werden das notwendige Besteck und die Gläser eingedeckt. Manchmal wird das Besteck auch separat vor jedem Gang aufgedeckt.

Servierablauf

Kalte Vorspeisen werden von rechts eingestellt.
Suppen serviert man heute größtenteils „en tasse" (in der Suppentasse). Nur in Gasthäusern und Kleinbetrieben wird Suppe noch aus der Suppeneinschenkschale in einen Suppenteller geleert.
Die Suppenteller werden vorgewärmt beim Gast von rechts eingestellt. Die Suppeneinschenkschale steht auf einem Tablett oder Tambourice mit Serviette.
Eingeschenkt wird mit der rechten Hand von rechts. Dabei muß der Servierende vermeiden, daß der Gast oder das Tischtuch bespritzt wird. Deshalb hält man die Einschenkschale so, daß ihre Öffnung vom Gast wegzeigt. Feste Einlagen (z. B. Knödel, Schöberln) sollen vom Tellerrand langsam in den Teller gleiten. Außerdem ist zu vermeiden, daß die Suppeneinschenkschale in die Suppe eingetaucht wird.
Nach dem Abservieren der Vorspeisenteller, Suppentassen bzw. -teller oder gleichzeitig mit diesen werden die Brotteller weggenommen. Sie können auch mit den Hauptspeisentellern abserviert werden, auf alle Fälle aber vor dem Dessert.

Hauptspeisen werden entweder auf Tellern angerichtet von rechts eingestellt (z. B. Nouvelle cuisine), oder die Speisen sind auf Platten angerichtet, und der Gast bedient sich selbst, oder es wird angerichtet bzw. vorgelegt.

Wiener Kaffeejause

Modernes Gedeck für zwei Personen

Englischer Tee

Desserts werden wieder von rechts eingestellt. Wird eine Süßspeise oder Käse bzw. Obst alternierend angeboten, nimmt der Servierende nach der Wahl des Gastes entweder das Messer oder den Löffel weg. Torten, Schnitten und Rouladen können sich auch in fahrbaren Vitrinen befinden. Der Kellner fährt damit zum Tisch des Gastes, der Gast wählt aus, der Kellner richtet das Gewählte auf einem Dessertteller an und serviert es mit dem passenden Besteck. Torten werden so eingestellt, daß das Stück mit der Spitze zum Gast zeigt.

Kaffee (Mokka, kleiner oder großer Brauner usw.) wird, in der Tasse eingeschenkt, von rechts eingestellt.

Die Nachmittagsjause

Sie zählt, wie die Vormittagsjause, zu den Nebenmahlzeiten und wird in der Zeit von 15 bis 18 Uhr eingenommen.

Es gibt verschiedene Möglichkeiten, eine Jause zu gestalten. Ob sie in Form einer Kaffeejause bzw. eines „englischen Tees" eingenommen wird oder ob sie eher rustikal gehalten ist, hängt vom Anlaß ab.

Wiener Kaffeejause

Die Wiener Kaffeejause kann entweder nur dazu dienen, den kleinen Appetit zu stillen, oder man trifft sich nachmittags im Kaffeehaus, in der Konditorei oder im Hotel zu einem Plausch, wobei dann diese traditionelle Jause eingenommen wird. Besonders bei Damen ist die Kaffeejause sehr beliebt (Damenkränzchen).

Im Haushalt ist die Nachmittagsjause eine willkommene Gelegenheit, Bekannte, Verwandte oder Freunde einzuladen. Auch bestimmte Feste werden oft im Rahmen einer Kaffeejause gefeiert, z. B. Geburtstage, Namenstage oder Kinderpartys, die mit einer Jause beginnen.
Ebenso können Antrittsbesuche in dieser Form stattfinden. Die Kaffeejause ist oft die erste Einladung bei neuen Bekannten.

Die Einladung für eine Kaffeejause wird zwischen 15 und 16 Uhr festgesetzt, und sie endet um zirka 18 Uhr. Nach 16 Uhr lädt man nicht mehr zur Kaffeejause ein, sondern nur noch zum Tee.

Die Wiener Kaffeejause besteht im allgemeinen aus

- Filterkaffee mit aufgeschäumter Milch oder Schlagobers (Schlagsahne), heißer Schokolade oder Kakao, ebenfalls mit Schlagobers
- Mineral- oder Tafelwasser
- Kaffeegebäck (Feingebäck), wie Nuß- oder Mohnkipferln (Hörnchen), Zimtschnecken, Briochegebäck, Topfenschnitten, Strudel, Krapfen, Streuselkuchen usw.
- Konditoreierzeugnissen, z. B. Torten, Schnitten, Obersrollen, Früchtetorteletts, Obstkuchen, Obstschnitten, Gateaux usw.
- eventuell Pralinen, Petits fours, Keksen und Feingebäck
- eventuell Cognac, Weinbrand, Calvados oder Likören, wie z. B. Cointreau, Grand Marnier, Chartreuse, Bénédictine oder einem Hauslikör (Eierlikör usw.), Dessertweinen, z. B. Portwein, halbsüßem oder süßem Sherry (Cream), Südweinen oder Prädikatsweinen wie Beerenauslesen, Ausbruchweinen, Trockenbeerenauslesen
- Rauchwaren, wie Zigaretten und Zigarren

Bei den Mehlspeisen sollte man immer bemüht sein, neben cremegefüllten Mehlspeisen auch trockene anzubieten.

Benötigtes Inventar und Gedeck

Der Tisch wird folgendermaßen gedeckt:

- Elegantes oder rustikales Tischtuch, einfarbig oder gemustert
- Mitteldecke oder eventuell zusätzliche Sets, die auf das Tischtuch gelegt werden

Die Mahlzeiten

1 Dessertteller
2 Kuchengabel
3 Kleine Serviette aus Stoff oder eventuell Papier: Sie kann z. B. in Form einer Bischofsmütze, Jakobinermütze, Rolle, Stufe, eines Dreiecks gefaltet und entweder auf dem Teller oder links vom Teller plaziert werden.
4 Untertasse
5 Tasse für Kaffee oder Schokolade
6 Kaffeelöffel: Er liegt oben parallel zum Griff der Tasse mit dem Griff nach rechts.
- Kleiner Blumenschmuck in der Vase oder ein kleines Gesteck (eventuell auch ein Seidenblumengesteck oder Porzellanblumen)
- Aschenbecher
- Stövchen oder Wärmehäubchen und Untersetzer für die Aufgußgetränke, am besten auf einem Servierwagen

Unmittelbar bevor die Gäste kommen, werden aufgestellt:
- Milchkanne oder Oberskännchen
- Zuckerdose mit Zuckerlöffel oder -zange, Süßstoffbehälter mit kleinem Löffel oder kleiner Zange
- Schlagobersschüssel mit Dessertlöffel: Kurz bevor die Gäste kommen, wird das Obers geschlagen und kalt gestellt.
- Kuchenplatte oder Etagere mit Kaffeegebäck und Gebäckzange
- Tortenplatte mit Torte, Tortenschaufel und Tortenmesser
- Königskuchenplatte mit Kuchen (in Kastenform gebacken) sowie Schnitten, Rouladen usw., Tortenschaufel
- Platte für Keks, Petits fours usw.
- Eventuell Pralinendose mit Pralinen
- Tablett mit Rauchwaren: Zigaretten in einer Zigarettendose, Zigarren in der Originaldose, Zigarrenabschneider, Feuerzeug oder Zünder, Aschenbecher

Sämtliche Platten mit Mehlspeisen sowie das Tablett mit den Rauchwaren plaziert man am günstigsten ebenfalls auf dem Servierwagen in Reichweite der Hausfrau oder die Mehlspeisen in der Mitte des Tisches und die Rauchwaren auf der Anrichte.

Für das Service werden vorbereitet:
- Vorgewärmte Kaffee- oder Milchkanne (für Kakao, Schokolade oder Instantgetränk)
- Wassergläser auf einem Tablett mit weißer Stoffserviette
- Cognac- oder Weinbrandschwenker, Likörgläser oder Dessertweingläser auf einem Tablett mit weißer Stoffserviette
- Flaschenöffner auf einem Dessertteller mit Stoffserviette

Der Kaffee (bzw. Kakao usw.) wird so vorbereitet, daß er nach dem Eintreffen der Gäste nur noch fertiggestellt werden muß.

Cognac u. ä., Likör, Dessert-, Süd- oder Süßwein sind entweder auf einem Servier- oder Barwagen bereitgestellt, oder sie werden später vom Gastgeber aus der Hausbar geholt.

Servierablauf

Die Gastgeberin bringt den Kaffee und schenkt den Gästen ein, wobei diese gebeten werden, ihr die Tasse mit Untertasse zu reichen.
Dann bietet sie die Mehlspeisen an. Die Gäste reichen der Hausfrau die Teller einzeln, diese gibt die gewünschten Süßspeisen auf die Teller.

Während der Jause kann jederzeit Mineral- oder Tafelwasser serviert werden, häufig geschieht dies bereits am Beginn. Am Ende einer Kaffeejause wird häufig Cognac, Likör oder Wein gereicht (Getränkeservice siehe Seite 124).

Durchschnittlicher Verbrauch

Ware	*Verbrauch in g, l, Stück etc. pro Person*
Kaffee, Kakao, Schokolade usw.	*¼ bis ⅜ l*
Obers zum Kaffee	*1/16 l*
Heiße Milch zum Kaffee	*⅛ l*
Schlagobers	*1/16 l*
Mehlspeisen	*1 bis 2 Stück*
Pralinen, Petits fours, Keks	*3 bis 4 Stück*
Likör, Cognac usw.	*1 bis 2 Gläser*
Dessertwein	*1 bis 2 Gläser*
Mineralwasser	*1 bis 2 Gläser*

Englischer Tee

Zum Tee bittet man frühestens ab 16.30 Uhr, meist erst um 17 Uhr (Five o'clock tea, Fünf-Uhr-Tee). Er endet um zirka 19 Uhr.
Die Einladung zum Tee ist immer eine Spur eleganter als die Einladung zum Kaffee. Für eine offizielle Einladung oder eine intellektuelle Diskussionsrunde am Nachmittag könnte man einen stilvollen englischen Tee wählen. In England wird der Tee entweder im Haushalt eingenommen, in Teehäusern („teashop" – eine Art „Teekonditorei"), im Club oder Hotel.

Der englische Tee besteht aus
- ○ Tee mit Milch, Obers oder eventuell Zitrone und Roh- oder Kandiszucker
- ○ Sandwiches, und zwar drei verschiedenen Sorten: mit Wurst, Käse und Salat belegt
- ○ Toast mit Butter und Jam oder Honig
- ○ kleinen süßen Bäckereien (Teegebäck) und eventuell Teekuchen

Im deutschsprachigen Raum serviert man statt Sandwiches kleine belegte Brötchen und Canapés, aber keinen Toast.

Benötigtes Inventar und Gedeck

Der Tisch wird folgendermaßen gedeckt:
- ○ Elegantes Tischtuch oder elegante Sets, die direkt auf die Holzplatte gelegt werden
- ○ Über das Tischtuch eventuell eine Mitteldecke oder ein eleganter Tischläufer (z. B. aus Spitze)

1 Dessertteller
2 Dessert- oder Buttermesser
3 Kleine Serviette aus Stoff oder eventuell Papier: Sie wird z. B. in Form einer Bischofsmütze, Jakobinermütze, Rolle, Stufe, eines Dreiecks gefaltet und auf den Teller oder links neben den Teller gelegt.
4 Untertasse
5 Teetasse
6 Tee-(Kaffee-)Löffel

- ○ Salz- und Pfefferstreuer im Ständer oder auf einer Menagenplatte
- ○ Kleiner Blumenschmuck in der Vase oder Steckschale
- ○ Aschenbecher
- ○ Stövchen oder Wärmehäubchen und Untersetzer für den Tee, am besten auf einem Servierwagen

Unmittelbar bevor die Gäste kommen, werden aufgestellt:
- ○ Butterdose oder Butterteller mit Buttervorlegemesser (oder Dessertmesser)
- ○ Marmeladeschüssel mit Marmelade- oder Kaffeelöffel und Honigspender bzw. Marmelade- und Honigtiegel mit Löffel
- ○ Zuckerdose mit Zuckerlöffel oder -zange, Süßstoffbehälter mit kleinem Löffel oder kleiner Zange
- ○ Milchkanne oder Oberskännchen
- ○ Brotteller mit Zitronenspalten bzw. Zitronensaftkännchen (oder Portionsoberskännchen) mit Zitronensaft
- ○ Anrichteplatte (runde Platte oder Sandwichplatte) mit Sandwiches, belegten Brötchen und Canapés, Tortenschaufel
- ○ Kuchenplatte mit Feingebäck, Gebäckzange
- ○ Eventuell Königskuchenplatte mit Teekuchen, Gebäckzange

Kuchen- und Sandwichplatten werden meist auf dem Servierwagen bereitgestellt.

Für das Service werden vorbereitet:
- ○ Vorgewärmte Teekanne und Kanne für heißes Wasser
- ○ Dessertteller für die süßen Speisen
- ○ Brotschale oder Dessertteller mit Stoffserviette bzw. Toastständer für den Toast

Der Tee wird so weit vorbereitet, daß er beim Eintreffen der Gäste nur noch aufgegossen werden muß.

Servierablauf

Die Hausfrau schenkt den Tee ein, die Gäste reichen ihr dabei die Tasse mit Untertasse.
Dann werden die Sandwiches angeboten. Die Gäste reichen der Hausfrau ihre Dessertteller, und diese

gibt mit der Tortenschaufel die gewünschten Sandwiches darauf.
Danach werden die Dessertteller abserviert und durch neue ersetzt. Der Toast wird serviert, und jeder nimmt sich Butter, Marmelade oder Honig auf den Teller. Im deutschsprachigen Raum wird dieser Gang meist ausgelassen.
Zum Schluß reicht man Teekuchen und feine Bäckereien, die mit der Gebäckzange auf die Dessertteller gelegt werden.

DURCHSCHNITTLICHER VERBRAUCH

Ware	*Verbrauch in g, l, Stück etc. pro Person*
Tee	*¼ bis ⅜ l*
Obers	*1/16 l*
Milch	*⅛ l*
Zitrone	*1 bis 2 Scheiben*
Sandwiches oder	*3 bis 4 Stück*
belegte Brötchen oder	*2 Stück*
Canapés	*4 bis 5 Stück*
Toast	*2 Stück*
Butter, Marmelade, Honig	*jeweils 20 bis 40 g*
Teegebäck oder	*10 bis 15 Stück*
Teekuchen	*2 bis 3 Stück*

BRETTLJAUSE (DÄMMERSCHOPPEN, BROTZEIT, VESPER)

Diese rustikale, in den Alpenländern sehr beliebte Form einer Nachmittagsjause wird im Haushalt, wie der Name schon sagt, auf Holzbrettern oder Holztellern serviert. Selbstverständlich kann man die Brettljause auch auf rustikalem Geschirr servieren.
In der Gastronomie dürfen laut Lebensmittelgesetz keine Holzteller mehr verwendet werden.

Die Brettljause findet als Nachmittagsjause zwischen 15 und 18 Uhr statt. Im Haushalt werden dazu, wie zum Gabelfrühstück, gute Freunde, Sportkameraden, Jagdfreunde usw. eingeladen.

Zur Brettljause serviert man
- ○ kalte Fleischspeisen wie kalten Schweinebraten, Surfleisch (Pökelfleisch), Selchfleisch (geräuchertes Fleisch), geräucherten oder rohen Schinken, alle Arten von Speck, Sulz, Blut- und Bratwürste, diverse Mettwürste, sonstige würzige Wurstsorten usw.
- ○ verschiedene Käsesorten, z. B. Schnittkäse, Streichkäse, Bierkäse, pikante Käseaufstriche (Topfenkäse, Liptauer, Kartoffelkäse usw.)
- ○ pikante Salate wie Wurstsalat, Essigwurst, Kartoffelsalat usw.
- ○ Gemüse, je nach Jahreszeit serviert man Essiggemüse (z. B. Essiggurken, Pfefferoni, Paprikasalat, Maiskolben) oder frische Gemüsesorten (Tomaten, Paprika, Rettich, Radieschen, Kren)
- ○ hartgekochte Eier
- ○ Schwarzbrot (Bauernbrot, Vollkornbrot usw.) und Weißbrot (Semmeln – Brötchen, Salzstangerln, Mohnweckerln – Mohnbrötchen usw.)
- ○ Getränke, vor allem Bier oder Most (Apfelwein), Schnaps (Obstler, Korn, Wodka, Aquavit, Genever, Stein- oder Schinkenhäger usw.), Mineralwasser, alkoholfreie Getränke, an kühlen Tagen auch Tee mit Zitrone oder Rum, Jägertee, Grog

BENÖTIGTES INVENTAR UND GEDECK

Der Tisch wird folgendermaßen gedeckt:
- ○ Rustikales Tischtuch oder sehr häufig rustikale Sets, die direkt auf den Tisch aufgelegt werden
- ○ Eventuell in die Mitte des Tisches einen rustikalen Tischläufer

1 Großer Holzteller oder rustikaler Dessert- oder Speiseteller

2 Großes Messer
3 Große Gabel

Am besten ein rustikales Besteck (eventuell mit Holzgriff), dieses ist meist kleiner als ein normales Tafelbesteck.

4 Mundserviette aus Stoff oder eventuell Papier: Sehr hübsch sind bunt gemusterte, etwa karierte, einfach gelegte Servietten. Sie werden auf den Teller oder links neben das Gedeck gelegt.
- Salz- und Pfefferstreuer (bzw. Pfeffermühle) im Ständer oder auf einer Menagenplatte
- Senfbehälter mit kleinem Löffel
- Kleiner rustikaler Blumenschmuck in der passenden Vase
- Aschenbecher
- Eventuell Stövchen oder Wärmehäubchen und Untersetzer für Heißgetränke

Unmittelbar bevor die Gäste kommen, werden aufgestellt:
- Große Holzbretter bzw. -teller oder Anrichteplatten mit den Fleischspeisen und kleinen Vorlegegabeln. Die Fleisch- und Wurstwaren müssen nicht unbedingt aufgeschnitten sein, man kann sie auch im ganzen mit einem scharf schneidenden Messer servieren.
- Holzteller mit aufgeschnittenem Käse und kleiner Vorlegegabel, große Schüsseln aus Porzellan, Glas oder auch Holz für Topfenkäse usw., dazu große Löffel. Wird Hartkäse im ganzen serviert, gibt man ihn auf ein Käsebrett mit Käsemesser.
- Salatschüsseln mit diversen Salaten und Salatvorleger
- Schüsseln in entsprechender Größe mit Essiggemüse oder frischem geschnittenem Gemüse (z. B. Tomaten in Viertel, Paprika in Hälften oder Streifen, Rettich blättrig), dazu eine kleine Gabel. Werden Tomaten im ganzen serviert, gibt man dazu ein Tomatenmesser.
- Schüssel oder Glasplatte für halbierte oder in Achtel geschnittene Eier, dazu große Löffel. Kommen sie in der Schale auf den Tisch, gibt man sie in eine Schüssel und reicht dazu einen Dessertteller für die Schalen.
- Brotkorb mit Brot und Gebäck, in eine Serviette eingeschlagen
- Für den Tee: Zuckerdose mit Zuckerlöffel oder -zange, Süßstoffbehälter mit kleinem Löffel oder kleiner Zange, Brotteller mit Zitronenspalten bzw. Zitronensaftkännchen (oder Portionsoberskännchen) mit Zitronensaft, Rumkaraffe

Für das Service werden vorbereitet:
- Bierkrüge oder Biergläser (Henkelbiergläser) bzw. Wassergläser bzw. Teegläser oder rustikale Teeschalen bzw. Glühweinbecher (je nach den Getränken, die angeboten werden)
- Gekühlte Schnapsgläser, auf ein Tablett mit Stoffserviette gestellt
- Vorgewärmte Teekanne oder gewärmter Glühweinkrug für Jägertee oder Grog
- Wassergläser auf einem Tablett mit Stoffserviette

Bier und klare Schnäpse werden eingekühlt. Tee wird so weit vorbereitet, daß er beim Eintreffen der Gäste nur noch fertiggestellt werden muß. Jägertee und Grog werden fertig zubereitet.

Servierablauf

Die Speisen stehen in der Mitte des Tisches, und die Gäste bedienen sich selbst.
Das Service der kalten Getränke übernimmt der Hausherr. Er stellt die entsprechenden Gläser (Bier- oder Weingläser) am Tisch ein und serviert die Getränke (Getränkeservice siehe Seite 124).

Heißgetränke werden von der Hausfrau serviert. Sie stellt die Schalen, Gläser oder Becher ein. Das Heißgetränk kommt in die Nähe ihres Platzes oder auf den Servierwagen. Die Hausfrau läßt sich die Schalen reichen und gießt ein.

Durchschnittlicher Verbrauch

Ware	*Verbrauch in g, l, Stück etc. pro Person*
Fleisch, Speck, Wurst	*100 bis 150 g*
Käse	*50 bis 100 g*
Pikante Salate	*100 g*
Essiggemüse	*50 bis 100 g*
Frische Gemüsesorten	*50 bis 100 g*
Harte Eier	*1 Stück*
Brot	*1 bis 3 Schnitten*
Weißgebäck	*3 bis 4 Stück*
Bier	*1 bis 2 Gläser*
Heißgetränk	*¼ bis ½ l*
Schnäpse	*1 bis 2 Gläser*

Das Abendessen

In vielen Ländern der Welt ist das Abendessen die Hauptmahlzeit. Nun hat man Zeit, ausgedehnt und genußvoll zu tafeln.
In Norden wird früher, im Süden etwas später als bei uns zu Abend gegessen.
Die Art und Weise, wie das Abendessen ausgerichtet wird, ist davon abhängig, ob es kalte oder warme Speisen gibt und ob es sich um ein Abendessen im Kreis der Familie bzw. eine Einladung von guten Freunden oder um eine offizielle Einladung handelt.

Abendbrot im Familien- oder Freundeskreis

Im deutschsprachigen Raum wird im Familienkreis häufig ein kaltes Abendessen eingenommen. Vielfach bleiben dazu auch Verwandte oder Bekannte, die man bereits zur Kaffeejause eingeladen hat.

Die Auswahl der Speisen, die zum Abendbrot gegeben werden können, ist etwa dieselbe wie bei der Brettljause (siehe Seite 180). Um Abwechslung in den täglichen Eßplan zu bekommen, können z. B. auch Würste und Würstel aller Art, verschiedene pikante Salate (z. B. Thunfisch-, Geflügel-, Reis-, Nudelsalat), Eieromeletts und andere kleine warme Gerichte serviert werden. Für Gäste richtet man häufig belegte Brote.
An Getränken reicht man Bier, Most (Apfelwein), Mineralwasser oder andere alkoholfreie Getränke, in der kalten Jahreszeit auch Tee mit Zitrone, Obers oder Rum.

Zum Abendbrot wird der Tisch häufig mit Sets aus Bast oder sonstigen Materialien gedeckt.
Für das Gedeck und zum Anrichten der Speisen und Getränke benötigt man dieselben Gegenstände wie zur Brettljause, man kann aber neben dem rustikalen Tischinventar auch das normale Geschirr und Besteck verwenden.

Warmes Abendessen

Das warme Abendessen ist die Mahlzeit, zu der am häufigsten eingeladen wird. Hierzulande werden Einladungen meist für die Zeit von 19 bis 21 Uhr ausgesprochen. Sie sollten spätestens um Mitternacht enden.
Der Streß des Tages ist nun vorbei, die Gäste sind entspannt, und man hat genug Zeit, um ein mehrgängiges Menü in Ruhe zu genießen.
Deshalb werden sich jede Hausfrau und jeder Gastgeber abends besondere Mühe geben, nicht nur bei der Auswahl und Zubereitung der Gerichte, sondern auch, wenn es darum geht, Atmosphäre zu zaubern.
Das Abendessen ist immer aufwendiger und eleganter als ein Mittagessen. Es ist häufig viergängig. Dazu ist es notwendig, mit der Planung rechtzeitig, d. h. drei bis vier Tage vorher, zu beginnen.

Laden Sie zu einem warmen Abendessen, wenn Sie selbst kochen und servieren müssen, maximal sechs Personen ein. Schließlich wollen auch Sie den Abend genießen.

Abendessen, die einen offiziellen oder besonders festlichen Charakter haben, werden als **Diner** bezeichnet. Diners läßt man sich am besten von einem Catering-Service bringen, welches auch das Bedienungspersonal zur Verfügung stellt.

Neben den Gerichten, die bereits beim Mittagessen erwähnt wurden (siehe Seite 168), kann darüber hinaus folgendes zum Abendessen serviert werden:

- Aperitifs: Vor Beginn des Essens reicht man einen Aperitif, häufig einen Before-dinner-Cocktail oder ein Sekt- bzw. Champagnergetränk, z. B. Sekt-Orange, Kir royal oder Kir (siehe Seite 125).
- Kalte Vorspeisen: Neben den bereits beim Mittagessen genannten Vorspeisen werden am Abend Delikateßvorspeisen, wie Artischocken, Spargel, Austern, Hummer, Muscheln, Lachs, Gänseleber, Kaviar usw. serviert. Auch Vorspeisencocktails sind sehr beliebt.
- Suppen: Auch bei den Suppen ist man des öfteren beim Abendessen luxuriöser und bietet Bouillons mit kleiner Einlage, warme und kalte Consommés, Ochsenschwanzsuppe und Spezialsuppen, wie Wildsuppen, Fischsuppen usw.
- Warme Vorspeisen: Seit vielen Jahren sehr beliebt sind italienische Nudelgerichte, z. B. Spaghetti, Ravioli, Canneloni, Tagliatelle, Lasagne. In jüngster Zeit werden auch Gerichte aus der bodenständigen Küche, z. B. diverse Gemüsestrudel, Palatschinken

mit Gemüsefüllung, sowie Gerichte aus der Nouvelle cuisine, z. B. Mousses oder Soufflés aus Fischen oder Gemüse, immer mehr geschätzt.

- Fisch: Entweder als eigener Gang oder als Hauptspeise ist Fisch am Abend sehr günstig, da er leicht verdaulich ist. Man serviert nicht nur heimische Süßwasserfische, wie Forelle, Karpfen, Hecht, Zander (Fogosch), Rheinanke usw., sondern auch Meeresfische, z. B. Seezunge, Stein- oder Heilbutt, Scholle, Goldbarsch, Angler, Petersfisch.
- Hauptgerichte: An Fleischgerichten serviert man abends eher kleine Fleischgerichte, z. B. Rostbraten, Tournedos, Beefsteak, Entrecote, Kalbssteak, Lammnüßchen, Pfannen- und Grillgerichte, wie Chateaubriand, Porterhouse-Steak und Ragouts, z. B. Zürcher Geschnetzeltes, Bœuf Stroganoff, sowie Wildgerichte.
- Beilagen: An Sättigungsbeilagen serviert man wie zu Mittag Kartoffeln in den verschiedensten Zubereitungsarten (z. B. Duchessekartoffeln, Berner Rösti, Strohkartoffeln, Butterkartoffeln), Knödel, Reis, Teigwaren, an Vitaminbeilagen Gemüse Natur oder gebunden und Salate aller Art.
- Käse und/oder Obst: Käse und Obst werden häufig auf einer Käseplatte oder in der Käseglocke gemeinsam angerichtet.
  Hat man Gäste, von denen man weiß, daß sie keine Süßspeisen mögen, schließt man das Menü mit Käse ab.
- Süßspeisen: Nach Käse serviert man nur noch kalte Süßspeisen. Sehr beliebt sind Eiscoupes, Früchtebecher, aber auch Omelette surprise.
  Wird kein Käse gereicht, kann man natürlich auch warme Süßspeisen geben, z. B. Salzburger Nokkerln, Aufläufe, z. B. Nuß-, Schokoladen-, Früchteauflauf, verschiedene Crêpes (Crêpes Suzette, Crêpes Suchard, Crêpes Cardinal usw.) oder ein Schokoladenfondue.
- Getränke: Zum Abendessen trinkt man eine gute Flasche Wein. Wird nur ein Getränk gereicht, stimmt man es auf die Hauptspeise ab. Bei besonders vornehmen Essen werden zu jedem Gang korrespondierende Weine serviert. Dies wird besonders in der neuen Küche sehr gepflegt.
- Mokka oder Kaffee: Nach dem Menü wird ein Mokka (oder Espresso) bzw. Kaffee serviert, dazu eventuell kleine Näschereien (Petits fours).
- Digestif: Zum Kaffee oder auch stattdessen kann ein Digestif gereicht werden, z. B. Cognac, Weinbrand u. ä. oder Likör (siehe Seite 141). Am Abend sind auch sogenannte Cafés brûlés, z. B. Irish coffee, Rüdesheimer Kaffee, sehr beliebt.

Aus diesen Gängen können verschiedene Menüs erstellt werden (siehe Seite 94).
Daneben gibt es auch Einladungen zu bodenständigen Spezialitäten oder Gerichten aus den Urlaubsländern. In diesen Fällen wird meist kein Menü zusammengestellt, sondern nur die Spezialität und eventuell ein Dessert serviert.

Benötigtes Inventar und Gedeck

Das Gedeck ist wiederum abhängig von der Speisenfolge. Als Beispiele seien im folgenden drei Varianten angeführt.
Als Grundsatz gilt aber, daß zum Abendessen auch im Haushalt ein Kuvert gedeckt wird.
Soll das Gedeck besonders vornehm sein, verwendet man auch einen Platzteller. Am günstigsten ist es, den Tisch bereits am Nachmittag zu decken.

Variante 1

Kalte Vorspeise
Suppe
Hauptgericht
Süßspeise

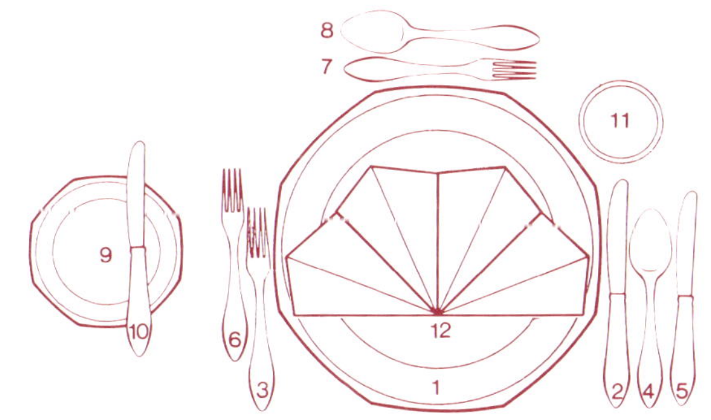

Der Tisch wird folgendermaßen gedeckt:

- Festliches Tischtuch in Weiß oder zarten Pastellfarben (oder elegante Sets aus Spitze oder Organdy, die direkt auf den Tisch aufgelegt werden)

- ○ Eventuell eleganter Tischläufer (bestickt oder aus Spitze) oder elegante Mitteldecke
- 1 Platzteller
- 2 Großes Messer
- 3 Große Gabel
- 4 Bouillon- oder Dessertlöffel für Suppen, die in der Suppentasse serviert werden (oder großer Löffel, wenn die Suppe in Suppentellern angerichtet wird)
- 5 Dessertmesser
- 6 Dessertgabel
- 7 Dessertgabel
- 8 Dessertlöffel
- 9 Brot- oder Dessertteller
- 10 Butter- oder Dessertmesser
- 11 Glas: Entweder man stellt nur ein Glas (Stielwasserglas) auf und deckt alle anderen benötigten Gläser zum entsprechenden Gang ein, oder man deckt alle Gläser (außer dem Bierglas) auf, z. B. Stielwasserglas, Rotwein-, Weißwein-, Sektglas.
- 12 Schön geformte Mundserviette aus Stoff: Sie kann z. B. in Form eines gestulpten Spitzes, eines Fächers oder einer Lilie gebrochen werden. Die Serviette kann man auch auf dem Brotteller plazieren.
- ○ Eventuell Salzstreuer
- ○ Schönes, elegantes Blumengesteck in der passenden Gesteckschale
- ○ Schöner Kerzenständer mit passenden Kerzen
- ○ Sonstiger Tafelschmuck, z. B. Obstschalen mit Fuß, Silberfiguren usw.

Variante 2

Suppe
Fisch
Hauptgericht
Käse
Kalte Süßspeise

- 1 Platzteller
- 2 Großes Messer
- 3 Große Gabel
- 4 Fischmesser
- 5 Fischgabel
- 6 Bouillon- oder Dessertlöffel, eventuell großer Löffel
- 7 Dessertgabel
- 8 Dessertlöffel
- 9 Dessertgabel
- 10 Dessertmesser
- 11 Brot- oder Dessertteller
- 12 Butter- oder Dessertmesser
- 13 Sektglas
- 14 Stielwasserglas
- 15 Rotweinglas
- 16 Weißweinglas
- 17 Schön geformte Mundserviette aus Stoff. Sie kann auch auf den Platzteller gestellt werden.

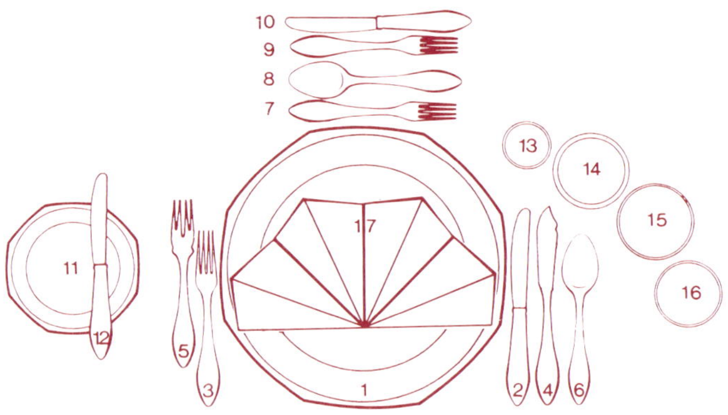

Auch beim Abendessen ist es ratsam, eine Menüfolge zusammenzustellen, bei der verschiedene Gerichte schon während des Tages zubereitet werden können (z. B. kalte Vorspeisen, Suppen, kalte Cremes), sodaß sich die Hausfrau in erster Linie ihren Gästen widmen kann.

Servierablauf

Nachdem der Aperitif im Stehen getrunken wurde und die Gäste Platz genommen haben, übernimmt in der Regel der Hausherr das Getränke- und die Hausfrau das Speisenservice.
Der Gastgeber gibt das Menü und die dazu vorbereiteten Getränke bekannt, falls keine Menükarten vorbereitet sind. Wird zu einem Menü nur ein Getränk serviert, schenkt der Gastgeber dieses zur kalten Vorspeise bzw., wenn nur eine Suppe gereicht wird, zur Hauptspeise ein.
Die Gläser werden nach dem Dessert abserviert.
Wird hingegen zu jedem Gang ein eigenes Getränk gereicht, werden die Gläser laufend, also nach jedem Gang, auch wenn sie noch nicht leergetrunken sind,

abserviert. Der Gast wird allerdings gefragt, ob das Glas weggenommen werden darf. Vor dem Kaffee werden alle Gläser abserviert.

Für die Hausfrau beginnt das Service mit dem Einstellen von Butter und Brot oder Gebäck, die das Kuvert vervollständigen. Das kann allerdings auch schon knapp vor dem Eintreffen der Gäste geschehen.
Ebenso kann auch eine kalte Vorspeise bereits serviert sein.
Suppe wird entweder in der Suppentasse eingestellt oder in der Terrine serviert (Suppenservice siehe Seite 171).
Menagen werden auf Wunsch eingestellt.

Für warme Vorspeisen, Hauptspeisen und eventuell auch Dessert kommt als Servierart nicht nur das Einstellen in Betracht, sondern auch das Einreichen und Anrichten, die einem Abendessen eine besondere Note verleihen.
Besonders dekorativ vorbereitete Platten werden den Gästen vor dem Anrichten präsentiert.
Der Platzteller wird gleichzeitig mit dem Hauptspeisenteller ausgehoben und abserviert.
Ist in der Speisenfolge kein Käse vorgesehen, werden die Menagen nach dem Hauptgericht abserviert.
Dann entfernt man, falls erforderlich, mit dem Tischbesen und der -schaufel die Brösel bei den einzelnen Gästen. Nach einer entsprechenden Pause wird der Nachtisch, der entweder auf der Anrichte bzw. in der Küche bereitsteht oder frisch zubereitet wird, serviert.

Zum Schluß wird meist Mokka oder Kaffee angeboten, der im allgemeinen nicht mehr bei Tisch eingenommen wird, sondern im Wohnzimmer (siehe Seite 171). Dazu können Petits fours gereicht werden, die man mit einer Gebäckzange auf den Dessertteller legt.
Zum Mokka serviert man oft auch einen Digestif (Getränkeservice siehe Seite 141).
Wird ein Café brûlé angeboten, so wird dieser meist noch am Eßtisch eingenommen. Man kann ihn auf dem Servierwagen oder auf der Anrichte des Eßzimmers zubereiten und dann den Gästen einstellen.
Viele Cafés brûlés werden mit Zucker fertiggestellt. Es ist daher notwendig, die Gäste danach zu fragen, ob und wieviel Zucker gewünscht ist. Auch Süßstoff kann verwendet werden.
Cafés brûlés können auch im Wohnzimmer oder an der Hausbar zubereitet und getrunken werden.

Durchschnittlicher Verbrauch

Ware	*Verbrauch in g, l, Stück etc. pro Person*
Aperitif	*1 bis 2 Gläser*
Kalte Vorspeisen	*70 bis 100 g*
Suppen bzw. Spezialsuppen	*¼ bzw. ⅛ l*
Hauptgericht: Fleisch ohne Knochen	*120 bis 150 g*
Fleisch mit Knochen	*200 g*
Fischfilet	*150 bis 200 g*
Portionsfisch	*250 bis 300 g*
Beilagen	*100 bis 150 g*
Salate	*100 g*
Saucen	*6 bis 8 cl*
Dessert	*100 bis 120 g*
Kaffee oder	*⅛ bis ¼ l*
Mokka	*⅛ l*
Obers zum Kaffee	*1/16 l*
Wein zur Vorspeise	*1 bis 2 Gläser*
Bier	*1 bis 2 Gläser*
Wein zur Hauptspeise	*1 bis 2 Gläser*
Wein zum Dessert	*1 bis 2 Gläser*
Sekt oder Champagner	*1 bis 2 Gläser*
Digestif	*1 bis 2 Gläser*
Mineralwasser oder eventuell alkoholfreie Getränke	*1 bis 2 Gläser*

Das Souper (Spätmahlzeit)

In Frankreich, Belgien und der französischen Schweiz werden alle kleinen Mahlzeiten, egal zu welcher Tageszeit sie gegessen werden, als Souper bezeichnet. Sie bestehen aus zwei Gängen, wobei die Vorspeise eine kräftige Suppe ist und zum Hauptgang häufig Grillgerichte mit passenden Beilagen serviert werden. In den übrigen Ländern versteht man unter einem Souper eine kleine Mahlzeit zwischen 21 Uhr abends und 1 Uhr früh. In Paris, New York, Madrid, Athen und anderen Städten gibt es Lokale, in denen bis 3 Uhr morgens soupiert werden kann.

Zu Hause wird man ein Souper dann vorbereiten, wenn man eine ausgedehnte abendliche Festlichkeit, z. B. einen Hausball, plant.
Auch wenn man mit Freunden das Theater oder ein Konzert besucht hat, kann sich Gelegenheit ergeben, sie danach zu einer Spätmahlzeit zu laden, für die natürlich schon alles vorbereitet ist.

Der Umfang und die Zusammensetzung eines Soupers sind sehr unterschiedlich und vor allem von der geplanten Länge des Abends abhängig.
Meist besteht es aber nur aus einem Gang, zu dem serviert werden können:

- Einfache kalte Gerichte: z. B. gefüllte, garnierte Eier, Schinkenrollen, Wurstsalat, Haussulz.
- Suppen: Suppentöpfe (Pot au feu, Suppenhuhn, Fisch-, Muschelsuppe, Gulasch-, Bohnen-, Kartoffel-, Zwiebelsuppe), kalte Suppen und kräftige Consommés, Kaltschalen, Spezialsuppen aller Art.
- Kleine warme Gerichte: z. B. gebackene Pilze (schwer verdaulich), gebackenes Gemüse, Ragouts, Teigwaren.
- Warme Fischgerichte aller Art: Sie sind leicht verdaulich.
- Warme Fleischgerichte: z. B. gegrillte Koteletts, Tournedos.
- Delikatessen: Kaviar, geräucherter oder graved Lachs (oder andere Fische), Austern, Muscheln (Jakobs-, Miesmuscheln usw.), Krustentiere (Hummer, Langusten, Krebse, Garnelen in verschiedenen Zubereitungen, auch als Cocktail), Schnecken nach Burgunder Art (schwer verdaulich), feines Gemüse je nach Saison, wie Artischocken, Spargel, Pasteten (Gänseleber-, Wild- oder Fleischpasteten) sowie Galantinen, feine Salate aus Fleisch, Fisch, Muscheln, Krustentieren, Geflügel, Wild usw.

Benötigtes Inventar und Gedeck

Da die Speisen, die serviert werden können, sehr unterschiedlich sind, gibt es auch kein spezielles Gedeck für das Souper.

Werden deftige Gerichte angeboten, so ist auch das Gedeck dementsprechend (siehe Vormittagsjause, Seite 159, Nachmittagsjause, Seite 180).
Für Delikatessen werden spezielle Gedecke benötigt (siehe Seite 187), für alle anderen Gerichte deckt man wie für ein Abendessen (siehe Seite 182).

Spezialitäten und Spezialgedecke

Verschiedene Speisen verlangen auf Grund ihrer Besonderheit ein spezielles Gedeck.
Solche Speisen sind meist besondere Delikatessen und Spezialitäten, die eher teuer sind und daher relativ selten gegessen werden.
Das folgende Kapitel gibt einen Überblick über die bekanntesten Spezialitäten, ihre häufigsten Zubereitungsarten, das passende Gedeck, wie man sie anrichtet, was man dazu serviert und wie man sie richtig ißt.

Artischocken

Die Artischocke ist ein der Distel ähnliches Feingemüse, das vor allem in Italien, Frankreich und Spanien angebaut wird. Sie ist sehr vitaminreich, appetitanregend und fördert den Gallenfluß. Für Nieren- oder Blasenkranke sind Artischocken allerdings nicht geeignet.
Von der Artischocke ißt man die Schuppenblätter und den Blütenboden. Eine Delikatesse sind außerdem die kleinen Knospen der jungen Artischocken, die im September abgeschnitten werden, die sogenannten Artischockenherzen.

Zubereitung und Beigaben

Artischocken werden als kalte oder warme Vorspeise gegessen, Artischockenböden aber auch als Garnitur zu Fleisch- oder Fischgerichten.

Die äußeren harten Blätter und die Spitzen der übrigen Blätter werden etwas abgeschnitten und die Artischocken in Salzwasser mit Zitronenscheiben etwa 30 Minuten gekocht. Das „Heu" oder der „Bart" (=Blütenfäden über dem Fruchtboden) werden vor dem Servieren vom Koch entfernt.

Zu kalten Artischocken serviert man eine Sauce vinaigrette, Kräuterdressing oder French dressing. Zu warmen Artischocken paßt am besten zerlassene Butter, Sauce hollandaise oder Kräutermayonnaise.
Artischockenböden können auch gefüllt und überbacken oder „à la provençale" (mit Knoblauch, Tomatenstücken und Kräutern) zubereitet werden.
Artischockenherzen werden in Olivenöl oder Kräuterdressing eingelegt, mit Sauce vinaigrette oder Cocktailsauce serviert. Am häufigsten findet man sie als Beigabe zu gemischten kalten Vorspeisen.

An Getränken passen dazu leichte, milde, junge Weißweine, wie Riesling, weißer Burgunder, Grüner Veltliner, Müller-Thurgau, Soave, Dôle, Muscadet de Loire, Chablis, Blanc de blanc Chardonnay, Frascati, Tokay d'Alsace.

Anrichtearten

Pro Person serviert man meist eine Artischocke. Sie kann entweder direkt auf dem Artischockenteller oder einem großen Teller (auf einem Standteller mit Klapperdeckchen oder Spitzenpapier bzw. Papierserviette) oder auf einer Platte (mit Unterplatte, darauf eine Papierserviette) mit Vorlegebesteck (große Gabel und großer Löffel) angerichtet werden.
Saucen werden separat („à part") in der Sauciere mit Saucenschöpfer oder großem Löffel serviert.
Verwendet man Artischockenteller, so kann man in die Vertiefungen rundherum verschiedene Saucen geben.
Artischockenherzen können auf Desserttellern (auch Glastellern) oder im Cocktailglas angerichtet werden.

Richtiges Essen von Artischocken

Artischocken ißt man mit den Fingern. Zuerst nimmt man etwas Sauce auf den Teller. Die Artischocke hält man mit der linken Hand, die Blätter werden mit der rechten Hand einzeln abgelöst und mit dem gelblichen unteren Teil in die Sauce getaucht. Dann führt man das Blatt zum Mund, zieht es durch die Zähne und saugt so den genießbaren Teil heraus. Die ungenießbaren Teile legt man auf den Abfallteller.
Sind alle Blätter auf diese Weise verzehrt, säubert man die Finger in der Fingerschale und ißt mit großem

Spezialitäten und Spezialgedecke

Messer und großer Gabel den Artischockenboden. Warme Artischockenböden werden nur mit der Gabel gegessen.

Kalte Artischocke als Vorspeise

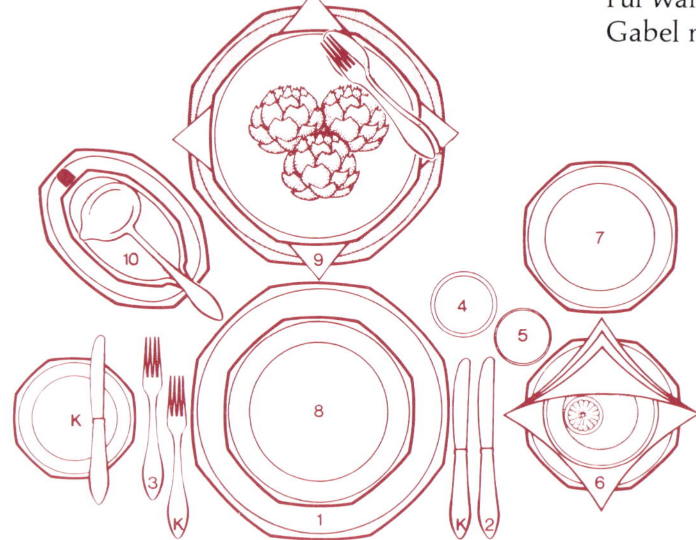

- K Kuvert, bestehend aus Stoffserviette, großem Messer, großer Gabel, Brotteller, Dessert- oder Buttermesser, Butter, Brot oder Gebäck
- 1 Platz- oder Standteller
- 2 Großes Messer
- 3 Große Gabel
- 4 Stielwasserglas
- 5 Weißweinglas
- 6 Fingerschale
- 7 Abfallteller (Dessertteller)
- 8 Speiseteller
- 9 Großer Teller mit den Artischocken, Serviette, Metallplatte, Vorleger
- 10 Sauciere, Saucenschöpfer

Für warme Artischocken deckt man statt Messer und Gabel nur eine große Gabel auf der rechten Seite.

Austern

Austern sind Weichtiere, die aus 86 Prozent Wasser, 7 Prozent Eiweiß, 4 Prozent Kohlenhydraten, 2 Prozent Fett und 1 Prozent Mineralsalzen bestehen. Auf Grund ihrer Zusammensetzung sind sie für den Menschen ein wertvolles Nahrungsmittel und besonders leicht verdaulich.
Austern kommen in allen gemäßigten und tropischen Meeren wildlebend vor, für den Markt sind aber nur noch die in speziellen Austernbänken gezüchteten Tiere von Bedeutung.
Die wichtigsten Austernarten sind:
Europäische Austern: flache, fast runde Schalen mit einer Größe von fünf bis zu zwölf Zentimetern, hellgrau oder grünlich bis sandfarben. Je nach Herkunftsgebiet und Zuchtmethode haben sie spezielle Namen: Belons, Marennes, Arcachones (Frankreich), Imperials (Holland), Colchester, Helford, Whitstable, Royal Natives (England), Limfjord (Dänemark).
Portugiesische Austern (Felsenaustern): länglichere und tiefere Schalen als die anderen europäischen Austern, grau bis bräunlich. Berühmteste Art ist die Fine-Claire-Auster (grünliches Fleisch), die in Frankreich gezüchtet wird.
Pazifische Felsenaustern („Japonaise"): ähnlich den portugiesischen Austern, aber noch etwas stärker gewölbt. Heute auch an den europäischen und amerikanischen Küsten sowie im Mittelmeer gezüchtet.
Amerikanische Austern: ähnlich den europäischen Austern, an der gesamten Atlantikküste der USA gezüchtet. Berühmteste Art: Blue Point (Long Island).

Zubereitung und Beigaben

Austern werden als Vorspeise, aber auch als Einzelgericht, z. B. zum Sekt- oder Diplomatenfrühstück, zum Souper, gegessen.

Sie werden unter fließendem Wasser gebürstet und mit dem Austernmesser vorsichtig geöffnet. Dabei wird die Auster so gehalten, daß die flache Schale oben liegt. Man trennt die Knorpelscheibe an der Schale durch, die flache Schale wird angehoben und weggelegt.
Es ist darauf zu achten, daß das Meerwasser in der Schale nicht verschüttet wird, denn man schlürft es mit der Auster heraus.
Die Eingeweide und die Kiemenblätter (=Bart), die sich wie ein schwarzes Band um das Fleisch ziehen, entfernt man mit einer Austerngabel.
Nach dem Lösen der unteren Knorpelscheibe wird das Austernfleisch gewendet und in die gewölbte Schale zurückgelegt. Mögliche Schalensplitter sind vorsichtig mit Salzwasser auszupinseln.
Echte Austernliebhaber wollen die Austern meist nicht ausgelöst, sondern nur geöffnet. Sie ziehen es vor, das Fleisch selbst auszulösen und mit dem Bart zu genießen.

Zu frischen Austern kann man Zitronenspalten, -körbchen oder -ecken, eventuell Salz, Pfeffer, Kräuter- oder Weinessig, Sauce vinaigrette, amerikanische Cocktailsauce oder Tabascosauce sowie sehr dünne Schwarzbrotschnitten (Vollkorn-, Grahambrot, Pumpernickel) mit Butter, Westfäler Brot (mehrere Lagen Pumpernickel, dazwischen Butter), Toast mit Butter, Chesterschnitten (mehrere Lagen dünne Schwarzbrotschnitten, dazwischen Chesterkäse) oder Welsh rarebits (geröstete Käseschnitten) servieren.

Austern können aber auch pochiert, gratiniert, gebakken, gegrillt, gebraten, in Crêpes eingeschlagen, in Backteig oder Blätterteig gebacken, geräuchert, in verschiedenen Saucen, am Spieß oder als Ragout zubereitet werden.

An Getränken serviert man zu Austern trockene Weißweine, z. B. Chablis, Muscadet, Pouilly-Fuissé, Soave, Grünen Veltliner, Weißen Burgunder, oder trockenen Sekt bzw. Champagner.
Nach englischer Sitte trinkt man dazu ein dunkles Starkbier, z. B. Stout, oder ein spezielles „oyster beer".

Anrichtearten und Gedeck

Pro Person werden meist ein halbes Dutzend oder ein Dutzend Austern serviert. In manchen Restaurants können Austern auch einzeln bestellt werden.

Frische Austern als Vorspeise

K Kuvert
1 Platz- oder Standteller
2 Austerngabel
3 Stielwasserglas
4 Weißwein-(oder Sekt-)Glas
5 Fingerschale
6 Pfeffermühle, Salzstreuer
7 Speiseteller
8 Austernplatte oder Glas- bzw. Metallplatte mit den Austern auf Eis, Serviette, Unterplatte, Vorleger
9 Dessertteller mit Chesterschnitten o. ä. in einer Stoffserviette
10 Dessertteller mit Zitronen

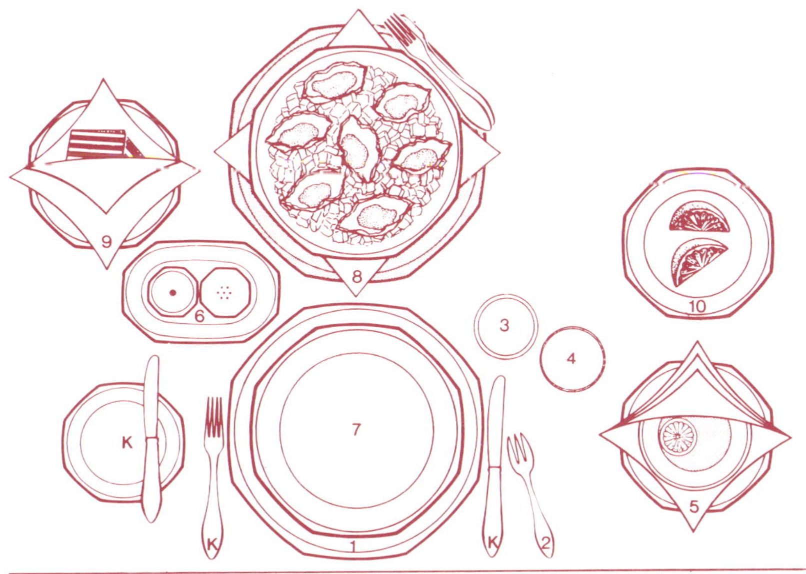

Spezialitäten und Spezialgedecke

Frische Austern werden entweder auf einem speziellen Austernteller oder in einem etwas vertieften Teller auf Schnee-Eis oder auf einer Austernplatte auf Eis, Algen und Seetang bzw. auf einer runden Platte mit Serviette, darüber gestoßenes Eis (die Serviette dient zum Aufsaugen des Schmelzwassers), angerichtet.
Als Garnitur gibt man Zitronenkörbchen, -ecken oder -spalten.
Zubereitete Austern können in Näpfchen oder in Cocktailschalen auf Toast oder Salat serviert werden.

Richtiges Essen von Austern

Man erfaßt die Auster mit der linken Hand, beträufelt das Fleisch mit Zitrone (oder eventuell mit Sauce, was ein Kenner jedoch entschieden ablehnt), führt sie zum Mund und schlürft die Auster (samt dem Salzwasser) ein.
Wem dies unangenehm ist, der kann das Fleisch auch mit der Austerngabel zum Mund führen.
Sind die Austern nicht ausgelöst, so muß auch dies vom Gast gemacht werden: Er nimmt die Auster in die linke Hand, entfernt mit der Austerngabel den sogenannten Bart, löst mit der Gabel das Fleisch von der Schale, beträufelt es mit Zitrone, führt die Auster zum Mund und schlürft sie ein.
Zum Schluß taucht man die Finger in die Fingerschale.
Sind die Austern zubereitet, werden sie mit Besteck gegessen, und zwar kalte Gerichte mit dem Dessertbesteck und warme mit einem großen Besteck.

Gänseleber

Gänseleber und Gänseleberpasteten gelten auch heute bei vielen Feinschmeckern als feinste Vorspeise überhaupt.
Sie stammen von Stopfenten, das sind Enten, die in Einzelkäfigen auf engstem Raum gehalten und mehrmals täglich fett- und kohlenhydratreich gefüttert werden. Die Folge davon ist eine sehr fette, weiße, krankhaft vergrößerte Leber, die bis zu zwei Kilogramm schwer werden kann.

Die Zentren der Gänseleberproduktion liegen in Frankreich, vor allem in Straßburg.

Zubereitung und Beigaben

Gänseleber wird entweder selbst zubereitet, das ist in vielen Luxusbetrieben der Fall, oder sie kann fertig gekauft werden. Sie kann, egal, in welcher Form sie zubereitet wird, ungetrüffelt oder getrüffelt sein, wobei die Trüffeln entweder handtourniert eingelegt oder feinst geschnitten und unter die Farce gemischt werden. Gänseleber wird hauptsächlich auf folgende Arten zubereitet:

Gänseleberterrine: Der Kern besteht aus einer Gänseleber, darüber kommt eine Gänseleberfarce. In der Mitte ist häufig eine handtournierte Trüffel eingelegt. Ausgelegt ist die Gänseleberterrine mit grünem Speck.

Gänseleberpastete: Das ist eine getrüffelte oder ungetrüffelte Gänseleber, die in einem Pastetenteig gebakken wird. Der Hohlraum, der durch das Aufgehen des Teiges entsteht, wird mit Madeira- oder Portweingelee ausgegossen.

Gänseleberparfait: Es besteht aus einer sehr feinen Parfaitmasse, in die ebenfalls eine Trüffel eingelegt sein kann. Auch das Parfait ist mit grünem Speck umgeben.

Gänseleberterrinen und -parfaits gibt es in zwei verschiedenen Formen, nämlich in kleinen, runden Dosen (Terrinen) für eine oder für zwei Personen oder in Blockform, die entweder in Scheiben geschnitten (ein bis zwei Scheiben pro Portion) oder mit einem Löffel ausgestochen werden kann. Die zweite Art ist nur dann möglich, wenn die Gänseleber keine ganze Trüffel enthält.

Gänseleber kann aber auch mariniert, gebraten, als Medaillon usw. zubereitet und wie eine normale kalte oder warme Vorspeise serviert werden.

Zu Gänseleber serviert man Toast oder Brioche mit Butter und Madeira- oder Portweingelee bzw. Gelee aus Trockenbeerenauslesen oder Ausbruchweinen.
An Getränken passen sowohl trockene Weiß- und Roséweine (z. B. Rheinriesling, Grüner Veltliner, Montrachet) als auch stark gekühlte Beerenauslesen, Ausbruchweine usw. sowie gehaltvoller Tokajer, Sherry, Portwein, Château d'Yquem, Sauternes, Sekt bzw. Champagner.

Anrichtearten und Gedecke

Gänseleber in kleinen Portionsterrinen als Vorspeise

K Kuvert
1 Platz- oder Standteller
2 Dessertmesser
3 Dessertgabel
4 Stielwasserglas
5 Dessertwein-(Sherry-, Portwein-, Weißwein- oder Sekt-)Glas
6 Kännchen mit heißem Wasser, Serviette, Unterteller (Brot- oder Dessertteller), Kaffeelöffel
7 Speise- oder Dessertteller (je nach Portionsgröße) bzw. Glasteller, Serviette, Unterteller
8 Suprêmeschale oder kleine, mit Eis gefüllte Schüssel mit der Gänseleberterrine, Serviette, Unterteller (Dessert- oder Speiseteller)
9 Dessertteller mit Toast, in eine Stoffserviette eingeschlagen
10 Kleine Glasschüsseln mit Garnituren, Serviette, Unterteller (Dessertteller), Kaffeelöffel

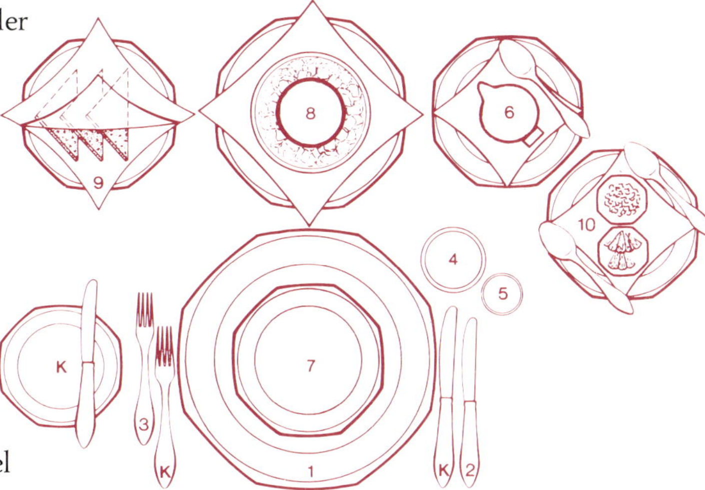

Richtiges Essen von Gänseleber

Gänseleber in der Portionsterrine: Der Kaffeelöffel wird in das heiße Wasser getaucht, die Gänseleber damit aus der Terrine ausgestochen und auf den Dessertteller gelegt. Von der Garnitur nimmt man sich mit dem vorgesehenen Kaffeelöffel das Gewünschte auf den Teller und ißt alles mit dem Dessertbesteck. Dazu nimmt man Weißbrot, Toast oder Brioche mit Butter.

Man kann die ausgestochene Gänseleber auch auf ein Stück mit Butter bestrichenen Toast geben und dieses zum Mund führen.

Gänseleber in Scheiben: Mit dem Vorleger (Pastetenheber) nimmt man die Gänseleber auf den Teller und ißt sie mit Gabel und Messer.
Dazu gibt es wieder Weißbrot, Toast oder Brioche mit Butter.

Ausgestochene oder in Scheiben geschnittene Gänseleber wird mit dem Gelee auf einem großen Porzellan- oder Glasteller (mit Serviette, Unterplatte und Vorleger bzw. Pastetenheber) angerichtet.

Hummer und Langusten

Der Hummer ist ein Krustentier mit stark ausgebildeten Scheren, langer Schwanzflosse und – je nach Vorkommen – graubrauner, blauer oder dunkelgrüner Farbe. Er wird bis zu 60 Zentimeter lang und 1,5 Kilogramm schwer. Am besten schmeckt er, wenn er zwischen 30 und 40 Zentimeter lang und ein halbes Kilogramm schwer ist (im Alter von fünf bis zehn Jahren).

Die Languste ist ein hummerähnlicher Meereskrebs ohne Scheren, dafür aber mit langen Fühlern. Die Farbskala reicht von Graugrün über Rötlichviolett mit gelben Flecken bis Gelbgrün. Die Languste wird bis zu 50 Zentimeter lang und sechs Kilogramm schwer.
Hummer und Langusten sind sehr empfindlich und müssen sorgfältig behandelt werden.

Spezialitäten und Spezialgedecke

Zubereitung und Beigaben

Hummer und Langusten werden sowohl als kalte oder warme Vorspeise als auch als Einzelgericht, z. B. beim Sekt- oder Diplomatenfrühstück, Souper usw., serviert.

Hummer und Langusten werden gebürstet, auf ein Brett gebunden und in kochenden Hummerfond (=Salzwasser mit Kümmel, Dill und Petersilie) gegeben. Sie sind dann sofort tot und müssen – je nach Gewicht – 20 bis 30 Minuten gekocht werden. Dadurch erhält der Hummer eine schöne, leuchtendrote Farbe. Langusten werden zartrosa.

Zu kaltem gekochtem Hummer oder kalter Languste serviert man Sauce mayonnaise, Sauce rémoulade, Sauce verte und andere Saucen auf Mayonnaisebasis, französischen Salat (=Gemüsemayonnaise), Salatblätter, Tomatenachtel sowie Toast- oder Graubrotschnitten mit Butter.

Hummer bzw. Langusten können aber auch gedünstet (z. B. à l'américaine, à la Newburg), gegrillt, gebraten, gratiniert (z. B. à la cardinal, à la Vanderbild), glaciert (à la Thermidor) werden.
Zu warmem gekochtem Hummer bzw. warmer Languste werden zerlassene Butter, Zitronensaft, Sauce hollandaise sowie deren Ableitungen gereicht.

Als Getränke eignen sich trockene Weine wie Grüner Veltliner oder ein trockener Riesling, Chablis, Roséweine, trockener Sekt und Champagner sowie trockener Sherry besonders gut.

Anrichtearten und Gedeck

Ein Hummer bzw. eine Languste wird im allgemeinen für zwei Personen serviert.

Kalter Hummer bzw. kalte Languste kann entweder in der Küche oder vor dem Gast tranchiert werden. In beiden Fällen werden sie auf einer Platte angerichtet. Warmer Hummer bzw. warme Languste kann bereits tranchiert auf Tellern oder Platten angerichtet sein.

Kalter Hummer oder kalte Languste als Vorspeise

- K Kuvert
- 1 Platz- oder Standteller
- 2 Fischmesser
- 3 Fischgabel
- 4 Hummergabel
- 5 Hummerzange: Sie wird nur dann aufgedeckt, wenn die Scheren des Hummers noch ganz sind. Bei Langusten wird sie immer aufgedeckt.
- 6 Stielwasserglas
- 7 Weißwein-(Roséwein-, Sherry- oder Sekt-)Glas
- 8 Fingerschale
- 9 Abfallteller (Dessertteller)
- 10 Speiseteller
- 11 Platte mit Spitzenpapier und Hummer
- 12 Sauciere, Saucenschöpfer

Wird Hummer oder Languste warm serviert, deckt man nur ein Fischbesteck auf.

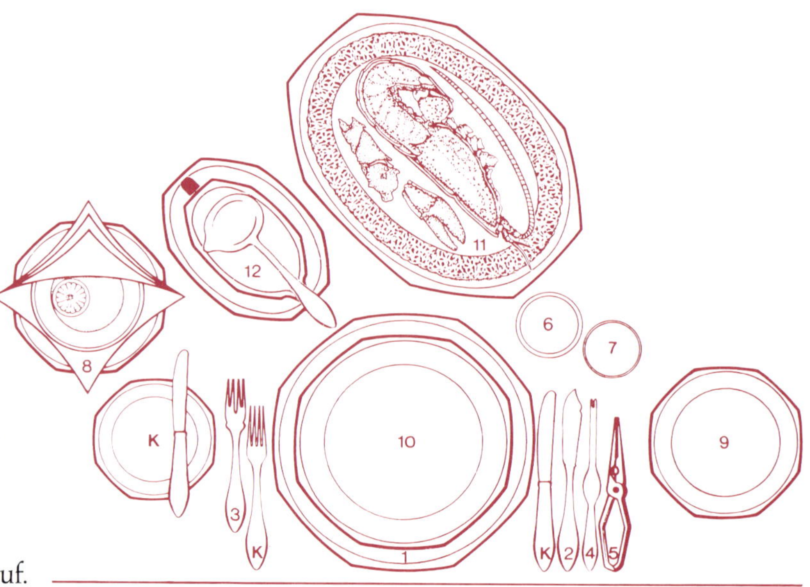

Fischgedeck

Kaviar

Schnecken – auf verschiedene Arten serviert

Artischocken- und Spargelservice

Richtiges Essen von Hummern und Langusten

In Luxusbetrieben wird der Hummer bzw. die Languste dem Gast als Ganzes präsentiert und vor dem Gast tranchiert, das Fleisch ausgelöst und angerichtet. Dies geschieht folgendermaßen:

- Mit einer drehenden Bewegung werden die Scheren vom Kopf entfernt.
- Dann wird der Hummer der Länge nach halbiert, und zwar zuerst der Schwanz- und dann der Kopfteil.
- Der im Rücken befindliche Darm, der wie ein dunkler Faden aussieht, und der Magen werden entfernt.
- Das Schwanzfleisch wird mit dem Löffel des Vorlegers herausgeschält.
- Die Arme trennt man von den Scheren und schneidet sie mit dem Messer auf, oder öffnet sie mit der Hummerzange. Das darin befindliche Fleisch wird mit der Hummergabel herausgezogen.
- Zum Schluß werden die Scheren geöffnet. Sie werden leicht mit dem Tranchiermesser eingehackt und dann mit der Hummerzange aufgedrückt. Die aufspringenden Schalenteile werden entfernt und das Fleisch herausgeschält.
- Die Fleischstücke werden auf einem Speiseteller angerichtet und eingestellt. Der Gast ißt das ausgelöste Hummerfleisch mit dem Fischbesteck.

Ist dieses Service nicht der Fall, kommt der Hummer so vorbereitet aus der Küche, daß der Gast die einzelnen Fleischteile ohne Mühe auslösen kann. In diesem Fall sind die Scheren, Arme und Beine ausgedreht, der Hummer ist in der Mitte zerteilt, Magen und Darm sind entfernt. Die Scheren sind angeknackt sowie die Arme und Beine geöffnet.
Dann wird der Hummer auf einer Platte möglichst in seiner ursprünglichen Form angerichtet und dem Gast serviert.
Der Gast nimmt sich die einzelnen Teile auf den Teller, und zwar zuerst die Schwanzflosse, dann die Scheren, die Arme und Beine. Das Fleisch wird mit der Hummergabel ausgelöst, wobei man die Schalen und Scheren auch mit den Fingern halten kann. Die Gabel nimmt man in der Mitte ihres Stieles, dort, wo sie flach und breit ist, mit Daumen und Zeigefinger. Die seitlichen Extremitäten (=Beine) dürfen auch ausgesaugt werden. Manchmal sind Arme und Beine nicht geöffnet, sie können dann mit der Hand aufgeknackt werden.
Die größeren Stücke vom Hummerfleisch ißt man aber mit dem Fischbesteck. Man taucht das Fleisch in eine der Saucen und ißt es.

Sind die Scheren, Arme und Beine noch im ganzen, ist eine Hummerzange aufgedeckt, mit der man die Scheren (in der Mitte), Arme und Beine knackt.

Langusten kommen ebenfalls geteilt, ohne Magen und Darm, auf einer Platte angerichtet aus der Küche. Der Gast löst mit der Hummergabel das Fleisch des Schwanzstückes und der langen Extremitäten (=Beine) aus. Das Fleisch wird wiederum mit dem Fischbesteck gegessen.
Die Beine werden mit der Hummerzange geknackt, in die Hand genommen und ausgesaugt, oder man holt das Fleisch mit der Hummergabel heraus.

Kaviar

Als Kaviar bezeichnet man den Rogen (=Fischeier) der Fische aus der Störfamilie (Hausen, Stör, Sterlett, Scherg, Waxdick). Diese Fische kommen heute fast nur mehr auf asiatischem Gebiet im Kaspischen und im Schwarzen Meer, im Baikalsee und in den großen Flüssen Nordrußlands und Chinas vor. Die Hauptlieferländer von Kaviar sind die UdSSR und der Iran.

Guter Kaviar ist silbergrau bis graubraun (je heller er ist, desto besser ist seine Qualität), etwas glasig, hat gleichmäßig große Körner und ist vor allem geruchlos.
Frischer Kaviar ist hellglänzend, die Körner kleben nicht aneinander, sondern liegen aufgelockert. Älterer Kaviar ist stumpf in der Farbe, und die Körner kleben dicht aneinander. Verdorbener Kaviar riecht tranig.
Der sehr hohe Eiweiß- (30 Prozent) und Fettgehalt des Kaviars hat zur Folge, daß er leicht verdirbt. Daher wird Kaviar immer gesalzen. Die Höhe des Salzgehaltes ist von der Jahreszeit und der Qualität des Rogens abhängig. Stark gesalzener Kaviar ist von minderer Qualität. Die Bezeichnung „Malossol" (russ., wenig Salz) bedeutet, daß der Kaviar mit wenig Salz konserviert wurde (zwischen 2,8 und 4 Prozent des Rohgewichtes). Dadurch ist er mild im Geschmack.

Spezialitäten und Spezialgedecke

Kaviar kommt in Dosen aus Glas, Porzellan oder innen mit Goldlack beschichtetem Blech in unterschiedlicher Größe auf den Markt. Die gängigste Größe ist eine Unze, das sind 28,35 Gramm (=eine Portion).
Frischer Kaviar ist nur sehr beschränkt haltbar und kann in normalen Kühlschränken etwa eine Woche aufbewahrt werden. Bei einer gleichbleibenden Temperatur von etwa minus zwei Grad hält er auch länger. Kaviar sollte aber nie Temperaturen unter minus vier Grad ausgesetzt werden. Wesentlich länger haltbar ist pasteurisierter Kaviar. Er hält etwa ein Jahr und ist um einiges billiger als die frischen Sorten, erreicht diese aber im Geschmack nicht.

Russischer Kaviar

Beluga-Kaviar: Er gilt als der beste Kaviar der Welt. Der Beluga stammt vom Hausen oder Beluga-Stör, der größten Störart. Hausen werden bis zu neun Meter lang und über 1.000 Kilogramm schwer. Die Hausenweibchen liefern pro Exemplar bis zu 15 Kilogramm grobkörnigen silbergrauen Kaviar mit einer Korngröße von etwa 3,5 Millimetern. Er kommt in Dosen mit blauem Deckel in den Handel.
Sevruga-Kaviar: Dieser stammt vom häufiger vorkommenden, etwa zwei Meter langen Scherg. Er ist kleinkörnig, hellgrau bis hellbraun und hat den stärksten Eigengeschmack aller Kaviarsorten. Sevruga-Kaviar kommt in Dosen oder Gläsern mit rotem Deckel in den Handel.
Ossiotr-Kaviar (Oscetre, Osseter): Er wird dem im Kaspischen Meer lebenden, bis zu zwei Meter langen Waxdick entnommen. Die Körner sind mittelgroß (etwa zwei bis drei Millimeter) und von goldgelber bis brauner, oft auch silbergrauer Farbe. Der Ossiotr wird in Dosen oder Gläsern mit ockergelbem Deckel angeboten.
Schipp-Kaviar (Ship): Er stammt vom Stör und vom Sterlett und ist dem Ossiotr ähnlich.
Parnaya-Kaviar: Das ist Rogen von im Winter gefangenen Stören.
Aremtorg: Kaviar aus Armenien.
Beschädigte Körner oder sehr weicher Rogen wird zu Preßkaviar verarbeitet. Er ist stark gesalzen und kommt meist in Fässern in den Handel.

Persischer Kaviar

Beluga-Kaviar: Der persische Beluga ist graubraun.
Schah-Kaviar (Shah, Imperial caviar): Das ist eine Auslese des persischen Beluga-Kaviars und stammt von besonders großen Beluga-Stören. Der Shah gehört zu den teuersten Kaviarsorten, er ist mittelkörnig, naturbelassen, mild und von feinstem Geschmack. Er ist nur fallweise lieferbar und kommt in Keramikterrinen auf den Markt.
Frischkaviar: Das ist naturbelassener Kaviar von graubrauner Farbe. Er ist unkonserviert und daher nur begrenzt haltbar, wird aber von Kennern sehr geschätzt.
Persryba-Kaviar.

Sonstiger Kaviar

Darüber hinaus gibt es noch verschiedene Produkte, die von anderen Fischen gewonnen werden. Sie haben eigene Bezeichnungen:
Keta-Kaviar: Das ist der stark gesalzene, leuchtendrote Rogen des pazifischen Keta-Lachses. Die Körner haben einen Durchmesser bis zu fünf Millimeter. Verglichen mit anderen Kaviarsorten hat er aber wenig Aroma und schmeckt eher wäßrig.
Zaren-Kaviar: Das ist ein aus dem Rogen der skandinavischen Regenbogenforelle erzeugter Kaviar. Er ist eingefärbt, etwas milder und im Korn größer als der sehr ähnlich schmeckende Beluga.
Deutscher Kaviar: Er wird hauptsächlich vom Seehasen, Kabeljau oder Hering gewonnen. Er ist konserviert und häufig schwarz oder rot gefärbt. Die Körner sind klein.
Bottarga-Kaviar: Das ist roter Kaviar, der in Italien von der Meeräsche gewonnen wird. Er ist gesalzen und geräuchert.
Japan-Kaviar: Er ist mild und wohlschmeckend.

Zubereitung und Beigaben

Kaviar gehört zu den teuersten Speisen, die angeboten werden können. Er wird als Einzelgericht (z. B. zum Diplomaten- oder Sektfrühstück, Souper) oder als Vorspeise (z. B. zum Diner) gereicht.
Außerdem findet man ihn auf kalten Buffets.
Am häufigsten wird er zum Dekorieren für russische Eier, Canapés, Fischgerichte usw. verwendet.
Als Einzelgericht (oder Vorspeise) wird Kaviar auf drei verschiedene Arten serviert:
Auf russische Art: Der Kaviar wird mit feinstgehackten gekochten Eiern, Perlzwiebeln oder feinstgehackten Schalotten und Blinis (Buchweizenpfannkuchen) als Beigaben serviert.

Auf europäische Art: Kaviar wird nur mit etwas Zitronensaft, Toast und Butter gegessen.
Auf polnische Art: Man reicht zum Kaviar Kartoffeln in der Schale und Sauerrahm.

Zu Kaviar passen folgende Getränke: Champagner (nature brut), sehr trockener Sekt, Krimsekt, trockene Weißweine wie Blanc de blanc Chardonnay, Muscadet oder Soave, Rosé Côte de Provence sowie eisgekühlter russischer, polnischer oder finnischer Wodka und Aquavit.

Anrichteart

Die geöffnete Originaldose kommt in der mit Eis gefüllten Suprême-Schale oder in einer Schüssel auf gestoßenem Eis zum Service.

Richtiges Essen von Kaviar

Zum Essen von Kaviar gibt es verschiedene Möglichkeiten.

Die einfachste und häufigste Methode ist, daß man sich zuerst mit dem Kaviarlöffel etwas Kaviar auf den Teller gibt, mit der Hand vom Toast kleine Bissen herunterbricht, mit dem Dessert- oder Buttermesser Butter aufstreicht und mit dem Kaviarmesser den Kaviar darauf verteilt. Darüber kommen die Beigaben wie Zitrone, Zwiebel usw., und dann führt man mit der Hand den Bissen zum Mund.

Am elegantesten ißt man Kaviar, wenn man einen ganzen Toast mit Butter bestreicht, mit dem Kaviarlöffel den edlen Fischrogen auf den Toast gibt und ihn mit dem Kaviarmesser darauf verteilt. Dann garniert man das Ganze nach Geschmack und ißt den Toast mit Dessertgabel und Dessertmesser.

Die russische Methode, Kaviar zu essen, ist die, daß man den Kaviar, darüber die Beigaben, auf den Blinis verteilt und mit dem Dessertbesteck ißt.

In Polen wird der Kaviar auf einer gekappten Kartoffel (mit Schale) verteilt, darüber kommt etwas Sauerrahm, und mit einem kleinen Löffel wird die Kartoffel ausgehöhlt und gegessen.

Kaviar als Vorspeise

K Kuvert
1 Platz- oder Standteller
2 Kaviarmesser
3 Stielwasserglas
4 Weißwein-(Roséwein-, Sekt- oder Wodka-)Glas
5 Dessertteller
6 Suprême-Schale mit dem Kaviar oder kleine Schüssel auf Eis (in einer größeren Schüssel), Serviette, Unterteller (Dessert- oder Speiseteller), Kaviarlöffel
7 Dessertteller mit Blinis oder Toast, in eine Stoffserviette eingeschlagen
8 Kleine Schüsseln oder Raviers mit Zitronenspalten, gehacktem Ei usw., Serviette, Unterteller (Dessert- oder Speiseteller), Kaffeelöffel

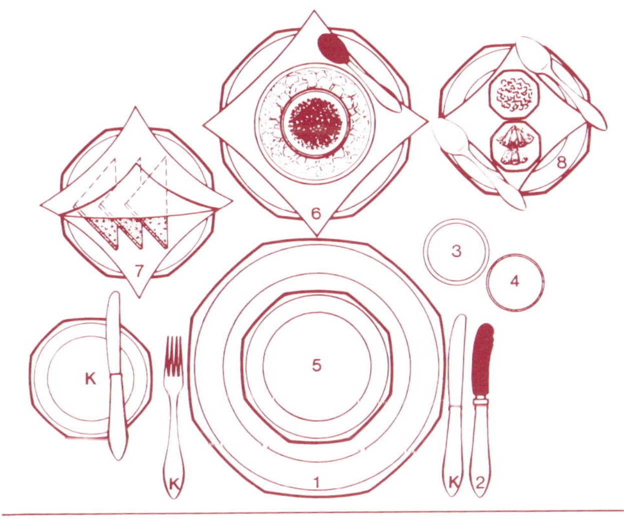

Krebse

Krebse sind Krustentiere, die sowohl im Meer als auch im Süßwasser vorkommen. Zu den Meereskrebsen zählen Hummer, Langusten, Garnelen, Einsiedlerkrebse, die Süßwasserkrebse unterteilen sich in Fluß-, Bach-, See- und Teichkrebse. Von diesen ist für den Verzehr vor allem der Fluß- oder Edelkrebs wichtig, der bereits gezüchtet wird. Er hat große, höckrige Scheren, eine glatte Schale und ist in der Farbe braun bis schwarzgrau.
Er wird bis zu 15 Zentimeter groß, 100 bis 150 Gramm schwer und hat besonders in den Sommermonaten ein ausgezeichnet schmeckendes Fleisch. Der Ge-

Spezialitäten und Spezialgedecke

schmack des Fleisches hängt vom Alter, vom Wasser und von der Nahrung der Tiere ab. Nach dem Alter unterscheidet man Suppenkrebse, das sind ältere Exemplare mit grober Körnung der Schale, und Solokrebse, sie sind etwa zehn Zentimeter lang und 100 Gramm schwer und werden als Einzelstücke verkauft.

Zubereitung und Beigaben

Krebse reicht man als warme Vorspeise und Einzelgericht zu Soupers usw. Die Krebse werden gebürstet und, um sie zu töten, in kochenden Krebsfond (= Wasser, Wein, Wurzelwerk, Kümmel, Salz) geworfen. Beim Kochen werden die Flußkrebse rot (alle anderen Krebssorten färben sich blaßrot oder unregelmäßig), der Schwanz rollt sich nach innen. Dies ist zugleich die Kontrolle, daß das Tier wirklich frisch war. Tote Tiere darf man unter keinen Umständen essen, da sie sehr giftig sind.
Danach werden sie weiter zubereitet.

Krebse können zu Suppen oder zu Krebsbutter verarbeitet werden, man kann sie aber auch dünsten, gratinieren usw. Dazu kann man neben Brot oder Toast auch verschiedene Saucen und Buttermischungen, z. B. Sauce hollandaise, Whiskybutter, servieren. Die häufigste Art, wie sie zubereitet werden, ist „à la nage“, d. h., man kocht sie in einem Sud aus Fischfond, Weißwein, Karotten, feingehackten Schalotten, Petersilienwurzeln, Thymian und Lorbeerblättern. Die Krebse werden darin etwa zehn Minuten gegart und mit dem Sud angerichtet. Der Sud kann auch passiert werden.

Krebse in der Terrine als Vorspeise

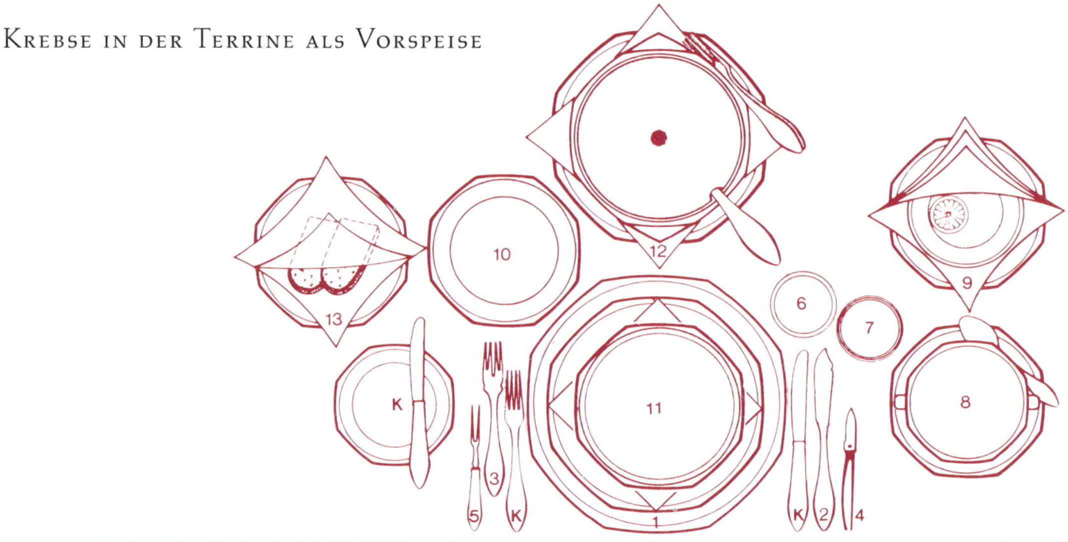

K Kuvert
1 Platz- oder Standteller
2 Fischmesser
3 Fischgabel
4 Krebsmesser
5 Krebsgabel
6 Stielwasserglas
7 Weiß- oder Roséweinglas
8 Suppentasse mit Tassenlöffel (oder Kaffeetasse mit Kaffeelöffel oder Mokkatasse bzw. Spezialsuppentasse mit Mokkalöffel)
9 Fingerschale: Diese sollte während des Essens mehrmals gewechselt werden.
10 Abfallteller (Dessertteller)
11 Vorgewärmter Suppenteller, Serviette, Unterteller (Speisenteller)
12 Suppenterrine mit den Krebsen im Sud, Serviette, Unterteller (dazupassender Untersatz oder Steak- bzw. Speiseteller), kleiner Schöpflöffel, zwei große Gabeln zum Vorlegen der Krebse
13 Dessertteller mit dem Brot, in eine Serviette eingeschlagen

Wird der Sud passiert und separat serviert, kommt er in einer Sauciere mit Saucenschöpfer zu Tisch.

Dazu serviert man Weiß-, Grau- oder Schwarzbrot bzw. Toast. Als korrespondierende Getränke passen trockene Weißweine, wie Grüner Veltliner, Chablis, ein trockener Riesling oder Schilcher bzw. Roséwein.

Anrichteart

Meist rechnet man pro Person mit einem halben Dutzend oder einem Dutzend Krebse.

Angerichtet werden Krebse à la nage mit dem Sud in einer Suppenterrine oder Timbale. Ist der Sud passiert, wird er „à part" (=separat) in einer Sauciere serviert.

Richtiges Essen von Krebsen

Mit den zwei großen Gabeln hebt man einen Krebs heraus und legt ihn in den Suppenteller. Mit dem Schöpflöffel wird der Sud in die rechts im Gedeck eingedeckte Suppentasse gegeben. Ist keine Suppentasse eingedeckt, gibt man den Sud in den Suppenteller.

Dem Krebs werden zuerst die Scheren mit den Armen abgedreht und die Schwanzflosse abgerissen. Bei dieser wird mit dem Krebsmesser an der Unterseite die Haut etwas geöffnet und mit der Hand leicht angedrückt. Dadurch kann das Krebsfleisch besser aus der Schale gelöst werden.
Mit der Messerspitze entfernt man den Darm (=schwarzer, dünner Faden), der sich an der runden Seite des Filets befindet.

Anschließend taucht man die Finger in die Fingerschale, trocknet sie ab und ißt mit dem Fischbesteck das Fleisch der Schwanzflosse. Dann wird das Fischbesteck weggelegt, und die Scheren werden geöffnet. Mit dem Loch des Krebsmessers klemmt man die Spitze der Scheren fest ein und bricht diese ab. Die so entstandene Öffnung kann nun mit dem Messer erweitert und gesprengt werden. Mit der Gabel wird das Fleisch aus der Schale gezogen. Die ausgelösten Schalenteile werden auf den Abfallteller gelegt. Nun werden wieder die Finger gereinigt und das Fleisch mit dem Fischbesteck gegessen.

Den Krebsfond kann man während des Essens trinken, oder man ißt zuerst das ganze Krebsfleisch und trinkt den Sud zum Schluß.

In Spezialitätenrestaurants wird den Gästen häufig eine kleine Schürze (=Krebsschürze) zum Krebsgedeck dazugegeben, bzw. der Kellner ist den Gästen beim Anlegen dieser Schürzen behilflich. So wird die Kleidung vor Spritzern geschützt.

Muscheln

Muscheln sind Schaltiere, von denen es etwa 14.000 verschiedene Sorten gibt. Es gibt Süßwasser- (z. B. Teichmuschel) und Salzwassermuscheln, von denen die bekanntesten die Mies- oder Pfahlmuschel, Jakobs-, Kamm- oder Pilgermuschel, Venus-, Bohr-, Platt-, Steck-, Herz-, Perl- und die Riesenmuschel sind.

Die zum Verzehr am häufigsten verwendete Art ist die Miesmuschel. Sie ist länglich, keilförmig, etwa zehn Zentimeter lang und meist einfärbig dunkelblau bis hellbraun. Sie ist sehr joulereich und enthält etwa zehn Prozent Eiweiß und zwei Prozent Fett.

Zubereitung und Beigaben

Muscheln ißt man, wie fast alle Delikatessen, wiederum als Vorspeise oder als Einzelgericht zum Sekt- oder Diplomatenfrühstück oder zum Souper.

Die Muscheln werden in kaltem Wasser gebürstet und, damit sie sich öffnen, kurz in Weißweinsud mit Zwiebeln und Gewürzen gekocht.
Sie können anschließend verschieden zubereitet werden, z. B. mariniert, gedünstet, gratiniert, gebraten, gebacken.
Die häufigste Zubereitungsart ist à la marinière (auf Matrosenart). Die Muscheln werden in Weißwein mit gehackten Schalotten, Knoblauch, Kräutern, etwas Obers und Cognac gedünstet.

Dazu serviert man Schwarzbrot mit Butter und an Weinen trockenen Riesling oder Grünen Veltliner, Chablis, Sherry Fino, trockene Weine aus dem Mosel-Saar-Ruwer-Gebiet sowie einen trockenen Roséwein oder steirischen Schilcher.

Anrichteart und Gedeck

Die Portionen bei Miesmuscheln betragen etwa 15 bis 20 Stück.
Miesmuscheln à la marinière werden mit dem Sud in einer Terrine angerichtet.

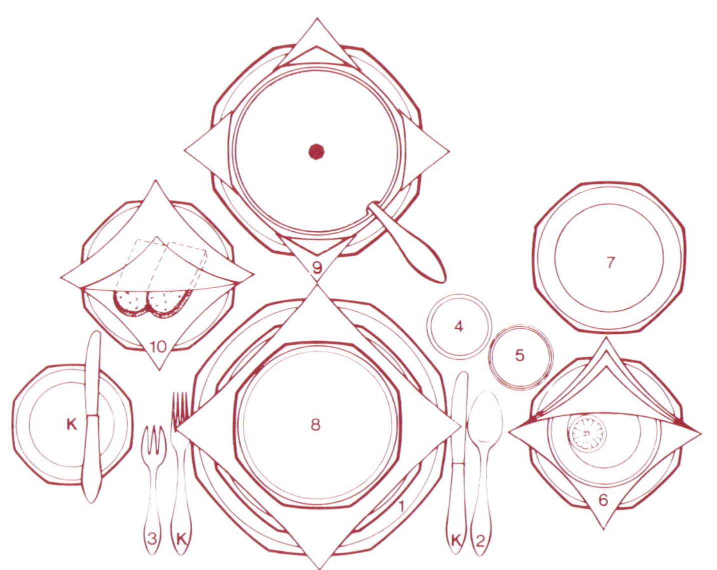

K Kuvert
1 Platz- oder Standteller
2 Großer Löffel
3 Austern- oder Fischgabel
4 Stielwasserglas
5 Weiß- oder Roséweinglas
6 Fingerschale
7 Abfallteller (Dessertteller)
8 Vorgewärmter Suppenteller, Serviette, Unterteller (Steak- oder Speiseteller)
9 Suppenterrine mit den Muscheln und dem Sud, Papierserviette, Unterteller (passender Untersatz oder Steak- bzw. Speiseteller), Schöpflöffel
10 Brotschale oder Dessertteller mit Schwarzbrot, in eine Stoffserviette eingeschlagen

---

Richtiges Essen von Muscheln

Man gibt mit dem Schöpflöffel die Muscheln samt Sud in den Suppenteller. Mit der Hand nimmt man die geöffnete Muschel, holt mit der Austerngabel das Muschelfleisch heraus und ißt es.

Man kann aber auch eine Muschel als Zange benutzen und so das Fleisch aus der anderen Muschel herausnehmen. Dazu ißt man Schwarzbrot mit Butter.

Die leeren Muschelschalen legt man auf den Abfallteller.
Sind alle Muscheln gegessen, benützt man die Fingerschale.

Zum Schluß trinkt man den Sud oder Fond. Diesen kann man auch mit dem Suppenlöffel (oder einer leeren Muschel) aus dem Suppenteller essen.

Schnecken

Schnecken sind Weichtiere, deren Körper wirbellos ist. Sie unterteilen sich in Meeres-, Süßwasser- und Landschnecken.

Zur dritten Kategorie zählt die als Delikatesse bekannte Herren- oder Weinbergschnecke. Sie ist die größte mitteleuropäische Art mit einem etwa vier Zentimeter hohen, bräunlichen oder gelblichweißen Häuschen und lebt vor allem in Gebüschen, Wäldern und Weingärten kalkreicher Gegenden.
Die etwas kleinere Gartenschnecke hat ein gelbliches Häuschen mit braunen Bändern. Auch sie gilt als Spezialität.

Zubereitung und Beigaben

Schnecken werden ebenfalls als Vorspeise oder Einzelgericht serviert. Lebende Schnecken müssen vor ihrer Zubereitung speziell behandelt werden, damit sie genußfähig sind.

Zuerst werden sie etwa drei Wochen lang ausgehungert, um sie zu entkoten. Von geschlossenen Schnekken entfernt man den kalkhaltigen Verschluß. Dann werden sie in Essigwasser gewaschen und in klarem Wasser nachgespült, damit sie entschleimt werden.
Anschließend gibt man sie zum Töten etwa fünf Minuten in kochendes Salzwasser, schwemmt sie kalt

ab, holt die Schnecken mit einer Nadel aus dem Gehäuse und entfernt das schwarze Ende (Kloake). Das Fleisch wäscht man mit grobem Salz so lange, bis das Wasser klar abfließt. Dann kann man es weiterverarbeiten.
Die Schneckengehäuse werden in einer Sodalösung etwa eine halbe Stunde lang gekocht, mit viel klarem Wasser gespült und mit der Öffnung nach unten auf ein sauberes Tuch oder Blech zum Trocknen gelegt.

Schnecken können mariniert, gebacken, gegrillt, als Schneckenhaschee, à la sauce aïoli (mit Knoblauchmayonnaise), auf Chabliser Art (mit würziger Fleischglace), auf Dijoner Art (mit Wein, Fleischglace, Mark und Trüffeln), am Spieß oder auf Toast usw. zubereitet werden.
Die bekannteste Art sind Schnecken auf Burgunder Art (mit Kräuterbutter). Die vorbereiteten Schnecken werden nach mehrstündigem Kochen in einem Kalbsfond mit etwas Weißwein wieder in das Schneckenhaus gegeben und die Öffnung mit Kräuterbutter (Schalotten, Knoblauch, Petersilie, Zitronensaft, Estragon, Salz, Pfeffer und Butter) vollgestrichen und in einer Schneckenpfanne bei starker Hitze kurz gratiniert.
Man kann sie auch in einer Tongutschneckenpfanne ohne Gehäuse mit Kräuterbutter zubereiten.

Zu Schneckengerichten serviert man Weißbrot oder Toast, dazu leichten, herben Rotwein, z. B. Blaufränkisch, Blauen Portugieser, Blaue Zweigelt, Côtes du Rhône, Beaujolais, Valpolicella, Südtiroler Vernatsch, oder Roséwein sowie trockene Weißweine, wie Weißen Burgunder, Riesling, Grünen Veltliner, Chablis.

Anrichtearten und Gedecke

Für eine Portion rechnet man ein halbes Dutzend bzw. ein Dutzend Schnecken. Schnecken können – je nach Zubereitungsart – auf verschiedene Arten angerichtet werden:

- im Gehäuse in einer Schneckenpfanne bzw., wenn man keine solche hat, in einer feuerfesten Pfanne mit Salz, auf die man die Schneckengehäuse setzt,
- ohne Gehäuse in einer Tongutschneckenpfanne (Caquelon), diese Art ist am häufigsten,
- mariniert auf kaltem Dessertteller,
- gebacken oder gegrillt auf vorgewärmtem großem Teller.

Schnecken im Gehäuse als Vorspeise

K Kuvert
1 Platz- oder Standteller
2 Schneckengabel
3 Suppenlöffel
4 Schneckenzange
5 Stielwasserglas
6 Rot- oder Weißweinglas
7 Abfallteller (Dessertteller)
8 Vorgewärmter Suppenteller, Papierserviette, Unterteller (Steak- oder Speiseteller)
9 Schneckenpfanne oder Schneckenteller auf Rechaud oder Unterteller mit Serviette
10 Brotschale oder Dessertteller mit Weißbrot oder Toast, in eine Stoffserviette eingeschlagen

Spezialitäten und Spezialgedecke

Gedeck mit Schnecken in der Tongutschneckenpfanne als Vorspeise

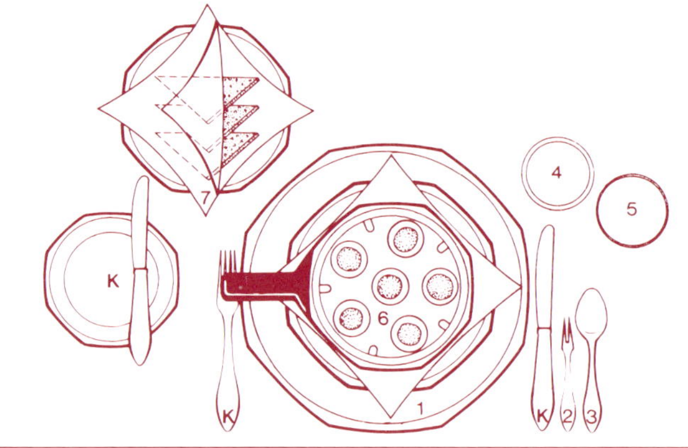

K Kuvert
1 Platz- oder Standteller
2 Schneckengabel
3 Kaffeelöffel
4 Stielwasserglas
5 Rot- oder Weißweinglas
6 Tongutschneckenpfanne mit den Schnecken, Serviette, großer Teller
7 Brotschale oder Dessertteller mit Weißbrot oder Toast, in eine Stoffserviette eingeschlagen

Richtiges Essen von Schnecken

Beim Essen von Schnecken im Gehäuse legt man zuerst den Suppenlöffel in den Suppenteller.
Mit der linken Hand hält man die Schneckenzange und nimmt damit ein Schneckengehäuse mit der Öffnung nach oben. Mit der Schneckengabel in der rechten Hand wird die Schnecke aus dem Häuschen geholt und auf den Löffel gegeben. Man gießt die geschmolzene Butter aus dem Häuschen darüber und führt den Löffel zum Mund.
Das leere Gehäuse gibt man auf den Abfallteller oder – falls keiner aufgedeckt wurde – in die Schneckenpfanne zurück.

Man kann die Schnecken auch mit der Schneckengabel zum Mund führen und die geschmolzene Butter aus dem Gehäuse trinken oder mit einem Stück Brot heraustunken. In diesem Fall benötigt man keinen Suppenteller und Suppenlöffel, sondern nur einen Speiseteller.

Schnecken in der Tongutpfanne werden vor dem Gast eingestellt.
Mit der Schneckengabel führt man die Schnecke zum Mund. Der in der Form zurückbleibende Saft wird entweder mit dem Kaffeelöffel gegessen oder mit einem Stück Weißbrot, das man auf die Schneckengabel steckt, aufgetunkt.

Marinierte Schnecken ißt man mit Dessertmesser und Dessertgabel, gebackene oder gegrillte Schnecken mit großem Besteck.

Spargel

Spargel ist eine Sprossenfrucht aus der Familie der Liliengewächse und eine der feinsten Gemüsesorten, die es gibt. Er wird in Frankreich (Burgund), Italien, der Bundesrepublik Deutschland, in Belgien, Holland und Österreich (Marchfeld) angebaut.
Spargel ist sehr gesund. Er hat wenig Kohlenhydrate, einen hohen Eiweißgehalt, enthält die Vitamine A, B_1, B_2, Niacin und viel Vitamin C sowie Natrium, Kalium, Kalzium, Phosphor und Eisen.
Spargelsaison ist von Anfang Mai bis Mitte Juni.

Zubereitung und Beigaben

Spargel wird häufig als kalte oder warme Vorspeise, eventuell mit passenden Beilagen als Hauptgericht gegessen.
Spargel wird ganz dünn geschält, portionsweise gebündelt und in Salzwasser mit Butter gekocht. Da die Garzeiten der Spargelspitzen und der Mittelstücke verschieden sind, kocht man Spargel am besten stehend mit den Spitzen nach oben. Die nicht mit Wasser bedeckten Spitzen deckt man mit einem nassen Tuch zu. So werden durch den Dampf die zarten Spitzen mit den Mittelstücken zur gleichen Zeit fertig. Die Kochzeit ist etwa zehn bis zwölf Minuten auf kleiner Flamme, anschließend läßt man den Spargel noch etwa sechs Minuten ziehen. Ist der Spargel etwas bitter, kocht man am besten ein Stück Weißbrot mit.

Spargel kann man im Kochsud erkalten lassen und kalt mit Sauce vinaigrette, Sauce mayonnaise oder einer kalten Kräutersauce mit hartgekochtem Eidotter servieren. Man kann ihn aber auch heiß mit verschiedenen Saucen, z. B. Sauce hollandaise, Sauce Choron, oder zerlassener bzw. brauner Butter, gebratenem Schinken, Rührei reichen. Die dritte Möglichkeit ist, daß man den gekochten Spargel mit diversen Saucen gratiniert (z. B. à la Mornay), mit einer leichten Sauce bindet (z. B. à la crème) oder mit Butter und Bröseln (à la polonaise) serviert.
Dazu passen an Getränken junge, leichte, trockene Weißweinsorten wie Weißer Burgunder, Grüner Veltliner, Chablis, Muscadet, Tokay d'Alsace, Rheinriesling, Moselwein, Soave usw.

Anrichtearten

Für eine Portion rechnet man zirka 400 Gramm Spargel.
Spargel wird entweder direkt auf dem Teller (Steakteller) oder auf einer Spargelplatte bzw. sonstigen Platte (keine Silberplatte), kalter Spargel auch auf einer Glasplatte mit Serviette und Unterplatte angerichtet, dazu ein Spargelheber oder eine Spargelvorlegezange (oder eine große Gabel und ein großer Löffel) zum Vorlegen serviert. Die Saucen werden separat („à part") gereicht.

Richtiges Essen von Spargel

Kalter Spargel wird normal mit Dessertgabel und Dessertmesser gegessen. Warmen Spargel hingegen ißt man folgendermaßen: Mit dem Spargelheber gibt man den Spargel auf den Teller, und zwar so, daß die Spargelspitzen nach links unten zeigen. Über diese wird die dazu servierte Sauce gegeben.

Mit dem Spargelgriff oder mit der Hand wird nun eine Spargelstange am hinteren Ende genommen, die links eingedeckte Gabel wird unter die Spargelspitze geschoben und diese zum Mund geführt. Die Spargelspitze wird abgebissen, der mittlere Teil nachgeschoben und ausgesaugt. Den Rest, nämlich den holzigen Teil des Spargels, legt man auf den Abfallteller. Anschließend wird die Fingerschale benützt.

Ist beim Spargelgedeck links und rechts eine Gabel aufgedeckt, so benützt man diese, um sie am Spargelende einzustechen und zu halten (anstatt der Spargelzange oder der Finger).

Ist weder ein Spargelgriff noch eine zweite Gabel aufgedeckt und man nimmt den Spargel mit den Fingern, ist rechts eine Fingerschale einzustellen.
Heute wird aber vielfach jedes warme Spargelgericht mit Messer und Gabel gegessen (großes Besteck).

Kalter oder warmer Spargel als Vorspeise

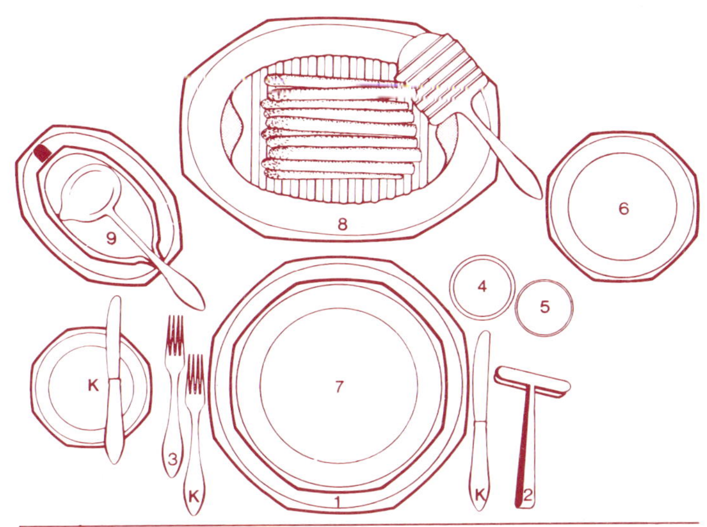

K Kuvert
1 Platz- oder Standteller
2 Spargelgriff
3 Große Gabel
4 Stielwasserglas
5 Weißweinglas
6 Abfallteller (Dessertteller)
7 Vorgewärmter oder kalter Speiseteller
8 Platte mit dem Spargel, Spargelheber oder Spargelvorlegezange (oder normales Vorlegebesteck)
9 Sauciere, Saucenschöpfer

Veranstaltungen zu Hause

In jeder Familie bzw. jedem Haushalt gibt es im Laufe der Zeit immer wieder Veranstaltungen, die außerhalb der üblichen Mahlzeiten bzw. der üblichen Menüfolge liegen und deshalb in diesem Buch auch gesondert behandelt werden.

Einladungen nach Tisch

Zu den zwanglosesten Einladungen, die man aussprechen kann, gehört zweifellos jene nach Tisch. Bei dieser Form der Einladung steht weniger die Bewirtung als vielmehr die Kommunikation im Vordergrund. Sie kann privater und auch geschäftlicher Natur (z. B. zu einer kurzen Besprechung) sein.

Ein Besuch nach dem Mittagessen dauert meist von 14 bis 15 Uhr. Am günstigsten wartet man in diesem Fall einen Mokka oder Kaffee auf, der häufig wie der Mokka im Anschluß an das Essen (siehe Seite 171) im Wohnzimmer in einer gemütlichen Plauderecke serviert wird. Werden Mehlspeisen dazu gereicht, so ist es besser, zum Kaffee an den Eßtisch zu bitten, wo dann eventuell auch wie zur Kaffeejause gedeckt sein kann.

Eine Einladung nach dem Abendessen ist wesentlich häufiger. Sie ergeht meist an gute Bekannte und Freunde und wird für etwa 20 Uhr angesetzt.

Zur Begrüßung hält man ein Glas Wermut, Likör, Schnaps, Cognac oder Weinbrand bereit, dann geht man üblicherweise auf Bier, Wein, im Winter auch heiße Getränke wie Tee, Glühwein, Grog über, oder man bereitet vor den Gästen eine Feuerzangenbowle. Im Sommer ist die Einladung zu einer Früchtebowle sehr beliebt, die man auch im Garten, auf der Terrasse oder dem Balkon servieren kann.
Dazu reicht man an Speisen belegte Brötchen und Cocktailhappen auf Platten, Käsegebäck, Salzmandeln und sonstiges Knabbergebäck (in kleinen Schüsseln, Kabarettschalen oder im Schalensatz), Petits fours, Bäckereien auf Kuchenplatten, eventuell auch eine Torte (auf Tortenplatte), Roulade oder Schnitten (auf Königskuchenplatte). Selbstverständlich kann auch ein Obstsalat oder eine kalte Creme (in kleinen Kompottschüsseln oder Coupeschalen) bzw. ein Eiscoupe serviert werden.

Man stellt die Platten und Schüsseln bzw. eventuell einen Weinkühler auf dem Servierwagen bereit, dazu Dessertteller und Papierservietten für Mehlspeisen, Kuchengabeln. Kleine Kompottschüsseln und Eisgläser sowie die Gläser für die Getränke werden auf Tabletts mit einer Stoffserviette vorbereitet und mit dem Flaschenöffner auf die Anrichte gestellt. Die Getränke werden eingekühlt.

Für eine derartige Bewirtung ist es nicht notwendig, daß ein Tisch gedeckt wird, sondern man stellt den Serviertisch im Wohnzimmer neben dem Couchtisch beim Platz der Hausfrau bereit, und das Service wird von hier aus durchgeführt. Man stellt die Platten auf dem Tisch ein, und jeder Gast bekommt einen Dessertteller mit Serviette. Gegessen wird mit der Hand. Auch Knabbergebäck und Bäckereien werden auf dem Tisch eingestellt, Kuchen und Torten, auf Desserttellern angerichtet, serviert.
Bleiben die Gäste voraussichtlich länger, kann für Mitternacht eine Gulaschsuppe oder ähnliches vorbereitet werden.

Kartenabend

In manchen Familien ist es üblich, in regelmäßigen Abständen mit Freunden Karten zu spielen. Diese Spielabende werden meistens abwechselnd bei den Teilnehmern zu Hause abgehalten.

Ein Kartentisch wird vorbereitet, indem man vom Tisch Tischtuch, Tischläufer und sonstiges entfernt, denn gespielt wird auf dem blanken Holz.
Ist die Tischplatte sehr empfindlich, wird sie mit einem grünen Filztuch überzogen.

Auf dem Tisch werden folgende Utensilien bereitgelegt:

- Ein gutes, möglichst neues Kartenspiel in der Mitte des Tisches
- Ein Schreibblock (Skat-, Rommé-, Canastablock) mit Bleistift oder Kugelschreiber, um die Spiele zu notieren
- Für jeden Spieler eine Geldtasse, wenn um Bargeld gespielt wird
- Für jeden Raucher unter den Spielern ein Aschenbecher

Die Bewirtung am Spieltisch ist unterschiedlich und abhängig von der Art des Kartenspiels und vom Teilnehmerkreis:

- Spiele wie Tarock, Skat, Schnapsen, Poker usw. werden vorwiegend von Männern gespielt. Man lädt dazu meist abends nach Tisch etwa ab 20 Uhr ein. Richtige Spieler hören, wenn sie einmal begonnen haben, nicht so schnell wieder auf, machen auch nur ungern eine Pause. Daher bereitet man am besten kleine Happen vor, die auf Sticks oder Zahnstocher gespießt werden und so zwischendurch gegessen werden können.
  Zwischendurch kann man auch diverses Knabbergebäck, Salzbrezeln u. ä. reichen.
  An Getränken serviert man Bier und eventuell Schnaps oder Wein, Most usw.
  Man kann aber auch zuerst zu einem Herrenessen mit anschließender Kartenpartie einladen. Dazu serviert man kräftige, gut gewürzte Speisen wie dunkle, würzige Suppen, danach Schweine- oder Wildbraten, Schinken, gekochte Zunge, Geselchtes, Gulasch, Linsen mit Speck u. ä. Zum Abschluß wird häufig eine Käseplatte serviert.
  An ausgesprochenen Herrenessen nimmt auch die Hausfrau nicht teil.
- Für Rommé-, Canasta- und Bridgerunden, die vielfach auch von Frauen gespielt werden und häufig bereits nachmittags stattfinden („Bridgetee") ist die Bewirtung ähnlich wie beim englischen Tee (siehe Seite 179), die vor Spielbeginn erfolgt. Es können aber auch Prädikats- und Dessertweine, Liköre u. ä. angeboten werden, dazu Bäckereien, Petits fours und sonstige Näschereien sowie Käsebäckereien, Salzmandeln und anderes Knabbergebäck.

Weindegustation (Weinverkostung, Weinkost, Weinprobe)

Wer einen gut bestückten Weinkeller sein eigen nennt, kann Freunde und Bekannte, die einen guten Tropfen zu schätzen wissen und über genügend Fachkenntnisse verfügen, zu einer originellen Veranstaltung einladen, zur Weindegustation.

Wein verkosten heißt, ihn mit großer Sorgfalt zu probieren und dabei seine jeweilige Art, alle seine Qualitäten, aber auch eventuell vorhandene Mängel zu erfassen. Geprüft wird:

- Mit dem Auge das Aussehen, indem man das Glas gegen das Licht hält. Es ist zunächst die Farbe des Weines festzustellen. Abstufungen in den Farbtönen können Aufschluß über Sorte, Herkunft und Alter geben.
  Wein muß außerdem klar sein. Die leichteste Trübung zeigt, daß ein Fehler vorliegt.
- Mit der Hand die richtige Temperatur.
- Mit der Nase der Geruch, indem man das zu einem Drittel gefüllte Glas leicht kreisend bewegt, langsam zur Nase führt und mehrmals kurz, aber kräftig einatmet. Es werden die Intensität und die Qualität des Geruches beurteilt.
- Mit der Zunge und dem Gaumen der Geschmack, indem man den Wein in kleinen Schlucken in den Mund nimmt, gründlich kaut („beißt") und alle Geschmacksfaktoren – analytisch und in ihrer Harmonie – wahrnimmt und beurteilt. Es werden Qualität, Intensität und Harmonie des Gesamteindruckes beurteilt.

Bei einer Weinkost werden oft zwölf bis vierzehn verschiedene Weine verkostet. Führt man zu Hause eine Weindegustation durch, kann diese Zahl natürlich variiert werden. Auch die Tageszeit, zu der man die Weinkost ansetzt (professionelle Verkostungen immer am Vormittag zwischen 9 und 12 Uhr), wird im Haushalt unterschiedlich sein. Häufig findet sie wahrscheinlich abends statt.

Veranstaltungen zu Hause

Im Haushalt müssen, wie auch bei professionellen Weinverkostungen, verschiedene Vorbereitungen getroffen werden, um die Beurteilung zu objektivieren:

- Der Raum, in dem die Verkostung durchgeführt wird, muß frisch gelüftet sein und gute Lichtverhältnisse aufweisen, entweder helles Tageslicht oder tageslichtähnliches Kunstlicht.
- Der Tisch muß mit einem weißen Tischtuch gedeckt sein.
- Es sind geeignete Gläser bereitzustellen, pro Teilnehmer ein Weißwein-, ein Rotwein- und ein Wasserglas. Am besten eignen sich klare, dünnwandige Stielgläser.
- Außerdem stehen leere Weinkrüge zum Wegleeren der Reste und Krüge mit frischem Wasser, Tafel- oder Mineralwasser sowie Weißbrot oder Weißgebäck in Brotkörben zum Neutralisieren des Geschmackes auf dem Tisch.
- Die Weine, die verkostet werden sollen, müssen richtig temperiert sein.
- Es darf nicht geraucht und kein Kaugummi gekaut werden. Außer Brot darf auch nichts gegessen werden.
- Jeder Teilnehmer bekommt eine Liste der zu kostenden Weine sowie einen Bleistift oder Kugelschreiber, damit er seine Beurteilung eintragen kann.

Die Weine werden in einer bestimmten Reihenfolge verkostet, und zwar wird mit Weißwein begonnen und mit Roséwein und schließlich Rotwein fortgesetzt. Sind unter den Proben Prädikatsweine oder sonstige süße Weißweine (z. B. Sauternes), beginnt man mit Roséweinen und setzt mit Rotweinen, Weißweinen und Prädikatsweinen fort.
Als Grundregel gilt, daß kein Wein den nächsten geschmacklich behindern darf, es muß immer eine Steigerung vorhanden sein. Deshalb serviert man leichte vor schweren, zarte vor intensiven, trockene vor süßen und heurige vor alten Weinen.

Bewertet werden die Weine nach dem internationalen 20-Punkte-System.

Internationales 20-Punkte-System

	Punkte	Summe
Aussehen		
Der Weinbezeichnung		
nicht entsprechend	0– 1	
entsprechend	1– 2	
gut entsprechend	2– 3	
sehr gut entsprechend	3– 4	4
Geruch		
Der Weinbezeichnung		
nicht entsprechend	0– 1	
entsprechend	1– 2	
gut entsprechend	2– 3	
sehr gut entsprechend	3– 4	4
Geschmack		
Der Weinbezeichnung		
nicht entsprechend	0– 9	
entsprechend	9–10	
gut entsprechend	10–11	
sehr gut entsprechend	11–12	12
		20

Cocktailparty

Die Sitte, zur Cocktailparty einzuladen, stammt aus den USA und hat sich in den fünfziger Jahren auch in Europa durchgesetzt.
Die Cocktailparty ist ein Stehempfang am späten Nachmittag, der nicht länger als zwei oder drei Stunden dauert. Meist wird sie für 17 Uhr, spätestens 18 Uhr angesetzt. Man braucht nicht pünktlich zu erscheinen und nicht bis zum Schluß zu bleiben, dadurch herrscht ein ständiges Kommen und Gehen.

Die Cocktailparty hat weniger privaten, sondern eher gesellschaftlichen Charakter. Man kann dazu wesentlich mehr Leute einladen, als man normalerweise unterbrächte, und man hat dadurch die Möglichkeit, vielen Verpflichtungen auf einmal nachzukommen. Da diese Veranstaltung in sehr lockerer, zwangloser Atmosphäre abläuft, kann man auch ruhig Gäste aus verschiedensten kulturellen, wirtschaftlichen und politischen Kreisen dazu einladen. Es ergeben sich oft gerade deshalb sehr interessante Gespräche, und Ihre Gäste haben die Möglichkeit, neue Kontakte zu knüpfen.
Cocktailpartys können in der Wohnung, auf der Terrasse oder dem Balkon, im Garten und am Swim-

mingpool stattfinden. Es ist günstig, wenn man dafür mehrere Räume zur Verfügung hat oder einen Raum mit anschließender Terrasse bzw. mit Zugang zum Garten. Hat man jedoch diese Möglichkeit nicht, wird der für die Party vorgesehene Raum (meist das Wohnzimmer) so umgestaltet, daß man möglichst viel Platz gewinnt und nur einige Sitzgelegenheiten, meist an der Wand, aufstellt. Dazwischen stehen kleine Abstelltische, die mit Tischtüchern gedeckt werden. Darauf stellt man Aschenbecher, eventuell Blumen und Salzgebäck, Nüsse, Mandeln, Pistazien in kleinen Schüsseln, Kabarettschalen oder einen Schalensatz.

Auf einem der Tische werden Rauchwaren gut sichtbar plaziert.

An einer Wand wird ein Tisch buffetartig vorbereitet (siehe Seite 92) und darauf alle zum Mixen der Cocktails notwendigen Ingredienzien und Utensilien bereitgestellt. Hat man eine Bartheke zur Verfügung, so wird natürlich dort gemixt.

Findet die Party im Freien statt, kann man Garten oder Terrasse mit Lampions oder Windlichtern schmükken. Auch hier ist es notwendig, einige Sitzgelegenheiten, einen Tisch für Speisen und Getränke sowie einige Abstelltische zu plazieren.

Den Hauptteil der Bewirtung bilden die vom Gastgeber hergestellten Mixgetränke, die sehr anregend wirken und dadurch für eine fröhliche, lockere Atmosphäre sorgen. Daneben werden auch alkoholfreie Getränke (Tonic water, Fruchtsäfte usw.) sowie ungemixte Getränke, wie Bier, Rot- und Weißwein, Sekt, Wermut oder Whisky, angeboten.

Auf dem Bartisch werden bereitgestellt:

- alle Spirituosen, Süd-, Süß- und Dessertweine, Sekt usw., die zum Mixen benötigt werden
- frisch gepreßte Fruchtsäfte in Karaffen, Würzbitters, Sirupe, Tonic water usw.
- Zucker, Eier, Obers
- Garniturfrüchte, z. B. Orangen, Zitronen, Garniturkirschen, Oliven, Perlzwiebeln usw.
- genügend Eis im Eiskübel
- alle benötigten Barutensilien wie Shaker, Rührglas, Barmaß, Barsieb, Eiszange oder -schaufel, Bargabel, Barmesser, Barlöffel, Schneidbrett, Korkenzieher, Flaschenöffner, Barzange, Zitronenpresse, Trinkhalme, Sticks usw.
- alle benötigten Gläser, z. B. Likör-, Cocktail-, Südweingläser, Tumbler (eventuell in verschiedenen Größen), Schwenker usw.

Die vorbereiteten Ingredienzien und Utensilien sind natürlich auf die Cocktails abzustimmen, die gemixt

Veranstaltungen zu Hause

werden sollen. In der kühleren Jahreszeit werden im allgemeinen härtere Cocktails gemixt, im Sommer hingegen bevorzugt man Longdrinks mit viel Fruchtsaft. Der momentane Trend geht allerdings generell zu leichteren, alkoholärmeren Mixgetränken. Rezepturen finden Sie in der einschlägigen Literatur.

Ist der Gästekreis sehr groß, empfiehlt es sich, die Auswahl an Cocktails auf zwei bis drei zu beschränken. In diesem Fall werden die Cocktails vorbereitet, auf ein Tablett mit Serviette gestellt (man kann die Gläser auch mit Gläserschuhen versehen) und so den Gästen gereicht.

Im kleinen Kreis fragt man die Gäste nach ihren speziellen Wünschen, die Getränke werden nach Bestellung zubereitet und serviert.

An Speisen werden belegte Brötchen, Canapés und Cocktailhappen auf Platten angerichtet und auf einen Servierwagen, eine Anrichte oder einen kleinen Buffettisch, mit Desserttellern und Papierservietten, gestellt (kaltes Buffet siehe Seite 219).

Durchschnittlicher Verbrauch

Ware	*Verbrauch in g, l, Stück etc. pro Person*
Cocktails, Longdrinks, sonstige alkoholische Getränke (z. B. Bier, Wein)	*4 bis 5 Gläser*
Fruchtsäfte, Tonic water	*1 bis 2 Gläser*
Brötchen oder	*2 bis 3 Stück*
Canapés oder	*4 bis 6 Stück*
Cocktailhappen	*10 bis 15 Stück*
Nüsse, Mandeln, Pistazien	*100 g*
Salzgebäck	*100 bis 150 g*
Zigaretten	*5 bis 7 Stück pro Raucher*
Zigarren	*1 bis 2 Stück pro Raucher*

Veranstaltungen zu Hause

Grillparty (Barbecue-Party)

Die Barbecue-Party ist eine im angelsächsischen Raum entstandene, heute aber auch bei uns sehr beliebte Veranstaltung im Familienkreis oder mit Freunden. Diese Party findet im Freien statt, im Garten, auf der Terrasse, dem Balkon, beim Swimmingpool usw.

Die Einladung zu einer Grillparty ist allerdings problematisch, da sie vom Wetter abhängig ist. Es ist sehr schwer, Einladungen für eine Gartengrillparty zu fixieren, denn schon oft ist eine Schönwetterperiode just zum Partytermin zu Ende gegangen. Aus diesem Grunde gibt man immer Reservetermine bekannt.

Zu einer Grillparty kann man zu Mittag, am späten Nachmittag oder am Abend einladen. Findet die Party am Abend statt, dann ist für genügend Licht, vor allem beim Grill, zu sorgen. Schließlich muß der Garprozeß beobachtet werden können. Auch bei Tisch muß Licht vorhanden sein, die Gäste wollen sehen, was sie zu sich nehmen.

Sehr stimmungsvoll bei einer abendlichen Grillparty ist eine dezente Unterhaltungsmusik. Am einfachsten ist es, man bedient sich eines Kassettenrecorders. Falls im Bekanntenkreis aber jemand ein Instrument beherrscht, ist Live-Musik am besten. Zu beachten ist die Lautstärke, schließlich wollen die Nachbarn – wenn sie nicht geladen sind – ihre wohlverdiente Ruhe haben.

Die wichtigste Voraussetzung für eine gelungene Grillparty ist ein guter Grill.

Dieser sollte unbedingt, vor allem von Grillneulingen, erst einmal probeweise mit der Familie getestet werden, bevor Gäste eingeladen werden. Dadurch bekommt man das richtige Gefühl für das Gerät, und man weiß über die Garzeit der einzelnen Grillstücke Bescheid.

Die Auswahl an Speisen, die im Freien gegrillt werden können, ist sehr groß. Im folgenden finden Sie die beliebtesten Gerichte mit den passenden Beilagen.

- Spanferkel (=Jungtier, das noch nicht vom Muttertier entwöhnt wurde): Grilldauer zirka drei bis vier Stunden.
  Dazu ißt man Sauerkraut und Bauernbrot.
- Rindslende: Grilldauer zirka eine halbe Stunde, da Feinschmecker die Lende halb durchgebraten genießen. Dazu ißt man verschiedene Buttermischungen (z. B. Kräuterbutter), diverse Saucen (Sauce tartare, Teufelssauce usw.), gebratene bzw. gegrillte Kartoffeln oder Folienkartoffeln, gegrillte Tomaten und verschiedenste Salate sowie Mixed Pickles, Ölpfefferoni, Gewürzgurken usw.
- Beiried (Zwischenrippenstück): Grilldauer zirka 30 bis 45 Minuten.
  Die Beilagen sind dieselben wie bei der Rindslende.
- Hammelrücken am Spieß: Grilldauer zirka zwei bis zweieinhalb Stunden je nach Größe des Fleischstückes.
  Dazu reicht man ebenfalls die Beilagen wie bei der Rindslende.
- Schweinsstelzen (Schweinshaxen): Diese müssen, bevor man sie grillt, zirka 30 Minuten im Druckkochtopf vorgegart werden. Dann erst können Schweinsstelzen am Holzkohlengrill knusprig und saftig gegrillt werden.
  Grillzeit zirka 30 bis 45 Minuten.
  Zu Schweinsstelzen passen verschiedene Arten von Krautsalat, Kartoffelsalat, frische Salate sowie Kartoffeln oder Schwarzbrot.
- Hühner: Sie können im ganzen, aber auch halbiert gegrillt werden. Hat der Grill eine Drehvorrichtung, dann können die Hühner am sich drehenden Spieß gegrillt werden.
  Grilldauer zirka 45 bis 60 Minuten je nach Größe der Hühner. Halbierte Grillhühner gart man zirka 35 Minuten.
  Dazu ißt man die verschiedensten Salate, Pommes frites oder Weißbrot, das eventuell am Grill kurz geröstet werden kann.
- Kleine Fleischstücke (Koteletts, Steaks, Spießchen, faschierte Laibchen): Grillzeit zirka 15 bis 20 Minuten je nach Dicke. Sie können im Beisein der Gäste gegrillt werden.
  Die Beilagen sind wieder dieselben wie bei der Rindslende.
- Bratwürste, Grillwürste, Blutwürste: Grillzeit zirka 15 bis 20 Minuten.
  Sie schmecken am besten mit Sauerkraut oder Kartoffelsalat und Schwarzbrot. Zu Grillwürsten serviert man auch Senf, Ketchup, gegrillte Tomaten, frische Zwiebeln oder Paprika.

- Fische: Sie sind am Grill zubereitet sehr schmackhaft, jedoch etwas problematisch, da sie am Rost klebenbleiben und oft zerfallen. Es gibt drei Möglichkeiten, dies zu verhindern:
  Die Fische (Forelle, Zander, Steinbuttsteaks, Lachssteaks usw.) müssen gut eingeölt werden, und der Rost muß sehr heiß sein, wenn man sie darauflegt.
  Die Fischstücke werden gewürzt, in eine geölte oder gebutterte Alufolie gewickelt und dann auf den Grill gelegt. Durch die Folie bleibt das Aroma gut erhalten, und ein Zerfallen wird verhindert.
  Die Fischstücke werden in ein Fischgrillgitter (im Fachhandel erhältlich) geklemmt und drehend gegrillt. Ebenso können kleinere Fische der Länge nach mit einem Stab durchbohrt werden und seitlich der Grillglut stehend gegrillt werden (Stock- oder Steckerlfisch).
  Die Grilldauer ist bei allen Fischgattungen kurz, zirka zehn bis fünfzehn Minuten. Zu Fisch schmekken am besten Kräuterbutter und diverse Salate, besonders Kartoffelsalat. Auch Mayonnaisesaucen werden gern dazu gereicht.
- Getränke: Beliebtestes Getränk bei Grillpartys ist das selbstgezapfte Bier vom Faß. Außerdem kann man Most oder Wein (häufig als „Gspritzten" oder „Schorle") sowie alkoholfreie Getränke servieren. Bei einem etwas fetteren Essen wird auch ein Schnaps sehr gefragt sein.

Durchschnittlicher Verbrauch

Ware	*Verbrauch in g, l, Stück etc. pro Person*
Fleisch mit Knochen	*200 g Rohgewicht*
Fleisch ohne Knochen	*150 bis 200 g*
Huhn	*½ Stück*
Portionsfisch	*1 bis 2 Stück*
Würstel, faschierte Laibchen (Frikadellen)	*2 bis 3 Stück*
Buttermischungen	*50 bis 70 g*
Saucen	*1/16 l*
Salate	*100 bis 150 g*
Kartoffeln	*2 bis 3 Stück*
Bier	*ca. 1 l*
Wein	*¼ bis ½ l*
Schnäpse	*1 bis 3 Gläser*
Alkoholfreie Getränke	*¼ bis ½ l*
Brot, Gebäck	*2 bis 3 Stück*

Vorbereitungen für die Grillparty

Die für die Grillparty bestimmten Fleischstücke legt man ein bis zwei Tage vorher in eine Würzmarinade. Das Fleisch wird dadurch sehr mürb und schmackhaft und läßt sich rascher garen.
Wenn man sehr große Fleischstücke, wie z. B. Spanferkel, Hammelkeule oder -rücken, Beiried im ganzen, Roastbeef usw., grillt, beginnt man am besten, lange bevor die Gäste eintreffen. Es genügt, wenn die Gäste den Schluß der Garmachung beobachten können. Für sehr große Fleischstücke oder Geflügel sind ein großes Brett und ein Tranchierbesteck bereitzustellen.
Aber auch wenn nur Portionsstücke gegrillt werden, muß der Grill bereits angeheizt sein, bevor die Gäste kommen, damit zum Grillen genug Glut vorhanden ist. Außerdem kommt es beim Anheizen zu Rauchentwicklungen, die für die Gäste unangenehm sein können.
Ist dann der Grill richtig in Schwung, wird der Grillrost etwas mit einer Speckschwarte oder mit Öl bestrichen und eingesetzt. Dies verhindert das Klebenbleiben der Fleischstücke, der Haut usw. am Rostgitter. Außerdem muß das Grillbesteck bereitgelegt werden und Wasser oder noch besser Bier zum Löschen von eventuell entstandenen Flammen unmittelbar in der Nähe des Grills vorhanden sein.

Sehr hübsch und dekorativ wirkt es, wenn man den Garten, die Terrasse oder den Balkon mit Lampions, Windlichtern usw. schmückt. Gleichzeitig sorgt man für genügend Beleuchtung.

Der Tisch wird rustikal gedeckt. Man verwendet ein rustikales Tischtuch oder Sets sowie Geschirr aus dickem Steingut oder bei größerer Gästeanzahl Einweggeschirr. Auch Holzteller können verwendet werden.
Beim Besteck ist es günstig, wenn man Steakmesser aufdeckt. Sie sind besonders für eine Grillparty empfehlenswert, denn nicht alle Fleischsorten sind zart und weich. Ansonsten verwendet man rustikales Besteck mit Holzgriffen oder unempfindliches Besteck aus Chromstahl oder Chromnickelstahl.

Veranstaltungen zu Hause

Getrunken wird aus robusten, einfachen Gläsern oder Steingutkrügen. Die Servietten sind meist aus Papier, aber auch bunte, rustikale Stoffservietten werden verwendet.

Sind zu einer Grillparty nur wenige Personen geladen, so stellt man alle Beilagen, Gewürze und Würzsaucen usw. in die Mitte des gedeckten Tisches. Man läßt aber noch etwas Platz für eine Platte oder einen großen Holzteller, auf den die fertigen Grillstücke gelegt werden und der anschließend in der Mitte des Tisches eingestellt wird. Voraussetzung dafür ist natürlich, daß der Tisch breit genug ist.
Ist dies nicht der Fall bzw. bei einer größeren Gesellschaft wird in der Regel ein kleines Buffet vorbereitet, auf dem alle Beilagen, Saucen und Buttermischungen stehen und die Gäste sich selbst bedienen.
Bei sehr großen Partys werden darüber hinaus auf dem Buffet Teller, Besteck, Gläser und einfach gefaltete Servietten aufgestellt bzw. -gelegt. Die Gäste bekommen das zubereitete Fleisch vom Grill und bedienen sich mit den Beilagen selbst. Auf dem Buffettisch sollte nach Möglichkeit auch eine Warmhalteplatte stehen. Meistens essen die Gäste nämlich nicht so schnell, wie die Grillgerichte gar werden. Dann gibt man sie auf eine Platte und stellt diese auf einen Rechaud, denn auch an warmen Sommerabenden kühlt das Essen im Freien schnell aus.
Bei Grillpartys sollte auch immer dafür gesorgt sein, daß genügend Teller und Bestecke als Vorrat vorhanden sind, dann so mancher Gast bekommt im Laufe des Abends nochmals Appetit.

Nun zu den Getränken. Auch hier ist es günstig, daß man alles so vorbereitet, sodaß sich die Gäste selbst bedienen können. Hat man ein Bierfaß, ist dieses so weit vorzubereiten, daß das Bier angezapft werden kann (Getränkeservice siehe Seite 124). Alle sonstigen Getränke stellt man ebenfalls auf dem Buffet oder mitsamt den Gläsern auf einem separaten Tisch auf.
Wenn die Gäste eintreffen, wird im allgemeinen als Aperitif und Begrüßungstrunk ein eisgekühlter Schnaps serviert.

Gartenfest

Das Gartenfest ist der Grillparty sehr ähnlich, die Speisen werden allerdings meist in Form eines kalten Buffets (rustikales Buffet), das sowohl im Haus als auch im Garten aufgebaut werden kann, angeboten. Häufig wird bei einem Gartenfest getanzt, wobei eine Terrasse oder sonstige ebene Fläche als Tanzfläche dient (siehe auch Tanzparty und Hausball, Seite 221, 222).

Fondue-Essen

Ein sehr populäres Essen für gemütliche Abende im Freundes- oder Familienkreis ist das Fondue. Diese Spezialität hat ihren Ursprung im Schweizer Käsefondue. Daraus haben sich die verschiedensten Variationen entwickelt.

Nach den verwendeten Grundmaterialien unterscheidet man heute Käsefondue, Fondue aus Fleisch, Fisch oder Krustentieren und Schokoladefondue. Bei Fleischfondues gibt es zwei verschiedene Arten, nämlich das Fondue bourguignonne und das Fondue chinoise.
Fondue bourguignonne (mit heißem Fett oder Öl) ist eigentlich eine Friture à la bourguignonne, denn das Fleisch wird gebraten bzw. fritiert.
Fondue chinoise heißt auch Bouilli à la chinoise. Statt Öl nimmt man zum Garen des Fleisches Suppe.

Das Wort „Fondue“ bedeutet „geschmolzen“, und in diesem Sinne sind eigentlich nur das Käse- und Schokoladenfondue echte Fondues.

Als Dessert können nach einem Käse- oder Fleisch- bzw. Fischfondue Obst und kalte Cremes, nach einem Fleischfondue auch Käse gereicht werden. Für den Nachtisch wird alles Notwendige auf der Anrichte bereitgestellt.

Arten von Fondues

Käsefondue (Fondue neuchâteloise)

Eine feuerfeste Fonduepfanne (Caquelon) reibt man mit einer Knoblauchzehe aus, gibt würfelig geschnittenen oder feingeriebenen Emmentaler oder Gruyère-Käse hinein (pro Person 150 bis 200 Gramm) und läßt

Rustikale Jause

Grillparty (Barbecueparty)

Fondue-Essen

ihn auf kleiner Flamme langsam zergehen. Unter ständigem Rühren mit einem Holzlöffel gibt man nach und nach trockenen Weißwein (pro Person zirka einen Achtelliter), am besten Neuchâtel, und Kirschwasser (pro Person zwei Zentiliter) dazu. So lange rühren, bis das Ganze sämig ist, und mit Salz, Pfeffer und Muskatnuß würzen. Dazu gibt man Weißbrotwürfel, blanchierte Champignonwürfel, Apfel- (z. B. Goldrenetten) und Birnenwürfel (z. B. Williams Birne), Weintrauben, Walnüsse usw.
An Getränken reicht man trockenen Weißwein, am besten den, der zur Zubereitung des Fondues verwendet wurde. Zur besseren Verdauung serviert man zum Käsefondue meist auch Kirschwasser.

Fondues sind ein rustikales Essen. Dementsprechend ist auch das Gedeck. Man verwendet ein rustikales und wegen etwaiger Fettspritzer gut waschbares Tischtuch oder ebensolche Sets und dazupassenden Tischläufer. Die Tischdekoration beschränkt sich auf die Dinge, die zum Essen notwendig sind. Da in der Tischmitte der Fonduerechaud steht, sollte man in diesem Fall auf Blumenschmuck verzichten.

Schnapsgläser werden auf einem Tablett mit Stoffserviette bereitgestellt.

Gedeck für Fondue bourguignonne

1 Großes Messer
2 Große Gabel
3 Fonduegabel
4 Brot- oder Dessertteller
5 Butter- oder Dessertmesser
6 Einfach gefaltete Mundserviette aus Stoff oder eventuell Papier
7 Bier- oder Weinglas
8 Salz- und Pfefferstreuer oder Pfeffermühle
9 Fonduerechaud in der Mitte des Tisches
10 Anrichteplatten mit dem würfelig geschnittenen Fleisch. Dieses kann aber auch in kleinen Schüsseln für jede Person extra angerichtet werden.
11 Kleine Salat- oder Kompottschüsseln mit eingelegtem Gemüse und diversen Saucen mit speziellen kleinen Schöpfern oder Kaffeelöffeln
12 Brotschale oder -körbchen mit Brot und Gebäck, eingeschlagen in eine Stoffserviette
13 Vorgewärmte Fondueteller
14 Fonduekessel mit heißem Öl
o Dessertteller mit Papier- oder Stoffserviette: Der Toast wird erst zubereitet, wenn die Gäste schon eingetroffen sind.

Fondue auf Burgunder Art (Fondue bourguignonne)

Der Kessel einer Fonduegarnitur wird zur Hälfte mit frischem Öl oder Kokosfett gefüllt, eine geschälte Kartoffel dazugegeben (um zu verhindern, daß das Öl zu spritzen beginnt) und erhitzt. Dann stellt man ihn auf den Rechaud. Für Fleischfondue verwendet man gut abgelegenes Rinds- oder auch Schweinsfilet (pro Person 150 bis 200 Gramm), das würfelig geschnitten wird.
Dazu reicht man verschiedene Saucen (Dips), wie Sauce tartare, Sauce rémoulade, Weißbrot oder Toast und eingelegtes Gemüse wie Essiggurken, Perlzwiebeln, Mixed Pickles, Maiskolben, Champignons.
An Getränken serviert man am besten Bier oder leichte, herbe Rotweine, aber auch Roséweine.

Bei Käsefondue benötigt man keine Brotteller und Buttermesser.

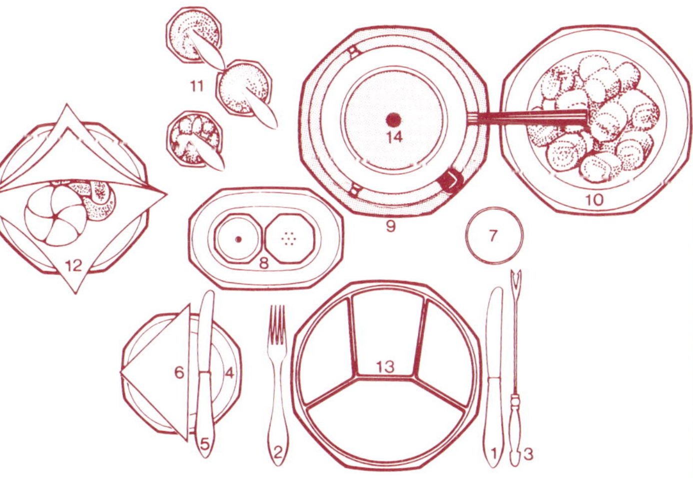

Veranstaltungen zu Hause

Chinesisches Fondue (Fondue chinoise)

Statt Öl verwendet man Suppe, und zwar eine schwach gewürzte Bouillon oder Hühnersuppe, die nach dem Fondue serviert wird.
Das Fleisch (pro Person 150 bis 200 Gramm) wird in hauchdünne Scheiben geschnitten. Man nimmt sowohl Rind- als auch Schweine-, Kalb-, Puten- oder Hühnerfleisch. Dazu serviert man wiederum verschiedene Saucen und Brot, warme, kernig gedünstete Gemüse wie Karotten, Sellerie, Erbsen, Sojakeime usw.
Die korrespondierenden Getränke sind abhängig von der Fleischart: Zu Rindfleisch serviert man leichte, herbe Rotweine, zu Schweine-, Kalb- und Hühnerfleisch trockene Weißweine.

Das Gedeck ist dasselbe wie beim Fondue bourguignonne.
Wenn die Gäste Platz genommen haben, werden außerdem noch Beilagenschüsseln mit diversem Gemüse (und Gemüse- oder großem Löffel) eingestellt.
Für das Service stellt man zusätzlich Suppentassen bereit.

Nach dem Fondue vollendet die Hausfrau die Suppe mit Sherry, würzt eventuell nach und serviert sie ihren Gästen, die die Suppe trinken.

Fischfondue

Auch für Fischfondue benötigt man Öl oder Fett.
Es eignen sich vor allem grätenarme Fische mit festem Fleisch (z. B. Fogosch), das in Würfel geschnitten wird, sowie Süßwasserkrebse, Shrimps und Muscheln. Diese werden in Backteig getaucht und im Öl kurz gebacken. Man kann sie aber auch Natur im Öl garen. Dazu serviert man Mayonnaisesauce, Sauce tartare, eine warme Tomatensauce oder Kräutermayonnaise und Weißbrot oder Toast.
Als Getränk eignen sich trockene Weißweine.

Das Gedeck ist dasselbe wie beim Fondue bourguignonne.
Zusätzlich wird, bevor die Gäste kommen, oberhalb der Gabel eine kleine Schüssel mit Backteig aufgedeckt, in die man die Fischstücke taucht und dann im Öl fritiert.

Schokoladenfondue (Fondue Suchard)

Schokoladenfondue gibt man hauptsächlich als Nachspeise. Sehr beliebt ist es auch bei Kinderpartys und Kinderfesten.
In einer feuerfesten Fonduepfanne (Caquelon) wird Schokolade geschmolzen und mit Obers oder Milch verrührt, bis das Ganze eine cremige Konsistenz erhält.
Dazu reicht man frisches Obst (z. B. Äpfel, Birnen, Bananen, Pfirsiche, Marillen, Weintrauben, Beeren) oder Kompottobst (z. B. Ananas), das in Würfel geschnitten wird, sowie würfelig geschnittenes Biskuit.

An Getränken serviert man für Erwachsene, wenn das Schokoladenfondue als Nachtisch gereicht wird, halbsüßen Sekt oder Dessertweine, bei Kinderpartys Mineralwasser und nicht zu süße Fruchtsäfte.

Durchschnittlicher Verbrauch

Ware	*Verbrauch in g, l, Stück etc. pro Person*
Käse	*150 bis 200 g*
Pilze und Obst zum Käsefondue	*100 bis 150 g*
Lungenbratenspitzen (Filetspitzen)	*150 bis 200 g*
Saucen	*⅛ l*
Salate	*100 g*
Fisch, Muscheln, Garnelen	*150 bis 200 g*
Backteig	*aus 1/16 bis ⅛ l Milch, Bier oder Wein (je nach Art des Backteiges)*
Suppe oder Öl	*ca. 1½ l für den Topf*
Gemüse	*100 bis 150 g*
Brot	*100 bis 150 g*
Schokolade	*100 g*
Obst, Kompott, Biskuit	*100 bis 150 g*
Wein	*2 bis 4 Gläser*
Schnaps	*1 bis 2 Gläser*

Richtiges Essen von Fondue

Man nimmt zuerst etwas von den angebotenen Saucen, vom Gemüse usw. auf den Fondueteller. Brot gibt man auf den Brotteller.

Auf die Fonduegabel spießt man die Brot-, Fleisch- oder Obstwürfel und taucht sie in das Fondue bzw. gart sie in dem heißen Öl oder der Suppe.
Dann gibt man den Würfel auf den Teller und ißt ihn mit dem großen Besteck. In der Zwischenzeit wird der nächste Fleischwürfel gegart.

Kaltes Buffet

Das kalte Buffet ist eine für die Hausfrau sehr günstige Art der Gästebewirtung, vor allem dann, wenn der Gästekreis groß ist, weil sie alle Speisen vorbereiten kann und sich die Gäste selbst bedienen.
Warme Buffets hingegen sind im Haushalt unüblich, weil die nötigen Vorrichtungen zum Warmhalten der Speisen meist nicht vorhanden sind.

Wenn man sich jegliche Vorbereitungsarbeit für ein kaltes Buffet ersparen will, kann man sich die Platten von einem Feinkost- oder Delikatessengeschäft bzw. einer Fleischhauerei (Fleischerei, Metzgerei) vorbereiten lassen oder auch einen gastronomischen Betrieb, der Catering betreibt, damit beauftragen.

Bei kalten Buffets können, je nach Anlaß, verschiedenartige Speisen gereicht werden:

- Brötchenbuffet: Das ist ein Buffet, bei dem alle Speisen mundgerecht vorbereitet sind, z. B. belegte Brötchen, Cocktailhappen, Canapés, Petits fours. Man benötigt zum Essen nur Dessertteller und Papierservietten, wobei man pro Gast einen Teller und einige Teller als Reserve rechnet. Auch bei den Servietten müssen mindestens zehn Stück als Reserve vorhanden sein.
  Diese Art von Buffet ist vor allem dort üblich, wo das Essen nicht im Mittelpunkt steht, z. B. bei Partys. Das Buffet mit den Speisen und Getränken und dem benötigten Geschirr kann in diesem Fall auch in einem Nebenraum aufgebaut sein. Bei sehr ausgelassenen Veranstaltungen ist es außerdem günstiger, Wegwerfgeschirr zu verwenden.
  Brötchenbuffets sind auch bei Stehempfängen aller Art, z. B. Sektfrühstück, Cocktailparty, üblich.
  Die Auswahl der Getränke ist vom Anlaß abhängig. Die Palette reicht von Bier, Wein, Mineralwasser usw. bis zu Sekt und Champagner.

Kommt dem Essen mehr Bedeutung zu oder möchte man seine Gäste kulinarisch verwöhnen, wählt man am besten eine der folgenden Buffetarten:

- Einfaches kaltes Buffet: Man kann es für alle jene Anlässe vorbereiten, für die man im kleinen Kreis kalte Platten herrichten würde.
  Beim einfachen kalten Buffet gibt es Platten mit Aufschnitt, Fleisch, Wurst, Zunge oder Schinken, kalte Brat- oder Backhähnchen, Mayonnaise oder andere kalte Saucen in Saucieren, verschiedene pikante Salate (z. B. Thunfisch-, Geflügelsalat), geräucherte Fische, verschiedene aufgeschnittene bzw. portionierte Käsesorten, gefüllte Eier, gefüllte Gemüse (z. B. gefüllte Tomaten, gefüllte Kohlrabi) sowie Süßspeisen, wie Puddings, Obstsalat oder Obst in einer Obstschüssel. Auch Kuchen und Torten sind durchaus üblich, darüber hinaus Knabbergebäck, Käsebäckerei, Schinkenhörnchen u. ä.
  An Getränken bereitet man Bier, Wein, Mineralwasser, sonstige alkoholfreie Getränke vor, aber auch eine eisgekühlte Bowle ist sehr beliebt.
- Rustikales Buffet: Hierbei wird eher deftige Kost angeboten, z. B. selbstgebackener Leberkäse, verschiedene Schinken- und Speckarten, verschiedene Mettwurstsorten, Geselchtes (geräuchertes Fleisch), Surfleisch (Pökelfleisch), kalte Braten – alles in Scheiben geschnitten und auf Platten angerichtet und hübsch garniert, diverse Brotaufstriche, herzhafte Salate (Bauern-, Wurst-, Käsesalat etc.), kräftig schmeckende Käsesorten. An süßen Speisen gibt es Germteig- und Plunderteiggebäck sowie Apfelstrudel u. ä. Dazwischen stellt man Knabbergebäck, wie Brezen, Bierstangen etc.
  Zum rustikalen Buffet benötigt man auch rustikale Getränke wie Bier vom Faß, dazu eventuell klaren Schnaps, oder Most (Apfelwein) sowie wiederum nichtalkoholische Getränke.
- Delikatessenbuffet: Ist der Anlaß besonders festlich oder will man seinen Gästen etwas Besonderes bieten, richtet man ein Delikatessenbuffet mit Lachs,

Veranstaltungen zu Hause

Kaviar, Gänseleber, Schal- und Krustentieren, verschiedenen Pasteten und Terrinen. Dazu gibt man die passenden Saucen und andere Beilagen. Auch Cocktails, bereits in Cocktailschalen angerichtet, können auf dem Buffet stehen. An Süßigkeiten eignen sich am besten Petits fours, kalte Cremes (z. B. Mousse au chocolat) oder Fruchtcocktails.
Delikatessen verlangen auch besondere Getränke. Deshalb werden bei dieser Buffetart vorzugsweise Sekt oder Champagner sowie erlesene Weine serviert.

- Spezialbuffets: Darüber hinaus können spezielle Buffets, z. B. Heringsschmausbuffet, Fischbuffet, skandinavisches Buffet, vorbereitet werden, für die ganz bestimmte typische Speisen gewählt werden. Zu einem Heringsschmaus beispielsweise gibt man kalte geräucherte Fische, verschiedene Fischsalate, Fischcocktails, Fisch in Aspik, Fischpasteten, Heringskäse, dazu diverse Saucen und Gemüse, sowie als süßen Nachtisch Faschingskrapfen.
  Die Getränke sind beim Spezialbuffet natürlich abhängig von den Speisen. Zu Fisch etwa serviert man leichte, trockene Weißweine.

Beim einfachen, rustikalen, Delikatessen- und Spezialbuffet wird der Eßtisch gedeckt, und zwar mit Dessertbesteck, Servietten und Gläsern. Auf dem Buffet befinden sich die Dessertteller.
Man rechnet pro Gast mit zwei bis drei Tellern (z. B. für Fleischgerichte, für Fischgerichte und Süßspeisen), ebenso vielen Servietten und ein bis zwei Bestecken sowie Bestecken für den Nachtisch.
Man kann Teller und Bestecke auch separat auf einen Servierwagen geben und diesen neben das Buffet stellen.
Das Buffet befindet sich in unmittelbarer Nähe des Eßtisches. Nur im sehr familiären Rahmen kann ein Buffet aus Platzmangel auch in der Küche, wenn diese vollkommen aufgeräumt ist, aufgebaut werden.

Für ein Buffet im großen Rahmen ist es vorteilhaft, die süßen Speisen mit dem benötigten Geschirr und Besteck extra auf einem kleinen Tisch, einem Servierwagen oder der Anrichte zu präsentieren.

Bei sehr großen Veranstaltungen ist es außerdem günstig, eine Hilfe für den Abend zu engagieren, die beim Buffet (am besten dahinter) behilflich ist. Sie wird Auskünfte über Art und Namen der Speisen geben, bei Mißgeschicken helfend einspringen, Vorleger richtig legen, leere Platten auffüllen bzw. Platten, die in Unordnung gebracht wurden, wieder herrichten. Sie sollte auch geleerte Teller bei Tisch abservieren, sodaß der Gast die Möglichkeit hat, beim nächsten Gang zum Buffet einen frischen Teller zu nehmen.
Ist der Gästekreis klein, können die Platten auch auf dem Servierwagen angerichtet werden.

Beim Vorbereiten des Buffets ist das dekorative Element besonders wichtig. Das fängt schon beim Buffetaufbau an (siehe Seite 92).
Auf die Buffetaufbauten stellt man eine schöne Obstschale, ein Blumengesteck (eventuell mit herunterhängenden Ranken), eine Torte usw. Auch besonders attraktive Platten werden daraufgestellt und so präsentiert.
Weiter nach vorne kommen die Platten und Schüsseln mit den übrigen Speisen, dazwischen plaziert man die Schüsseln, Schalensätze, Kabaretts oder Kabarettschalen mit Knabbergebäck.
Am Anfang des Buffettisches stehen, falls sie nicht separat auf einen Servierwagen gegeben wurden, die Teller, Servietten und das Reservebesteck.
Beim Aufdecken der Platten und Schüsseln ist auf eine gewisse Ordnung und Symmetrie zu achten (von der Mitte des Tisches weg gegengleich aufdecken). Das Buffet sollte aber nicht starr wirken (siehe auch Seite 257).

Auch beim Anrichten der Platten ist eine symmetrische Anordnung vorteilhaft, z. B. legt man gleiche Brötchen in einer Längsreihe auf eine Platte, daneben kommt die nächste Art. Diese Anordnung wirkt eleganter als ein Durcheinander. Außerdem ist der Tisch mit derart angerichteten Platten ruhiger, und die Gäste können sich besser orientieren.

Wenn die Gäste eintreffen, wird ihnen, wie bei sonstigen Einladungen, ein Aperitif angeboten, den sie im Stehen einnehmen. Anschließend bittet die Hausfrau ihre Gäste, sich beim Buffet zu bedienen. Dieser Aufforderung werden sie im Laufe des Abends wahrscheinlich mehrmals nachkommen. Kalte Buffets haben den Vorteil, daß sich die Gäste auch zu einem späteren Zeitpunkt nochmals bedienen können.
Getränke werden vom Hausherrn serviert.
Als Abschluß kann Kaffee angeboten werden, es ist jedoch nicht unbedingt notwendig.

Tanzparty, Maskenball

Egal, welche Tanzveranstaltung Sie wählen, es gehört etwas Mut dazu, sich an ein solches Fest zu wagen, da viele Vorbereitungsarbeiten notwendig sind.

Wichtig für das Gelingen eines Tanzfestes ist zunächst die Auswahl der richtigen Gäste. Laden Sie nicht nur Paare ein und nicht nur Leute, die sich bereits kennen, das kann rasch langweilig werden. Laden Sie auch sogenannte Singles und neue Bekannte ein. „Frisches Blut" wirkt belebend.
Da Tanzpartys und Bälle meist im Fasching oder Karneval veranstaltet werden, sollte man den Termin rechtzeitig, also drei bis vier Wochen vorher, bekanntgeben. Die Einladungen erfolgen mündlich, telefonisch oder schriftlich, wobei um Antwort gebeten wird. Etwaige Kleidungswünsche werden mit der Einladung bekanntgegeben.

Eine Tanzveranstaltung kann von der Gestaltung her sehr unterschiedlich sein. Am häufigsten findet eine **Tanzparty** statt, vor allem dann, wenn der Kreis der Eingeladenen aus Teens und Twens besteht.
Für sehr junge Partyteilnehmer (z. B. aus Anlaß eines Tanzschulbesuches) kann man beispielsweise einen Fünf-Uhr-Tanztee veranstalten, oder man lädt zur Tanzparty um etwa 20 Uhr ein.

Sehr beliebt ist auch ein **Maskenball.** Am besten stellt man ihn unter ein allgemeines Motto, z. B. „Tausendundeine Nacht", „Pyjamaparty", „Piratenfest", und gibt dieses Motto seinen Gästen bei der Einladung bekannt. Gleichzeitig werden sie gebeten, in der entsprechenden Kostümierung zu erscheinen. Der Phantasie sind dabei keine Grenzen gesetzt. Bedenken Sie aber, daß es, wenn sehr ausgefallene Mottos gewählt werden, bei den Gästen zu Schwierigkeiten bei der Auswahl der Verkleidung kommen kann und dadurch manche Gäste vielleicht sogar absagen.
Eine andere Möglichkeit ist, daß Sie kein spezielles Motto bekanntgeben und Ihre Gäste bitten, sich nach ihren individuellen Vorstellungen zu kostümieren.
Für einen Maskenball muß der Raum oder eventuell die Räume, in denen er stattfindet, originell dekoriert werden. Dafür gibt es in jedem Papiergeschäft die dazu benötigten Lampions, Girlanden, Papierschlangen usw. zu kaufen.

Am günstigsten ist natürlich, wenn man für derartige Zwecke einen eigenen Partyraum im Keller zur Verfügung hat (Kellerstüberl), wo man, ohne die Nachbarn zu stören, fröhlich feiern kann.

Hat man diese Möglichkeit nicht, so muß die Wohnung oder das Haus umgestaltet werden. Das wichtigste dabei ist, daß man viel Platz schafft, damit getanzt werden kann.
Die konventionellen Sitzgruppen werden entfernt, Teppiche eingerollt und wertvolles Mobiliar, wenn es sich transportieren läßt (z. B. Sessel, Tische, Standuhren, Bilder), in einen anderen Raum gestellt. Nicht transportable Möbel können eventuell mit einer Folie überdeckt und hübsch dekoriert werden. Es müssen genügend Sitzplätze geschaffen werden, damit jeder sitzen kann. Diese sollten nicht zu steif sein, sondern gemütlich und bequem. Außerdem ist dafür zu sorgen, daß im Raum ein paar kleine Tischchen aufgestellt und genügend Aschenbecher verteilt werden.
Dann ist zu überlegen, wo ein Speise- und Getränkebuffet aufgestellt wird. Bei Partys herrscht Selbstbedienung, daher wird alles auf dem Buffettisch bereitgestellt. Am besten rückt man diesen an eine Wand (Vorbereiten des Buffets siehe Seite 92, kaltes Buffet siehe Seite 219).

Besonderes Augenmerk ist auf die Musikauswahl zu legen, sie sollte dem Geschmack des Gästekreises angepaßt sein. Zu extrem gewählte Musik kann lähmend wirken. Am besten ist eine gute Mischung aus verschiedenen Musikrichtungen, z. B. leichte, flotte Unterhaltungsmusik, Evergreens, Rock 'n' Roll, danach etwas Langsames zur Erholung. Auch ein Walzer, Tango oder Foxtrott wird gerne getanzt.
Teens und Twens werden die Partymusik nach anderen Kriterien zusammenstellen, sie sind über das neueste Geschehen in der Popmusikszene und die aktuellen Hits meist bestens informiert.
Nehmen Sie die gewählten Musikstücke auf Tonband auf, da Bänder länger spielen als Schallplatten und auch sonst unproblematischer in der Handhabung sind. Tonbänder werden für mehrere Stunden, mindestens aber für zwei vorbereitet, dann kann das Band wieder von vorne gespielt werden.
Die Lautstärke ist ebenfalls von großer Bedeutung. Ist das Wiedergabegerät zu laut eingestellt, können sich die Gäste kaum unterhalten. Machen Sie auf alle Fälle,

Veranstaltungen zu Hause

bevor die Gäste kommen, einen Lautstärke-Test. Zeigen Sie auch Ihren Nachbarn gegenüber Rücksichtnahme, indem Sie den Lärmtest auch in den angrenzenden Wohnungen durchführen, zumindest aber informieren Sie diese über das geplante Fest.
Am elegantesten vermeiden Sie Unstimmigkeiten mit den Nachbarn, wenn Sie diese zu Ihrer Party einladen, was sich natürlich nicht immer machen läßt.
In Österreich kann übrigens jeder zweimal im Jahr eine laute Party geben, ohne wegen Lärmbelästigung von Nachbarn angezeigt werden zu können.

Um bei einer Party keine Langeweile aufkommen zu lassen, werden auch einige Partyspiele vorbereitet. Zu diesem Thema gibt es genügend Literatur.
Speisen und Getränke werden, wie bereits erwähnt, auf dem Buffet aufgebaut. Zur Auswahl können stehen:

- Speisen: Die Auswahl der Speisen beschränkt sich meist auf einfachere, kalte Gerichte, z. B. belegte Brötchen, Wurstaufschnitte, kalte Braten, faschierte Laibchen (Frikadellen), Kartoffel-, Mayonnaisesalat, gefüllte, garnierte Eier, marinierte Fische, Heringssalat und andere pikante Salate (Thunfisch-, Käse-, Nudel-, Reissalat), diverse Brotaufstriche, Käse.
  Alle diese Speisen werden auf Platten und in Schüsseln mit Vorlegebesteck auf dem Buffet bereitgestellt, dazu genügend Dessertteller oder am günstigsten Wegwerfteller und einfach gefaltete Servietten und Besteck. Die Anzahl der Teller muß so viel Reserve enthalten, daß die Gäste sich auch später, zu fortgeschrittener Stunde, nochmals bedienen können. Wegwerfteller haben den Vorteil, daß sie nicht kaputtgehen können und nicht abgewaschen werden müssen.
  Süßigkeiten werden weniger angeboten, es sei denn, es handelt sich um eine Jugendparty, dann empfiehlt es sich, einige Kuchen oder Torten auf das Buffet zu stellen.
  Für die Zeit um Mitternacht wird meist eine kräftige Suppe, z. B. Gulasch- oder Bohnensuppe, französische Zwiebelsuppe, Hühnersuppe, Bouillon mit Gemüse oder Teigwaren, vorbereitet. Sie wird in Suppentassen mit Tassenlöffeln serviert.
  Auch andere kleine Speisen, z. B. Gulasch, Würstel, können für diese Spätmahlzeit vorbereitet werden.
- Getränke: Die richtige Getränkeauswahl ist bei Partys besonders wichtig. Schließlich will man lustige, angeregte Gäste und keine betrunkenen. Zu Beginn eignen sich am besten Bier, Orangensaft und andere Fruchtsäfte, Tonic water, Limonaden usw. und später leichte Weiß- und Rotweine. Auch Sekt, eine leichte Bowle oder ein Punsch kann serviert werden. Für zwischendurch sollte Mineral- oder Sodawasser bereitstehen.
  Die Getränke werden ebenfalls auf dem Buffet mit den entsprechenden Flaschenöffnern aufgestellt. Dabei ist zu beachten, daß das Buffet laufend mit kalten Getränken nachbestückt wird.
  Dazu stellt man auch einfache Gläser in genügender Anzahl, eventuell Pappbecher, auf.
  Gegen Ende der Party werden wahrscheinlich einige Gäste Kaffee wünschen. Das dafür benötigte Geschirr wird auf einem Tablett vorbereitet. Auf keinen Fall sollte man Schnäpse und andere harte Getränke bei einer Party servieren. Es könnte dadurch zu unliebsamen Zwischenfällen kommen.

Die Gastgeber trinken übrigens bei solchen Veranstaltungen eher weniger als ihre Gäste, so können Pannen am besten vermieden werden.

Hausball

Eher selten wird ein Ball im privaten Rahmen veranstaltet. Dazu ist es notwendig, daß man ein großes Haus zur Verfügung hat, in dem man mehrere Räume für einen Ball vorbereiten kann. Es müssen, wie bei einer Party, Möbel ausgeräumt oder umgestellt, Teppiche entfernt werden usw. Auch alle sonstigen Vorbereitungen sind ähnlich der einer Tanzparty.

Ist die Gesellschaft, die dazu eingeladen wird, sehr groß, ist es am günstigsten, wenn man sich von einem gastronomischen Betrieb, der ein Partyservice durchführt, ein kaltes Buffet vorbereiten läßt.
Die Musik kommt bei einem Hausball nicht von der Platte oder vom Band, sondern es wird eine Live-Musik (kleine Band, Alleinunterhalter usw.) engagiert.

Veranstaltungen in der Gastronomie

Verschiedene Veranstaltungen sind im Rahmen eines Haushaltes nicht durchführbar. In diesen Fällen übernimmt die Gastronomie die Planung und Durchführung von Festlichkeiten.
Fast alle Betriebe besitzen Räumlichkeiten und Einrichtungen, um die unterschiedlichsten Veranstaltungen organisieren zu können.

Einfachere Betriebe verfügen meist über Extrazimmer, Stüberl, Keller u. ä. Diese Räume werden oft an Vereine (Sportvereine, Hobbyclubs usw.) sowie für kleinere Familien- oder Betriebsfeiern, Vorträge etc. vergeben.
Mittelbetriebe haben darüber hinaus häufig schon einen oder mehrere Säle mit gediegener Ausstattung und angenehmer Atmosphäre, in denen Familien-, Betriebs-, Weihnachts-, Jubiläumsfeiern, Hochzeiten, Empfänge, Cocktailpartys u. ä. in Form von Banketten (Festessen), kalten oder warmen Buffets, Partys oder Stehempfängen veranstaltet werden können.
First-class-Betriebe bieten außerdem neben luxuriöser Einrichtung der Räume und exzellentem Service oft auch technische und andere Anlagen, die für die Organisation spezieller Veranstaltungen notwendig sind, z. B. für Seminare, Tagungen, Konferenzen, Schulungen, Partys, Hausbälle.

Für den gastronomischen Betrieb dient das Veranstaltungswesen unterschiedlichen Zwecken. Der Hauptzweck liegt natürlich in der Steigerung des Umsatzes. Außerdem werden durch zusätzliche Veranstaltungen Kosten vermieden, die ungenützte, separate Räumlichkeiten verursachen.
Darüber hinaus haben Veranstaltungen einen guten Werbeeffekt, da man durch sie Kontakte zu neuen Gästekreisen bekommt und diese durch eine positive Leistung für den Betrieb gewinnen kann. Vom Gelingen einer Veranstaltung hängt demnach viel ab. Mißlingt sie, dann bedeutet dies einen enormen Imageverlust.

Es ist daher unbedingt notwendig, Veranstaltungen gut zu planen und perfekt ablaufen zu lassen.
Das folgende Kapitel gibt – sowohl für den Gastronomen als auch für den Gast – einen Überblick darüber, welche Veranstaltungen in einem Betrieb organisiert werden können, welche Voraussetzungen dafür notwendig sind und welche Punkte bei der Organisation besonders berücksichtigt werden müssen.

Voraussetzungen für die Durchführung von Veranstaltungen

Um Veranstaltungen erfolgreich durchführen zu können, müssen in einem Betrieb bestimmte Voraussetzungen geschaffen werden. Dies gilt nicht nur für Großbetriebe, sondern auch für Mittel- und Kleinbetriebe.

Räumlichkeiten

Räumlichkeiten, die für Veranstaltungen vorgesehen sind, müssen sich von den übrigen Gasträumen separieren lassen, damit sich die übrigen Gäste nicht gestört fühlen. Die Räumlichkeiten müssen außerdem genauestens auf Fassungsvermögen, Bestückung und Bestuhlung ausgetestet werden. Zu große Räume für kleine Gesellschaften sind ungemütlich, zu kleine Räumlichkeiten schaffen eine gedrängte Atmosphäre, die Gäste sitzen zu eng, und ein gutes Service wird dadurch unmöglich gemacht.
Bei Stehempfängen benötigt man zirka 1,5 Quadratmeter, bei Festessen 2 bis 2,5 Quadratmeter, bei Buffets 2,5 bis 3,5 Quadratmeter pro Gast, wobei bei diesen Angaben Tische, Sessel und sonstiges Interieur sowie die Servicegänge berücksichtigt sind.
Die Art und Größe der Veranstaltungen wird daher vom Platzbedarf bestimmt. Beim Neu- oder Zubau

Tafel Kultur — Veranstaltungen in der Gastronomie

eines Betriebes ist es notwendig, rechtzeitig zu überlegen, welche Veranstaltungen in Zukunft durchgeführt werden sollen.
Um eine möglichst große Flexibilität zu bekommen, ist es günstig, Räume mit Trennelementen auszustatten. Dadurch hat man die Möglichkeit, verschiedene Veranstaltungen mit unterschiedlicher Personenanzahl unterzubringen. Einzelräume mit fixierter Größe dagegen bringen Einschränkungen im Veranstaltungsrahmen.
Groß- und Mittelbetriebe haben meistens einen großen, teilbaren Festsaal und mittlere bis kleinere Einzelräume. Kleine Gaststätten hingegen besitzen häufig nur einen Nebenraum (Extrazimmer, Stüberl).

Damit ein Betrieb Veranstaltungen in größerem Umfang durchführen kann, sind, neben Räumlichkeiten für die Veranstaltung selbst, weitere Bereiche einzurichten.

- Nebenküchen: Das sind Küchen, in denen man auf Grund ihrer Einrichtungen imstande ist, vorgefertigte Produkte aus der Hauptküche zu vollenden und auch kleinere Gerichte selbständig zuzubereiten. Man findet Nebenküchen vorwiegend in Großbetrieben mit starker Veranstaltungsfrequenz. Nebenküchen befinden sich immer in nächster Nähe der Veranstaltungsräume, somit erfolgt die Ausgabe der Gerichte rasch und auf dem kürzesten Weg, die Speisen können den Festgästen in optimaler Qualität serviert werden.
- Anrichteküchen: Sie sind kleiner als die Nebenküchen. Ihre Einrichtungen sind nur für die Warmhaltung und Ausgabe der bestellten Speisen konzipiert.
- Kelleroffice (Bankettoffice): Das sind Räumlichkeiten, die zur Lagerung und Vorbereitung sämtlicher Utensilien, die man für ein gutes Service benötigt, dienen. Die Größe dieses Office richtet sich nach der Größe des Veranstaltungsraumes. Die Einrichtung besteht aus Stellagen, Abstelltischen, Waschmaschinen, Icemaker (für Mund- und Schnee-Eis), Tellerwärmern, Reservegeschirr, -besteck und -gläsern usw.
- Servicebar: Unter einer Servicebar versteht man eine Schankanlage, die nur nach der Bestellung für die jeweilige Veranstaltung bestückt ist und nach Bedarf in Betrieb genommen wird. Sie kann sich entweder im Bankettoffice befinden, oder es ist ein angeschlossener, separater Raum. Der Vorteil einer Servicebar ist mit jenem von Nebenküchen vergleichbar. Die bestellten Getränke können rasch und mit der optimalen Temperatur ausgegeben werden. Außerdem ist eine genaue Abrechnung und Kontrolle der verabreichten Getränke möglich. Ausgegeben werden in der Servicebar alle Getränke, vom Aperitif über Bier, Wein etc. bis zu Heißgetränken, Cocktails und Digestif.
- Kellnergänge: Das sind schmale Gänge am Rande eines Festsaals, die vom Kelleroffice betretbar und für die Gäste der Veranstaltung unerreichbar sind. In den Kellnergängen befinden sich Abstelltische und Registrierkassen. Vom Kellnergang münden

Plan eines Mehrzwecksaales mit Trennwand und Bühne

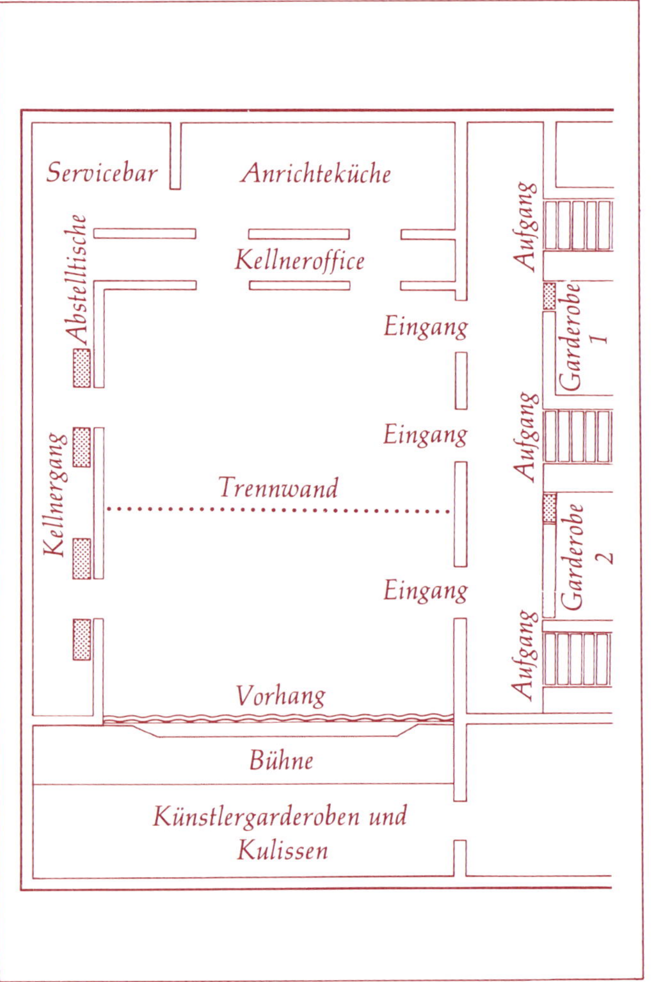

mehrere Zugänge in den Festsaal. Dadurch ergibt sich der Vorteil, daß die Kellner sehr rasch ihre Station erreichen können, ohne die Gäste dabei zu stören. Ebenso fördern Kellnergänge einen zügigen Servicefluß.

- Garderoben: Sie gehören zu jedem großen und mittleren Festsaal. Durch die Haftung des gastgewerblichen Betriebes ist es notwendig, dementsprechend bewachte Garderoben zu schaffen. Die Garderobenräume sind nur bei Bedarf personell zu besetzen.
- Künstlergarderoben: Das sind die Umkleideräume für Musiker usw.

Technische Einrichtungen

Um Veranstaltungen, wie Seminare, Tagungen, Konferenzen, Schulungen, Präsentationen, zu organisieren, ist ein gewisses Maß an technischen Einrichtungen unumgänglich.
Festsäle sollten auf jeden Fall über genügend Stromanschlüsse, Stereoanlage, störungsfreie Fernseh-, Kabelfernseh- und Rundfunkanschlüsse, Videoanlage, Film- und Diaprojektoren mit den dazu notwendigen Einrichtungen (Leinwand, Verdunkelungsmöglichkeit usw.) verfügen.

Für Seminare größeren Ausmaßes sind darüber hinaus verschiedene Anlagen moderner Seminar- und Konferenztechnik empfehlenswert (siehe Checkliste Seite 268).

Für Kleinbetriebe ist es meist schwierig, technische Einrichtungen zur Verfügung zu stellen, da diese sehr kostspielig in der Anschaffung sind. Sie sollten aber jenes Mindestmaß an Ausstattung beschaffen, um den örtlichen Veranstaltungsbedarf abdecken zu können. Vielfach werden hier durch Improvisation gute Bedingungen für derartige Veranstaltungen geschaffen.

Tisch- und Tafelinventar

Wie bereits vorne (siehe Seite 30) erwähnt, ist es für jeden gastronomischen Betrieb notwendig, für Veranstaltungen ein eigenes Tisch- und Tafelinventar anzuschaffen.

Das beginnt bei den **Bankettischen,** die häufig nach Maß angefertigt werden, zusammenklappbar und stapelbar sind und daher wenig Platz zum Aufbewahren benötigen.
Auch die für Veranstaltungen verwendeten **Sessel** sind meist stapelbar (bis zu zehn Sessel übereinander) und daher relativ einfach unterzubringen. Großbetriebe mit einer hohen Veranstaltungsfrequenz besitzen im allgemeinen eine eigene Bankettbestuhlung, während kleinere Betriebe die Sessel dem Anlaß entsprechend bei verschiedenen Firmen ausleihen können.

Für Veranstaltungen sollte auch eine separate **Tischwäsche** in genügender Zahl vorhanden sein und diese nicht dem À-la-carte-Geschäft entnommen werden. Häufig erfüllt sich diese Forderung von selbst, da die Tischwäsche für Veranstaltungen meist andere Ausmaße (extralange Tafeltücher, anderes Maß bei den Bankett- und den Restauranttischen) besitzt. Die Qualität der Tischwäsche für Veranstaltungen ist im allgemeinen besser und wertvoller als die der normalen Restaurantwäsche.
Bei starker Veranstaltungsfrequenz ist mit so viel Tischwäsche zu rechnen, daß die Tische fünf- bis sechsmal gedeckt werden können, da die Tischwäsche, um ein schnelles Verschleißen zu verhindern, nach dem Waschen und Bügeln eine Zeitlang im Kasten liegen muß.
Bei den Servietten ist es notwendig, darüber hinaus eine Reserve von einem Drittel der bei Veranstaltungen vorhandenen Sitzplätze zu rechnen.

Die Anschaffung eines kompletten **Bankettgeschirrs** (Porzellan, Gläser, Besteck, sonstiges Tischinventar) stellt einen hohen Kostenfaktor für den Betrieb dar. Bei einem regen Veranstaltungsgeschäft wird sich diese Investition jedoch bezahlt machen, da es schonungsvoller behandelt und separat aufbewahrt wird und dadurch länger hält. Das Bankettgeschirr unterscheidet sich vom üblichen Restaurantgeschirr durch seine Ausführung. Es ist gediegener und wertvoller, wodurch die gedeckte Tafel eine besondere Note erhält.
Wird aber das Restaurantgeschirr für Veranstaltungen herangezogen, muß es vorerst aussortiert werden. Damit es beim À-la-carte-Geschäft, welches parallel zum Festessen abläuft, nicht fehlt, muß genügend angeschafft werden.

Tafel Kultur

Veranstaltungen in der Gastronomie

Hinsichtlich der Menge des Bankettgeschirrs geht man immer von der Gesamtzahl der Plätze in den Veranstaltungsräumen aus und rechnet dazu ein Drittel als Reserve. Hat man also insgesamt 60 Sitzplätze zur Verfügung, sollte die Bestückung mit den einzelnen Geschirrteilen mindestens 80 Stück betragen.
Auch wenn die meisten Firmen heute eine Nachkaufgarantie anbieten, so ist es doch ratsam, über genügend Reservegeschirr zu verfügen.

Leistungsfähigkeit der Küche

Ohne Leistungsfähigkeit der Küche ist die Durchführung von Festveranstaltungen unmöglich. Diese Leistungsfähigkeit ist von zwei Faktoren abhängig, nämlich einerseits vom Können und vom Leistungswillen des zur Verfügung stehenden Personals und andererseits von den technischen Einrichtungen. Diese sind notwendig, um bei Veranstaltungen optimale Qualität der Produkte bieten und gleichzeitig das À-la-carte-Geschäft abwickeln zu können. Solche technischen Anlagen sind beispielsweise Einrichtungen zum Warmhalten fertiggestellter Gerichte, ein Kühlhaus zur Aufbewahrung kalter Speisen usw. Auch müssen Möglichkeiten zur Lagerung größerer Lebensmittelmengen geschaffen werden, denn nicht zuletzt gehört zur Küche eine optimale Lagerhaltung, verbunden mit einem gezielten, gut organisierten Einkauf. Werden also in einem Betrieb oft Veranstaltungen größeren Ausmaßes durchgeführt, müssen vor allem in der Küche einige Investitionen vorgenommen werden.

Personal

Sollen Veranstaltungen zu einem Erfolg werden, so ist dafür genügend bestens geschultes Personal notwendig, und zwar sowohl für die Organisation als auch für die Durchführung.

Großbetriebe haben meist eine eigene Abteilung, die sich nur mit dem Veranstaltungswesen beschäftigt, die Bankett- oder Cateringabteilung. Leiter dieser Abteilung ist der **Bankettmanager,** der für die Organisation von Veranstaltungen im Haus und außerhalb des Hauses verantwortlich ist. Er ist außerdem für die Werbung in diesem Bereich, das Erstellen von Angeboten, die Verrechnung, das Inkasso, die Kontrolle sowie die Aufstellung der Dienstpläne bei Veranstaltungen zuständig.
Im Bereich der Werbung wird er vom **Public-Relations-Manager** unterstützt. Dieser ist für die Öffentlichkeitsarbeit zuständig.
In Mittel- und Kleinbetrieben übernimmt der Besitzer (Hotelier, Gastwirt) oder dessen Stellvertreter die Aufgaben des Bankett- und des Public-Relations-Managers.
Die unmittelbare Durchführung einer Veranstaltung obliegt dem **Bankettleiter.** Das ist meist ein erfahrener Oberkellner, der mit dem ihm zugeteilten Personal für die klaglose Ausführung der gestellten Aufgabe verantwortlich ist. In großen Betrieben wird er dabei von verschiedenen Abteilungen unterstützt:

Stewarding-Abteilung: Leiter ist der Chefsteward, der die Aufgabe hat, das gesamte Küchen- und Servicegeschirr zu verwalten. Ihm obliegen die Inventur, der Ankauf von Geschirr, dessen Lagerhaltung sowie die Überwachung der Funktionstüchtigkeit sämtlicher Utensilien. Dem Chefsteward stehen zur Durchführung seiner Arbeiten Fach- und Hilfskräfte zur Verfügung.

Wäschebeschließung: Geleitet wird diese Abteilung von der Wäschebeschließerin, die die gesamte betriebseigene Wäsche verwaltet, die Instandhaltung überwacht und, falls der Betrieb eine hauseigene Wäscherei hat, diese leitet.

Hausdame: Sie ist zuständig für die tägliche Reinigung des gesamten Hauses, die sie organisiert und überwacht. Außerdem fallen in ihren Bereich meist auch alle Fragen, die die Dekoration betreffen, z. B. Besorgen von Blumen oder Blumengestecken. Häufig werden diese aber auch von ihr selbst angefertigt.

Haustechnik: In großen Gastronomiebetrieben gibt es meist eigene Professionisten, die für die Behebung technischer Störungen und die Instandhaltung der Einrichtung zuständig sind. In ihren Aufgabenbereich fällt auch die Installierung technischer Einrichtungen, die für Veranstaltungen benötigt werden.

Hausdiener: Sie sind in großen Häusern für das Stellen der Tafelformen bei Veranstaltungen zuständig.

In Mittel- und Kleinbetrieben ist das **Servicepersonal** sowohl für das Geschirr und die Wäsche als auch für das Stellen der Tafelform zuständig. Die Wirtin hat für die Dekoration und auch für die Sauberkeit zu sor-

gen. Meist überwacht sie die gesamte Vorbereitung im Veranstaltungsraum und kontrolliert zum Schluß, ob die Tafel in Ordnung ist.
Die technischen Einrichtungen werden in Mittel- und Kleinbetrieben häufig von heimischen Elektrofirmen ausgeborgt und von diesen Professionisten auch aufgebaut. Ist dies nicht der Fall, ist meist der Wirt selbst oder ein technisch begabter Kellner dafür zuständig.

Für den Betrieb ist es günstig, bei Veranstaltungen sowohl im Service als auch in der Küche Stammpersonal, d. h. hauseigenes Personal, einzusetzen. Dieses kennt die Gegebenheiten des Betriebes und kann daher rasch und genau arbeiten.
Aushilfspersonal ist oft problematisch. Wenn man aber gezwungen ist, auf dieses zurückzugreifen, so ist es ratsam, immer wieder dieselben Personen zu beschäftigen, da diese dann ebenfalls die Gepflogenheiten im Haus kennen.

Die Anzahl des für die Veranstaltung einzusetzenden Personals ist immer von folgenden Faktoren abhängig:
- Art der Veranstaltung
- Größe und Dauer
- Anlaß und Motto
- Spezielle Durchführungswünsche des Bestellers

Die Servierbrigade setzt sich aus den Chefs de rang und den Commis de rang zusammen, wobei die Chefs eine bestimmte Station übernehmen und die Commis einfache Arbeiten verrichten.
Die Qualität des Service ist von der Größe der eingeteilten Stationen abhängig.
Bei erstklassigem Bankettservice werden für acht bis zehn Gäste zwei Speisenkellner (Chef de rang, Commis de rang) und ein Getränkekellner (oder Sommelier), der nur für die Getränke zuständig ist, eingesetzt.
Für ein gutes Service benötigt man für zehn Gäste einen Speisen- und für 20 bis 30 Gäste einen Getränkekellner, wobei der Getränkekellner beim Servieren des Hauptganges mithelfen muß.

In der Küche muß je nach Umfang der Speisenfolge und Anzahl der Personen die entsprechende **Küchenbrigade** gewählt werden.
Für bis zu 100 Gäste rechnet man meist vier bis fünf Köche. Die Anzahl der Köche und Hilfskräfte läßt sich jedoch sehr schwer berechnen, da sie von der Einrichtung der Küche und der Schwierigkeit der herzustellenden Speisen abhängig ist.

Bewerben und Offerieren von Veranstaltungen

Um Veranstaltungsräumlichkeiten optimal nützen zu können, genügt es meist nicht, auf Aufträge von seiten des Gästekreises zu warten, sondern der gastronomische Betrieb muß von sich aus die Initiative ergreifen, um für sein Leistungsangebot Aufmerksamkeit zu erregen. Dazu gibt es verschiedene Möglichkeiten:

Indirekte Werbung

Das ist jene Werbung, die durch ein bestimmtes Medium an eine anonyme Gruppe von Menschen herangetragen wird.

Rundfunkwerbung: Da sie relativ teuer ist, wird sie vor allem von Groß- und Luxusbetrieben mit einem entsprechenden Umsatzvolumen eingesetzt.

Zeitungswerbung: Vor allem in Regionalzeitungen werden heute viele Inserate
- für einen gastronomischen Betrieb,
- seine Leistungsfähigkeit in bezug auf Veranstaltungen oder
- direkt für bestimmte Anlässe oder Veranstaltungen, die der Betrieb von sich aus durchführt (z. B. Silvesterball),

eingeschaltet.

PR-Artikel (= Public-Relations-Artikel) in Zeitungen und Zeitschriften: Sie erscheinen nicht im Anzeigen-, sondern im Redaktionsteil und erregen daher mehr Aufmerksamkeit. PR-Artikel stehen häufig im Zusammenhang mit dem Besuch prominenter Persönlichkeiten im Betrieb.

Direkte Werbung

Bei dieser Form der Werbung wendet sich der gastronomische Betrieb unmittelbar an eine bestimmte Person, Institution, Unternehmung oder Körperschaft, um auf seine Leistungsfähigkeit aufmerksam zu machen. Dies kann wieder auf zwei Arten geschehen:

Tafel Kultur Veranstaltungen in der Gastronomie

Mündliche Werbung: Beim Besuch des Lokales wird der bestehende Gästekreis darauf hingewiesen, welche Veranstaltungen im Betrieb durchgeführt werden können.

Schriftliche Werbung: Das ist die bis jetzt am wenigsten angewandte, aber umso wirkungsvollere Form der Werbung. Sie setzt sich zusammen aus einem Werbebrief und Prospektmaterial über das Haus bzw. im Idealfall einer Mappe, die in Form einer Checkliste alle Leistungen und Informationen bis ins letzte Detail enthält, die für einen potentiellen Kunden wichtig sein können.
Je nachdem, wie ausführlich das mitgesendete Informationsmaterial ist, kann der Werbebrief entweder nur ein kurzes Begleitschreiben sein oder alle Informationen enthalten, die für den Empfänger zur Lösung seiner Veranstaltungsprobleme wichtig sind. Diese Form der Briefe kann daher sehr genau auf die Bedürfnisse (oder angenommenen Bedürfnisse) des potentiellen Kunden abgestimmt sein.
Das Offert sollte auf jeden Fall folgende Punkte enthalten:

- Welche Arten von Veranstaltungen können durchgeführt werden? Z. B. Bankette, Buffets, Stehempfänge, Partys, Ballveranstaltungen, Seminare, Tagungen, Konferenzen, Schulungen, Präsentationen, Ausstellungen.
- Für welche Personenanzahl sind Räumlichkeiten vorhanden? Sehr günstig ist in diesem Fall, wenn man Pläne der Räumlichkeiten, in der die optimale Form der Bestuhlung eingezeichnet ist, beilegt.
- Gibt es genügend Übernachtungsmöglichkeiten im Haus oder in unmittelbarer Umgebung? (Eventuell auch ein Hinweis auf Parkmöglichkeiten.)
- Welche technischen und sonstigen Einrichtungen können zur Verfügung gestellt werden?
- Verschiedene Menüvorschläge mit Preis. Routinierte Gastronomiebetriebe haben für die verschiedenen Speisenfolgen ein nach Preisklassen sortiertes Angebot an Menüs, wobei ein Tauschen der Gänge innerhalb der Preisklasse jederzeit möglich ist.

Menü I zu Schilling ________

Leberknödelsuppe
Zwiebelrostbraten mit Bratkartoffeln
Saisonsalat
Esterházyschnitte

oder

Milzschnittensuppe
Gefülltes Brathuhn
Saisonsalat
Vanillecreme

Menü II zu Schilling ________

Ochsenschwanzsuppe
Gebackene Champignons
Sauce tartare
Roastbeef mit Bratkartoffeln
Gemüseplatte
Hochzeitstorte oder
gemischtes Eis

oder

Schinkenrolle
Kraftsuppe mit Gemüse
Kalbsnierenbraten, Risipisi
Gemischter Salat
Hochzeitstorte oder
Obstsalat

- Welche Freizeiteinrichtungen können angeboten werden? Z. B. Swimmingpool, Hallenbad, Sauna, Solarium, Fitneßraum, Tennisplätze, Golfanlage.
- Welche Rahmenveranstaltungen können arrangiert werden? Z. B. Wanderungen (mit Führung), Ausflüge, Theater- und Konzertbesuche, Musik, sportliche Aktivitäten, Besichtigungen, Wettbewerbe.

Eine direkte schriftliche Werbung erfolgt an Unternehmungen, Vereine und Verbände, Interessenvertretungen (z. B. Kammern, Wirtschaftsverbände, Gewerkschaften), Parteien usw. Solche Institutionen führen häufig Veranstaltungen aller Art durch und werden auf diese Weise direkt auf den Betrieb aufmerksam gemacht.

Außerdem ist es günstig, diverse Veranstaltungskalender, die von Bundesländern, Regionen oder Städten herausgegeben werden, genau zu studieren, denn oft ergibt sich daraus die Möglichkeit, sich in irgendeiner Art und Weise an Veranstaltungen zu beteiligen. Gemeint sind beispielsweise Stadtfeste, Jahresfeiern oder sonstige Jubiläen, Musikfeste, Festivals, Sportfeste, Messen, Ausstellungen, Vernissagen usw. Die Veranstalter bzw. die daran Teilnehmenden können rechtzeitig vom Gastronomen angeschrieben, der Betrieb kann vorgestellt und seine Leistungsfähigkeit präsentiert werden.

Eine Form der Werbung, die oft etwas außer acht gelassen wird, der aber eine große Bedeutung zukommt, ist die **Mundpropaganda** zufriedener Gäste. Deshalb sei nochmals darauf hingewiesen, wie wichtig die erfolgreiche Durchführung von Veranstaltungen, den Wünschen der Kunden entsprechend, ist.

Innerbetriebliche Organisation

Tritt nun ein Gast an den Betrieb heran, um von einem allgemeinen Offert Gebrauch zu machen, sind bei dem Gespräch mit dem Gast folgende Punkte zu berücksichtigen:

- Dem Gast soll entsprechend seinen Vorstellungen eine fachliche Beratung geboten werden.
  Er kann sich auch jederzeit ein Angebot erstellen lassen, bei dem er ein Preislimit pro Gedeck bekanntgibt. Für den Gast ist es am günstigsten, wenn er sich mehrere Angebote von unterschiedlichen Betrieben erstellen läßt und sie nach Preis, Vielfalt und Qualität vergleicht.
- Der genaue Ablauf der Veranstaltung soll im vorhinein festgelegt werden.
- Bei der Empfehlung von Menüs ist zu beachten, daß die Reihenfolge der Gänge und ihre Zusammensetzung den gastronomischen Gepflogenheiten entsprechen, daß man nicht zu ausgefallene, aber auch nicht zu alltägliche Speisen empfiehlt, daß bei der Empfehlung die Leistungsfähigkeit von Küche und Service einkalkuliert wird (d.h., man empfiehlt vorwiegend fertige Speisen und vermeidet frischgemachte oder kompliziert zu servierende Gerichte), daß man am besten erprobte Speisenfolgen zu verkaufen versucht.
- Die Getränke sollen mit den Speisen korrespondieren. Hier ist eine fachmännische Beratung unumgänglich. Im Zweifelsfall soll der Gast den Wein kosten. Die Empfehlung von alkoholfreien Getränken ist ebenfalls wichtig. Die Menge der voraussichtlich benötigten Getränke läßt sich nur ungefähr schätzen:

Veranstaltungen in der Gastronomie

Wein zur Vorspeise	1 bis 2 Gläser pro Gast
Wein zur Hauptspeise	2 bis 3 Gläser pro Gast
Sekt	1 bis 3 Gläser pro Gast
Aperitifs, Digestifs	1 bis 1½ Gläser pro Gast
Kaffee	1 bis 2 Tassen pro Gast
Mineralwasser	¼ l bzw. 1 Flasche pro Gast
alkoholfreie Getränke	1 bis 2 Gläser
Bier	1 bis 2 Gläser

  Aus einer Bouteille Wein oder Sekt (0,7 Liter) lassen sich je nach Größe der vorhandenen Gläser zirka fünf bis sechs, maximal sieben Gläser füllen. Es können also dem Besteller nur ungefähre Angaben über den voraussichtlichen Verbrauch gemacht werden. Als Faustregel gilt, daß insgesamt drei bis vier Achtel Wein pro Gast gerechnet werden müssen. Der Flaschen- bzw. Literpreis ist mit dem Gastgeber zu vereinbaren.
  Hat der Gastgeber aber nur ein knappes Budget zur Verfügung, kann man auch ein Getränkelimit vereinbaren, oder die einzelnen Gäste bezahlen die Getränke selber.
- Werden Rauchwaren angeboten, rechnet man im Durchschnitt:
  Zigaretten – zirka 3 bis 5 Stück pro Raucher
  Zigarren – 1 Stück pro Raucher
- Dem Besteller ist unbedingt eine Aufstellung der anfallenden Kosten zu überreichen. Bei Banketten ist der Preis pro Gedeck anzugeben, bei Cocktailpartys pro Person. Bei Buffets kann der Preis auf zwei Arten ausgehandelt sein: Entweder gibt der Besteller seine Wünsche und die Anzahl der Geladenen bekannt und bekommt einen Kostenvoranschlag, oder er gibt die Summe bekannt, die er etwa auslegen möchte, sowie wiederum die Anzahl der Gäste und erfährt, was er dafür bekommen kann. Bei Vorträgen, Ausstellungen, Präsentationen und Konferenzen, bei denen fast keine Konsumation getätigt wird, ist meist eine Raummiete zu entrich-

Veranstaltungen in der Gastronomie

ten. Getränke bei Buffets und Banketten werden separat in Rechnung gestellt. Auch die Höhe der Anzahlung muß angegeben sein. Sie beträgt meist 20 bis 30 Prozent der zu erwartenden Endsumme und ist bei Abschluß des Geschäftes zu entrichten.

- Jede Bestellung wird schriftlich bestätigt, und alle wesentlichen Punkte werden festgehalten, um Mißverständnisse zu vermeiden.
  Auch ein Stornotermin muß vereinbart werden. Üblicherweise ist der Storno einer bestellten Veranstaltung bis zu einer Woche vor dem vereinbarten Termin möglich. Bei Nichteinhaltung des vereinbarten Termins verfällt die Anzahlung.

Um beim Gespräch mit dem Gast keinen wichtigen Punkt außer acht zu lassen, leistet ein **Bestellzettel** (Laufzettel) oder **Function sheet** gute Dienste. Alle Bestellungen sollten im Detail auf dem Function sheet festgehalten werden. Die Anzahl und Gliederung der einzelnen am Bestellzettel vermerkten Punkte ist von den jeweiligen Leistungen des Betriebes abhängig. Der Function sheet sollte daher auch in jedem Betrieb – und sei er noch so klein – den eigenen Bedürfnissen und dem Leistungsangebot entsprechend selbst erstellt werden. Unabhängig von der weiteren Gliederung enthält jeder Bestellzettel folgende Punkte:

- Art der Veranstaltung
- Raum (wenn mehrere Veranstaltungsräume vorhanden sind)
- Datum und Zeit der Veranstaltung
- Personenanzahl
- Bestellung
- Preis
- Besteller

Großbetriebe bzw. Betriebe, die von der Organisation her relativ schwierige Veranstaltungen durchzuführen haben (z. B. Seminare), verwenden als Function sheet häufig Checklisten, in denen die einzelnen Punkte genau aufgegliedert werden (siehe Seite 268). Aufgrund der Bestellzettel können weitere innerbetriebliche Organisationshilfen, wie z. B. Veranstaltungspläne und Dienstpläne, erstellt werden.

Beispiel eines einfachen Function sheet

1. Art der Veranstaltung: ____________
2. Raum:
3. Datum: 4. Zeit: 5. Personenanzahl:
6. Name des Bestellers (Herr, Frau, Firma): ____________
   Adresse: ____________
   Telefon/Telex: ____________
7. Rechnung ergeht an: ____________
8. Bestellung: ____________
   Menü: Getränke:
   ____
   ____
   ____
   Sonstiges:
9. Preis pro Person:
10. Raummiete:
11. Sonderwünsche:
    a) Dekor:
    b) Tafelform:
    c) Musik:
    d) Sitzplan/Tischkarten:
    e) Aperitifs:
       Digestifs:
    f) Rauchwaren:
    g) Technische Einrichtungen:
       (Lautsprecher, Tonband, Projektor für Dias oder Filme, Video, TV usw.)

Unterschrift des Bestellers: ____________ Für den Betrieb: ____________

Anzahlung in Höhe von Schilling: ____________
In Worten: ____________
Erhalten am: ____________

Ergeht an: Unterschrift:
Küche:
Lager/Kellerei/Einkauf:
Restaurant:
Hausdame:
Wäscherei/Wäschebeschließung:
Haustechnik:
Garderobe:
Portier:
Rezeption:
Telefonzentrale:
Personaldirektion:
Direktion:

Veranstaltungspläne helfen, eine doppelte Raumvergabe zu vermeiden, keine Veranstaltung zu vergessen, einen ausreichenden Personalstand zu führen, und vermeiden, die Leistungskapazität des Betriebes zu überfordern.
Veranstaltungspläne enthalten folgende Informationen:

- Wann wird der Raum benötigt? (Datum, Zeit)
- Art der Veranstaltung (Bankett, Buffet, Ball, Cocktailparty usw.)
- Gästeanzahl, die zur Veranstaltung zu erwarten ist

Im Veranstaltungsplan sind auch Ausmaß und Fassungsvermögen der zu vergebenden Räume verzeichnet, sodaß man jederzeit weiß, wie viele Personen man bei jeder Veranstaltungsform unterbringt:

Beispiel eines Veranstaltungsplanes

Saal I

Bankett	50 Pers.	Länge des Saales	10,52 m
Stehempfang	100 Pers.	Breite	9,50 m
Konferenz	40 Pers.	Höhe	3,50 m
Vortrag	110 Pers.	Gesamtfläche	100 m²
Buffet	30 Pers.		

Saal II

Bankett	40 Pers.	Länge des Saales	8,42 m
Stehempfang	80 Pers.	Breite	9,50 m
Konferenz	35 Pers.	Höhe	3,50 m
Vortrag	90 Pers.	Gesamtfläche	80 m²
Buffet	27 Pers.		

Saal III

Bankett	20 Pers.	Länge des Saales	9,53 m
Stehempfang	40 Pers.	Breite	4,90 m
Konferenz	20 Pers.	Höhe	3,50 m
Vortrag	50 Pers.	Gesamtfläche	47 m²

Beispiel eines Veranstaltungsplanes

Monat Tag	*Uhrzeit*	*Veranstaltungsart, Besteller, Personenanzahl*		
		Saal I	*Saal II*	*Saal III*
Juni 1.	*17.00*	*Modenschau Müller-Moden, ca. 80 Personen*		
Juni 1.	*20.00*		*Bankett Mayer, 45 Personen*	
Juni 2.	*12.00*			*Hochzeit Dr. Gall, 20 Personen*
Juni 2.	*17.00*		*Cocktailparty Concordia, 150 Personen*	

Dienstpläne sind vor allem in Mittel- und Kleinbetrieben sehr wichtig, da die Veranstaltungen meist vom Stammpersonal mitbetreut werden und oft keine Aushilfskräfte zur Verfügung stehen.
Das exakte Erstellen von Dienstplänen verhindert einerseits Leerläufe und andererseits Engpässe und unnötige Überstunden. So ist beispielsweise für die Vorbereitungsarbeiten weniger Personal notwendig als für das Service. Es ist daher nicht zweckmäßig, das gesamte Bankettpersonal vom Beginn der Veranstaltung bis zu ihrem Ende im Betrieb zu belassen.
Manche Arbeiten lassen sich beispielsweise schon am Vortag durchführen, etwa Tische stellen, Geschirr polieren und zählbar stapeln usw.
In der Küche können bestimmte Fleischgerichte, Grundsaucen, Marinaden etc. ebenfalls bereits am Tag vorher fertiggestellt werden.

Kellnerdienstplan für Veranstaltung . . . am . . .

Name	Zeit	Arbeit
Mayer	8–16 Uhr	Aufdecken, Mise en place
Huber	8–16 Uhr	Aufdecken, Mise en place
Müller	8–16 Uhr	Aufdecken, Mise en place
Fabian	16–24 Uhr	Service
Gruber	16–24 Uhr	Service
Dworschak	16–24 Uhr	Service
Eder	16–24 Uhr	Service
Obermair	16–24 Uhr	Service
Berger	16–24 Uhr	Service
Wieser	16–24 Uhr	Service

Leitung: Maître d'hôtel René

Veranstaltungen in der Gastronomie

Küchendienstplan für Veranstaltung . . . am . . .

Name	Zeit	Arbeit
Steiner	7–15 Uhr	Mise en place
Erhard	7–15 Uhr	Mise en place
Neumann	7–15 Uhr	Mise en place
Frank	14–18 Uhr	Garde
Schuster	17–24 Uhr	Service (Finalisieren der Speisen, Anrichten, Ausgeben)
Ebner	17–24 Uhr	Service (Finalisieren der Speisen, Anrichten, Ausgeben)
Schmidt	17–24 Uhr	Service (Finalisieren der Speisen, Anrichten, Ausgeben)

Aufsicht: Sous-chef Ferstl

Ablauf der Veranstaltungen

Bankett

Das Bankett ist ein Festessen, dessen genauer Ablauf vom Besteller festgelegt wird und dessen Charakteristik es ist, daß nicht zuerst den Damen und dann den Herren, sondern den Gästen in der Reihenfolge, in der sie sitzen, serviert wird.
Wenn ein Bankett bestellt wurde, wird der Function sheet an die einzelnen angeführten Personen ausgeteilt und die weitere Durchführung der Veranstaltung dem Bankettleiter für das Service und dem Küchenchef übertragen. In kleineren Betrieben werden alle Mitarbeiter von der Veranstaltung informiert. Bankettleiter und Küchenchef führen die erste Besprechung, bei der im speziellen auf die Sonderwünsche des Kunden eingegangen wird. Das Menü wird durchbesprochen, sodaß die notwendigen Einkäufe getätigt werden können. Hier ist besonders zu beachten, daß bei manchen der gewünschten Waren vielleicht lange Lieferzeiten bestehen. Die Anrichte- und die Servierart werden festgelegt.
Bei Großveranstaltungen nehmen an dieser Besprechung auch der Wirtschaftsdirektor, die Hausdame sowie die Assistenten von Bankettleiter und Küchenchef teil. Sind Aushilfskräfte notwendig, wird meist auch der Personalchef an dieser Besprechung teilnehmen.

Vorbereitungsarbeiten

Für das Bankett wird zunächst von der Bankettleitung eine Inventarliste mit dem gesamten benötigten Tischinventar erstellt und dem Chefsteward (bzw. dem verantwortlichen Kellner) übergeben. Dieser hat dafür zu sorgen, daß die benötigten Gegenstände am Tag des Banketts dem Bankettleiter aussortiert, gereinigt, poliert und funktionstüchtig zur Verfügung stehen.
Die benötigte Tischwäsche wird mit eigenen Listen von der Wäschebeschließung angefordert und der Erhalt mit Empfangs- und Gegenschein quittiert.
Durch diese exakte Auflistung behält der Betrieb die Übersicht über das Inventar, und der Schwund (Bruch, Verlust) wird erkennbar.
Am Tag der Veranstaltung wird zunächst die Haustechnik etwaige technische Anlagen installieren (z. B. Scheinwerfer, Mikrofone, Bühne) und die Beleuchtung kontrollieren. Dann werden die Säuberungsarbeiten durchgeführt und eventuell gewünschte Dekorationen im Raum angebracht. Verantwortlich für diese Aufgaben ist die Hausdame.
Anschließend stellen die Hausdiener, in kleineren Betrieben die Kellner die Tafelform. Dabei ist zu berücksichtigen, daß die Tafel immer in der Mitte des Raumes bzw. in gleichmäßigen Abständen zu den Wänden zu stehen kommt. Die exakte Stellung der Tafel verleiht dem Raum eine symmetrische Ordnung. Hilfsmittel für die genaue Ausrichtung sind Parkettböden, Teppichfliesen, Kassettendecken oder Meßbänder. Auch auf eventuell vorhandene Säulen und Nischen bzw. Eingänge und Fenster (Lichteinfall) ist zu achten.

Die **Tafelform** wird durch die Gästeanzahl sowie die Anzahl der Ehrengäste und den zur Verfügung stehenden Raum bestimmt. Die Gäste sollten bequem sitzen und den Kellnern genügend Platz für das Service zur Verfügung stehen. Die Breite der Tische soll etwa 110 bis 130 Zentimeter betragen (Ausnahme: blockförmige Tafel). Man unterscheidet:

Blockförmige Tafel

Sie ist quadratisch oder rechteckig und für maximal zwölf Personen geeignet. Diese Tafel sollte nicht zu

Kleines Bankett für 18 Personen

Grosses Bankett (Staatsbankett anlässlich des Staatsbesuches der ehemaligen indis

Ministerpräsidentin Indira Gandhi im Bundeskanzleramt)

Mittleres Bankett für 34 Personen

breit sein, weil eine Unterhaltung mit den gegenübersitzenden Personen dadurch sehr erschwert wird.

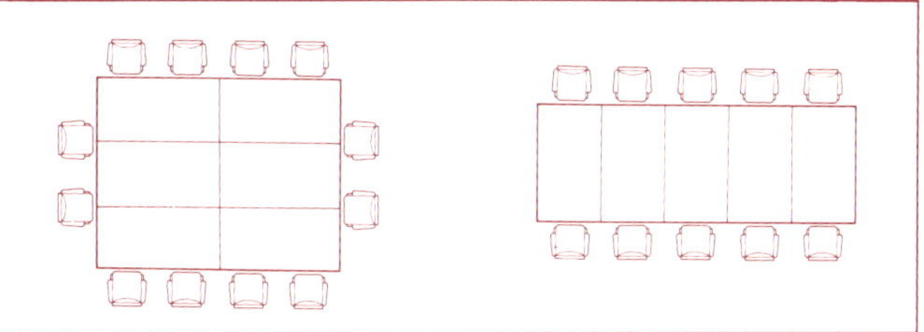

GERADE TAFEL, LÄNGS- ODER I-TAFEL
Für das Service ist diese Tafelform am günstigsten. Es sollten höchstens 30 Personen daran plaziert werden.

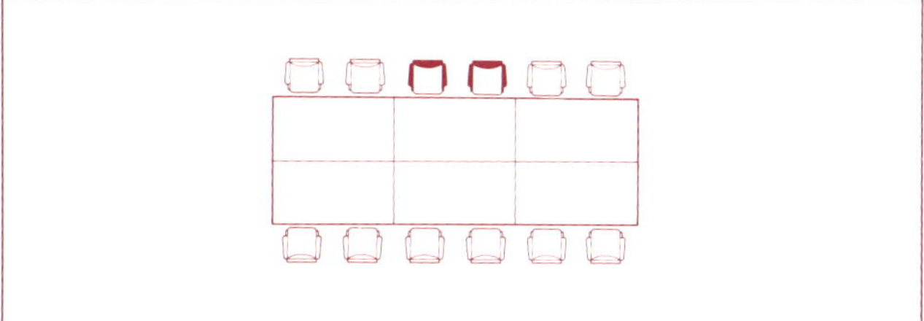

T-TAFEL
Sie ist für zirka 30 bis 40 Personen geeignet.

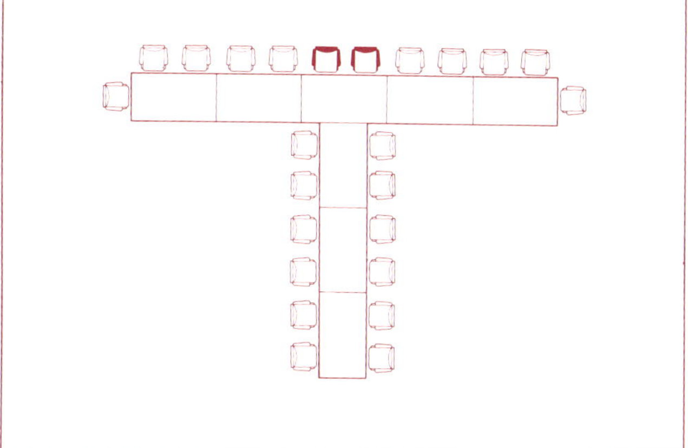

U-TAFEL ODER HUFEISENFORM
An dieser Tafel können zwischen 40 und 60 Personen untergebracht werden.

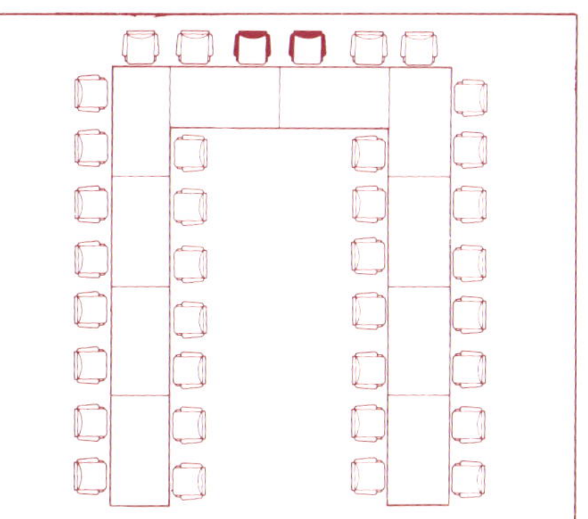

C-TAFEL
An dieser finden maximal 40 Personen Platz. Sie ist sehr gut für Arbeitssitzungen, bei denen Reden gehalten werden, geeignet.

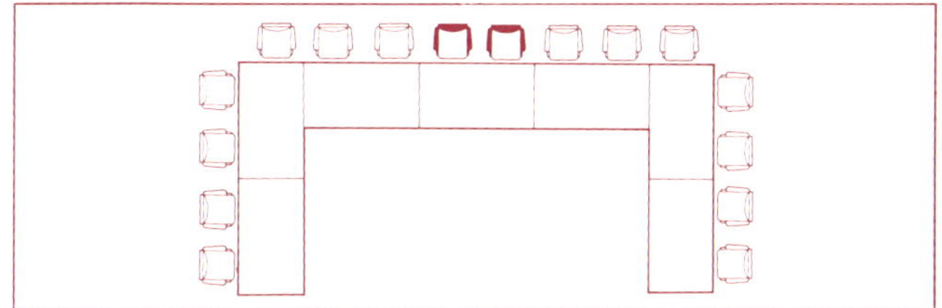

E-TAFEL
Sie ist für 60 und mehr Personen geeignet.

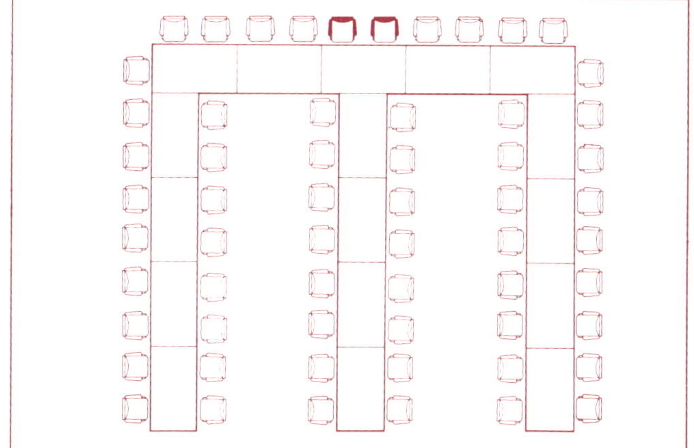

KAMM-TAFEL
An dieser Tafel können 100 und mehr Personen plaziert werden. Sie hat immer mehr als drei Schenkel und nach Möglichkeit eine ungerade Zahl.

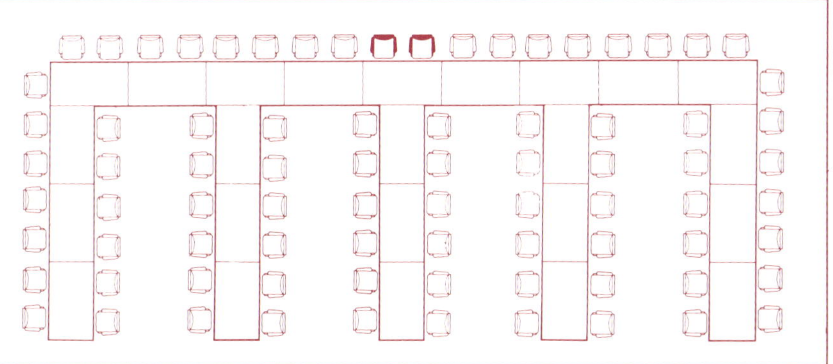

Veranstaltungen in der Gastronomie

Runde und ovale Tafel

An diesen Tafelformen werden etwa zehn bis 20 Personen untergebracht. Bei gerader Gästezahl setzt man die Gäste einander gegenüber, bei ungerader auf Lücke.

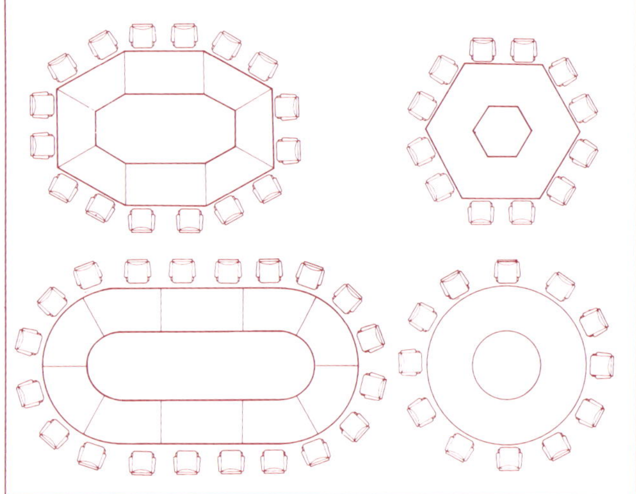

Offene Tafelformen

Die aufgelockerten Tafelformen, die aus quadratischen, rechteckigen oder runden Tischen kombiniert werden können, erfreuen sich heute allgemeiner Beliebtheit, weil durch sie Schwierigkeiten des gesellschaftlichen Protokolls in bezug auf die Tafelordnung vermieden werden können, während an einer geschlossenen Tafel die Rangordnung der Plätze genau zu beachten ist.

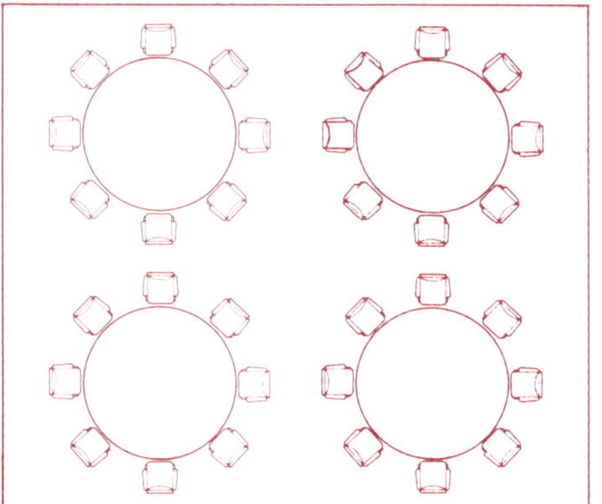

Häufig stellt man auch eine Haupttafel in die Mitte oder an den Kopf des Raumes, an der Gastgeber, Veranstalter und Ehrengäste Platz nehmen. Um die Haupttafel gruppiert man Einzeltische, die möglichst eine Station bilden (Achter- oder Zehnertische).
An offenen Tafeln können 120 und mehr Personen untergebracht werden.

Bei allen diesen Tafelformen ist es üblich, an den Schmalseiten bzw. dort, wo sich Gedecke gegenseitig behindern, kein Gedeck aufzulegen (Ausnahme: blockförmige Tafel). Hier können eventuell unerwartete Gäste plaziert werden.
Ist die Tafel gestellt, werden probeweise die Sessel aufgestellt. So kann man nochmals überprüfen, ob die vorgesehene Gästeanzahl ohne Schwierigkeiten untergebracht werden kann.

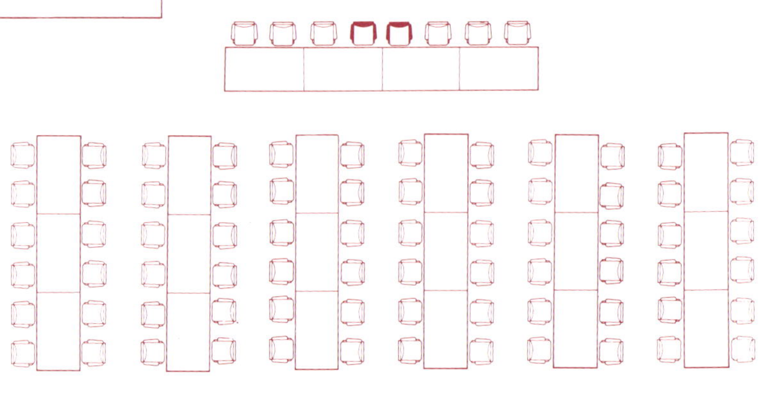

Sterntafel
Sie gehört zu den offenen Tafelformen.

Für das **Aufdecken** teilt der Bankett- oder Serviceleiter auf Grund des vorhandenen Dienstplanes die Kellner für die Vorbereitungsarbeiten ein. Das Decken geschieht in derselben Reihenfolge wie bereits vorne (siehe Seite 85) beschrieben:

- Auflegen der Moltons.
- Auflegen der Tafeltücher: Wenn sich ein Übereinanderlegen von Tisch- oder Tafelwäsche nicht vermeiden läßt, muß am Kopf der Tafel eine ungerade Anzahl von Tafeltüchern verwendet werden, damit keine Nahtkante durch die Ehrengedecke verläuft.
- Ausrichten der Sessel: An einer Festtafel benötigt man mindestens 80 bis 90 Zentimeter Platz pro Person. Ideal sind 95 bis 100 Zentimeter, von der Gedeckmitte bis zur Mitte des Nachbargedeckes gerechnet. Um überall genau dieselben Abstände zwischen den Gedecken zu erhalten, kann der Sesselabstand mit einem Meßband gemessen werden. Meist genügt jedoch das Augenmaß. Am besten stellen sich zwei Kellner gegenüber auf und beginnen, von der Mitte der Tafel ausgehend, gleichzeitig die Sessel einander gegenüber aufzustellen. Arbeiten zwei Kellner auf jeder Seite, beginnen sie von außen.
- Auflegen eines Mustergedeckes: Bei etwas weniger geschultem Personal ist es empfehlenswert, daß der Bankettchef, für alle aufdeckenden Kellner leicht sichtbar (auf einem Guéridon, im Kelleroffice oder auf einer Tuchtafel), ein komplettes Mustergedeck auflegt.
- Markieren des Gedeckes: Darunter versteht man das Aufdecken des Platztellers oder das Legen der Serviette, wobei jeweils der Mittelpunkt des Platztellers (oder der Serviette) mit dem Mittelpunkt der Sitzfläche des Sessels eine Linie bildet. Ganz exaktes Arbeiten ist hierbei notwendig, am besten arbeitet auch wieder jeweils nur ein Kellner auf einer Seite der Tafel. Man beginnt von außen zu decken.
  Bei ungerader bzw. ungünstiger Personenanzahl kann es notwendig werden, daß sogenannte Blindgedecke aufgedeckt werden, um die Symmetrie an der Tafel zu wahren.
- Entfernen der Sessel von der Tafel, um das weitere Aufdecken nicht zu behindern. Sie werden zirka einen Meter zurückgestellt.
- Auflegen des Bestecks: Die Kellner gehen im Uhrzeigersinn, wobei jeder von ihnen grundsätzlich nur eine Besteckkategorie aufdecken soll, z. B. großes Messer, große Gabel, um Fehler zu vermeiden. Mehr als vier Besteckteile auf jeder Seite sowie das Dessertbesteck werden nicht aufgedeckt.
- Aufstellen der Brotteller und Auflegen der Buttermesser.
- Aufstellen der Gläser.
- Aufstellen des Tafelschmucks, also der Blumengestecke, Kerzenleuchter, eventuell von Silberfiguren, Silberschalen, kleinen Salzstreuern (häufig für zwei Gedecke ein kleiner Salzstreuer aus Silber oder Kristallglas) usw. Alle anderen Menagen sowie Zahnstocher und Aschenbecher werden auf den Serviertischen bereitgestellt.
- Aufstellen oder -legen der schön gefalteten Servietten (siehe Seite 67): Wenn ein Platzteller aufgedeckt wurde, kommen die Servietten als letzte auf die Tafel, damit sie nicht nochmals verrückt und daher so wenig wie möglich angegriffen werden müssen. Die Servietten sind im allgemeinen dem Gast zuge-

wendet, Fächer können auch auf den Saaleingang gerichtet sein.

- Aufstellen oder -legen der Menükarten: Sie werden entweder bei jedem Gedeck plaziert, oder man stellt einige wenige Exemplare, über die Tafel verteilt, auf.
- Aufstellen der Tischkarten: Man plaziert sie laut Sitzplan oberhalb des Gedeckes.
- Kontrolle der gedeckten Tafel: Wenn alle Gedecke fertig sind, wird eine sorgfältige Kontrolle durchgeführt, und zwar am besten mit Hilfe einer Schnur, die von zwei Personen gehalten wird, von einem Dritten werden die Korrekturen durchgeführt. Man kontrolliert zuerst die Gedeckunterseite (Abstand der Teller und des Besteckes zur Tischkante), dann die Gläserstellung und zum Schluß die Servietten.
- Stellen der Sessel: Im Anschluß an die Tafelkontrolle werden die Sessel aufgestellt und ebenfalls ganz exakt ausgerichtet. Bei Banketten können die Sessel entweder gerade, d.h. parallel zum Tisch, oder schräg in Richtung zu den Ehrengästen gestellt werden.

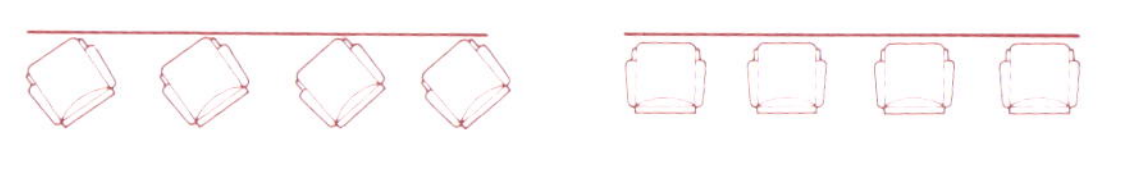

Auch die Sesselstellung wird am besten mit einer Schnur kontrolliert.

- Ist die Tafel gedeckt, werden im Raum, meist an der Wand, kleine Servicetische aufgestellt, weiß gedeckt und darauf Reservegedecke, -servietten, Menagen und sonstige Utensilien bereitgestellt.
  Bei kleinen Banketten genügen ein oder zwei Tische, bei größeren teilen sich zwei Stationen einen Tisch, und bei sehr großen Banketten hat jede Station ihren eigenen Servicetisch.
- Zum Schluß wird der Raum darauf überprüft, ob die Raumaufteilung stimmt. Freie Flächen, die die Harmonie des Gesamtbildes stören und den Raum unbehaglich erscheinen lassen, werden mit sogenannten Blind- oder Platztischen gefüllt. Das sind kleine Tische, die mit Tischtüchern bedeckt sind.
  Es können aber auch andere Dekorationsmöglichkeiten verwendet werden. Am schönsten wirken Grünpflanzen und Blumenarrangements.
- Dann wird der Raum gelüftet, anschließend werden die Vorhänge zurechtgerichtet und nochmals die Beleuchtung kontrolliert.

Für die Vorbereitung eines Banketts für 80 bis 100 Personen benötigen vier Kellner ungefähr zwei bis drei Stunden.
Wenn der gesamte Raum fertig vorbereitet ist, dann erfolgt, falls es notwendig ist, eine **Nachreinigung,** bei der der Boden zwischen den gedeckten Tafelelementen nochmals gesaugt wird.

Im Anschluß an das Herrichten des Bankettraumes beginnen nun für das Servierpersonal die **Vorbereitungsarbeiten im Office.** Alle Utensilien, die man für das Service benötigt, werden – ordentlich gereinigt und poliert – griffbereit zurechtgestellt oder -gelegt, z.B. Teller für Vorspeisen und Desserts, sämtliche Untertassen und Unterteller mit Servietten, Platten zum Vorlegen, Brotschalen, Butterteller, alle benötigten Vorleger, das gesamte Kaffeegeschirr. Dabei ist zu beachten, daß alle Teller mit einer gewissen Reserve zu Zehnerstapeln auf Plateaus oder Trolleys gestellt werden. Jene Teller, die zuerst benötigt werden, stehen griffbereit ganz vorne. Für das Getränkeservice werden Weinkühler, Serviertassen und eventuell Biergläser bereitgestellt. Aperitifgläser stellt man sortiert je nach den Getränken, die angeboten werden, auf Tabletts mit weißer Stoffserviette.
Die Getränke werden übernommen. Weißwein wird eingekühlt, Rotwein bereitgestellt, und die Flaschen werden mit einer Halsschleife versehen.
Auch der Digestifwagen kann vorbereitet werden.
Anschließend stellt man alle Teller für warme Speisen sowie Suppen- und Kaffeetassen in den Tellerwärmer zum Vorwärmen. In vielen Betrieben befinden sich diese Tellerwärmer bei der Küchenausgabe, in modern eingerichteten Betrieben aber im Kellner- oder Bankettoffice.

Zum Zeitpunkt, wo die Vorbereitungen im Office laufen, kann der Bankettleiter auf Grund der gestellten Tafel bereits eine **Serviceeinteilung** (Stationseinteilung) vornehmen. Dadurch wird auch die Anzahl der Portionen, die auf den jeweiligen Vorlegeplatten anzurichten sind, bestimmt. Diese Anzahl wird dem Küchenchef mitgeteilt.
Auf einer Vorlegeplatte können, wie bereits erwähnt, maximal zehn Portionen angerichtet werden. Auf

Grund der Personenanzahl, die bei einem Bankett teilnehmen, sind es aber meist weniger.
Im folgenden wird anhand einiger Beispiele erläutert, wie eine Stationseinteilung am besten erfolgt:

20 Personen – 2 Stationen à 10 Personen

25 Personen – 2 Stationen à 8 Personen und
1 Station à 9 Personen oder
– 3 Stationen à 6 Personen und
1 Station à 7 Personen

30 Personen – 3 Stationen à 10 Personen oder
– 2 Stationen à 8 Personen und
2 Stationen à 7 Personen

Begonnen wird die Stationseinteilung immer bei den Ehrengästen.

Servicebesprechung (Service meeting)

Etwa eine Stunde vor Beginn des Festessens versammelt der Bankettleiter die Servierbrigade und bespricht mit ihr den gesamten Ablauf des Banketts, d. h.:

- Das zu servierende Menü wird detailliert durchbesprochen und die Anrichteart der Speisen erklärt.
- Die Servierart wird bekanntgegeben (Einstellen, Einreichen, Vorlegen).
- Die Stationseinteilung für das Speisen- und Getränkeservice wird mitgeteilt. Wie bereits erwähnt, rechnet man bei erstklassigem Service pro Station (acht bis zehn Personen) mit einem Chef de rang und einem Commis de rang. Die Stationen für das Getränkeservice sind größer (20 bis 30 Personen) und jeweils mit einem Getränkekellner besetzt. Bei großen Festtafeln empfiehlt es sich, im voraus schriftlich eine genaue Serviereinteilung zu treffen und im Office auszuhängen. Für den Küchenchef ist eine Kopie anzufertigen.
  Der Beginn der einzelnen Stationen kann eventuell mit Kreidestrichen unmerklich gekennzeichnet werden. Außerdem wird jener Standort festgelegt, den jeder Kellner auf seiner Station einnehmen muß, bevor mit dem Service begonnen wird.
- Die Brigade wird darüber informiert, wann Tischreden gehalten werden. Zu diesem Zeitpunkt darf sich kein Servierpersonal im Raum aufhalten. Die Gläser werden vorher alle aufgefüllt.
- Auch über etwaige Sonderwünsche der Gäste bzw. Servierbesonderheiten wird gesprochen, z. B., ein Gast bekommt nur alkoholfreie Getränke oder eine Diätkost.

Meist beginnt die Servicebesprechung mit dem nochmaligen Überprüfen der bereitgestellten Mise en place im Office und auf den Servicetischen. Dann begeben sich alle zur Festtafel und bekommen ihre Station und den Standort, an dem sie Aufstellung nehmen müssen, zugeteilt. Gleichzeitig wird die **Gehrichtung** bestimmt. Hierbei legt man genau fest, welchen Weg jeder einzelne Kellner zurückzulegen hat, vom Einmarsch bis zum Hinausgehen. Sind mehrere Eingänge in den Saal vorhanden, ist es nicht notwendig, alle Kellner bei einer Türe eintreten zu lassen. Dadurch werden Staus vermieden.

Die Einteilung wird so getroffen, daß jeder Kellner seine Station so rasch wie möglich erreichen kann.

Beispiel einer Stationseinteilung

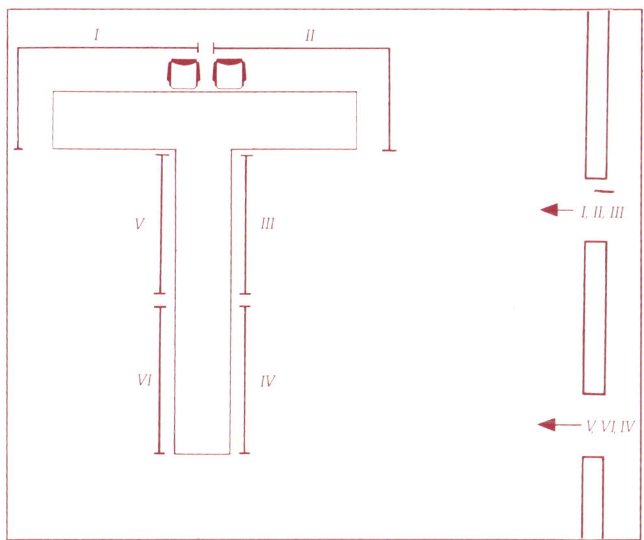

I, II = Stationen mit den Ehrengästen
III, V = Stationen mit wichtigen Gästen
IV, VI = Stationen mit den übrigen Gästen

Diejenigen Kellner, die zu ihrer Station den weitesten Weg haben, betreten den Saal immer zuerst.

Die Gehrichtung an der Tafel kann grundsätzlich auf zwei verschiedene Arten festgelegt werden.

Die traditionelle Art ist die, daß, entsprechend der Rangfolge der Gäste, unabhängig von der Servierart serviert wird, d. h., man beginnt bei den Ehrengästen und serviert der Reihenfolge nach bis zu den von den Ehrengästen am weitesten entfernten Plätzen. Dies entspricht auch den vorne erwähnten Benehmensregeln.

Gehrichtung beim Service

Variante I

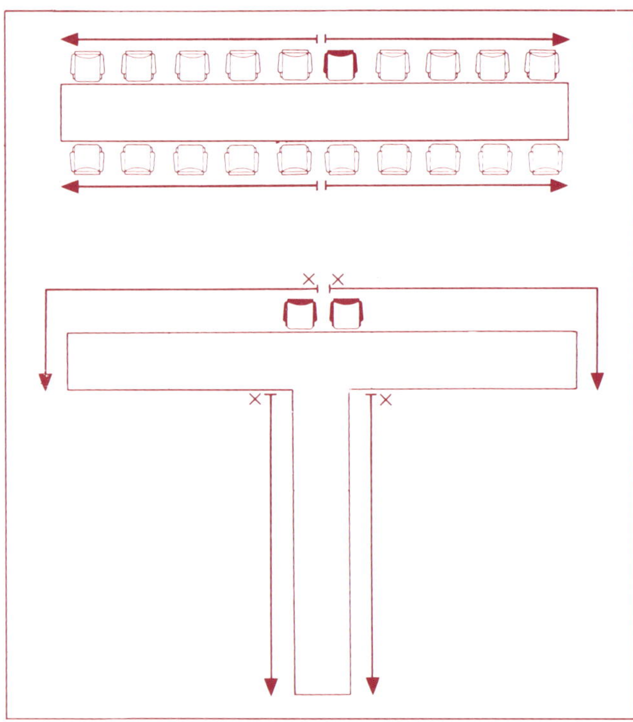

Bei dieser Art haben die Kellner, egal, welche Servierart angewendet wird, immer denselben Standort, an dem sie Aufstellung nehmen.

In vielen Betrieben wird heute allerdings eine andere Art des Service angewendet, bei der die Gehrichtung an der Tafel von der Servierart abhängig ist. Eingestellt und abserviert wird von rechts, vorgelegt und eingereicht von links. Dadurch beginnt das Service innerhalb einer Station bei unterschiedlichen Plätzen. Die Ausnahme davon bilden natürlich die Ehrengäste, bei denen immer begonnen wird.

Ein weiterer Punkt, der strittig ist und deshalb unterschiedlich gehandhabt wird, ist der, ob dem Gastgeber bei Banketten als letztem oder entsprechend seiner Sitzordnung als zweitem neben dem Ehrengast serviert wird.

Variante II

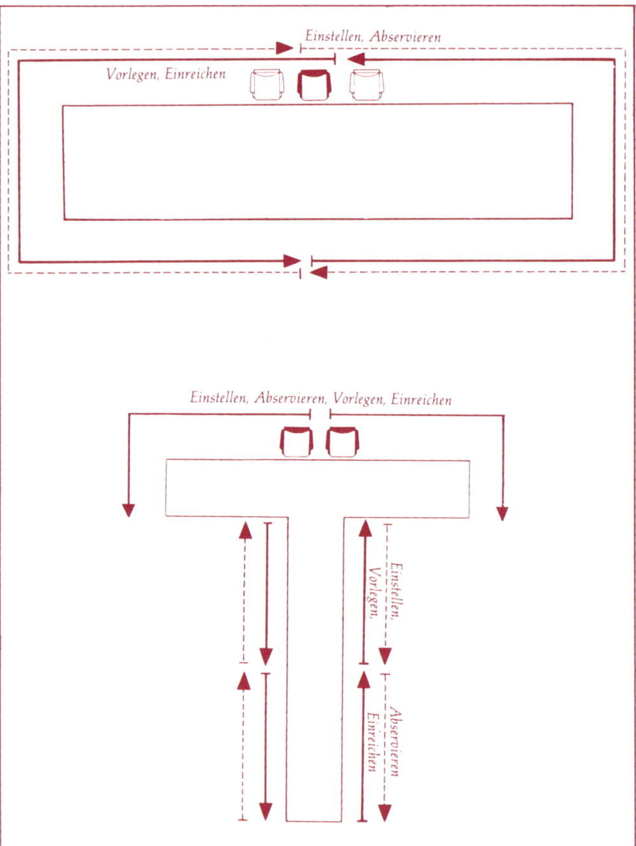

Der Einfachheit halber wird heute meist entsprechend der Sitzordnung vorgegangen. Im privaten oder im intimen kleinen Kreis wird dem Gastgeber aber nach wie vor zuletzt serviert.
Als günstig hat es sich erwiesen, wenn der Serviervorgang bei der Servicebesprechung auch geübt bzw. ein Probegang durchgeführt wird. Dies ist besonders dann empfehlenswert, wenn eine Brigade neu zusammengestellt wurde oder neue bzw. unerfahrene Mitarbeiter aufgenommen wurden. Wichtig ist, daß sich der einzelne in Reih und Glied einfügt und das Service koordiniert abläuft, d. h. jeder Kellner dasselbe zur selben Zeit tut.

Wenn die einzelnen Stationen unterschiedlich groß sind (z. B. sechs bzw. sieben Personen), so bleibt der

Kellner, der die kleinere Station hat, ruhig hinter dem letzten Gast stehen, bis alle anderen mit dem Service fertig sind.
In gebeugter Haltung neben dem Gast stehen zu bleiben und sich gemeinsam mit den anderen aufzurichten ist heute nicht mehr sehr gebräuchlich, da es die Gäste mitunter verwirrt.

Unmittelbar bevor die Gäste eintreffen, wird die Dienstkleidung der Servierbrigade überprüft und bei den Getränken die Serviertemperatur kontrolliert.

Serviceablauf

Beim Servieren eines Festmahles kommt es im besonderen Maße auf Exaktheit, Disziplin und eine entsprechende Übung an. Ansonsten ist das Bankettservice relativ einfach und stellt keine besonderen fachlichen Anforderungen, da schwierige Servicearten wie Anrichten, Tranchieren, Filetieren nicht benötigt werden.
Der chronologische Ablauf eines Festessens wird anhand des folgenden Menübeispiels erklärt:

Aperitif	
Wein I	Kalte Vorspeise
	*
	Suppe
	*
Wein II	Hauptspeise 2 Beilagen
	*
Schaumwein	Süßspeise
	*
Digestif	Mokka

- Die Getränkekellner bieten den Aperitif möglichst in einem anderen Raum (z. B. Wintergarten, Bar, kleinem separatem Raum) als dem Bankettsaal an. Währenddessen zünden die Speisenkellner die Kerzen auf der Tafel an und stellen sich anschließend auf ihrer Station bereit, um den Gästen beim Plazieren behilflich zu sein. Trinken die Gäste den Aperitif bereits im Bankettsaal, hält sich das Servierpersonal im Office auf und nimmt, sobald sich die Gäste anschicken, in Richtung Tafel zu gehen, bei seiner Station Aufstellung.
  Wird der Aperitif in einem separaten Raum eingenommen, ist es günstig, hier bereits einen Sitzplan oder Tafelorientierungsplan aufzulegen, damit die Gäste wissen, wo sie sitzen.
  Auf diesem Sitzplan sind alle Plätze (bei offenen Tafelformen auch die Tische) durchnumeriert.
  Zum Tafelorientierungsplan gehört eine Gästeliste. Diese enthält in alphabetischer Reihenfolge die Namen der Gäste, und daneben stehen die Tafel- und/oder Platznummer.
- Nach dem Aperitif betreten die Gäste den Festsaal, die Speisenkellner stehen auf ihrer Station bereit, begrüßen die Gäste freundlich und sind ihnen bei der Platzsuche behilflich.
- Wenn alle Gäste Platz genommen haben, beginnt das Service.
  Alle Serviergänge laufen nach einem Schema ab: Die Kellner nehmen vor den Eingängen Aufstellung, marschieren gleichzeitig ein und nehmen an der Tafel bei ihrer Station Aufstellung. Auf ein diskretes Zeichen des Serviceleiters beginnen alle Kellner gleichzeitig mit dem Service. Von den Kellnern ist auf ein gleichmäßiges Tempo und die richtige Gehrichtung zu achten.
  Bei den Ehrengästen ist zu berücksichtigen, daß ihnen, falls sie von zwei Kellnern betreut werden, nicht gleichzeitig serviert wird, da sonst einer von ihnen „in die Zange" genommen wird. Man beginnt daher beim ranghöchsten oder beim weiblichen Ehrengast, währenddessen der Kellner, der einen etwaigen zweiten Ehrengast betreut, wartet, bis dem ersten serviert wurde. Drei Ehrengäste werden meist von einem Kellner betreut. Die Stationen müssen dementsprechend eingeteilt werden.
  Zuerst legen die Stationskellner Butter und Gebäck auf den Brotteller. (Das Gebäck kann auch unmittelbar vor Eintreffen der Gäste aufgelegt werden.)
- Anschließend schenken die Getränkekellner Wein I ein. Ein Verkosten des Weines mit einem Probeschluck ist beim Bankett nicht üblich. Das Servierpersonal betritt den Saal mit geöffneter Flasche und schenkt ein.
  Ist ein Begrüßungstoast geplant, werden zuerst die Gläser gefüllt, dann erfolgt die Begrüßung, und anschließend wird der erste Gang serviert.
- Die Stationskellner bringen die kalte Vorspeise, die entweder eingestellt oder vorgelegt (in Ausnahmefällen auch eingereicht) wird. Ist letzteres der Fall,

Veranstaltungen in der Gastronomie

müssen zuerst die Teller für die Vorspeise eingestellt werden.
Will ein Gast eine bestimmte Speise, aus welchen Gründen auch immer, auslassen, so legt er das entsprechende Besteck auf den eingestellten leeren Teller. Gut geschultes Personal wird sofort erkennen, daß der Gast diesen Gang nicht serviert haben möchte. Der Teller bleibt bei diesem Gang stehen, wird mit den gebrauchten abserviert und anschließend für den nächsten Gang ein neuer Teller eingestellt.

- Die Getränkekellner servieren auf Verlangen alkoholfreie Getränke und entfernen eventuell von Gästen mitgenommene Aperitifgläser.
- Die Stationskellner nehmen bei ihrer Station Aufstellung, und auf ein Zeichen des Serviceleiters hin werden die Vorspeisenteller abserviert. Dabei ist wiederum auf ein gleichmäßiges Tempo und die richtige Gehrichtung zu achten.
- Dann servieren die Stationskellner die Suppe in der Tasse (Suppen werden bei Banketten niemals im Suppenteller serviert).
- Die Suppentassen werden von den Stationskellnern abserviert.
- Die Getränkekellner schenken Wein II ein und heben anschließend nach vorherigem Fragen, ob es gestattet ist, das Glas von Wein I aus, auch wenn es noch nicht leer ist.
  Wassergläser bleiben meist bis zum Schluß auf der Tafel stehen.
- Die Stationskellner stellen die auf Tellern angerichtete Hauptspeise oder, wenn vorgelegt (bzw. eingereicht) wird, die vorgewärmten Fleischteller ein.
  Ist letzteres der Fall, präsentieren die Chefs de rang die Platten und legen den Gästen die Hauptspeise vor. Die Teller sollen dabei nicht überhäuft werden. Commis I und II nehmen mit den Beilagenschüsseln hinter dem Chef de rang Aufstellung, beginnen aber erst dann mit dem Vorlegen, wenn zwischen Chef de rang und Commis I ein Zwischenraum von zwei Gästen ist, d. h. der Chef de rang bereits beim dritten Gast ist. Ebenso verhält sich der Commis II. Gibt es zum Fleischgericht Salat, so sollte dieser vor der Hauptspeise serviert werden. Zusätzliche Menagen, Knochenteller usw. sind ebenfalls vor dem Service der Hauptspeise einzustellen. Nach dem Servieren verlassen die Speisenkellner den Raum.
- Die Getränkekellner schenken Wein II nach und ergänzen Mineralwasser.
- Nach dem Essen nehmen die Speisenkellner wieder Aufstellung und servieren zuerst die Fleischteller, dann die Salat-, Brot- und sonstigen Teller ab. Auch die Salzstreuer werden entfernt. Nur wenn anschließend noch Käse serviert wird, bleiben diese stehen.
- Mit Tischbesen und -schaufel oder einem Serviertuch und Dessertteller werden anschließend Brösel usw. von der Tafel entfernt. Dann wird das Dessertbesteck heruntergezogen.
- Anschließend schenken die Getränkekellner den Schaumwein ein.
- Wenn alles so weit vorbereitet ist, gibt der Bankettleiter, falls eine Ansprache geplant ist, dem Gastgeber ein Zeichen, das gesamte Servierpersonal verläßt den Raum, und die Türen werden geschlossen.
  Aber auch wenn keine Ansprache gehalten wird, tritt nun eine kleine Pause ein, um den Gästen etwas Erholung zu verschaffen.
  Nach der Rede bzw. Pause servieren die Stationskellner die Süßspeise, die meist nur eingestellt wird. Wird sie vorgelegt (bzw. eingereicht), müssen vorher die Teller eingestellt werden.
- Das Geschirr für die Süßspeise wird von den Stationskellnern abserviert.
- Die Stationskellner (manchmal auch die Getränkekellner) bringen den Kaffee in der Tasse auf einem Serviertablett. Bei diesem Service gibt es zwei Möglichkeiten: Entweder werden Zuckerschalen und Oberskännchen auf der Tafel eingestellt, oder man bringt Zucker und Obers auf der Serviertasse mit. Der Kellner fragt den jeweiligen Gast, wieviel er davon nehmen möchte, gibt das Gewünschte hinein und serviert den fertigen Kaffee. Mit dem Kaffeeservice werden auch Aschenbecher eingestellt und die Servietten abserviert. Menükarten bleiben liegen, da sie von den Gästen meist als Souvenir mit nach Hause genommen werden.
- Die Getränkekellner bringen den Digestif, wobei es drei Möglichkeiten gibt, ihn zu servieren:
  Der Digestif ist bereits in Gläser eingeschenkt und steht auf einem Tablett mit weißer Stoffserviette.

Werden verschiedene Getränke angeboten, stehen sie sortiert auf dem Tablett, und der Gast wird gefragt, welches er haben möchte.

Die zweite Möglichkeit ist, daß ein Kellner mit einer Serviertasse, auf der die Gläser und Flaschen stehen, von Gast zu Gast geht und ein zweiter Kellner das vom Gast gewünschte Getränk eingießt und es serviert.

Schließlich können die verschiedenen Digestifs und Gläser auch auf einem Digestifwagen aufgebaut sein. Ein Kellner fährt von Gast zu Gast und serviert.

- Werden Rauchwaren offeriert, werden sie auf einem Tablett liegend bei den einzelnen Gästen, die sich bedienen möchten, eingereicht und eventuell anschließend auf der Tafel eingestellt. Auf diesem Tablett befinden sich einige sehr gängige Zigarettenmarken in der geöffneten Verpackung, verschiedene Zigarren, in gefälliger Form aufgelegt, eine brennende Kerze, lange Zündhölzer, eine Zigarrennadel und ein Zigarrenabschneider oder ein kleines Messer.

  Werden Zigaretten und Zigarren separat angeboten, läßt man die Zigarren am besten in ihrer Originalverpackung (Zigarrenkiste).

  Beim Anzünden der Rauchwaren ist der Kellner behilflich.
- Das Kaffeegeschirr und die Digestifgläser werden nicht abserviert, sondern bleiben stehen, bis sich die Gäste entfernt haben.

Für das **Präparieren und Rauchen einer Zigarre** gibt es einige Regeln, die unbedingt eingehalten werden sollen:

Zuerst prüft der Gast die Zigarre. Er hält sie zwischen Daumen und Zeigefinger und rollt sie, ohne kräftig zusammenzudrücken, ein wenig hin und her. So prüft er das Deckblatt und ihre Form.

Ist das Mundstück geschlossen, muß es mit dem Zigarrenabschneider eingeschnitten werden. Dies macht der Kellner. Er schneidet eine Kerbe und schafft dadurch eine gute Rauchzirkulation.

Wenn die Zigarre zu trocken ist, befeuchtet der Gast das Mundstück etwas mit den Lippen.

Dann wird die Zigarre angezündet, und zwar nur mit Zündhölzern oder einem Gasfeuerzeug, nicht mit einem Benzinfeuerzeug. Das Brandende der Zigarre wird einige Sekunden über der Flamme vorgewärmt. Der Schwefelkopf des Streichholzes muß schon abgebrannt sein. Dann nimmt der Gast die Zigarre in den Mund, und sie wird mit einem zweiten Streichholz entzündet. Die Flamme sollte klein sein. Man

nähert sich auf etwa einen Zentimeter an das Brandende heran. Der Gast hält die Zigarre ein wenig schräg nach unten im Mund. Während er kleine Züge macht, dreht er sie mit den Fingern langsam über der Flamme. Dadurch erhält die Zigarre rundherum eine gleichmäßige Glut, die mehrere Millimeter tief ist.

Während des Rauchens streift man die Asche von Zeit zu Zeit ab. Man läßt sie nicht, entgegen einer weitverbreiteten Meinung, so lang werden, bis sie von selbst abfällt.

Eine Zigarre wird nicht bis zum Ende geraucht, sondern man läßt etwa ein Drittel über. Auch drückt man sie nicht wie eine Zigarette aus, sondern legt sie im Aschenbecher ab, und sie erlischt durch die konzentrierten Teerstoffe von selbst.

Ist die Zigarre während des Rauchens ausgegangen, kann man sie sofort wieder anzünden.

Ob man beim Rauchen der Zigarre die Bauchbinde abnimmt oder nicht, ist jedem Raucher selbst überlassen.

Staatsbankett

Ein Staatsbankett ist ein Bankett, bei dem der Bundespräsident, der Bundeskanzler oder auch ein Minister der Gastgeber ist und das zu Ehren eines Staatsoberhauptes oder Regenten, von Regierungsmitgliedern oder Diplomaten veranstaltet wird.

Der Ablauf eines Staatsbanketts ist bis ins kleinste Detail durch ein Protokoll geregelt. Dieses Protokoll ist die Gesamtheit der bei Staatsakten, Staatsempfängen und Zusammenkünften von Staatsoberhäuptern, Regierungsmitgliedern und Diplomaten international üblichen, der Würde der Staaten entsprechenden Gebräuche und Gepflogenheiten.

Nur sehr wenige Menschen haben die Möglichkeit, jemals an einem solchen Essen teilzunehmen.

Aber auch nur einer ganz geringen Anzahl von Luxusbetrieben ist es vorbehalten, eine derartige Veranstaltung auszurichten.

Tafelform und Sitzordnung

Die häufigste **Tafelform** bei einem Staatsbankett ist eine U-Tafel (meist bei etwa 60 Personen), bei größeren Gesellschaften werden im allgemeinen einzelne runde Tische für acht bis zehn Personen aufgestellt. Aber auch I-, T-, E- oder Kammtafeln können vorbereitet werden.

Die **Sitzordnung** ist eine äußerst diffizile Angelegenheit, sie wird nach der Rangfolge und der Bedeutung der Gäste festgelegt. Die Sitzordnung bei Staatsbanketten kann mitunter hinter den Kulissen einiges an diplomatischen Aktivitäten hervorrufen.
Der Gastgeber sitzt stets in der Mitte der Tafel, bei I-Tafeln in der Längsmitte, bei U-, E- oder Kammtafeln in der Mitte der oberen Längstafel, stets mit dem Blick zur Eingangstür des Raumes oder Saales. Rechts neben dem Gastgeber sitzt der höchste Ehrengast, links neben ihm der zweithöchste oder die Frau des Ehrengastes. Rechts neben dem Ehrengast sitzt die Frau des Gastgebers.
Bei der weiteren Plazierung muß darauf geachtet werden, daß immer abwechselnd Gäste des Gastgeberlandes und ausländische Gäste sitzen und daß kein ausländischer Gast am Tafelende sitzt.
Mit der Einladung, die stets schriftlich erfolgt, wird den Geladenen ein kleiner Plan mit den für sie festgelegten Plätzen mitgesendet.

Sitzplan

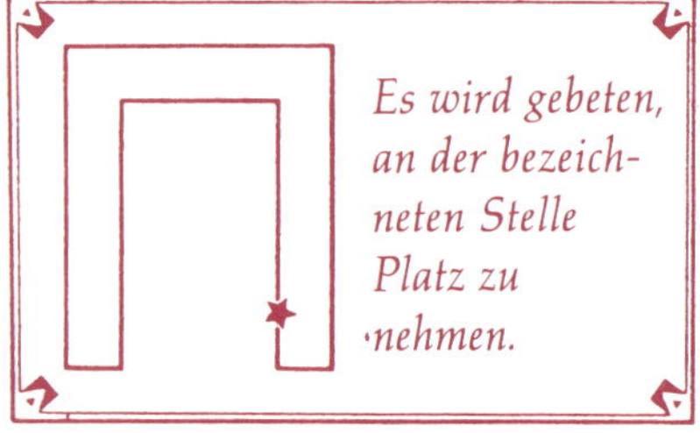

Auf der Tafel sind außerdem Tischkärtchen aufgestellt, die die Platzsuche erleichtern.
Die Dolmetscher (ein bis zwei) werden entweder direkt hinter den Plätzen des Gastgebers und seines ranghöchsten Gastes plaziert, oder es wird ihnen am Tisch ein Platz zugewiesen, von dem aus sie am günstigsten ihre Tätigkeit ausüben können. Die dadurch in Anspruch genommenen Sitzplätze werden aus der Tischordnung ausgeklammert und bei der Plazierung nicht berücksichtigt, oder es werden von vornherein solche Plätze gewählt, die an der Tafel nie mit Gästen besetzt werden.

Vorbereitungsarbeiten

Die Vorbereitungsarbeiten für ein Staatsbankett sind sehr umfangreich und benötigen eine gut durchdachte Organisation.
Beim **Gedeck** ist zu beachten, daß das Besteck verkehrt aufgedeckt wird, damit die Gäste die Rückseite mit den feinen Ziselierarbeiten (Staatswappen) sehen können. Es wird kein Brotteller aufgedeckt, sondern das Jourgebäck befindet sich in der großen Serviette.
Im Raum selbst ist für jede Station ein **Serviertisch** vorbereitet, auf dem das gesamte Geschirr steht, das zum Servieren benötigt wird. Außerdem sind hier die Getränke aufgebaut. Die Stationen werden vom Bankett- oder Serviceleiter eingeteilt.

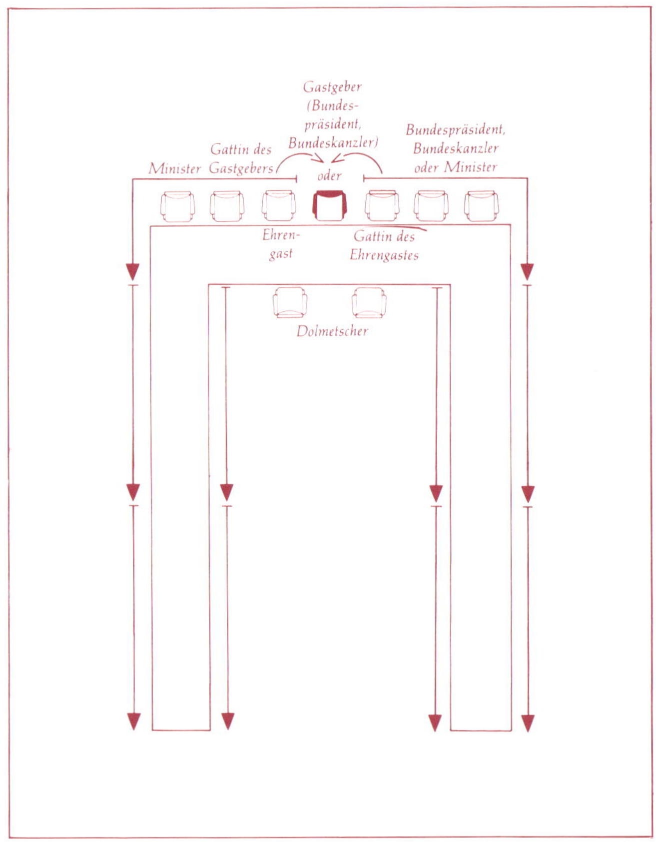

Daß der gesamte Ablauf des Banketts mit dem Servierpersonal besprochen und geübt werden muß, ist wohl eine Selbstverständlichkeit.

Ablauf des Banketts

Zu einem Staatsbankett erscheint man ganz genau zur festgesetzten Zeit. Man ist eher überpünktlich als zu knapp.
Man gibt seine Garderobe ab und bekommt manchmal schon jetzt einen **Aperitif** angeboten. Das ist dann der Fall, wenn der Ehrengast oder die Ehrengäste (Staatsoberhaupt, Regent mit Gattin) mit dem Gastgeber (Bundespräsident, Bundeskanzler) in einem kleinen separaten Raum den Aperitif zu sich nehmen. Daran anschließend ist die offizielle Begrüßung.
Die zweite Variante ist, daß Gastgeber, Ehrengäste und alle sonstigen Geladenen nach der offiziellen Begrüßung in einem Salon, der sich vor dem Bankettsaal befindet, den Aperitif gemeinsam einnehmen.

Bei der **offiziellen Begrüßung** nimmt der Ehrengast neben dem Gastgeber Aufstellung (meist mit den Gattinnen), und beide begrüßen alle geladenen Gäste einzeln, wobei der Protokollchef die Namen der Gäste nennt.
Nun begeben sich die Gäste zur Festtafel (oder zum Aperitif und dann zur Festtafel). Bei jedem Staatsbankett sind Mitarbeiter der Protokollabteilung anwesend, die bei der Platzsuche behilflich sind. Die Gäste warten stehend bei Tisch, bis der Ehrengast oder die Ehrengäste in Begleitung des Gastgebers zur Tafel kommen. Erst wenn diese Platz genommen haben, dürfen sich die übrigen Gäste setzen.

Das **Service** wird in Österreich nach dem traditionellen k. und k. Hofzeremoniell durchgeführt. Die Kleidung der Servierbrigade ist schwarzer Frack und weiße Handschuhe. Das Essen besteht im allgemeinen aus einem viergängigen Menü und dauert in der Regel eineinhalb Stunden, wobei die Zeit für die Tischreden, die grundsätzlich nach der Hauptspeise und vor dem Dessert gehalten werden, bereits eingerechnet ist.
Zusammen mit dem Aperitif und dem abschließenden Kaffee ergibt sich für das Staatsbankett durchschnittlich eine Dauer von insgesamt zweieinhalb bis drei Stunden.

Das Service beginnt auf ein diskretes Zeichen des Bankett- oder Serviceleiters hin. Zuerst wird von der Festtafel bei jedem Gast der Platzteller (meistens aus schwerem Silber) mit der rechten Hand von rechts weggenommen und mit der linken Hand von der linken Seite der Teller für den ersten Gang, z. B. eine kalte Vorspeise, eingestellt (= Tellertausch oder Changieren der Teller). Während des gesamten Essens dürfen die Gäste niemals ohne Teller sein. Vom Kellner darf jeweils nur ein Teller getragen werden, deshalb ist es wichtig, daß sich die Abstelltische ganz in der Nähe der Station befinden.
Die Speisen werden bei Staatsbanketten grundsätzlich eingereicht (Ausnahme: Suppe). Dies geschieht immer von links. Es gibt kein Nachservice (= nochmaliges Anbieten der Speisen), da sonst der Zeitplan nicht eingehalten werden kann.

Nachdem die Teller für den ersten Gang eingestellt wurden, holt die Brigade zum Beispiel die kalte Vorspeise, wobei der Chef de rang jeweils die Fleisch- oder Fischplatte nimmt und der Commis die eventuell dazugereichten Beilagen oder Saucen. Die Brigade begibt sich zurück in den Saal und nimmt Aufstellung, wobei die Plätze der einzelnen Kellner schon bei der Probe festgelegt wurden.
Stehen alle Kellner auf ihren zugewiesenen Plätzen, gibt der Serviceleiter das Zeichen zum Servicebeginn. Die Einteilung der Stationen hat so zu erfolgen, daß beim Ehrengast rechts vom Gastgeber und beim zweiten Ehrengast links vom Gastgeber begonnen wird. Zum Unterschied von kleinen Gesellschaften (bis zu zwölf Personen), wo der Gastgeber als letzter das Essen serviert bekommt, wird bei einem Staatsbankett dem Gastgeber als zweitem nach den Ehrengästen serviert. Bei der Probe muß festgelegt werden, welcher der beiden Kellner, die an der Haupttafel servieren, den Gastgeber betreut.
Nach dem Service begeben sich die Kellner aus dem Bankettsaal und warten, bis alle mit dem Essen fertig sind.

Als nächstes erfolgt, wieder auf ein Zeichen des Serviceleiters hin, das Abservieren des Vorspeisentellers mit der rechten Hand von rechts und im selben Arbeitsgang das Service der Suppe von links mit der linken Hand. Die Suppe wird in Suppentassen oder Consommétassen mit Untertasse auf einem Dessertteller serviert. Auch hier erfolgt das Service der Tassen einzeln.

Nachdem die Suppe gegessen wurde, wird wieder von rechts die Suppentasse ausgehoben und von links der Teller für den nächsten Gang (meist die Haupt-

Veranstaltungen in der Gastronomie

speise) eingestellt. Soll ein leerer Salatteller mitserviert werden, geschieht dies ebenfalls in einem Arbeitsgang: Die linke Hand hält den Salatteller, die rechte den Fleischteller. Die linke Hand setzt links den Salatteller ein und nimmt zugleich die Suppentasse (oder den Vorspeisenteller) weg. Mit der rechten Hand setzt man den Teller für den Hauptgang ein. Sind alle Teller gewechselt, holt die Brigade die Hauptplatte und die diversen Beilagen.
Bei diesem Menügang ist es durchaus möglich, daß der Chef de rang und sein Commis jeweils in beiden Händen eine Platte bzw. Sauciere halten, der Chef de rang meist die Hauptplatte und die Sauciere, der Commis die Beilagenplatte und den Salat. Beides wird von links angeboten.
Es bedarf dabei einer großen Geschicklichkeit von seiten des Kellners, da er keine Hand frei hat, um eventuell einen schlecht gelegten Vorleger richten zu können.

Wenn alle mit dem Essen fertig sind, erfolgt wieder der Tellerwechsel. Die rechte Hand serviert von rechts den Teller der Hauptspeise ab, die linke Hand setzt von links den Teller für das Dessert ein und nimmt den Salatteller weg. Ein Herabziehen des Dessertbesteckes erfolgt hier nicht, auch der Tisch wird nicht gereinigt. Nur die Reste des Jourgebäcks und die Salzstreuer werden abserviert.

Die Sommeliers haben darauf zu achten, daß die Gläser der Gäste (meistens wird zum Dessert Sekt oder Champagner getrunken) gefüllt sind, da nun die Tischreden beginnen.
Während dieser Reden, die oft etwas länger dauern können, darf sich kein Servierpersonal im Bankettsaal aufhalten oder gar irgendein Service durchführen. Die Tischreden werden bei solchen Empfängen den Gästen meist gedruckt in den verschiedenen Sprachen überreicht.

Wenn die Tischreden zu Ende sind, gibt der Bankettleiter wieder das Zeichen zum Service des nächsten und meist letzten Ganges. Auch das Dessert wird auf Platten eingereicht.

Für den Fall, daß ein Gast das Dessert nicht will, steht in einer Obstschale Obst bereit, das ihm angeboten wird.

Wurde das Dessert gegessen, so gibt der Protokollchef dem Gastgeber ein Zeichen, und dieser bittet seine Gäste zum Kaffee, der fast immer in einem anderen Raum (Salon) eingenommen wird.
In dem Moment, wo sich der Gastgeber und der Ehrengast oder die Ehrengäste von ihren Plätzen erheben, stehen auch alle anderen Gäste auf und begeben sich in den Raum, in dem der Kaffee und der Digestif serviert werden. Das Servicepersonal bietet außerdem Mineralwasser, Zigarren, Zigaretten und kleine Naschereien (Petits fours) an.
Im Salon gibt es keine so strenge Tischordnung mehr. Man sitzt in Gruppen an Einzeltischen zusammen. Der Kaffeeplausch dauert rund eine halbe Stunde. Dann verabschiedet sich der Ehrengast bzw. die -gäste. Auch die übrigen Geladenen erheben sich, und das Bankett ist beendet.

Getränkeservice

Bei einem Staatsempfang werden immer eigene Sommeliers eingesetzt, die die Getränke zum jeweiligen Gang servieren. Diese werden unmittelbar nach dem Einreichen der Platten von rechts eingeschenkt.
Gekühltes Mineralwasser wird allerdings schon kurz vor dem Platznehmen der Gäste in die Gläser eingeschenkt.

Zum Unterschied von anderen Banketten wird beim Staatsbankett kein einziges Glas abserviert. Sie stehen alle bis zum Schluß des Banketts.

Für das Getränkeservice ist es wichtig zu wissen, woher die ausländischen Gäste kommen. Für Gäste aus dem arabischen Raum beispielsweise müssen viel Juice und sonstige alkoholfreie Getränke bereitgehalten werden.

Buffets

Das Buffet ist eine Form der Bewirtung, die in den letzten Jahren sehr attraktiv geworden ist. Es werden alle gebotenen Speisen gemeinsam präsentiert, und die Gäste können wählen, was sie essen möchten.

Vorteile bietet ein Buffet sowohl für den Gast als auch für den Betrieb. Die Gäste haben eine große Auswahl an Gerichten, und es ist für jeden Geschmack etwas zu finden. Die schön angerichteten Speisen sind erfreulich für das Auge des Betrachters und regen den

Appetit an. Außerdem gibt es meist keine Protokoll- und Sitzordnungsprobleme, denn die Gäste gruppieren sich zwanglos, je nach persönlicher Sympathie oder gemeinsamen Interessen, um die bereitgestellten Tische. (Es kann aber natürlich auch eine Sitzordnung erstellt werden.)
Für den Betrieb liegen die Vorteile darin, daß ein großer Personenkreis in kurzer Zeit mit einem qualitativ hochwertigen Essen versorgt werden kann, daß verhältnismäßig wenig Servierpersonal benötigt wird und die Küche fast alles vorbereiten kann. Ambitionierten Köchen wird darüber hinaus die Möglichkeit gegeben, ihr Können und ihre Kreativität unter Beweis zu stellen.
Der größte Nachteil eines Buffets ist dann gegeben, wenn sich die Gäste selbst bedienen: Da sie meist das Vorlegebesteck nicht so geübt handhaben können, sieht das Buffet nach kurzer Zeit mitunter unappetitlich aus.

Arten des Buffets

Bei den Buffetarten unterscheidet man nach verschiedenen Kriterien. Nach dem Veranstalter teilt man sie in offene und geschlossene Buffets.

Offene Buffets werden vom Betrieb selbst veranstaltet, und es kann jedermann daran teilnehmen. Anlässe dazu sind Silvester, Ballveranstaltungen, Heringsschmaus, Barbecueparty (Grillparty), oder es wird zum Beispiel mittags ein Lunchbuffet hergerichtet. Die Gäste können entweder für einen vom Betrieb fix kalkulierten Eintrittspreis der Veranstaltung beiwohnen, oder es werden Portionspreise verrechnet, wobei jede einzelne Speise mit dem Preis versehen sein muß (Preisauszeichnungspflicht).
Bei der zweiten Variante gibt es wiederum verschiedene Verrechnungsmöglichkeiten:

- Der Gast kauft Bons beim Kassier und löst diese beim Buffet ein.
- Der Gast passiert am Ende des Buffets die Kassa und zahlt.

Bei offenen Buffets sind alle Speisen portionsweise angerichtet.

Anders ist es beim **geschlossenen Buffet.** Diese Veranstaltung wird für eine bestimmte Gästeanzahl vorbestellt und vom Besteller bezahlt. Er hat auch dann den vollen Preis zu bezahlen, wenn nicht alle Gäste gekommen sind. Die Anlässe für ein geschlossenes Buffet sind dieselben wie für ein Bankett. Beim geschlossenen Buffet sind nicht alle Speisen portioniert. Für besonders attraktive Platten werden Fleischstücke, Pasteten usw. im ganzen angerichtet.

Von der Organisation her unterscheidet man drei Möglichkeiten:

- Die Gäste suchen sich die Speisen am Buffet aus und bekommen sie serviert. Diese Art ist sehr selten, da sie überaus personalaufwendig ist.
- Die Gäste wählen die Speisen aus, ein Koch oder Kellner richtet sie auf dem Teller an und gibt den Teller dem Gast.
- Die Gäste nehmen sich die gewünschten Speisen selber.

Schließlich unterteilt man nach der Art der angebotenen Speisen die Buffets in kalte, warme und kombinierte (kalt-warme).

Kalte Buffets sind die häufigste Form. Es können entweder nur belegte Brötchen und Canapés angeboten werden (Brötchenbuffet), oder es gibt die unterschiedlichsten kalten Gerichte (z. B. Roastbeef, Wild- und andere Pasteten, Schinken, Hühner, gefüllte Eier, diverse pikante Salate), Süßspeisen, Obst und Käse.

Warme Buffets dagegen sind seltener. Die Speisen (z. B. Ragouts, Lammkeule, Hochrippe, Schweinebraten) werden auf Rechauds, Platemasters und in Chafing-dishes warm gehalten. Bei dieser Art von Buffet werden die Speisen meist von einem Koch auf dem Teller angerichtet.

Sehr beliebt sind auch **kombinierte Buffets,** bei denen sowohl kalte als auch warme Gerichte angeboten werden. Der Gast kann sich ein individuelles Menü von der kalten Vorspeise über Suppe, Hauptgericht mit Beilagen, Käse bis zur Süßspeise zusammenstellen.

Neben den genannten gibt es noch weitere Buffetarten, die heutzutage sehr beliebt sind. Solche sind beispielsweise:

- Frühstücksbuffet: Es ist sowohl in Stadthotels wie auch in Fremdenverkehrsbetrieben notwendig geworden, um den Betrieb in personeller Hinsicht zu entlasten (Organisation siehe Seite 152).

Tafel Kultur

Veranstaltungen in der Gastronomie

- Apérobuffet (Aperitifbuffet): Das ist eine improvisierte, eventuell auch mobile Aperitifbar, die bei Veranstaltungen aufgebaut wird.
- Hors-d'œuvre-Buffet (Vorspeisenbuffet): Es kann entweder an einem gut sichtbaren Platz im Restaurant aufgebaut sein, oder die Vorspeisen befinden sich auf einem fahrbaren Wagen (Hors-d'œuvre-Wagen). Im ersten Fall wird das Buffet – man nennt es auch Display – so aufgebaut, daß der Gast beim Betreten des Restaurants daran vorbeigeht und zum Kauf animiert wird. Die Optik spielt daher eine sehr große Rolle. Der Hors-d'œuvre-Wagen ist häufig gekühlt und kann an den Tisch des Gastes gefahren werden.
  Vorspeisenbuffets findet man in erster Linie in erstklassigen Restaurants. Die Hors-d'œuvre werden portionsweise verrechnet.
- Salatbuffet: Es ist heute faktisch in allen Restaurants, ob in kleinen, großen oder Luxusbetrieben, anzutreffen. Zu einem Einheitspreis kann man sich davon bedienen.
  Die vorteilhafteste Präsentation der Salate ist in nicht zu hohen, dafür möglichst weiten Schüsseln. Die dazupassenden Dressings werden separat in Kannen oder Krügen mit entsprechendem Schöpflöffel dazugestellt.
- Dessertbuffet: In erstklassigen Betrieben werden täglich andere Nachspeisen auf einem dekorierten Buffet angeboten. Diese Art von Buffets ist nicht nur in Restaurants, sondern mitunter auch in Urlaubshotels üblich. Wird als Nachtisch Käse angeboten, kann auch eine Auswahl davon auf einem separaten Buffet aufgebaut werden.
- Lunchbuffet: Diese Form eines kalt-warmen Buffets ist vor allem in Betrieben mit einem konzentrierten Mittagsgeschäft anzutreffen. Zu einem festgesetzten Einheitspreis holt sich der Gast selbst kalte und warme Speisen von einem zentral gelegenen Buffet. Das Mittagessen kann dadurch rasch abgewickelt werden. Daher ist diese Form des Mittagstisches vor allem für Geschäftsleute ideal.
  Für den Betrieb bringt das Lunchbuffet den Vorteil, daß die Küche zu den Spitzenzeiten entlastet wird und weniger Servierpersonal notwendig ist (Organisation des Lunchbuffets siehe Seite 261).
- Smörgås-Bord: Diese Buffetform kommt aus Skandinavien und ist vor allem in Schweden sehr beliebt. Es handelt sich dabei um ein Brötchenbuffet, das in erster Linie verschiedenste Fischgerichte zur Auswahl bietet. Die Brötchen sind sehr delikat und abwechslungsreich gestaltet. Für die Teilnahme am Buffet wird ein festgelegter Einheitspreis verlangt.
- Rustikales Buffet (Bauernbuffet): In Ostösterreich heißt es auch Heurigenbuffet. Von der Aufmachung her ist es betont rustikal (bäuerliches Geschirr, Holzschüsseln, Holzteller). Die Speisen sind regional unterschiedlich, immer aber bodenständig und eher deftig.
  Rustikale Buffets eignen sich auch zum Aufstellen im Freien.
- Konsumationsbuffet: Hierbei werden kleine Speisen portionsweise angerichtet und verkauft. Diese offene Buffetform ist vor allem bei Ballveranstaltungen üblich.
- Stehbuffet (Stehkonvent): Bei dieser Buffetart werden keine Gästetische gedeckt, sondern die Gäste verzehren die Speisen im Stehen. Von der Küche ist daher zu beachten, daß die Portionen mundgerecht vorbereitet und angerichtet werden. Beim Buffet herrscht Selbstbedienung.
- Schaubuffet: Die zur Auswahl stehenden Speisen werden auf einem Buffet „zur Schau gestellt". Die Gäste können gustieren, bestellen anschließend beim Kellner und bekommen die Speisen aus der Küche, nicht vom Buffet serviert.
- Galabuffet: Dieses Buffet für eine geschlossene Gesellschaft ist für einen besonders festlichen Anlaß gedacht. Es ist eine kleine Kochkunstschau, bei der die Küchenbrigade ihre Kreativität und ihre Leistungsfähigkeit unter Beweis stellen kann.
  Das Galabuffet ist vorwiegend bei Kongressen, Empfängen, aber auch bei großen Hochzeiten üblich.

Vorbereitungsarbeiten

Im Prinzip werden Buffets wie Bankette organisiert. Auch hier ist das wichtigste Hilfsmittel der Function sheet (siehe Seite 230), in dem alle wichtigen Informationen enthalten sind.

Die Anzahl der geladenen Gäste bestimmt auch beim Buffet die Größe des Raumes, wobei man den Platz, den das Buffet einnimmt, berücksichtigen muß.
Am besten eignen sich solche Räumlichkeiten, die

durch viele Durchgänge miteinander verbunden sind. Der Vorteil ist, daß der Buffetraum eher kühl gehalten werden kann und die Speisen weniger durch hohe Raumtemperatur und Rauch zu leiden haben. Auch kann durch deutlich markierte Zu- und Abgänge ein Gästestau weitgehend vermieden werden.

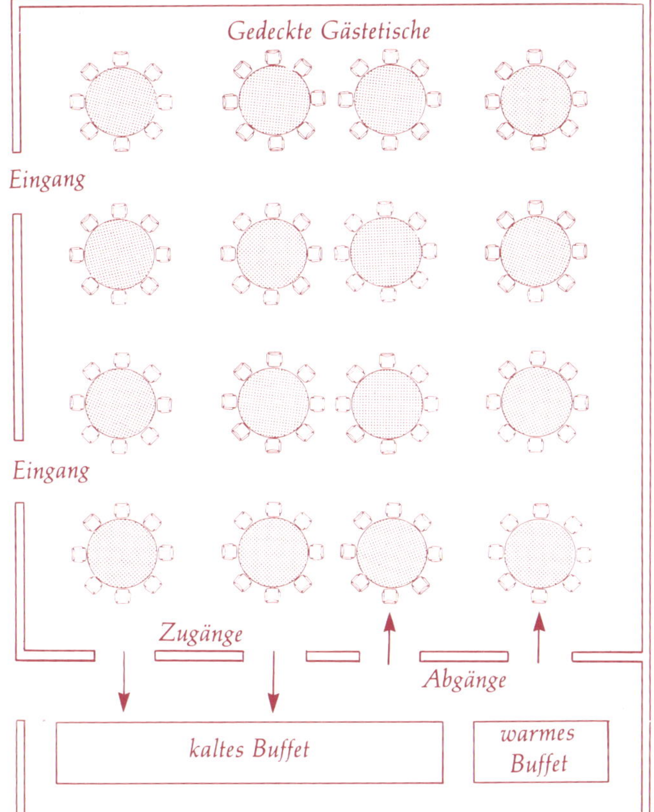

Sind derartige Räumlichkeiten nicht verfügbar, so wird das Buffet im selben Raum aufgebaut, in dem sich die Gäste befinden. Meist steht es entlang einer Wand oder frei im Raum mit allseitigem Zugang. Bei größerer Gästeanzahl (zirka 100 bis 200 Personen) empfiehlt sich die Aufstellung mehrerer Buffetblocks und Nebenbuffets für Hauptspeisen, Käse, süße Desserts und Kaffee. Dasselbe gilt für kombinierte (kalt-warme) Buffets. Die kalten und die warmen Speisen sollten auf getrennten Buffets angeboten werden.

Die erste Vorbereitungsarbeit für ein Buffet ist immer das **Stellen der Buffettafel** selbst. Dabei ist die Wahl eines vorteilhaften Platzes sehr wichtig. Das Buffet soll für die hereinkommenden Gäste attraktiv, d. h. im Blickfeld, plaziert sein. Außerdem soll es gut zugänglich und der Ort, an dem es steht, möglichst kühl sein. Weiters ist zu beachten, daß der Buffetblock nicht zu breit ist, maximal 1,2 bis 1,5 Meter, damit die Platten und Schüsseln beim Bedienen leicht erreichbar sind. Die Buffetfläche richtet sich nach dem Angebot an Speisen, das von der Anzahl der Gäste und vom Preis, der pro Person vereinbart wurde, abhängt. Daher bestimmt die jeweilige Form, Länge und Breite des Buffettisches der Küchenchef. Er kennt die genaue Anzahl und Größe der vorbereiteten Platten, Schüsseln, Saucieren sowie des Dekormaterials.

Man unterscheidet folgende **Buffetformen:**

Längsform

Sie ist am gebräuchlichsten, weil sie mit einfachen Tischen aufgebaut werden kann.

U-Form

Auch diese Form läßt sich leicht aufstellen.

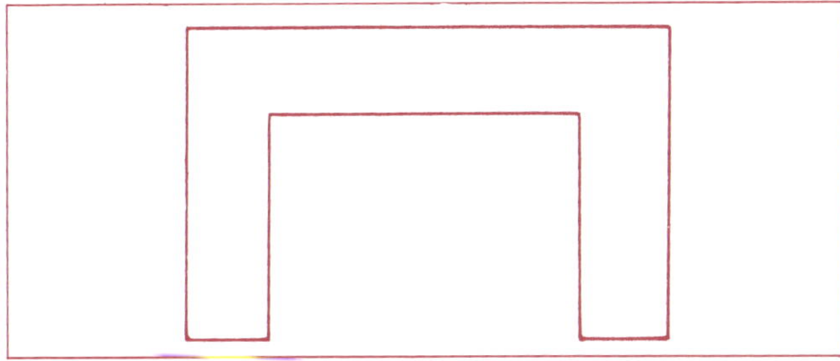

Halbovale Form

Für diese Form benötigt man eigens angefertigte Elemente. Sie kann auch mit einem Beistelltisch für die Dekoration kombiniert werden.

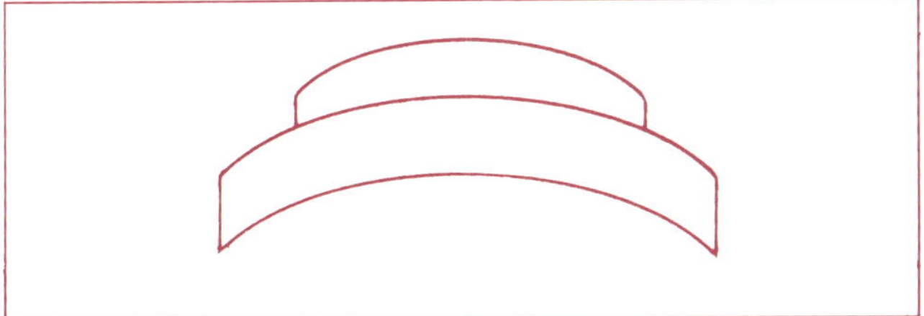

RUNDE FORM

Auch für diese Form braucht man eigene Elemente. Runde Buffettafeln stehen in der Mitte des Raumes und können nur dann verwendet werden, wenn Selbstbedienung herrscht, da in der Mitte keine Köche oder Kellner zum Anrichten der Speisen stehen können.
Diese Form findet meist bei Brötchenbuffets und offenen Buffets, bei denen die Speisen portionsweise angerichtet sind, Verwendung.

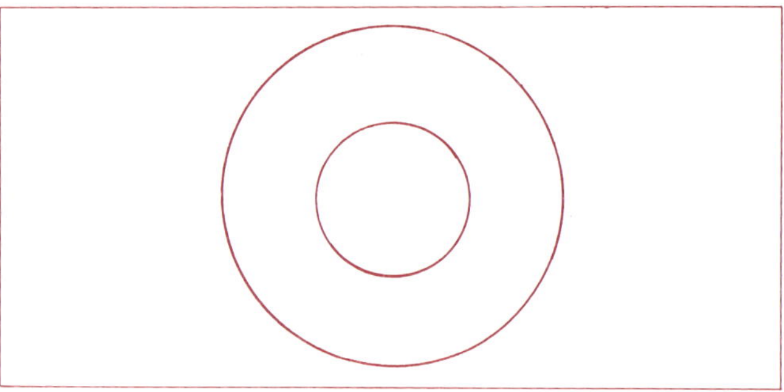

RECHTECKIGE ODER QUADRATISCHE FORM

Sie läßt sich leicht aus den vorhandenen Tischen zusammenstellen. Auch das rechteckige bzw. quadratische Buffet steht in der Mitte des Raumes bzw. meist eines Saales, weil es im allgemeinen bei sehr großer Gästeanzahl verwendet wird.
Der Zugang für die Köche und Kellner ist immer einer geschlossenen Wand und niemals den Saaleingängen zugewendet.

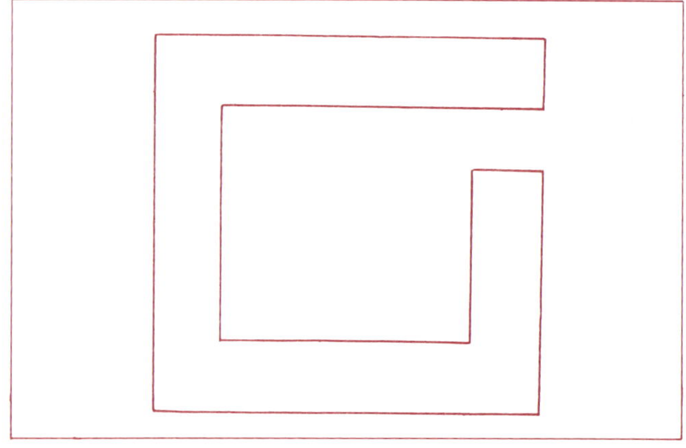

Zu jeder dieser Buffetformen läßt sich separat ein kleines Nebenbuffet errichten, an welchem entweder die Süßspeisen oder – bei gemischtem Buffet – die warmen Speisen aufgebaut werden.

Steht das Buffet, werden anschließend die **Gästetische** gereiht, und zwar so, daß die Zugänge zum Buffet nicht verstellt werden.
Man plaziert zwei bis drei Reihen Tische mit normalem Abstand und läßt dann zur nächsten Tischreihe einen breiteren Abstand, der als Zugang zum Buffet verwendet wird.
Die Tische können quadratisch, rechteckig oder rund sein. Sie sollten acht bis zehn Personen Platz bieten.

Sind die Tische gestellt, beginnt man mit dem Aufstellen der Sessel. Dadurch läßt sich kontrollieren, ob die Anzahl der Plätze genügt und die geplanten Durchgänge breit genug sind. Korrekturen sind vor dem Aufdecken der Tische relativ einfach anzubringen.
In gut organisierten Betrieben ist ein maßstabgerechter Raumplan vorhanden. Darauf können Tische und Sessel mittels Magnethaftung befestigt werden, wodurch man die optimale Raumausnützung schon feststellen kann, bevor man mit dem eigentlichen Stellen der Möbel beginnt.
Diesen Plan bekommen die Hausdiener bzw. Kellner. Sie können sich exakt danach richten und ersparen sich unnötiges Herumprobieren.

Wenn das Buffet sowie die Tische und Sessel richtig plaziert sind, wird mit dem **Decken des Buffets** begonnen. Dies geschieht, wie vorne (siehe Seite 93) beschrieben, in folgender Reihenfolge:

- Auflegen der Moltons (oder dünner Flanelldecken).
- Auflegen der Buffettücher bzw. Auflegen von Tafeltüchern und Befestigen der Buffetschürzen.
- Aufstellen der Teller: Die Anzahl der Teller soll mindestens doppelt so groß sein wie die Anzahl der Gäste. Darüber hinaus ist eine kleine Reserve empfehlenswert.
  Die Teller können auf verschiedenen Stellen plaziert werden.
  Bei kleinen Buffets, bei denen sich die Gäste selbst bedienen, werden Dessert- und Fleischteller an einem Ende des Buffettisches oder auf einem separaten Guéridon neben dem Buffet gestapelt. Somit weiß man als Gast auch die Gehrichtung beim Buffet.
  Bei großen Buffets – ebenfalls mit Selbstbedienung – stehen auf der Vorderseite der Buffettafel

Abendessen für 8 Personen

Weindegustation im Weinkeller

Veranstaltungen in der Gastronomie

abwechselnd Fleisch- und Dessertteller in Fünfer- oder Zehnerstapeln.
Stehen hinter dem Buffet Köche oder Kellner, werden die Tellerstapel auf die von den Gästen abgekehrte Seite des Buffets gestellt. Vorleger, Saucenschöpfer usw. kommen auf ein Plateau, das hinter dem Buffettisch abgestellt ist.
Die Bestecke liegen, falls sie nicht aufgedeckt werden (was nur bei einfachen Buffets der Fall ist), auf Serviertassen mit weißer Stoffserviette. Diese Serviertassen stehen in unmittelbarer Nähe der Teller, also auf dem Buffet (an der Seite oder am vorderen Rand) oder einem separaten Guéridon. Es werden sowohl große als auch Dessertbestecke und – falls Fischgerichte angeboten werden – Fischbestecke aufgelegt. Bestecke sind genauso vorzubereiten wie Teller.
Servietten (Papierservietten) sollten ebenfalls in genügender Anzahl aufliegen.

Dann werden die **Tische gedeckt** (siehe Seite 85 und Seite 239). Im allgemeinen besteht ein Gedeck bei einem Buffet aus

- der gefalteten Serviette als Gedeckmittelpunkt,
- einem großen Messer, einer großen Gabel und, falls Suppe geplant ist, einem Bouillonlöffel,
- dem Brotteller mit Buttermesser,
- zwei Weingläsern und einem Wasserglas sowie
- dem Tischschmuck (Blumenschmuck, Buffetkarten, Salzstreuer, eventuell Aschenbecher).

Reservebestecke liegen auf dem Sideboard bereit. Gläser werden (zum Unterschied vom Besteck, das auch auf dem Buffet aufgelegt sein kann) immer aufgedeckt, zumindest Stielgläser. Für Sonderwünsche, etwa Bier oder Fruchtsaft, muß nach Bedarf das entsprechende Glas eingestellt werden.

BUFFETKARTE

Aperitifs	*Vorspeisenblock*
Weine zur Vorspeise	*Kalte Suppen* *Fleischgerichte*
Weine zu Fisch und Hauptplatten	*Hauptgerichte* *Fleisch, Wild, Geflügel* *Pasteten*
Sekt	*Süßspeisen, Käse* *Obst, Eis*
Digestifs	*Mokka*
	________, *den* ________

Buffetkarten sind für kalte oder warme Buffets dann üblich, wenn es sich um eine geschlossene Veranstaltung handelt. In Form und Schreibweise ähneln sie der Menükarte. Der Unterschied besteht nur in der Größe, denn, bedingt durch die Reichhaltigkeit des Angebotes, ist pro Gang mehr Platz vonnöten.

Wenn der Festsaal fertig vorbereitet und kontrolliert ist, beginnen wieder die **Mise-en-place-Arbeiten** im Office (siehe auch Seite 240). Reserveteller und -bestecke werden poliert bereitgestellt. Das Kaffeegeschirr wird vorbereitet und stationsweise gestapelt. Für das Getränkeservice muß alles vorbereitet werden. (Die Getränke-Mise-en-place kann auch auf einem Guéridon oder einem Trolley aufgebaut werden.) Man übernimmt die Getränke und kühlt sie ein. Die Aperitifs werden vorbereitet. Man bestückt große rechteckige oder runde Serviertassen mit einem der Bestellung entsprechenden Sortiment an Aperitifgläsern. Die Aperitifs kühlt man, falls notwendig, ein und bereitet eventuell Garnituren vor. Eis wird ebenfalls bereitgestellt.

Zirka eine halbe Stunde, bei kleinen Buffets 15 bis 20 Minuten bevor die Gäste eintreffen, werden die Platten, Schüsseln und Saucieren mit den Speisen auf das Buffet gestellt. Kommen sie zu bald, so leiden sie unter der Raumtemperatur und verändern ihr Aussehen.
Laut Österreichischem Lebensmittelgesetz sollen Speisen am Buffet maximal eineinhalb Stunden stehen.
Das **Aufstellen der Platten** besorgt die Küche. Kellner können zwar mithelfen, aber immer unter Anleitung der Köche. Am günstigsten ist es, man erstellt schon vorher einen Plan, damit an der richtigen Stelle Aufbauten (z. B. umgedrehte Kartons) zur Hervorhebung gemacht werden, die Dekorationselemente gut verteilt werden usw. Nur so kann man den bestmöglichen optischen Eindruck erzielen.

Die Art und Weise, wie die Platten und Schüsseln auf dem Buffet plaziert werden, ist unterschiedlich.

Tafel Kultur

Veranstaltungen in der Gastronomie

Bei großen Buffets beginnt man mit dem Aufbau in der Mitte und stellt links und rechts davon Platten gleichen Inhalts spiegelverkehrt auf.

Diese Art von Buffetaufbau hat den Vorteil, daß man sich, wenn man öfter geht, nicht jedesmal wieder ganz hinten in der Reihe anstellen muß, sondern man kann gezielt zu den Vorspeisen, zum Fisch, Fleisch oder Nachtisch gehen und nimmt für die einzelnen Gerichte automatisch einen separaten Teller.

Die Mitte bildet eine Prunkplatte, Butter- oder Eisfigur, Schokoladeskulptur, eine Zuckerarbeit oder ein schönes Blumenarrangement. Links und rechts davon stehen die großen Fleischplatten, dann Fischplatten, eventuell mit dazupassenden Saucen in Saucieren. Anschließend stehen kleine Vorspeisen, Salate usw. Käse, Obst und Süßspeisen stehen entweder am jewei-

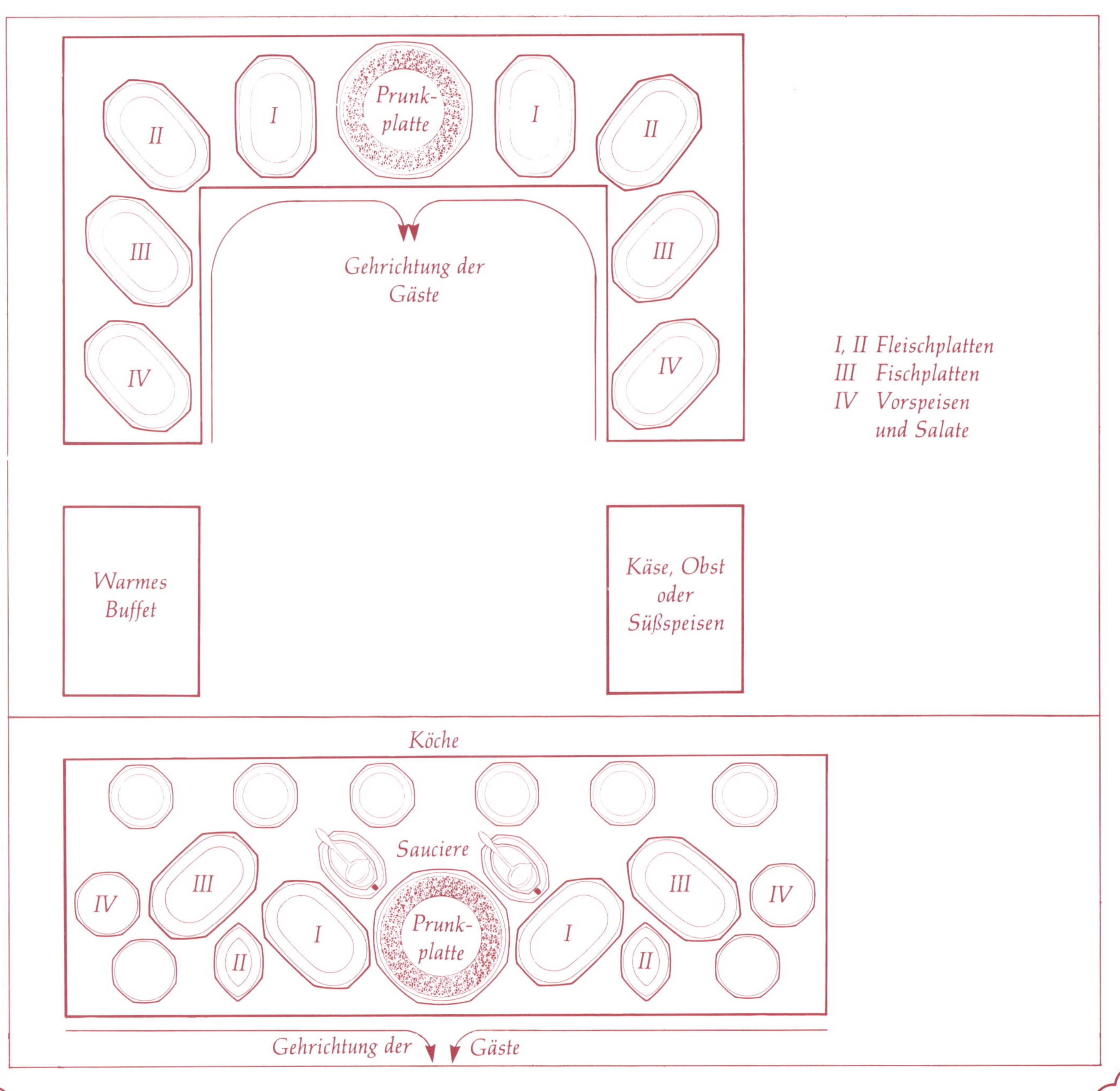

ligen Ende des Buffets oder separat auf einem kleinen Buffettisch daneben.

Das Buffet kann neben dem Blickfang in der Mitte noch weitere Dekorationselemente enthalten, z. B. Kerzenleuchter, Seidenschleifen, Tischläufer, kleine Tischfahnen. Auch Lichteffekte sind sehr wirkungsvoll. Es ist aber immer darauf zu achten, daß in erster Linie die Speisen wirken sollen und daher auf allzu reichhaltiges Dekormaterial verzichtet wird.

Stehen Buffets an der Wand, werden die größeren Platten durch Unterschieben eines umgedrehten Tellers oder eines Holzblockes in eine leichte Schräglage gebracht, wodurch die optische Wirkung besser wird.

Bei offenen Buffets werden die Platten mit dem Namen der Gerichte und den Portionspreisen bezeichnet. Die Kärtchen sind sauber, richtig und gut leserlich zu beschriften.

Bedienen sich die Gäste beim Buffet selbst, werden die Vorlegebestecke mit dem Griffende zum Gast hin und mit den vorderen Enden knapp auf den Plattenrand gelegt. Das Vorlegebesteck liegt ineinander.

Bei kleinen Buffets ist der Aufbau derselbe wie vorhin beschrieben, aber eben nur nach einer Seite hin. Nach den gestapelten Tellern stehen Vorspeisen und Salate, dann Fischgerichte und Fleischplatten, zum Schluß Käse, Obst und Süßspeisen. Auch hier steht in der Mitte eine besonders schön gestaltete Platte, ein Blumenarrangement o. ä.

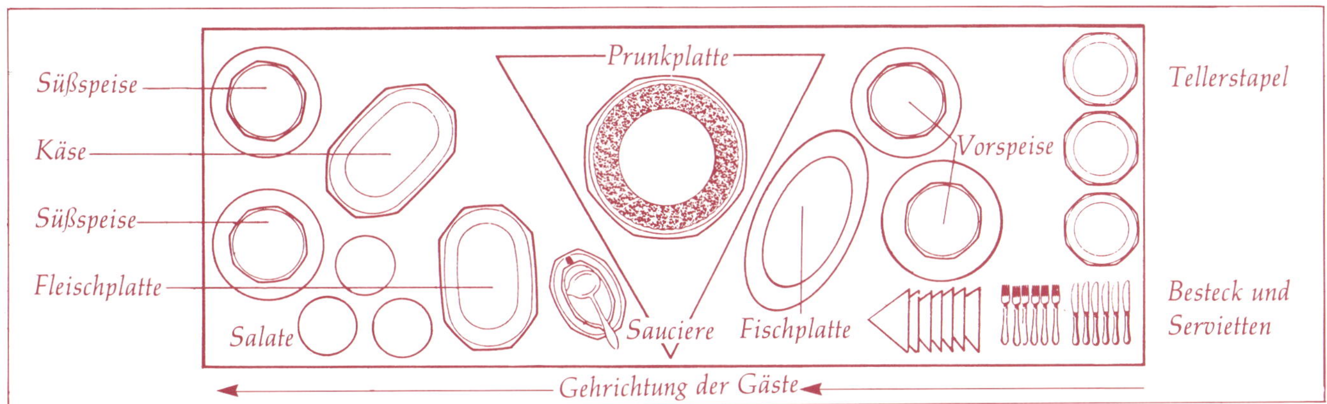

Wenn das Buffet fertig ist, werden im Kelleroffice die Aperitifs in die auf Tabletts vorbereiteten Gläser eingeschenkt, damit sie den eintreffenden Gästen sofort serviert werden können.

Serviceablauf

- Beim Eintreffen der Gäste wird der Aperitif verabreicht. Dies kann entweder in einem Nebenraum oder beim Eintreten in den Festsaal geschehen.
- Ist ein Tafelorientierungsplan aufgelegt bzw. sind Tischkarten aufgestellt, begeben sich die Gäste zu ihren Plätzen, wobei ihnen beim Suchen der Plätze das Servierpersonal behilflich ist.
  Ansonsten nehmen die Gäste zwanglos Platz.
- Der Gastgeber begrüßt die Gäste und erklärt das Buffet für eröffnet.
- Die Leute begeben sich zum Buffet und werden entweder von den Köchen und Kellnern bedient, oder sie bedienen sich selbst.
  Bei spiegelverkehrt aufgedeckten Buffets stellen sich die Gäste auf zwei Seiten an, eine rasche Bedienung wird dadurch ermöglicht.
- Die Gäste begeben sich mit den gefüllten Tellern zu ihren Plätzen.
- Die Stationskellner bieten die passenden Getränke an. Dies geschieht bei großem, vielfältigem Angebot von einem Servierwagen aus, bei kleinerem Angebot (Wein, Bier) von einem Tablett aus.
- Der Gang zum Buffet wird von den meisten Gästen mehrmals wiederholt. In der Zwischenzeit servieren die Kellner ab. Sie stehen den Gästen bei etwaigen Schwierigkeiten zur Verfügung, z. B., wenn nicht genügend Besteck vorhanden ist, und sie schenken neue Getränke nach. Außerdem ergänzen sie gegebenenfalls Brot und halten die Tische sauber.
- Am Buffettisch werden die Platten ausgetauscht, wenn sie etwa halb bis zu zwei Dritteln leer sind.

Sie werden in der Küche wieder ergänzt und hergerichtet und kommen so zurück auf das Buffet.

- Zu Ende ist das Buffet dann, wenn die vorbestellte Menge an Essen verbraucht wurde oder sich die Gäste über einen längeren Zeitraum nicht mehr zum Buffet begeben. Dann werden unauffällig die restlichen Platten von der Tafel genommen, und der so entstandene Platz wird mit Blumen und sonstigem Dekor gefüllt, sodaß das Buffet nicht leer steht.
- Kaffee und Digestif sowie Rauchwaren (falls gewünscht) werden den Gästen vom Stationskellner an den Tisch serviert.

Schaubuffet

Das Schaubuffet steht zwischen einem Bankett und einem herkömmlichen Buffet. Während sich die Gäste versammeln und den Aperitif einnehmen, können sie sich das Buffet ansehen. Anschließend nehmen die Gäste Platz und geben dem Kellner ihre Wünsche bekannt. Bei dieser Art von Buffets ist es unbedingt notwendig, daß Buffetkarten auf den Gästetischen – sozusagen als Gedächtnisstütze – aufliegen.

Nach der Bestellung servieren die Kellner die Speisen und Getränke in folgender Reihenfolge:

- Wein zur Vorspeise
- Kleine kalte Vorspeisengerichte
- Kalte Suppen
- Wein zum Fisch
- Gerichte aus Fisch, Schal- und Krustentieren
- Wein zur Hauptspeise
- Fleisch-, Wild- und Geflügelgerichte
- Wein zum Dessert
- Desserts
- Kaffee und Digestifs

Diese Art von Buffets ist sehr aufwendig und findet mangels Personals eher selten statt.

Stehbuffet (Stehkonvent)

Das ist, wie bereits erwähnt, ein Mittelding zwischen einem kalten Buffet und einer Cocktailparty. Für den Gastgeber und die Gäste ist es ein aufgelockertes, ungezwungenes Beisammensein.
Das Stehbuffet ermöglicht es, einen sehr großen Personenkreis mit verhältnismäßig wenig Servierpersonal zu betreuen. Die Gäste stehen während des Empfanges, suchen sich selbst ihre Gesprächspartner und können diese nach Belieben wechseln. Für ältere Herrschaften stehen allerdings einige Sessel bereit.

Für die gastronomische Versorgung der Gäste werden einfache kalte Speisen, portionsweise angerichtet, zur Verfügung gestellt, und zwar solche, die nur mit einer Gabel gegessen werden können.
Ein charakteristisches Merkmal von Stehbuffets ist, daß sich die Speisen nicht zentral auf einem Buffet befinden, sondern auf mehrere Tische, die im Raum verteilt sind, plaziert werden.
Bei Großveranstaltungen empfiehlt es sich, die Speisenauswahl auf Canapés und belegte Brote in allen Variationen zu beschränken. Diese werden gefällig auf Plateaus angerichtet und auf die Tische verteilt. Für die Getränke ist ein eigenes Getränkebuffet vorbereitet. Nur Wein wird in Gläsern, auf Tabletts stehend, angeboten.
Die Gäste bedienen sich beim Stehkonvent selbst.

Vorbereitungsarbeiten

Hauptarbeit bei den Vorbereitungen ist eine gut überlegte, bis ins Detail organisierte Mise en place.
Da der Verzehr an Speisen beim Stehempfang in relativ kurzer Zeit erfolgt, ist es notwendig, daß die Fläche der Buffettische groß genug bemessen ist, sodaß alle Speisen von Anfang an darauf Platz finden.
Erfahrungsgemäß ist für je 20 Gäste ein Tisch in der Größe 80×80 oder 90×90 Zentimeter notwendig.

Die Tische werden mit Molton und hellem Tischtuch gedeckt. An der Vorderseite der Buffettische werden gleichmäßig hohe Stapel von etwa 20 Desserttellern verteilt. Daneben liegen die Papierservietten.
Auf dem Getränkebuffet werden vor allem Mineralwasser und Fruchtsäfte in den passenden Gläsern angeboten. Wein sollte vom Servierpersonal in Gläsern auf Tabletts offeriert werden. Auf genügend Gläserreserve (zirka ein Drittel der Gästeanzahl) ist bei der Mise en place zu achten.

In dem Raum, in dem der Stehkonvent stattfindet, sind außerdem genügend Aschenbecher, am besten Standaschenbecher, aufzustellen.

Während des Empfanges ist dafür zu sorgen, daß leere Speisenplateaus weggetragen, halbvolle neu arrangiert und leere Gläser abgeräumt werden. An den Buffettischen sollte jeweils ein Servicemitarbeiter den Gästen behilflich sein und für Ordnung sorgen.
Inklusive der Servierkräfte, die das Weinservice durchführen, ist bei einem Stehempfang mit 200 bis 300 Personen mit zirka 15 bis 20 Servicemitarbeitern zu rechnen.

Lunchbuffet

Wie bereits erwähnt, bieten viele gastgewerbliche Betriebe (besonders solche mit einer hohen Besucherfrequenz beim Mittagsgeschäft) ihren Gästen ein komplettes Mittagessen in Form eines Lunchbuffets an, von dem eine drei- bis viergängige Speisenfolge, je nach Geschmack, zusammengestellt werden kann.
Zur Auswahl stehen

- verschiedene einfache kalte Vorspeisen,
- gebundene und klare Suppen mit verschiedenen Einlagen,
- fünf bis zehn Hauptgerichte mit passenden Beilagen,
- warme und kalte Desserts.

Alle diese Speisen sind zu einem fixen Preis, der vom Betrieb genauestens zu kalkulieren ist, erhältlich. Der Gast kann nach Wunsch von jedem Gang mehrere Male bedient werden.

Die Vorteile eines Mittags- oder Lunchbuffets liegen für den Gast in einer reichlichen Auswahl und im raschen Service, für den Betrieb in einem rationellen und reichhaltigen Verkauf mit minimalem personellem Aufwand in Küche und Service. Zum Verkauf gelangen in erster Linie Fertiggerichte, die beim À-la-carte-Geschäft unter dem Titel „Tagesspezialitäten" erst empfohlen und verkauft werden müßten. So stehen diese Gerichte sichtbar für den Gast bereit. Auch die Qual der Wahl entfällt, da die Gäste ja von allen bereitgestellten Gerichten eine Portion in gewünschter Größe haben können.

Vorbereitungsarbeiten

Um ein Lunchbuffet überhaupt durchführen zu können, müssen zunächst bestimmte Einrichtungen geschaffen werden, d. h., der Betrieb muß investieren.

Buffet: Für das Buffet selbst muß ein geeigneter Platz im Restaurant gefunden werden. Am günstigsten ist eine Lage im Zentrum des Raumes, da das Buffet dann von allen Seiten leicht erreichbar ist und von überall gesehen wird. Ist aus irgendwelchen Gründen diese Aufstellung nicht möglich, wird das Buffet in der Mitte einer Wandseite des Restaurants aufgestellt, am besten in der Nähe eines Kelleroffice oder Kellnerganges, damit auf kurzem Weg Geschirr und Nachbestückung transportiert werden können. Die Buffettafel kann, wenn sie nicht stört, fix montiert werden, oder sie kann aus zusammenklappbaren Buffet- bzw. Bankettischen bestehen.

Bain-marie-Einrichtungen und Chafing-dishes: Da es sich um ein kombiniertes Buffet handelt, sind Warmhaltevorrichtungen, bestehend aus rostfreien Einsätzen und großen Gasrechauds, notwendig. Die Rechauds werden entweder mit Flüssiggas beheizt oder bei fixer Buffetmontage an das Stadtgasnetz angeschlossen.

Grillvorrichtung: In Rotisserien muß darüber hinaus ein zentraler Holzkohlen- oder Infrarotgrill installiert werden.

Be- und Entlüftung: Besonders wenn im Restaurant selbst gegrillt wird, werden zusätzlich Einrichtungen für eine klaglose Be- und Entlüftung des Raumes geschaffen werden müssen.

Die eigentliche Vorbereitung des Buffets und der Gästetische ist dieselbe wie vorher bereits besprochen. Zu erwähnen ist allerdings, daß beim Lunchbuffet die kalten und warmen Gerichte nicht auf getrennten Buffetblocks angeboten werden.

Serviceablauf

1. Der Gast wird vom Restaurantdirektor (Chef de service) oder Oberkellner zum Tisch begleitet und plaziert.
2. Der Stationskellner serviert Butter und Brot.
3. Es werden Aperitifs und Getränke offeriert und serviert.
4. Der Gast begibt sich zu den kalten Vorspeisen. Ein oder mehrere Köche oder Kellner richten dem Gast die gewünschten Vorspeisen auf einem Teller an. Der Gast begibt sich damit zu seinem Platz.

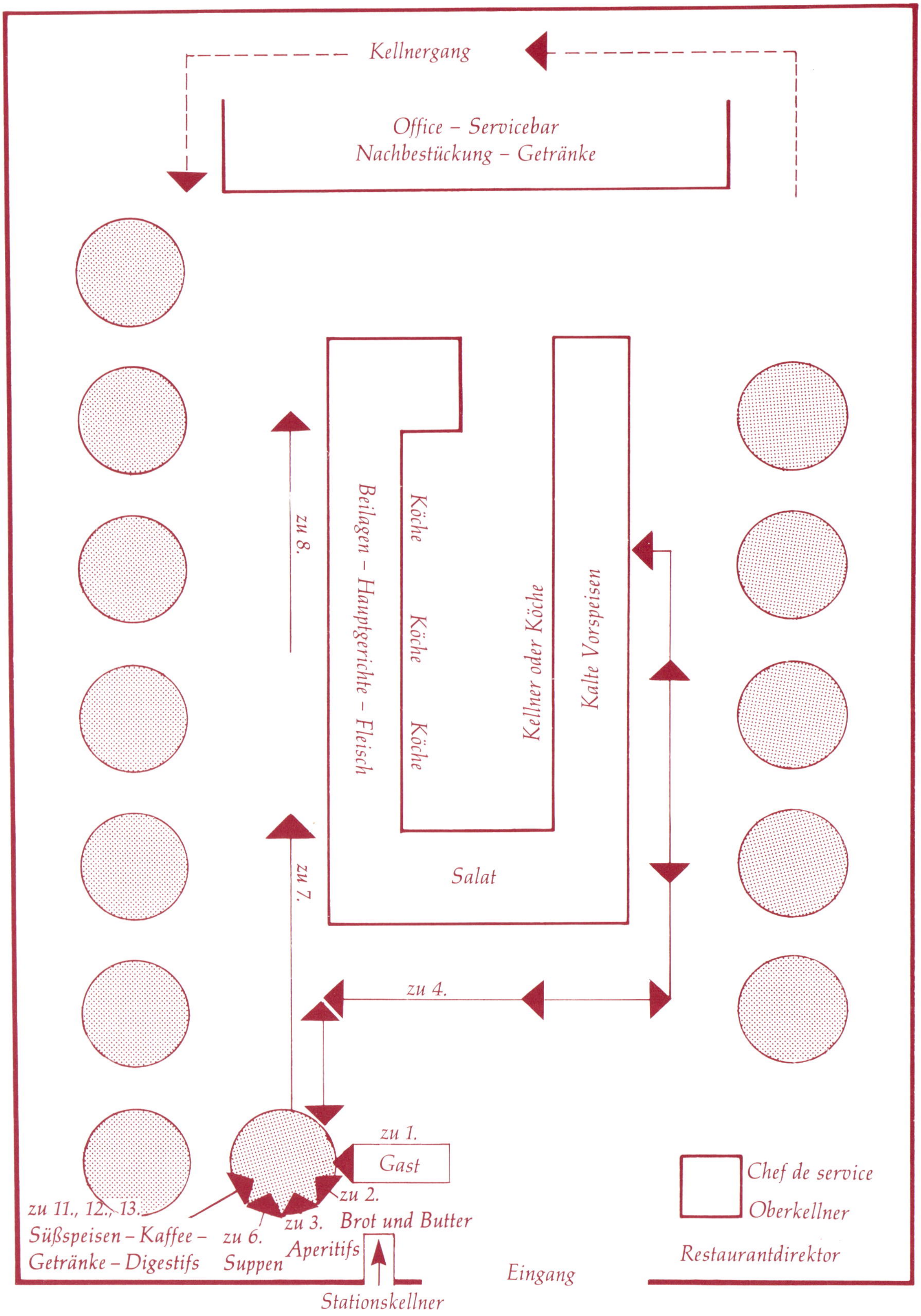

Kellnergang

Office – Servicebar
Nachbestückung – Getränke

zu 8.

Beilagen – Hauptgerichte – Fleisch

Köche

Köche

Köche

Kellner oder Köche

Kalte Vorspeisen

zu 7.

Salat

zu 4.

zu 1.
Gast

zu 2.
Brot und Butter

zu 3.
Aperitifs

zu 6.
Suppen

zu 11., 12., 13.
Süßspeisen – Kaffee – Getränke – Digestifs

Stationskellner

Eingang

Chef de service
Oberkellner

Restaurantdirektor

5. Nach dem Abservieren der Vorspeisenteller wird vom Stationskellner nach der Suppe gefragt.
6. Die Suppen serviert der Kellner zum Tisch. Bei einem Buffet ohne kalte Vorspeise beginnt der Kellner mit dem Service der Suppe.
7. Der Gast begibt sich für den nächsten Gang zum warmen Buffet. Der Koch hinter dem Buffettisch offeriert durch Herzeigen (Präsentieren) die bereitgestellten Fleischgerichte. Der Gast trifft seine Wahl, und die gewünschten Fleischstücke werden fachmännisch auf dem Teller angerichtet.
8. Der Teller mit dem Fleischgericht wird dem nächsten Koch weitergereicht. Dieser fragt nach den gewünschten Beilagen.
9. Der fertig angerichtete Teller wird nun von einem Kellner übernommen und dem Gast zum Tisch getragen und serviert.
10. Salate werden vom Stationskellner serviert. Diese kommen entweder vom Buffet oder man bedient sich eines Salatwagens.
11. Süßspeisen werden ebenfalls vom Stationskellner serviert. Kaltdesserts können vom Wagen oder aus der Küche zum Service gelangen.
12. Getränke werden immer vom Stationskellner während des Essens serviert.
13. Kaffee, Digestifs und Rechnungslegung liegen ebenfalls im Servicebereich des Stationskellners.

Der Aufwand an Personal ist jeweils von der Größe des Buffetangebotes und der jeweiligen Gästeanzahl abhängig. Für das Buffet benötigt man durchschnittlich:

- einen Chefkoch zum Portionieren und Tranchieren der Hauptgerichte,
- einen oder mehrere Commis de cuisine zum Servieren und Anrichten der Vorspeisen und Beilagen (für diese Tätigkeit können aber auch Kellner und angelernte Kräfte eingesetzt werden),
- einen Kellner oder einen Commis de cuisine für die Nachbestückung und für das Abräumen des Buffets,
- einen oder mehrere Oberkellner für das Plazieren der Gäste und zur Überwachung des laufenden Service,
- Stationskellner mit Station in der Größe von sechs bis acht Tischen (je nach der zu plazierenden Gästeanzahl pro Tisch),
- Commis zum Service der Vorspeisen, Suppen, Hauptgerichte, Desserts und zum Abräumen.

Gegenüber einem À-la-carte-Service werden jedenfalls weniger Kellner und Köche benötigt, denn es muß nicht mit einer kompletten Küchenbrigade gerechnet werden und im Service sind die Stationen größer.

GEDECK

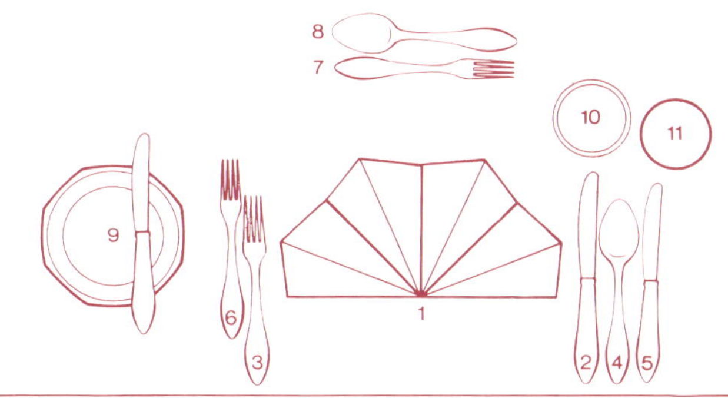

1 Gefaltete Stoffserviette
2 Großes Messer
3 Große Gabel
4 Bouillonlöffel (das Suppenservice erfolgt immer „en tasse")
5 Dessertmesser
6 Dessertgabel
7 Dessertgabel } für die Süßspeise
8 Dessertlöffel }
9 Brotteller mit Buttermesser
10 Weinglas
11 Wasserbecher
○ Tischinventar, Blumen

Sollte ein Fischgericht vom Gast gewählt werden, tauscht der Stationskellner das Fleischmesser mit dem Fischmesser aus.

Tafel Kultur – Veranstaltungen in der Gastronomie

Partys

Partys sind eine moderne Form der Geselligkeit, die aus dem anglo-amerikanischen Clubwesen entstanden und von dort zu uns gekommen ist.
Man versteht darunter eine Einladung in zwangloser Form (im Gegensatz zu einem Bankett), bei der sich die Gäste meist stehend zur Unterhaltung oder Kontaktaufnahme gruppieren. Pünktliches Erscheinen der Gäste (d.h. auf die Minute genau) ist bei Partys nicht erforderlich. Man braucht auch nicht bis zum Ende zu bleiben.
Obwohl auf Bequemlichkeit kein besonderer Wert gelegt wird, sollten genügend Sitzplätze vorhanden sein.

An **Räumlichkeiten** eignen sich für Partys am besten kleine Salons und Nebenräume in einem Betrieb. Im Sommer bieten Terrassen und Gartenanlagen einen stimmungsvollen Rahmen. Rustikale Atmosphäre kommt besser an als zu elegante Umgebung.
Nicht unwesentlich für den Erfolg einer Party sind die originelle Dekoration sowie eine passende dezente, nicht zu laute Background-Musik. Sie kommt vor allem für jüngeres Publikum in Frage.
Auch für diese Art von Veranstaltungen sind detaillierte Absprachen zwischen dem Gastgeber (bzw. Besteller) und dem Gastronomen unbedingt notwendig. Alle festgelegten Punkte werden wiederum in einem Function sheet festgehalten. Das Angebot an Speisen und Getränken ist von der Art der Party abhängig.

Der **Ablauf** der Veranstaltung ist für alle derartigen Feste mehr oder weniger gleich:
Der Gastgeber und die Gastgeberin stellen sich zu Beginn der Party in der Nähe des Einganges auf (=Reception line), begrüßen jeden ankommenden, an ihnen vorbeigehenden Gast und wechseln einige Worte mit ihm. Sie leiten auch die Konversation und führen Personen mit gleichen Interessen zusammen.
Die Bewirtung ist, wie gesagt, unterschiedlich, je nach **Art der Party.**

Nachmittags- oder Teeparty: Dazu erscheinen vorwiegend Damen. Daher werden Teegebäck, Konfekt, Canapés mit Geflügelsalat, Gänselebermus u. ä., dazu Aufgußgetränke wie Kaffee und Tee, aber auch Dessertweine, Fruchtsäfte und selbstverständlich Cognac und Liköre gereicht.
Alle diese Speisen werden vom Servierpersonal auf Serviertassen angeboten.

Herrenparty: Das männliche Pendant zur Teeparty für die Damen ist eine eher rustikale Veranstaltung. Hierbei bleiben die Herren unter sich, und dementsprechend ist auch die Bewirtung. Es gibt Aperitifs, Canapés mit Lachs, Schinken, Salami, würzigem Käse und sonstige Spezialitäten, dazu Bier vom Faß, Spirituosen, kräftige Weine usw.
Die Bewirtung kann auf zwei verschiedene Arten erfolgen: Entweder werden alle Speisen und Getränke sortiert auf Serviertassen angeboten, oder es wird für die Speisen ein Buffet aufgebaut. In diesem Fall werden meist auch Tische gedeckt, und die Gäste bekommen die Getränke serviert.

Barbecue-Party: Das ist eine Form der Party, die sowohl für einen geschlossenen Kreis als auch für Hotel- und Pensionsgäste veranstaltet wird. Im letzteren Fall ist es am günstigsten, pro Gast einen Fixpreis, der auch die Getränke einschließt, zu verlangen.
Die beliebtesten Gerichte bei Barbecue-Partys sind natürlich Steaks vom Rind, Schwein oder Kalb. Sie werden einige Tage vorher in eine Marinade gelegt. Aber auch Spieße (Zigeuner-, Hirtenspieß, Schaschlik usw.), Faschiertes (z. B. faschierte Laibchen – Frikadellen, Čevapčići), Lamm, Spanferkel, Fische (Makrelen, Rheinanken u. a.) sowie Würste aller Art eignen sich hervorragend zum Grillen.
Dazu reicht man neben den üblichen Menagen (Salz, Pfeffer, Senf, Ketchup) vor allem viele kalte Saucen, z. B. Sauce tartare, Sauce tyrolienne, Sauce suédoise, Sauce moscovite, und diverse Essiggemüse, wie Essiggurken, Mixed Pickles, Pfefferoni, Maiskölbchen usw.
Wichtig ist bei allen Grillgerichten auch die Beigabe von vielen Salaten. Vom Sauerkraut bis zum Saisonsalat kann alles angeboten werden. Dazu werden unterschiedliche Dressings zu den Salaten offeriert.
Als Sättigungsbeilagen sind gebackene Kartoffeln (große, mehlige Kartoffeln werden in Alufolie eingeschlagen und direkt in der Glut gegart) sehr schmackhaft. Man ißt sie aus der Schale mit etwas Butter oder Sauerrahm.
Ebenso eignen sich verschiedene Reisgerichte wie Curryreis, Safranreis, die in einem Bain-marie warm gehalten werden.

Auch Brot ist eine wichtige Beilage beim Barbecue. Man ißt am besten das französische Stangenweißbrot („baguette") oder herzhaftes Bauernbrot dazu.

Wichtig ist eine rustikale Atmosphäre. Dazu gehören Lampions, Windlichter, Fackeln, Wein oder Bier vom Faß und rustikal gedeckte Tische. Man nimmt am besten buntkarierte Tischtücher, dazupassende Servietten (meist Papierservietten), Holzteller, eventuell rustikales Besteck usw.

Im Mittelpunkt des Geschehens steht der Grill. Es gibt im Handel verschiedene leistungsfähige Geräte, aber auch der Eigenbau ist nicht schwierig. Nötigenfalls genügen aufgeschichtete Ziegel, ein darübergelegtes, verstellbares Baustahlgitter und ein Behälter für die Holzkohlen.
Alle übrigen Speisen, wie Beilagen, Salate, Marinaden, Saucen, werden auf einem Buffet zur Selbstbedienung bereitgestellt. Dieses Buffet steht am besten neben dem Grill.
Das Fleisch wird vor den Augen der Gäste gegrillt. Bei großen Stücken jedoch, vor allem bei ganzen Tieren, bei denen der Grillvorgang sehr lange dauert, läßt sich die Grillzeit nicht genau vorausberechnen. Es ist daher ratsam, diese Stücke bereits vorzugrillen und dann vor den Gästen nur mehr fertigzustellen.
Neben den Grill werden Stapel von Tellern gestellt. Ein Koch grillt und richtet das Fleisch auf den Tellern an. Bei den Beilagen, Saucen usw. bedient sich jeder selbst.
Die Gäste sollten möglichst den ganzen Abend beschäftigt sein. Daher werden oft verschiedene Gerichte hintereinander gegrillt. Man beginnt beispielsweise mit Fisch, dann bereitet man Steaks, später vielleicht Bratwürstel oder auch eine Gulaschsuppe, die in einem Kupferkessel sehr attraktiv präsentiert werden kann.
Zum Abschluß können auch Früchte angeboten werden. Damit erreicht man, daß das Buffet niemals leer aussieht.

Cocktailparty: Bei dieser klassischen Form der Party (siehe auch Seite 208) werden die Speisen und Getränke vom Servierpersonal auf Tabletts angeboten. Die Gäste bedienen sich, nehmen dazu eine Serviette und essen im Stehen. In der zweiten Hand hält man sein Glas.
An Speisen werden Canapés und Cocktailhappen mit Spießchen angeboten, wobei zu beachten ist, daß jedes Tablett wiederum sortiert ist, d. h. eine Reihe von jeder gebotenen Sorte enthält.
Daneben können auch warme Speisen, z. B. kleine Fleischbällchen (Meat balls), kleine, mundgerechte Schnitzel, Steaks und Saucen, auf Tabletts angeboten werden. Alle diese Speisen werden mit Sticks versehen. Außerdem gibt es Käsegebäck, Teegebäck, Petits fours, Salzmandeln, Pommes chips und sonstiges Knabbergebäck, die auf Platten bzw. in Schüsseln angeboten werden und auf den Abstelltischen zur Selbstbedienung stehen. Diese kleinen Tischchen dienen außerdem als Abstellflächen für Gläser, Aschenbecher und für das Raucherservice.
Ist eine sehr große Personenanzahl geladen, empfiehlt es sich, die gebotenen Speisen auf einem Buffet aufzustellen. Auch in diesem Fall werden die kalten und warmen Speisen mundgerecht vorbereitet, damit sie mit der Gabel im Stehen gegessen werden können. An Getränken reicht man Bargetränke (Cocktails usw.), aber auch Bier, Weiß- und Rotwein, Sekt (Sekt-Orange), Fruchtsäfte, Juices, Tonic water, Mineralwasser usw. Sie werden in eingeschenkten Gläsern auf einem Tablett vom Servierpersonal angeboten. Die Kellner haben jeweils das gesamte Getränkeangebot auf dem Tablett stehen. Zu jedem Getränk wird eine Serviette angeboten. Pro Gast rechnet man etwa mit fünf Getränken.
Für eine Cocktailparty muß die Servierbrigade etwa so groß sein, daß auf 100 Gäste zirka sechs Kellner kommen, wobei vier Kellner für das Anbieten von Speisen, Getränken und eventuell Rauchwaren sowie das Abräumen zuständig sind und zwei Kellner die Gläser für das Service vorbereiten. Das Servierpersonal muß bei Cocktailpartys sehr geschickt sein, weil die Tabletts durch die relativ eng stehenden Leute jongliert werden müssen.
Da bei einer Cocktailparty die Gäste unterschiedlich eintreffen und den zuerst Kommenden gleich etwas angeboten werden muß, ist darauf zu achten, daß ein Teil der Speisen und Getränke zurückbehalten wird, damit später Kommende ausreichend bewirtet werden können.

Abendparty, Tanzparty: Eine Abendparty ist im allgemeinen mit Tanz verbunden, wobei es sich bei der Musik um eine Diskothek oder um Live-Musik handeln kann.

Für das leibliche Wohl der Gäste wird meist durch ein kaltes Buffet mit völliger Selbstbedienung gesorgt. Teller, Besteck und Servietten liegen beim Buffet auf. An Getränken bietet man vor allem Bier, Wein, Sekt, Bargetränke, und natürlich müssen auch alkoholfreie Getränke, wie z. B. Juice, Tonic water, Mineralwasser, vorhanden sein. Sie werden auf Tabletts angeboten. Um Mitternacht wird Mokka gereicht.

Werden Tische aufgestellt, müssen sie so plaziert sein, daß eine genügend große Tanzfläche mit Zu- und Abgängen vorhanden ist.

Die Arbeit des Servierpersonals beschränkt sich auf das ständige Anbieten von Getränken und das Abräumen von Geschirr und Gläsern. Außerdem sind die Aschenbecher öfter auszuwechseln und die Tische sauberzuhalten.

Ballveranstaltungen

Vielfach werden in der Gastronomie auch Bälle veranstaltet. Dies kann auf zwei verschiedene Arten geschehen: Entweder tritt der gastronomische Betrieb selbst als Veranstalter auf, dann trägt er auch das finanzielle Risiko; häufig geschieht dies in Form von Silvesterbällen, Hausbällen usw. Oder der Betrieb wird von einem Verein, einem Unternehmen oder einer Privatperson beauftragt, einen Ball durchzuführen, dann sind sie auch dafür verantwortlich.
Bei Bällen gibt es immer Live-Musik.

Die Bewirtung kann sehr unterschiedlich sein. Es können À-la-carte-Gerichte angeboten werden, in diesem Fall ist die Speisenkarte sehr klein, aber exquisit. Manchmal bietet der Betrieb auch ein spezielles Menü an, z. B. bei Silvesterbällen.
Bei geschlossenen Veranstaltungen, etwa einem Firmenball, kann auch mit einem Bankett begonnen werden. In den meisten Fällen gibt es aber ein kaltes Buffet, das sehr unterschiedlich ausgerichtet sein kann, z. B. als Brötchenbuffet, Konsumationsbuffet, Heurigenbuffet, als opulentes Mitternachtsbuffet usw.
Bei Ballveranstaltungen besteht auch die Möglichkeit, die Buffettische mit der Mise en place vorzubereiten und erst nach einigen Stunden das kalte Buffet nach einem attraktiven Einzug der Köche mit den Platten aufzubauen.
In jedem Fall sind aber Tische aufgestellt und – außer beim Buffet – auch festlich gedeckt. Das Getränkeservice erfolgt selbstverständlich an den Tischen.
Wichtig ist bei Bällen, daß sich die Gäste zeitgerecht anmelden, sodaß ein Tischreservierungsplan ausgearbeitet werden kann. So werden Schwierigkeiten mit den Plätzen vermieden.

Geschäftliche Veranstaltungen

Darunter versteht man Veranstaltungen wie Konferenzen, Kongresse, Tagungen, Seminare, Schulungen, Vorträge, Präsentationen, Modeschauen, Verkaufsausstellungen usw.
Vom Umfang der Vorbereitungsarbeiten her gesehen, sind die Veranstaltungen in diesem Bereich sehr unterschiedlich. Sie reichen von der einfachen Raumvermietung ohne Konsumation bis zur kompletten Verpflegung und Beherbergung der Veranstaltungsteilnehmer.
Auf die Durchführung von Tagungen spezialisierte Hotels verwenden meist bis ins Detail ausgearbeitete Checklisten für die Organisation derartiger Veranstaltungen. So können keine wichtigen Informationen verlorengehen.

Vorbereitungsarbeiten

Die Vorbereitungsarbeiten für geschäftliche Veranstaltungen sind äußerst unterschiedlich. Im einfachsten Fall, wenn keine Bewirtung gewünscht wird, sind nur Sessel und Tische zu stellen. Die häufigsten **Tafelformen** bei geschäftlichen Veranstaltungen sind:

Blockförmige Tafel

Diese Tafelform wird in erster Linie für Konferenzen verwendet.

Veranstaltungen in der Gastronomie

Runde und ovale Tafel

Sie sind in erster Linie für Konferenzen, aber auch für Schulungen und Seminare im kleineren Stil gedacht.

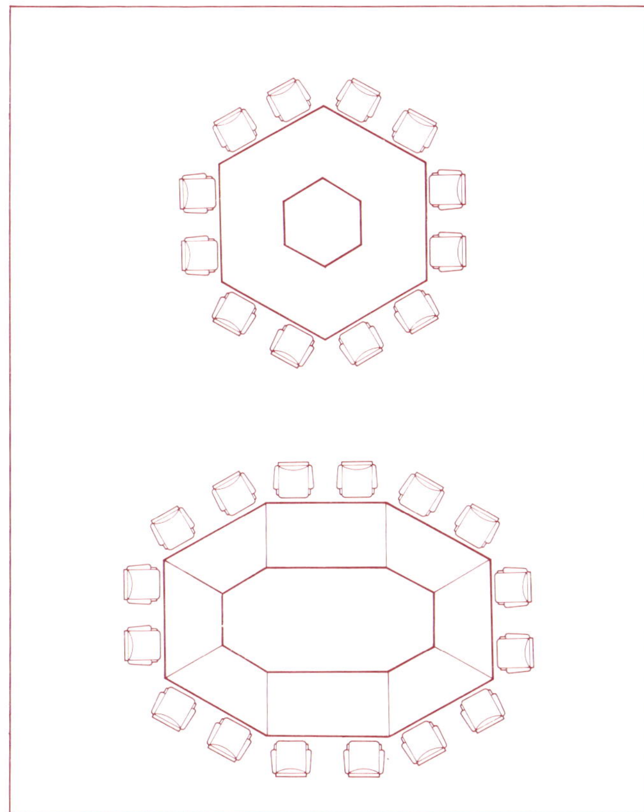

Rechteckige und quadratische Tafel

Diese Tafelformen sind für dieselben Veranstaltungen geeignet wie die runde Tafel.

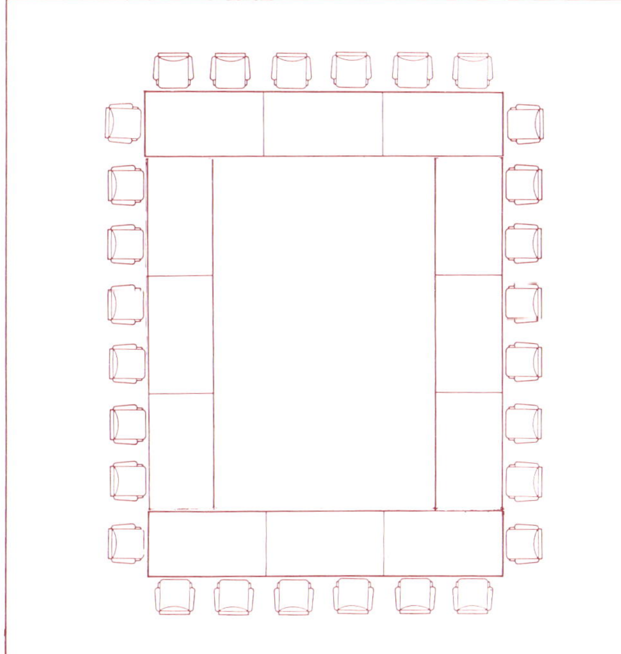

Schrägtafel

Sie sind vor allem für Großveranstaltungen, wie Kongresse, Tagungen usw., gedacht, aber auch bei Modeschauen beispielsweise können sie sehr praktisch sein.

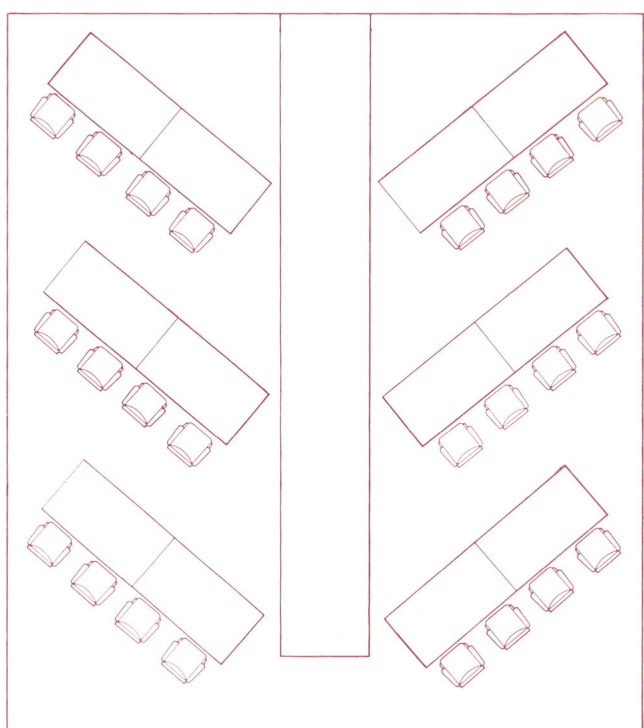

Parlamentarische Sitzordnung

Sie ist in erster Linie für Seminare und Schulungen geeignet, kann aber auch bei Kongressen und Tagungen Verwendung finden.

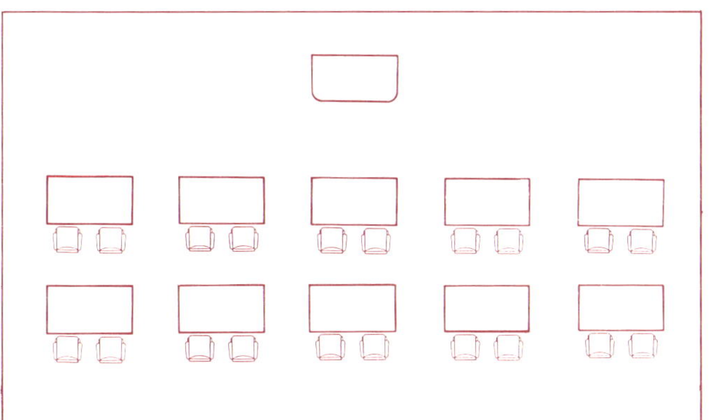

Veranstalter/Firma: ______________________

Adresse: ______________________

____

Telefon: ______________________

Telex: ______________________

Art der Veranstaltung: ______________________

____

Leiter: ______________________

Termin: ______________________

Anzahl der Teilnehmer: ______________________

Anreise[1]

Anreise am . . . . um . . . .

- ○ Transfer Flughafen Linz-Hörsching
- ○ Transfer Hauptbahnhof Linz
- ○ eigene Anreise

Zimmer

- ○ Einzelzimmer/Anzahl: ______________
- ○ Doppelzimmer/Anzahl: ______________
- ○ Gastgeschenke
- ○ Blumen
- ○ Obst
- ○ Willkommen-Brief
- ○ Weitere Wünsche: ______________

Tagungsräume

- ○ Saal I bis 100 Personen
- ○ Saal II bis 80 Personen
- ○ Saal III bis 40 Personen

Tafelform: ______________

Art der Bestuhlung

- ○ Bankettbestuhlung
- ○ Konferenzbestuhlung
- ○ Konzert- oder Vortragsbestuhlung
- ○ Kinosaalbestuhlung

Dekoration – Ausstattung

- ○ Tagungsmappen
- ○ Pressemappen
- ○ Namensschilder
- ○ Tischkarten
- ○ Tagesordnung
- ○ Tischfahnen und -ständer
- ○ Aschenbecher
- ○ Fahnen
- ○ Transparente
- ○ Firmenzeichen
- ○ Blumendekoration
- ○ Besondere Raumausstatter
- ○ Empfangstisch
- ○ Tagungsrezeption
- ○ Tagungsbüro
- ○ Tagungshosteß
- ○ Tagungssekretärin
- ○ Dolmetscher

Technische Geräte

- ○ Flipchart
- ○ Magnettafel
- ○ Pinwand
- ○ Overheadprojektor
- ○ Lichtzeiger
- ○ Rednerpult ohne Mikrofon
- ○ Rednerpult mit Mikrofon
- ○ Drahtlose Mikrofone
- ○ Diskussionsanlage
- ○ Simultan-Dolmetsch-Anlage
- ○ Kassettenrecorder
- ○ Großbildprojektor
- ○ Farbmonitor
- ○ Videokamera
- ○ Videoanlage
- ○ Fernseher
- ○ Stereoanlage
- ○ Schreibmaschinen
- ○ Diktiergeräte
- ○ Fernschreiber
- ○ Telefon
- ○ Fotokopierer
- ○ BTX-Anschluß
- ○ Podium
- ○ Bühne
- ○ Laufsteg
- ○ Scheinwerfer
- ○ Spotlights
- ○ Lichtorgel

Speisen und Getränke/Diverses

- ○ Frühstück
- ○ Mittagessen
- ○ Abendessen
- ○ Pause Vormittag
- ○ Pause Nachmittag
- ○ Getränke zu den Mahlzeiten
- ○ Tagungsgetränke
- ○ Bargetränke
- ○ Rauchwaren
- ○ Sonstige Extras

____

____

____

[1] Betreffendes bitte ankreuzen.

Menüvorschläge

Menü 1

Grießnockerlsuppe
Wiener Tafelspitz mit den traditionellen Beilagen
Milchrahmstrudel mit Vanillesauce

Menü 2

Velouté von Brunnenkresse
Gebratener Mastrinderrücken mit Austernpilzsauce
Fächerkartoffeln
Vanilleparfait mit Orangenfilets

Menü 3

Räucherlachsparfait und Graved Lachs mit Senfsauce
Rindsfiletspitzen „Stroganoff" oder in grüner Pfeffersauce mit Butternudeln
Fruchtschnitte

Menü 4

Geräucherter Schinken vom Tauernlamm
Klare Lauchsuppe
Glacierter Kalbsrücken mit Schwammerln
Blattspinat nach italienischer Art
Butterreis
Sorbet vom Welschriesling

Menü

	Tag	1	2	3	4	5	6
(Anzahl)	Menü 1						
	Menü 2						
	Menü 3						
	Menü 4						

Auf speziellen Wunsch stellen wir Ihnen gerne auch weitere Menüs zusammen.

Pausen
- ○ Orangenjuice
- ○ Mineralwasser
- ○ Apfelsaft
- ○ Tee
- ○ Kaffee

Sonstiges: ______________________

____

Speisen: ______________________

____

Getränke im Tagungsraum
- ○ Orangenjuice
- ○ Mineralwasser
- ○ Apfelsaft
- ○ Cola

Wir arrangieren gerne für Sie
- ○ Fotograf
- ○ Reiseleiter
- ○ Wanderungen
- ○ Ausflüge
- ○ Theater- und Konzertbesuche
- ○ Musik
- ○ Sportliche Aktivitäten
- ○ Besichtigungen
- ○ Wettbewerbe

Besondere Wünsche ______________________

____

____

Datum: ______________________ Unterschrift: ______________________

Wir danken Ihnen für das genaue Ausfüllen dieser Checkliste. Damit können wir Ihre Veranstaltung optimal vorbereiten.

Tafel Kultur

Veranstaltungen in der Gastronomie

Angepaßt an die jeweilige Tafelform ist natürlich die **Bestuhlung.** Werden keine Tische aufgestellt, gibt es zwei Möglichkeiten, die Sessel zu plazieren:

- Konzert- und Vortragsbestuhlung: Die Sessel werden aneinandergereiht aufgestellt. Dies kann in gerader oder Bogenform geschehen. Der Abstand zwischen den Sesselreihen beträgt zirka 50 bis 60 Zentimeter. Diese Art der Bestuhlung ist in erster Linie für Vorträge gedacht.
- Kinosaalbestuhlung: Das sind ebenfalls nur Sesselreihen, wobei links und rechts sowie in der Mitte ein Gang freigelassen wird (= Fluchtweg – feuerpolizeiliche Bestimmungen). Besonders bei Film- und Diavorträgen werden die Sesselreihen so gestellt.

Die nächste Möglichkeit, wie eine geschäftliche Veranstaltung durchgeführt werden kann, ist, daß auf den Konferenztischen alkoholfreie Getränke in sogenannten Konferenzflaschen (Portionsflaschen) mit passenden Gläsern und Öffnern bereitgestellt werden.

Eine weitere Variante besteht darin, daß in der Pause Getränke, wie Kaffee, Tee (in Thermoskannen), alkoholfreie Getränke, mit allen benötigten Gegenständen auf einem Servierwagen bereitgestellt werden und sich jeder selbst bedient. In diesem Fall muß jeder Veranstaltungsteilnehmer vor Beginn der Veranstaltung seine Bestellung bekanntgeben.

Bei längeren Pausen werden die bestellten Speisen und Getränke (wiederum Kaffee, Tee, alkoholfreie Getränke sowie Brötchen und eventuell Obst) serviert. Während der Veranstaltung ist das Servierpersonal grundsätzlich nicht im Raum, sodaß während einer Konferenz, Tagung etc. keine Bewirtung durchgeführt werden kann.

Bei größeren und vor allem länger dauernden Veranstaltungen ist der Gastronomiebetrieb für die komplette Verpflegung der Teilnehmer verantwortlich.

Um den Ablauf der Tagung nicht zu beeinträchtigen, ist eine äußerst exakte Planung und Vorbereitung notwendig. Für die einzelnen Mahlzeiten wird im vorhinein ein Menüplan erstellt und der Preis mit dem Veranstalter ausgehandelt. Die Veranstaltungsteilnehmer geben jeweils am Vortag oder am Morgen des jeweiligen Tages ihre Wahl bekannt. Es gibt keine À-la-carte-Gerichte. Häufig werden bei derartigen Veranstaltungen auch diverse Einrichtungen, wie Empfangstisch, Tagungsrezeption u. a., gewünscht, oder es sollen im Seminarraum selbst Tagungsmappen, Pressemappen, Namensschilder etc. aufgelegt sowie Firmenzeichen und andere Dekorationen angebracht werden. Diese und ähnliche Sonderwünsche müssen dem Betrieb natürlich bekannt sein.

Catering

Zum Abschluß noch ein Wort über Catering. Der Ausdruck stammt aus Amerika und bedeutet, daß ein gastronomischer Betrieb für einen Besteller Essen und Getränke an einen beliebigen Ort liefert oder eine Veranstaltung komplett für den Besteller ausrichtet.
Für den Haushalt ist Catering eine ideale Möglichkeit, Gästebewirtung jeglicher Art zu Hause durchführen zu können, ohne daß die Vorbereitungsarbeiten dafür zu Hause gemacht werden müssen.
Catering wird aber auch von vielen Unternehmen in Anspruch genommen.

Die Bewirtung reicht beim Catering von einfachen Sandwiches, belegten Broten, Canapés, Süßspeisen – alles gefällig angerichtet – mit den dazupassenden Getränken bis zum Festessen, bei dem die Cateringfirma nicht nur die Speisen und Getränke zur Verfügung stellt, sondern auch den Koch und das Bedienungspersonal. Sollte das hauseigene Geschirr nicht reichen, wird dieses ebenfalls von der jeweiligen Firma beigestellt.
Es können alle bisher beschriebenen Veranstaltungen ausgerichtet werden.
Für den Gastronomiebetrieb bedeutet Catering eine wertvolle Umsatzsteigerung, ohne die eigenen Räumlichkeiten zu belasten. Es sind jedoch zusätzliche Einrichtungen notwendig, nämlich

- ein geeignetes Transportmittel,
- mehr Inventar (Wäsche, Tische, Geschirr und Gläser),
- zusätzlich geschultes Personal und
- ein Mehraufwand in der Küche.

Mit Catering befassen sich vor allem große Hotel- und Gaststättenbetriebe.

Die Feste im Laufe des Lebens

Im Leben eines jeden Menschen gibt es viele Ereignisse, die Anlaß zum Feiern sind. Um dem grauen Alltag zu entfliehen, haben die Menschen immer nach dem Motto „Man muß die Feste feiern, wie sie fallen" gehandelt.
Es beginnt bei der Geburt des Menschen. Das neugeborene Familienmitglied wird gefeiert, und das wiederholt sich zum jeweiligen Jahrestag, wobei runde Geburtstage intensiver berücksichtigt werden.
Die Taufe, die Heirat, der Schulabschluß, das Berufsjubiläum, die Erlangung eines akademischen Titels und vieles andere mehr sind Marksteine im menschlichen Leben, die Anlaß zum Feiern geben.
Viele dieser Feste werden allerdings regional sehr unterschiedlich begangen, weil Brauchtum und Sitte sie prägen und die Bräuche von Gegend zu Gegend verschieden sind.

In diesem Kapitel sind die wichtigen Festivitäten im Laufe des Lebens und im Laufe des Jahres zusammengefaßt und Vorschläge, wie man sie feiern kann, ausgearbeitet. Es wird dabei auf die einzelnen Mahlzeiten und Veranstaltungen im Haushalt und in der Gastronomie hingewiesen (siehe dazu die vorhergehenden Kapitel), die als Rahmen zur Feier bestimmter Feste dienen können. Zur Entlastung der Hausfrau ist es heute vielfach üblich geworden, an Festtagen zum Essen in ein Restaurant zu gehen.

Geburt eines Kindes

Wenn ein neuer Erdenbürger begrüßt wird, gibt es im allgemeinen kein von langer Hand vorbereitetes Fest, sondern einen improvisierten Umtrunk in engsten Familienkreis, bei dem der frischgebackene Vater mit den Großeltern, Tanten und Onkeln des Kindes mit Sekt anstößt. Dazu werden Brötchen gereicht.

Taufe

Die Taufe ist im allgemeinen ein Familienfest, das man im intimen kleinen Kreis begeht.
In welchem Rahmen eine Taufe gefeiert wird, ist auch von der Tageszeit abhängig, zu der die Taufe stattfindet.

Ist sie am Vormittag angesetzt, so können sich die Gäste im Hause (bzw. in der Wohnung) des Elternpaares einfinden, wo ein kleines Sektfrühstück angeboten werden kann.
Nach der Tauffeier begibt man sich in ein Restaurant zum gemeinsamen Mittagessen. Am günstigsten ist es, wenn der Vater des Kindes ein Menü bestellt, das in einem Extraraum serviert wird. Dadurch ist man getrennt vom übrigen Restaurantbetrieb, und der kleine Täufling hat in seinem Kinderwagen etwas Ruhe.

Man kann ein Mittagessen natürlich auch zu Hause vorbereiten, nur muß man in diesem Fall jemanden engagieren, der die Vorbereitungen trifft.
Eine andere Möglichkeit ist, daß sich die Gäste in der Kirche sammeln und nach der Taufzeremonie im Haus der Eltern ein kalter Imbiß gereicht wird. Dies geschieht am besten in Form eines kalten Buffets, es können auch nur Brötchen angeboten werden. Dazu serviert man an Getränken Sekt oder Wein, eventuell Bier sowie alkoholfreie Getränke.

Findet die Tauffeier am Nachmittag statt, können sich die Gäste wiederum im Heim der Eltern sammeln und von dort gemeinsam zur Kirche gehen. Bis alle Geladenen eintreffen, wird den bereits Anwesenden ein erfrischendes Getränk angeboten, z. B. Fruchtsäfte, Tonic water, Sekt-Orange, eventuell auch Kaffee oder Tee.
Man kann sich aber auch gleich in der Kirche versammeln.
Nach der Taufe lädt man meist zu einer Kaffeejause oder sonstigen Nachmittagsjause ein. Diese kann sowohl zu Hause als auch in einem gastronomischen

Betrieb eingenommen werden. Nach der Jause kann Wein oder Cognac, Sherry, Portwein, Likör oder ein anderer Digestif angeboten werden.
Bleiben die Gäste länger, dann wird ein kaltes Abendessen serviert.

Wie bereits erwähnt, wird die Taufe eher im kleinen Kreis gefeiert, meistens sind nur die engsten Verwandten eingeladen, also der oder die Taufpaten, Eltern und Geschwister (mit Familie) des Elternpaares sowie der Priester, der die Taufe gehalten hat, und sonstige Verwandte oder Freunde, mit denen man ein enges persönliches Verhältnis hat.

Der Tisch wird, unabhängig von der Mahlzeit, die man einnimmt, in hellen Pastelltönen (häufig Rosa oder Blau) bzw. in Weiß gedeckt. Auch die Blumen, die für den Tischschmuck verwendet werden, sind in diesen zarten Farben gehalten. Sehr gut eignen sich Freesien oder Rosen (z. B. Biedermeierrosen) in hellen Pastelltönen, Maiglöckchen, Haarfarn usw. Als Tischschmuck sind außerdem Kerzen in kleinen Kerzenständern und eventuell Tisch- und Menükarten üblich.
Das Geschirr kann zart gemustert sein.

Die Speisen, die gereicht werden, sind eher leicht, z. B. helles Fleisch, zartes Gemüse, und nicht zu stark gewürzt.
Häufig wird eine besondere Festtagstorte, entweder als Nachtisch oder zur Kaffeejause, serviert. Sie kann den Namenszug des Täuflings tragen oder Symbole, die auf die Taufe abgestimmt sind.

An der Tafel nehmen die Eltern des Täuflings den Ehrenplatz ein, daneben sitzen der Priester und der (die) Taufpate(n), die Geschwister des Täuflings, anschließend die Großeltern und die übrige Verwandtschaft sowie Freunde der Familie.

Erstkommunion

Feste, bei denen Kinder im Mittelpunkt stehen, sollten immer so gefeiert werden, daß es sich wirklich um ein Fest für das Kind handelt. Ein solches ist zweifellos die Erstkommunion.
Sie wird regional unterschiedlich gefeiert und ist vor allem dadurch bestimmt, wie sie in den einzelnen Pfarrgemeinden abgehalten wird.

Die Erstkommunion findet meist am frühen Vormittag statt. Häufig ist anschließend im Pfarrhof für die Kinder eine Jause gerichtet, bei der Kakao oder Schokolade, Limonaden, Kuchen, Torten oder Gebäck angeboten werden.
Die Eltern der Kinder trinken Kaffee oder Tee.

Mittags gehen die Eltern mit dem Kind und seinen Geschwistern, eventuell auch nahen Angehörigen (z. B. Großeltern) in ein Restaurant (wobei am günstigsten ein Tisch vorbestellt wird), oder es wird zu Hause ein feierliches Mittagessen veranstaltet.
Dazu wird der Tisch festlich gedeckt (in Weiß oder hellen Pastellfarben) und mit zarten Blumen, z. B. weißen Rosen oder Nelken, Asparagus, Buchs, geschmückt. Auch weiße Kerzen dürfen nicht fehlen.
Das Menü sollte vor allem nach den Wünschen des Erstkommunionkindes ausgerichtet sein und seine Lieblingsspeisen enthalten.
Der Ehrenplatz an der Tafel gebührt an diesem Tag natürlich dem Kind.

Im Anschluß an das Essen kann ein kleiner Ausflug geplant werden. Sind Verwandte zur Erstkommunionfeier eingeladen, wird nachmittags meist eine Kaffeejause stattfinden.

Es kann aber auch sein, daß die Jause im Pfarrhof erst am späten Nachmittag stattfindet. Dann kann man im Anschluß an die Erstkommunion ein feierliches Frühstück zu Hause vorbereiten.
Das Mittagessen kann man, je nach Möglichkeiten, zu Hause oder in einem Restaurant einnehmen.
Eine andere Möglichkeit wäre, einen festlichen Brunch vorzubereiten.

Firmung

Die Firmung findet heutzutage sowohl vormittags als auch nachmittags statt. Nur in wenigen Fällen wird das Firmungsessen in der Familie abgehalten, weil der

Feuerzangenbowle

Hochzeitstafel

KINDERGEBURTSTAG

Pate oder die Patin nach der Kirche einen Ausflug macht. Dies ist besonders dann der Fall, wenn die Firmung am Vormittag stattfindet. Es kann natürlich auch sein, daß die ganze Familie (Eltern und Geschwister) des Firmlings sowohl an der Firmung als auch am Essen sowie am anschließenden Ausflug teilnimmt.

Findet das Firmungsessen im Restaurant statt, so bestellt der Firmpate einen Tisch und lädt entweder nur den Firmling oder alle Beteiligten (je nach Vereinbarung und finanziellen Möglichkeiten) zu einem reichlichen Mittagessen ein. Es kann auch gleich eine Speisenfolge bestellt werden.

Wird das Mittagessen zu Hause vorbereitet, ist der Tisch wie bei der Erstkommunion festlich in Weiß oder Pastelltönen zu decken. An Blumen für ein hübsches Gedeck nimmt man am besten die Lieblingsblumen des Kindes, auch alle zarten Blüten in hellen Farben eignen sich dazu, z. B. Freesien, Rosen, Nelken, Spraynelken, Schleierkraut.
Kerzen, Menü- und Tischkarten, eine schöne Obstschale können ebenfalls als Dekoration verwendet werden.
Die Hausfrau wird ein mehrgängiges Menü vorbereiten, bei dessen Zusammenstellung die Lieblingsspeisen des Firmlings berücksichtigt werden.
Den Ehrenplatz an der Tafel erhalten beim Firmungsessen der Firmling und sein Pate.

Am Nachmittag kann eine Kaffeejause eingenommen werden. Findet sie zu Hause statt, gibt es häufig eine schöne, im Dekor auf die Firmung abgestimmte Torte. Das Gedeck ist wie für das Mittagessen.
Zum Ausklang wird oft noch ein kleines, meist kaltes Abendessen eingenommen.

Ist die Firmung für den Nachmittag angesetzt, wird man anschließend einen kleinen Imbiß oder eine Kaffeejause zu sich nehmen und das festliche Mahl am Abend entweder zu Hause oder in einem Restaurant einnehmen.
Der Firmungsausflug findet in diesem Fall oft erst am nächsten Tag statt.

Konfirmation

Dieses Fest wird sehr fröhlich begangen, man feiert sozusagen, daß der junge Konfirmand an der Schwelle des Erwachsenseins steht. Es werden dazu viele Gäste eingeladen, Verwandte und Freunde des

Konfirmanden und seiner Eltern, die alle Geschenke für den jungen Menschen mitbringen.

Die Konfirmation wird regional unterschiedlich gefeiert. Manchenorts werden die Konfirmanden, oft mit ihren Eltern, im Anschluß an die Konfirmation von der evangelischen Pfarrgemeinde zu einem Mittagessen eingeladen. Ist dies der Fall, wird die Verwandtschaft nachmittags auf eine Jause in die Wohnung der Eltern eingeladen.
Ein Abendessen, an dem nicht nur die Verwandten, sondern auch die Freunde der Familie teilnehmen, wird in einem Restaurant bestellt oder zu Hause vorbereitet. Üblich sind Abendessen mit mindestens drei Gängen oder auch ein kaltes Buffet.
Der Tisch wird wie zur Firmung gedeckt.
Den Ehrenplatz an der Tafel nimmt der Konfirmand ein.

Findet das Mittagessen im privaten Kreis statt (nicht in der Pfarrgemeinde), kann es wiederum zu Hause oder in einem gastronomischen Betrieb ausgerichtet sein. Dazu wird ebenfalls die Verwandtschaft eingeladen. Nachmittags folgt eine Kaffeetafel, zu der auch die Freunde der Familie eingeladen werden.

Schulabschluss, Matura (Abitur), Graduierung, Sponsion, Promotion

Im Familienkreis wird ein Schulabschluß häufig nur dann gefeiert, wenn es sich um eine Graduierung, Sponsion oder Promotion handelt.
Die Matura oder das Abitur feiern die Maturanten (Abiturienten) fast immer mit ihren Kollegen und Professoren. Im Kreis der Familie kann ein Schulabschluß in Form eines gemeinsamen Mittag- oder Abendessens entweder zu Hause oder in einem

Restaurant gefeiert werden. Es kann aber auch sein, daß die glücklichen Eltern zu Ehren ihres hoffnungsvollen Sprößlings ein Fest oder eine Party geben, z. B. eine Grillparty oder ein Gartenfest, eine Cocktailparty, Tanzparty oder sogar eine rauschende Ballveranstaltung.

Graduierungen, Sponsionen oder Promotionen finden am Vormittag statt. Die Geladenen (Familie, eventuell nähere Verwandte, Freunde, Bekannte) können sich, wenn es sich um einen kleinen Kreis handelt, im Hause der Eltern des Spondierenden, Promovierenden oder in seiner eigenen Wohnung zu einem kleinen Sektfrühstück einfinden.

Nach der akademischen Feier gibt es im allgemeinen ein gemeinsames Mittagessen oder auch ein Bankett. Auch in der Form eines kalt-warmen Buffets können Graduierungen gefeiert werden.
Meist finden derartige Feiern eher in einem gastronomischen Betrieb als zu Hause statt.

Verlobung

Die Verlobung ist die Bekanntgabe eines Heiratsversprechens. In letzter Zeit ist es wieder modern geworden, sich zu verloben, wozu natürlich eine Verlobungsfeier notwendig ist.

Je nach dem Gästekreis, der dazu eingeladen wird, sind verschiedene Formen einer Verlobungsfeier denkbar.
Findet sie nur im Kreis der Familie statt, wählt man dazu ein festliches Abendessen, ein umfangreicheres Mittagessen oder schlicht und einfach eine festliche Kaffeejause.
Jede dieser Mahlzeiten findet im Hause der Brauteltern statt, wobei sich die Eltern der Verlobten häufig erst kennenlernen.

Eingeladen sind zu diesem Familienfest neben den Eltern die Geschwister der Brautleute mit Ehepartner (oder Verlobten), eventuell auch die Großeltern sowie sonstige nahestehende Verwandte.

Der Tisch wird festlich, aber nicht zu festlich gedeckt, schließlich sollte bei der Hochzeit noch eine Steigerung möglich sein.

Das Gedeck ist meist in Weiß gehalten, das Blumengesteck sollte die Lieblingsblumen der Braut enthalten. Auch alle Blumen in zarten Farben sind dazu geeignet, z. B. Rosen, Gerbera, Orchideen, Lilien.
Kerzen sind als Tischschmuck natürlich besonders wichtig. Man verwendet schöne, elegante Kerzenhalter aus Silber, Alpaka oder Glas. Besonders schön sind mehrarmige Leuchter.

Die Verlobten sitzen nebeneinander und haben die Ehrenplätze in der Mitte der Tafel inne. Rechts von der Braut nimmt der Vater des Bräutigams Platz, ihm zur Rechten sitzt die Mutter der Braut. Links vom Bräutigam sitzt seine Mutter, daneben der Vater der Braut.

Vor dem Essen findet die eigentliche Verlobung statt, bei der der Bräutigam seiner Braut den Verlobungsring an den Finger steckt und umgekehrt.
Während des Essens werden meist auch Tischreden gehalten. Es ist zuerst der Brautvater, der (nach dem ersten Gang) den Schwiegersohn und seine Eltern willkommen heißt.
Der Bräutigam dankt für die Aufnahme in den Familienkreis, anschließend spricht der Vater des Bräutigams noch einige Worte (Tischreden siehe auch Seite 20).

Falls dies nicht schon früher geschehen ist, werden sich die Schwiegereltern und sonstigen Verwandten im Anschluß daran das „Du" anbieten.
Auf die Verlobten wird im allgemeinen mit einem Glas Sekt oder Champagner angestoßen.

Will man außer der Familie noch weitere Verwandte, gute Freunde der Familie oder des Brautpaares einladen, so kann man dies am besten, wenn man die Verlobungsfeier in Form eines Sekt- oder Cocktailempfanges, eines kalten Buffets, einer Tanzparty oder eines Hausballes stattfinden läßt.
Zu Sekt- oder Cocktailempfängen, eventuell auch zu Hausbällen können, falls dies erforderlich ist, Geschäftsfreunde oder Personen des gesellschaftlichen und öffentlichen Lebens eingeladen werden.

Polterabend

Der Polterabend ist ein fröhliches, ausgelassenes Fest am Vorabend der Hochzeit, zu dem vor allem die Jugend eingeladen wird. Heute wird der Polterabend manchmal auch schon zwei bis drei Tage vor der Hochzeit veranstaltet, damit die Brautleute die Hochzeit ohne Müdigkeit oder gar „Katerstimmung" erleben können.

Meist setzt sich der Kreis der Eingeladenen aus Freunden, Schul- und Arbeitskollegen, Sportkameraden u. ä. zusammen. Der Polterabend bietet die beste Gelegenheit, alle jene Personen einzuladen, die zur Hochzeitstafel nicht geladen sind.
Es wird an diesem Abend viel Jux getrieben (die Bräuche sind hierbei regional sehr unterschiedlich), altes Geschirr zerschlagen usw. Der Rahmen des Festes sollte darauf abgestimmt sein. So ist beispielsweise legere, nicht allzu empfindliche Kleidung empfehlenswert.

Findet der Polterabend zu Hause statt, sollten auch wertvolles Mobiliar, Bilder, Teppiche usw. aus dem Raum, in dem das Fest stattfindet, entfernt werden. Für die Bewirtung der Gäste ist ein kaltes Buffet, häufig ein rustikales Buffet, ideal. Beim benötigten Geschirr ist darauf zu achten, daß es sich um einfache, robuste Formen handelt.
Auch eine Grillparty oder ein Gartenfest ist ein geeigneter Rahmen für einen Polterabend.
Meist wird bei diesem Fest auch getanzt, sodaß von den Gastgebern genügend Musik in Form von Kassetten oder Schallplatten vorzubereiten ist.
Möchte man dem Polterabend einen eleganten Rahmen verleihen, kann dazu auch ein Hausball veranstaltet werden.
Alle diese Veranstaltungen können wiederum im Haushalt oder in einem gastronomischen Betrieb stattfinden.

Hochzeit

Die Hochzeit, zumeist der schönste Tag im Leben eines Menschen, bedarf einer besonderen Vorbereitung und exakten Planung im vorhinein, damit das Fest ohne größere Pannen ablaufen und das Brautpaar den Tag in vollen Zügen genießen kann.
Die Möglichkeiten, die heutzutage gegeben sind, um eine Hochzeit zu feiern, sind sehr vielfältig.

Zunächst ist die Form abhängig von der Größe des Festes, d. h. von der Zahl der eingeladenen Gäste.

Die kleinste Form ist die Hochzeit in aller Stille. Dazu sind im allgemeinen die Eltern und Geschwister des Paares, die Trauzeugen und eventuell die engsten Freunde eingeladen.
Die häufigste Form ist eine Hochzeit mittlerer Größe, zu der auch die näheren Verwandten sowie Freunde und eventuell einige gute Bekannte kommen.
Zur großen Hochzeitsfeier schließlich wird darüber hinaus ein großer Bekanntenkreis, häufig auch Persönlichkeiten des gesellschaftlichen und öffentlichen Lebens eingeladen.
Auf dem Lande sind in manchen Gegenden große Hochzeiten in Form von sogenannten Bauernhochzeiten üblich, zu denen fast der ganze Ort, zumindest aber alle Verwandten, Bekannten, Freunde und Nachbarn kommen und bei denen häufig auch getanzt wird.

Überhaupt spielen bei der Hochzeit, so wie bei keiner anderen Festlichkeit im Laufe des Lebens, regional sehr unterschiedliche Bräuche und Sitten eine besondere Rolle, speziell auf dem Lande, wo die Pflege traditionellen Brauchtums noch aktiv betrieben wird.

Ein weiteres wichtiges Kriterium für die Organisation einer Hochzeit ist der Zeitpunkt, zu dem sie stattfindet. Auch hier gibt es heute vielerlei Möglichkeiten. Die häufigere Form wird sein, daß standesamtliche und kirchliche Trauung an einem Tag stattfinden: die standesamtliche Trauung vormittags und die kirchliche entweder ebenfalls vormittags, zu Mittag, nachmittags oder am Abend.
Es kann aber auch sein, daß die beiden Trauungen an unterschiedlichen Tagen stattfinden oder überhaupt nur eine Trauung (standesamtliche oder kirchliche) geplant ist. Im folgenden werden die häufigsten Formen einer Hochzeitsfeier, ohne Anspruch auf Vollständigkeit zu erheben, kurz dargestellt.

Im allgemeinen wird die Hochzeit von den Eltern der Braut, selten von den Eltern des Bräutigams, heute mitunter von den Brautleuten selbst ausgerichtet.

Deshalb treffen sich auch die engsten Angehörigen meist im Hause der Brauteltern, wobei höchstens eine kleine Erfrischung (Fruchtsäfte oder Mineralwasser, eventuell ein Glas Sekt oder Sekt-Orange) angeboten wird.
Ist zwischen standesamtlicher und kirchlicher Trauung ein kleiner Zeitraum eingeplant, kann in dieser Zeit bei den Brauteltern ein kleines Sektfrühstück für die Teilnehmer an der standesamtlichen Trauung (das sind meist nur die engsten Angehörigen) stattfinden.
Wenn die kirchliche Trauung erst nachmittags oder am Abend stattfindet, kann dieser Gästekreis auch zu einem Mittagessen im Hause der Brauteltern oder in einem Restaurant eingeladen werden.

Nach der kirchlichen Trauung findet das Hochzeitsfestmahl statt. Das kann wiederum in Form eines Mittagessens bei den Brauteltern oder in einem Restaurant stattfinden (bei einer kleinen Hochzeit) oder in Form eines Festbanketts bzw. heute auch eines kalten oder kalt-warmen Buffets.

Findet die kirchliche Trauung am Abend statt, was nur bei sehr vornehmen Hochzeiten der Fall ist, ist im Anschluß daran ein Bankett und schließlich, als Höhepunkt des Festes, oft ein Ball geplant.
Verfügen die Brauteltern oder auch die Eltern des Bräutigams über ein sehr großes Haus, kann hier auch ein Festbankett, ja sogar ein anschließender Ball stattfinden. In diesem Fall wird man aber einen gastronomischen Betrieb, der Catering betreibt, mit der Durchführung des Festessens beauftragen.

Unabhängig davon, in welcher Form das Hochzeitsmahl stattfindet, wird die Hochzeitstafel mit weißer, festlicher Tischwäsche, schönem Porzellan, Besteck und schönen Gläsern gedeckt. Als Tischschmuck eignen sich Blumengestecke, die auf den Brautstrauß abgestimmt werden. Besonders beliebt sind Rosen, Orchideen, Lilien, Maiglöckchen, Nelken in Weiß oder Rosa, eventuell auch Rot.
Außerdem erhält die Tafel durch Kerzenleuchter (Kandelaber), schön gefaltete Servietten (z. B. Fächer, Lilie), Menü- und Tischkarten ein festliches Aussehen. Das Menü eines Hochzeitsessens ist mehrgängig und soll von der Auswahl der Speisen her eher leicht und zart sein.

Die Tischordnung einer Hochzeitstafel wird ebenfalls sehr unterschiedlich gehandhabt. Der Grundgedanke, der dahintersteckt, ist der, die beteiligten Familien einander näherzubringen.
Das Brautpaar sitzt auf den Ehrenplätzen in der Mitte der Tafel, und zwar der Bräutigam links von der Braut. Die übrige Tafelordnung ist abhängig vom Alter und vom Verwandtschaftsgrad zum Brautpaar.
Nachstehend sehen Sie die am häufigsten angewendeten Sitzordnungen.

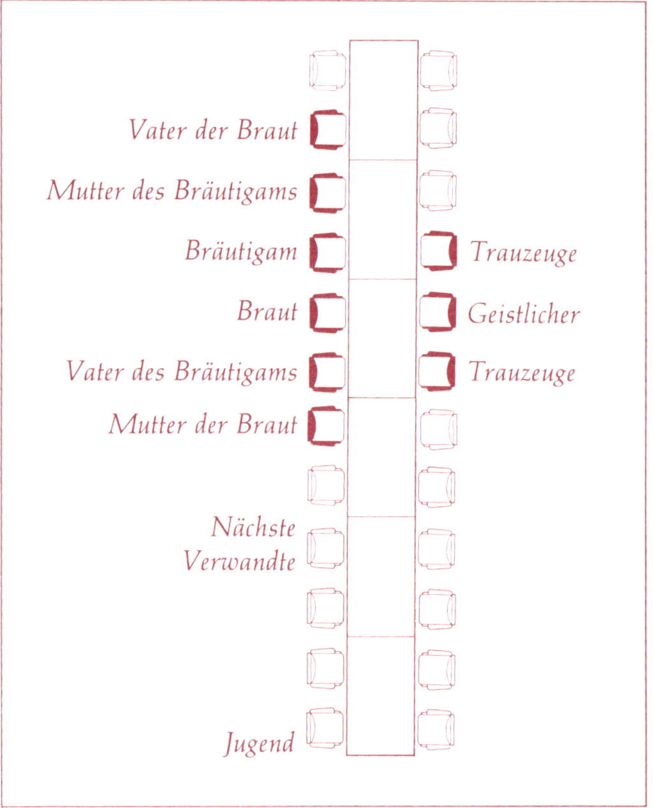

Im Anschluß an die Eltern des Paares sitzen die Großeltern oder andere nahe Verwandte. Am Ende der Tafel sitzt die Jugend, auch junge, unverheiratete Geschwister des Brautpaares.
Der Geistliche, der das Paar getraut hat, sitzt in manchen Gegenden auch neben der Mutter des Bräutigams.
Sind die Trauzeugen nicht mit dem Bräutigam verwandt, gelten sie den Verwandten gegenüber als ranghöher.

Die Feste im Laufe des Lebens

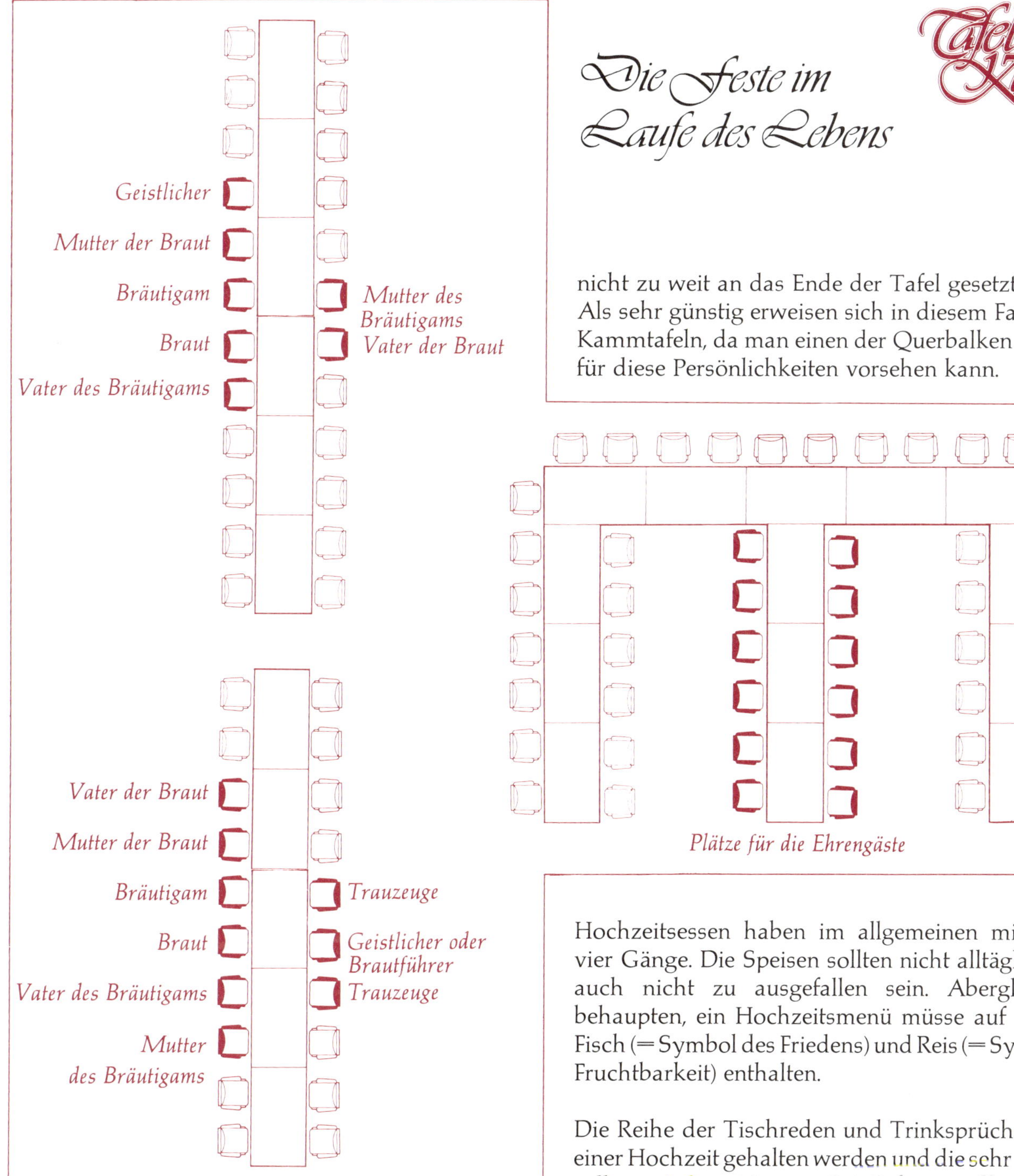

Plätze für die Ehrengäste

Sind bei einer großen Hochzeit Persönlichkeiten des gesellschaftlichen oder öffentlichen Lebens, Vorgesetzte und ähnliche hochstehende Personen eingeladen, dann bedarf es eines sehr großen Fingerspitzengefühls, sie richtig zu plazieren. An sich gehören sie nicht auf die den engsten Familienangehörigen zustehenden Mittelplätze, andererseits dürfen sie auch nicht zu weit an das Ende der Tafel gesetzt werden. Als sehr günstig erweisen sich in diesem Fall E- oder Kammtafeln, da man einen der Querbalken der Tafel für diese Persönlichkeiten vorsehen kann.

Hochzeitsessen haben im allgemeinen mindestens vier Gänge. Die Speisen sollten nicht alltäglich, aber auch nicht zu ausgefallen sein. Abergläubische behaupten, ein Hochzeitsmenü müsse auf alle Fälle Fisch (= Symbol des Friedens) und Reis (= Symbol der Fruchtbarkeit) enthalten.

Die Reihe der Tischreden und Trinksprüche, die bei einer Hochzeit gehalten werden und die sehr kurz sein sollen, wird meist vom Geistlichen eröffnet. Häufig spricht dann ein guter und vertrauter Freund der Familie und zum Schluß der Brautvater. Der Bräutigam braucht sich nicht an der Tafel zu bedanken. Es ist erforderlich, Tischreden innerhalb der Hochzeitsgesellschaft abzusprechen, damit es nicht zu ungeplanten Ansprachen kommen kann, welche den Ablauf des Festessens erheblich stören können. Während einer Rede darf nicht serviert werden. Manchmal wird vor Beginn des Essens vom Priester ein Tischgebet gesprochen.

Die **Wiederkehr des Hochzeitstages** feiert das Ehepaar häufig mit einem Festessen zu zweit, zu Hause oder im Restaurant, manchmal auch mit einem Mittag- oder Abendessen oder einer Kaffeejause im Kreise seiner Familie.

Besondere Jubiläen werden allgemein im größeren Stil gefeiert. Solche Hochzeitstage sind:
Silberne Hochzeit – nach 25 Jahren
Goldene Hochzeit – nach 50 Jahren
Diamantene Hochzeit – nach 60 Jahren
Eiserne Hochzeit – nach 65 Jahren
Steinerne oder Gnadenhochzeit – nach 70 Jahren
Kronjuwelenhochzeit – nach 75 Jahren

In manchen Gebieten oder Ländern kennt man außerdem:
Papierene Hochzeit – nach einem Jahr (USA)
Hölzerne Hochzeit – nach fünf Jahren (USA) oder zehn Jahren (Norddeutschland)
Zinnerne Hochzeit – nach sechseinhalb Jahren (Niederlande) oder zehn Jahren (USA)
Blecherne Hochzeit – nach acht Jahren (Norddeutschland)
Nickelhochzeit – nach zwölfeinhalb Jahren (Norddeutschland)
Kupferne Hochzeit – nach zwölfeinhalb Jahren (Niederlande, Dänemark) oder nach zwanzig Jahren (USA)
Aluminiumhochzeit – nach siebenunddreißigeinhalb Jahren (Norddeutschland)
Rubinene Hochzeit – nach 40 Jahren (USA)

Man feiert besonders die silberne und goldene Hochzeit entweder mit einem festlichen Mittag- oder Abendessen (zu Hause oder im Restaurant) gemeinsam mit den Kindern, oft auch schon Schwieger- und Enkelkindern oder mit einer Wiederholung der Hochzeit samt kirchlichem Zeremoniell.

Im Anschluß daran findet wiederum ein Hochzeitsfestessen in Form eines Mittag- oder Abendessens, Banketts oder kalten bzw. kalt-warmen Buffets statt. Geladen werden Verwandte, gute Freunde, Bekannte und eventuell Geschäftsfreunde.

Bei der Tafelordnung wird die Rangfolge der Plätze nicht ausschließlich durch den Verwandtschaftsgrad bestimmt, sondern der Grad der Freundschaft wird berücksichtigt. Gute Freunde gelten als ranghöher.

Jubiläumshochzeiten können aber auch mit einem Sektempfang, einer Cocktailparty, Grillparty, einem Gartenfest oder rustikalen Buffet gefeiert werden.

Die Tafel wird festlich, meist in Weiß, gedeckt. Als Blumenschmuck kommen Blumen in leuchtenden Farben (z. B. Sommerastern, Gerbera, Dahlien, Nelken, Rosen, Freesien) in Frage.

Kindergeburtstag

Kinder feiern für ihr Leben gern, auch schon dann, wenn sie noch sehr klein sind. Ab dem zweiten oder dritten Lebensjahr werden die Eltern des Kindes Taufpaten, Großeltern und eventuell Tanten und Onkel zu einer Kaffeejause einladen. Ab dem vierten oder fünften Lebensjahr kann man auch eine Kinderparty veranstalten.
Für die Kinder ist es etwas ganz Besonderes, wenn ihnen die Eltern erlauben, ihre Freunde und Freundinnen zu einer Geburtstagsfeier einladen zu dürfen. Das Geburtstagskind steht an diesem Tag im Mittelpunkt und bekommt Geschenke.

Für die Eltern bedeutet eine Kindergeburtstagsfeier genausoviel Vorbereitungsarbeit wie für eine Erwachsenenparty. Denn ohne intensive Planung kann ein derartiges Fest leicht zu einem Mißerfolg werden.
Geburtstagsfeiern für fünf- bis zehnjährige Kinder beginnen etwa um 15 Uhr und enden spätestens um 19 oder 20 Uhr.
Kinder und Jugendliche etwa ab dem zwölften bis zum sechzehnten Lebensjahr wollen ihren Geburtstag schon „partylike" feiern. Setzen Sie, je nach Alter, die Party zwischen 15 und 17 Uhr an. Beendet wird sie etwa um 21 Uhr.
Schon die Einladung zu einem Kindergeburtstag, sofern sie schriftlich erfolgt, kann sehr originell sein (z. B. mit lustigen Zeichnungen versehen) und die Vorfreude auf das bevorstehende Fest anheizen.

Der Raum, in dem die Geburtstagsfeier stattfindet, wird meist das Kinderzimmer sein, außer es ist sehr klein, dann wird man ein anderes Zimmer dafür verwenden.

Alle anderen Räume sollten für die Kinder tabu sein, weil sonst meist die ganze Wohnung auf den Kopf gestellt wird.

Eine hübsche Dekoration sind über dem Tisch schwebende Luftballons. Luftballons können auch wie zu einem Blumenstrauß gesteckt in einer Vase, mit den Drahtstäben verankert, aufgestellt werden. Nach der Geburtstagsfeier kann jedes Kind einen Ballon mit nach Hause nehmen.
Das Zimmer wird lustig und bunt geschmückt, z. B. mit Luftballons, Girlanden, Kreppapierblumen u. ä.
An Speisen und Getränken kann folgendes angeboten werden:

- Speisen: Geburtstagstorte, Kuchen, sonstige Süßigkeiten, Topfencreme mit Früchten, Obstsalat, Puddings, kalte Cremes. Diese Speisen können zur Nachmittagsjause gereicht werden, nachdem die kleinen Gäste eingetroffen sind.
  Zum Ende der Feier wird häufig ein kleines Abendessen verzehrt, das aus Spaghetti, Würstchen und Pommes frites oder auch aus Sandwiches oder lustig dekorierten belegten Broten (z. B. mit Gesichtern darauf oder Palmen aus geschnittenen Essiggurken) bestehen kann.
- Getränke: An Getränken reicht man zur Jause Kakao, Schokolade oder Instantgetränke, Milch, Fruchttees u. ä., für zwischendurch und zum Abendessen hält man größere Mengen Fruchtsäfte, Mineralwasser, Limonaden, kalten Zitronentee usw. bereit. Sehr beliebt sind auch Milchshakes (z. B. Bananen-, Erdbeershake).

Den Geburtstagstisch deckt man in fröhlichen Farben. Als Unterlage auf dem Tisch ist unbedingt ein Wachstuch oder Plastiktischtuch zu empfehlen, darüber gibt man am besten ein Tischtuch aus Vliesstoff, Kreppapier oder ein leicht waschbares Stofftischtuch. Das Gedeck besteht aus einem Dessertteller, einer Kuchengabel und einer Tasse oder rustikalen Schale (ohne Untertasse) für das Jausengetränk sowie einer bunten, einfach gefalteten Papierservielle. Eventuell kann man neben die Tasse auch gleich ein einfaches Glas oder einen Becher für Limonade aufdecken.
Als sehr günstig erweist sich für solche Feste immer buntes Wegwerfgeschirr (Pappteller und -becher). Sollte man Porzellan und Gläser verwenden, nimmt man einfaches, robustes Geschirr.

Außerdem kann jedes Gedeck mit selbstgebastelten oder -gezeichneten Tischkarten versehen sein oder mit sonstigen kleinen Figuren, Süßigkeiten oder kleinen, einfachen Spielsachen, die die Kinder mit nach

Hause nehmen dürfen. Geschickte Muttis können Tischkarten auch aus Teig backen und mit Zuckerguß die Namen daraufschreiben.
In die Mitte des Tisches stellt man die Geburtstagstorte mit den Kerzen, Kuchen und Süßigkeiten. Puddings, Cremes, Obstsalate usw. werden, in kleinen Schüsseln, Gläsern oder auf Tellern angerichtet, bereits bei den einzelnen Gedecken eingestellt, bevor die Gäste kommen.
Benötigt man noch weitere Dekorationen, kann man beispielsweise Blumen oder Tiere aus Kreppapier formen und den Tisch damit schmücken. Der Phantasie sind dabei keine Grenzen gesetzt.
Einen kleinen Tisch sollte man eventuell für die für das Geburtstagskind mitgebrachten Geschenke vorbereiten.

Nach der Jause wird der Tisch abgeräumt, und die Kinder können spielen. Zu einer Kindergeburtstagsfeier gehören Wettspiele. Am besten bereitet man sich vor dem Fest ein Programm vor. Wenn Sie die Gewinner mit kleinen Preisen belohnen wollen, dann bedenken Sie, daß kein Kind zu kurz kommen sollte, und bereiten Sie genügend Trostpreise vor. Bei der Auswahl solcher Preise ist darauf zu achten, daß nicht der materielle Wert eines Geschenkes ausschlaggebend ist, sondern vor allem die Originalität.

Später, nach vielem Spielen und Herumlaufen, bekommen die Kinder meist wieder Hunger, und man wird zum Abschluß des Kinderfestes einen kleinen Imbiß reichen. Nun braucht der Tisch nicht mehr geschmückt zu werden.
Auf den Tisch (mit Tischtuch oder bunten Sets) stellt man die Teller (meist Dessertteller), Limonadengläser und legt – falls benötigt – eine Gabel auf. Meist werden die Kinder nach der Geburtstagsfeier von ihren Eltern abgeholt. Bereiten Sie daher Getränke mit den dazupassenden Gläsern vor, damit Sie etwas aufwarten können, während sich die Kinder zum Nachhausegehen bereitmachen.

Sind die Kinder schon etwas älter (zwölf bis sechzehn Jahre), ist es günstig, ein einfaches Buffet her-

zurichten und auf diesem alle Speisen und Getränke aufzustellen. Auch in diesem Fall wird man der Einfachheit halber Wegwerfteller und -becher sowie Papierservietten verwenden.

Bei den Getränken werden vor allem Cola-Getränke sehr beliebt sein. Auch nichtalkoholische Mixgetränke, Fruchtbowlen oder ein alkoholfreier Geburtstagspunsch wird großen Anklang finden.
Den Raum, der dafür vorgesehen ist, können sich die Kinder oder Jugendlichen selbst dekorieren. Auch Musik, um ein bißchen tanzen zu können, wird früher oder später bereits gefragt sein.

Auch wenn die Kinder schon größer sind, sollten sie von den Eltern abgeholt bzw. eventuell von den Gastgebern sicher nach Hause gebracht werden.

Geburtstag, Namenstag

Diese beiden Feste können in der unterschiedlichsten Art und Weise gefeiert werden. Sie ist abhängig von regionalen Bräuchen, von der Person des Geburts- bzw. Namenstagskindes und davon, ob es sich um einen „normalen" oder einen „besonderen" Geburtstag (=runden Geburtstag) handelt.

Im allgemeinen ist es wohl üblicher, den Geburtstag als den Namenstag zu feiern. In manchen, vorwiegend katholischen Gegenden wird allerdings der Namenstag größer gefeiert. Von der Art der Feier her sind aber beide gleich zu behandeln.

Am häufigsten wird der Geburtstag sicherlich im Rahmen einer nachmittäglichen Kaffeejause im Kreise der Familie gefeiert, wobei die Geburtstagstorte mit den brennenden Kerzen serviert wird.
Der Kreis der daran teilnehmenden Personen kann entweder nur die Familie im engeren Sinne umfassen oder auch Eltern (bzw. Großeltern) und Geschwister.

Bei männlichen Geburtstagskindern kann auch eine rustikale Jause oder am Nachmittag ein Dämmerschoppen den Rahmen für eine Geburtstags-(oder Namenstags-)Feier bilden. Hierzu werden meist die unmittelbaren Freunde, Sport- oder Freizeitkollegen des Geburtstagskindes eingeladen.

Bei Geburtstagsfeiern für einen besonderen Geburtstag (z. B. zum 50. oder 65. Geburtstag) wird auch die Geburtstagsfeier größer ausfallen, vor allem auch vom Kreis der Gratulanten her.
Man kann ein solches Jubiläum bei einem Mittag- oder besser noch Abendessen feiern, wobei der Kreis der Familie in diesem Fall sicher um die nächste Verwandtschaft erweitert wird.
Ideal zum Feiern mit Freunden und Bekannten sind Grillpartys und Gartenfeste, eine Tanzparty oder auch ein kaltes Buffet am Abend.

Für gesellschaftliche oder offizielle Feiern eignet sich neben einem festlichen Mittag- oder Abendessen (=Diner), je nach Anzahl der Eingeladenen, auch ein Sektempfang, Diplomatenfrühstück oder eine Cocktailparty.
Sehr große Geburtstagsfeiern können auch in Form eines Balles stattfinden.

Alle diese Veranstaltungen werden, abhängig von den persönlichen Möglichkeiten, entweder zu Hause oder in einem gastronomischen Betrieb abgehalten.

Unabhängig von der Form des Festes (Ausnahme: rustikale Veranstaltung), wird der Tisch für eine Geburtstagsfeier mit festlicher Tischwäsche (am besten in Pastellfarben), festlichem Geschirr, Besteck und festlichen Gläsern gedeckt.
Der Platz des Jubilars (=Ehrenplatz) kann besonders geschmückt sein. Es können rund um diesen Platz auch die Geschenke aufgelegt sein.

Als Blumenschmuck eignet sich, je nach Größe des Tisches, ein kleines oder großes Gesteck bzw. mehrere Gestecke mit den Lieblingsblumen des Jubilars. Es können alle Blumen, je nach Jahreszeit, verwendet werden.

Bei abendlichen Veranstaltungen ist es des öfteren der Fall, daß um Mitternacht eine Geburtstagstorte mit brennenden Kerzen hereingetragen wird. Das Geburtstagskind bläst die Kerzen aus und schneidet die Torte an. Dazu benötigt man ein großes Tortenmesser und eine Kanne mit heißem Wasser, in die man das Messer taucht. Die Torte wird ausgeteilt und dazu ein Glas Sekt oder Champagner serviert.

Jubiläum

Es kann sich dabei um die verschiedensten Jubiläen handeln, oft sind es Berufs-, Dienst- oder Firmenjubiläen, aber auch Jubiläen bei einem Verein, Verband usw. können gefeiert werden.

Ein Jubiläum kann in der unterschiedlichsten Art und Weise gefeiert werden, als Sekt- oder Cocktailempfang, feierliches Mittag- oder Abendessen bzw. Bankett, mit einem Buffet in allen Varianten (kalt oder warm bzw. kombiniert) oder einer nachmittäglichen Jause.

Da diese Festlichkeiten im allgemeinen vom Dienstgeber, von einem Verein o. ä. ausgerichtet werden, finden sie fast immer in einem gastronomischen Betrieb statt, oder ein Betrieb, der Catering betreibt, organisiert diese Veranstaltung in den Räumen des Unternehmens, Vereines oder sonstigen Auftraggebers.

Osterfrühstück

Der Ostersonntag beginnt für die Kinder mit dem Ostereier- bzw. Osternestersuchen.
Anschließend nimmt die ganze Familie am Frühstückstisch Platz. Der österliche Frühstückstisch unterscheidet sich von den anderen vor allem durch seine Dekoration. Der Tisch ist in Weiß, zartem Gelb oder hellem Grün gedeckt. Den Mittelpunkt bilden die bunt bemalten Eier in einem grünen Nest.
Blumen, vor allem Märzenbecher, Tulpen, Palmkätzchen und Forsythienzweige, werden in kleinen Vasen hübsch als Tischschmuck arrangiert.
Das Angebot an Speisen ist unterschiedlich, je nach der gewählten Frühstücksart. Auf jeden Fall werden aber Eier serviert (besonders hartgekochte), dazu Osterschinken und ein Osterzopf (Osterstriezel, Osterstollen). Sehr hübsch sehen auch die aus Sandmasse gebackenen Osterlämmer oder Osterhasen aus.
Häufig wird das Osterfrühstück zu einem Brunch ausgedehnt, sodaß die Hausfrau ebenfalls etwas mehr vom Fest hat.

Wenn man aber trotzdem zu Mittag ein ausgesprochenes Osteressen wünscht, ist das Hauptgericht sehr häufig aus Lammfleisch. Der Tisch wird zu Mittag ebenfalls in hellen, frohen Farben (wie zum Frühstück) gedeckt.

Muttertag

Das aufregendste am Muttertag ist, solange die Kinder noch relativ klein sind, das Frühstück, das von den Kindern heimlich, still und leise, sodaß die Mutter nichts bemerkt, vorbereitet wird.
Den Tisch deckt man dazu häufig in Weiß oder Rosa (bzw. sonstigen Pastelltönen). Man verwendet natürlich das festtägliche Geschirr und schmückt den Tisch mit den Lieblingsblumen der Mutter. Sehr beliebt zum Muttertag sind Rosen in allen Schattierungen von Weiß über Rot bis Dunkelrot. Auch Flieder, Azaleen, Hortensien usw. werden gerne gekauft.
Auf dem Tisch prangt meist die (selbstgebackene) Muttertagstorte. Das übrige Angebot an Speisen richtet sich wiederum nach der Art des gewählten Frühstücks.

Zum Mittagessen besucht man im allgemeinen ein Restaurant, in dem an diesem Tag aber unbedingt ein Tisch reserviert werden muß. Im Anschluß an das Mittagessen wird häufig ein Ausflug unternommen.

Erwachsene Kinder laden ihre Mutter oft auch zu einem festlichen Mittagessen im Kreise der Familie bei sich zu Hause ein.
Der Tisch ist dabei in denselben Farben gehalten wie beim Frühstück. Als zusätzlicher Schmuck können auch Kerzen aufgestellt werden.
Egal, ob man zu Hause oder im Restaurant zu Mittag ißt, der Ehrenplatz gehört auf jeden Fall der Mutter.

Häufig gibt es, wenn die Kinder bereits erwachsen sind, ein Familientreffen mit allen Kindern und deren Familien. Ist dies der Fall, so findet am Nachmittag eine Kaffeejause statt. Wenn es das Wetter zuläßt, kann man den Kaffeetisch auch im Freien – im Garten, auf der Terrasse oder dem Balkon – decken.
Dehnt sich das Familientreffen bis in die Abendstunden aus, wird zum Abschluß des Tages meist ein kaltes Abendessen serviert, zu dem man eine gute Flasche Wein trinkt.

ADVENTJAUSE

Die heimelige Zeit im Advent sollte man für die Einstimmung auf Weihnachten nützen.
Der richtige Rahmen für eine besinnliche Adventfeier an einem der dunklen Nachmittage ist eine Kaffeejause.

Der Tisch ist mit einem Gesteck aus Tannenreisig, Stechpalmen und Kerzen oder einem Adventkranz geschmückt. Auch eine Obstschale mit schön arrangierten Äpfeln und Nüssen kann einen hübschen Tischschmuck ergeben. Die Tischwäsche ist, angepaßt an diese Dekoration, in Erdfarben gehalten.
Man deckt wie für eine normale Kaffeejause. An Mehlspeisen eignen sich dazu besonders gut Früchte-, Bischofsbrot, Stollen sowie die ersten Kostproben an Weihnachtsbäckerei.
Möchte man etwas Abwechslung bei der Kaffeejause haben, kann man seinen Gästen auch einen Irish coffee aufwarten, den man vor ihren Augen auf dem Servierwagen zubereitet.

WEIHNACHTSESSEN

Die Feier des Weihnachtsfestes ist von konfessionellen Unterschieden, von Brauchtum und Sitte mitbestimmt.
Das weihnachtliche Festessen kann entweder am Heiligen Abend (vor oder nach der Bescherung) oder am ersten Weihnachtsfeiertag zu Mittag stattfinden. In der Regel wird es im Haushalt im Kreise der Familie oder sonstiger nahestehender Personen (oft Alleinstehender) eingenommen.

Der Tisch wird festlich gedeckt, meist mit einem weißen Gedeck, festlichem Porzellan, Besteck und edlen Gläsern sowie schön gefalteten Servietten. Als Tischschmuck dient ein weihnachtliches Gesteck, das aus Tannenzweigen, Tannenzapfen, Mistelzweigen, Stechpalmen, Weihnachtssternen und Kerzen bestehen kann. Kerzen sind überhaupt in dieser Zeit ein unbedingt notwendiger Tischschmuck. Auch Menükarten werden aufgestellt.

Das Weihnachtsmenü besteht aus mindestens drei Gängen, wobei das Hauptgericht häufig ein traditionelles Weihnachtsessen ist, wie z. B. Weihnachtskarpfen, Weihnachtsgans, Truthahn.

SILVESTER

Silvester wird häufig im größeren Familienkreis oder im Kreis von Freunden gefeiert.

Feiert man zu Hause, kann man für diesen Abend etwa ein Fondue (wenn nicht so viele Gäste anwesend sind) oder ein kaltes Buffet vorbereiten.
Auch eine Tanzparty (Silvesterparty) kann man veranstalten oder, wenn man im großen Stil feiert, einen Hausball.
Die Tische oder das Buffet werden mit Glücksbringern aller Art (Hufeisen, Glückspfennigen, Pilzen, Rauchfangkehrern, Schweinchen, Glücksklee usw.) sowie Papierschlangen und Konfetti geschmückt.

Bleigießen, Horoskope und sonstige „Mittel", um in die Zukunft sehen zu können, sind für diesen Abend eine beliebte Art der Unterhaltung. Auch Musik sollte vorbereitet werden.

Aus Schüsseln oder Kabaretts bzw. Kabarettschalen mit Knabbergebäck sowie Schüsseln und Schalensätzen mit Weihnachtsbäckereien werden sich die Gäste sicherlich den ganzen Abend gerne bedienen. Für Mitternacht stehen Sektgläser auf einem Tablett mit Stoffserviette bereit, der Sekt ist eingekühlt.

In den frühen Morgenstunden wird mancher der Geladenen wahrscheinlich nochmals Appetit bekommen. Daher wird die Hausfrau ein kleines Souper (Gulaschsuppe, französische Zwiebelsuppe) für die Hungrigen bereithalten.
Zum Abschluß des Festes, bevor die Gäste nach Hause gehen, wird meist noch ein Kaffee serviert, für den man am besten alles, was man braucht, auf einem Tablett bereitstellt.

Fachausdrücke

À la carte: nach der Speisenkarte bestellen, sich selbst ein Menü zusammenstellen.

Anisées: Ausdruck für alle Liköre und Schnäpse mit Anisgeschmack. In Frankreich nennt man sie auch Pastis. Anisées werden mit Wasser verdünnt getrunken und verfärben sich, z. B. Pernod, Raki, Ouzo.

Cobbler: Bargetränke mit viel Eis und frischen Obstsäften, mit oder ohne Alkohol. Sie werden in einem Kelchglas serviert.

Collinses: durststillende Bargetränke mit wenig Alkohol. Sie bestehen aus Zitronensaft, Zucker, einer Spirituose und Sodawasser.

Coolers: Longdrinks mit dem größten Inhalt. Sie dienen als Durstlöscher und werden mit Eis serviert. Beliebte Sommergetränke.

Crustas: Bargetränke, die in Gläsern mit Zuckerrand serviert werden. Ihre Zubereitung ist sehr kompliziert, daher sind sie weniger bekannt.

Egg-nogs: likörartige Bargetränke aus Weinbrand, Zucker, Obers, Milch, Ei etc. Sie können kalt oder warm serviert werden.

Fancy drinks: alle Mixgetränke, die in keine andere Bargetränkegruppe passen. Hier ist der Kreativität keine Grenze gesetzt.

Fizzes: erfrischende Bargetränke aus Zitronensaft, Zucker und Sodawasser, z. B. Gin Fizz, Brandy Fizz. Fizzes sind den Collinses sehr ähnlich, nur die Sodamenge ist geringer.

Flip: den Egg-nogs ähnliche Shortdrinks, die aber ohne Milch zubereitet werden.

Frozen drinks: sehr kalt servierte Bargetränke (zirka 2 bis 4° C).

Gestoßenes Eis (crushed ice): Eiswürfel werden in einem Leinentuch mit einem Hammer fein zerschlagen. Heute verwendet man dazu eigene Eisbereitungs maschinen (Crushed-ice-maker).

Highballs: Bargetränke, die aus einer Spirituose und einem Aufgußgetränk bestehen. Sie werden in einem hohen Tumbler mit viel Eis serviert. Basis ist meist Gin, Wodka, Rum, aufgegossen wird mit Ginger ale, Tonic water, Cola o. ä.

Instantgetränk: durch besonderes Verfahren hergestelltes Pulver oder Granulat, das durch Zugabe von Wasser oder Milch trinkfertig gemacht wird. Z. B. Kaffee-, Kakao-, Teeinstantgetränke.

Irish coffee: Kaffeespezialität aus Irish Whiskey, Zukker, Kaffee und Obers.

Knickebein: Fancy drink, der in einem speziellen Glas (Knickebeinglas) serviert wird.

Longdrinks: Bargetränke mit mehr als acht Zentiliter Inhalt.

Most: unvergorener Saft aus frischgepreßten Trauben. In Österreich wird auch Apfelwein als „Most" bezeichnet.

Mundeis: gefrorenes Trinkwasser, das hygienisch einwandfrei vom Ice-maker oder der Eiswürfelmaschine hergestellt wird. Man verwendet es in allen Hotels, Bars, Restaurants bzw. (zum Unterschied von Nutzeis aus Teichen, Flüssen zur Kühlung von nicht hygienischen Produkten).

Nouvelle cuisine: „neue Küche" (frz.). Das ist die Bezeichnung für eine neue Richtung der Küche. Alle Speisen werden frisch, saisongerecht und natürlich verarbeitet. Begründer dieser leichten Küche war der französische Meisterkoch Fernand Point.

Schnee-Eis (shaved ice): geschabtes Eis, das in der Eismühle hergestellt wird.

Shortdrinks: Bargetränke mit höchstens acht Zentiliter Inhalt.

Slings: Longdrinks, die kalt oder warm bereitet werden können. Sie bestehen in der Hauptsache aus Zitronensaft, Sirup, einer Spirituose und einem Aufgußgetränk (z. B. Wasser, Tee, Ginger ale).

Sours: sehr herb schmeckende Bargetränkegruppe, ausgesprochene Herrengetränke, z. B. Whisky sour, Gin sour. Sie bestehen aus einer Spirituose und Zitronensaft.

Spitzenpapier: Zierpapier in allen Formen und Größen mit einem Spitzenrand (aus Papier). Im Papierfachhandel erhältlich.

Tournieren: Gemüse, Kartoffeln usw. mit einem kleinen Messer in eine fünfeckige Walzenform schneiden. Diese Walzen sollen alle die gleiche Größe haben.

Tragteller: jener Teller, auf den schwer zu servierende, ausschwappende oder schwer zu haltende Teller bzw. Platten oder Schüsseln getragen werden, z. B. beim Service von Suppen, beim Service von gratinierten Gerichten.

Underliner: kleine, runde, saugfähige Papierdeckchen zum Unterlegen bei Gläsern, Tassen usw. Im Papierhandel erhältlich (z. B. zur Serviette passend).

Sachregister

Bildregister

Fachbuchbibliothek
Servieren – Getränke – Esskultur

Simon Siegel / Willibald Gallaun / Heinz Lenger

Servier- und Getränkekunde

Dieses Standardwerk der Servier- und Getränkekunde ist vor allem zur Weiterbildung für den erfahrenen Fachmann gedacht bzw. als Ratgeber, um Nachlässigkeiten im Service zu beseitigen.

Alle Arbeitsvorgänge wurden Schritt für Schritt genau beschrieben. Über 500 Grafiken ergänzen und unterstützen die übersichtliche Darstellung.

Um den internationalen Trends Rechnung zu tragen, wird den Kapiteln „Verkauf" und „Der Umgang mit dem Gast" besonderes Augenmerk geschenkt.

Im Bereich der Servierkunde setzt das Werk bei den Voraussetzungen an, die das Servierpersonal erfüllen muß, um den laufend steigenden Anforderungen gerecht zu werden.

Der zweite Teil, die Getränkekunde, bietet eine ausführliche Beschreibung und Charakteristik inländischer und ausländischer Marken- bzw. Spitzenprodukte. Besonderes Augenmerk wird dabei auf die unterschiedlichen gesetzlichen Bestimmungen in Österreich, in der Bundesrepublik Deutschland und in der Schweiz gelegt.

Im Anhang befindet sich ein Sachregister, das das Auffinden bestimmter Stichwörter wesentlich erleichtert.

Peter M. Vazny

Tranchieren und Flambieren beim Tisch des Gastes

Dieses hervorragende Fachbuch bietet sowohl dem Fachmann als auch der ambitionierten Hausfrau und dem Hobbykoch Tips und Ratschläge für richtiges Tranchieren und Flambieren. Alle Arbeitsabläufe werden Schritt für Schritt beschrieben. Zahlreiche Rezepte für Salate, Cocktails, Obstsalate, Teigwarengerichte etc. machen dieses Buch zu einem Standardwerk, das in keinem Haushalt fehlen sollte.

Herbert Hüpfel (Hrsg.)

Spezialitäten aus Österreichs Regionalküchen

Dieses Werk bietet in über 500 erprobten Rezepten einen Querschnitt durch die neuzeitliche Küche der österreichischen Bundesländer.

Herbert Hüpfel, Chef de cuisine im Hotel Inter-Continental Wien und seit 1979 Präsident des Verbandes der Köche Österreichs, hat gemeinsam mit einem Autorenteam von anerkannten Fachleuten aus Schule und Praxis versucht, traditionelle, bodenständige Gerichte der österreichischen Bundesländer zu einer neuen, leichteren regionalen Küche zu verfeinern.

Alle Rezepte sind erprobt und werden in gut verständlichen Arbeitsanleitungen beschrieben, was das problemlose Nachkochen der Speisen erleichtert.

Zahlreiche Gastrezepte von anerkannten Fachleuten aus bekannten österreichischen Spitzenbetrieben und Fremdenverkehrsschulen machen das Buch zu einem Standardwerk der österreichischen Küche.